LE JUGE ET L'IMPÔT

Finances publiques/Public finance

Collection dirigée par/ Collection directed by Thierry Lambert

Les finances publiques connaissent un développement important et se diversifient. Cette discipline couvre notamment les finances de l'État, le droit public financier, le droit fiscal, les finances communautaires, les finances locales, les finances sociales, les finances internationales et comparées, les procédures fiscales ainsi que le droit douanier. Ces questions peuvent être envisagées dans un cadre national, communautaire ou mondial.

La présente collection a pour vocation de publier des travaux originaux (thèses, essais, colloques...) ou de facture plus classique (manuels, commentaires de textes, recueils de documents...).

Elle a aussi pour ambition de rééditer des ouvrages aujourd'hui introuvables, mais fort utiles, dès lors qu'ils s'imposent comme référence et qu'ils sont agrémentés d'une préface substantielle.

Public finance steadily developing and diversifying. This discipline more particulary covers state finance, public finance law, tax law, EU finance, local finance, social finance, international and comparative finance, tax procedures and customs law. Those questions can be considered within a national community or global framework.

The aim of this collection is to publish original works (theses, essays, symposiums...) or more traditional ones (textbooks text analyses, collections of documents ...).

In addition, it is meant to re-publish books which are currently untraceable no matter how useful provided they stand as genuine references and contain substantial prefaces.

Dernières parutions

Gbandi NADJOMBE, *La fiscalité privilégiée en propriété industrielle. Contribution à la cohérence d'une fiscalité au service de l'innovation*, 2022.

Jean-Bosco KAOMBA MUTUMBA, *La gestion des finances publiques en République démocratique du Congo*, 2021.

Vincent DREZET, Ophélie VILDEY, *Notre argent public, pour mieux vivre ensemble*, 2020.

Mohamed HARAKAT, *Finances publiques et réformes de l'État, le cas du Maroc*, 2020.

Mathurin MBOUNOU-NGOPO, *La fiscalité et l'impératif de développement du Centrafrique*, 2019.

Emmanuel JOANNARD-LARDANT, *L'établissement de la preuve fiscale : essai de droit processuel*, 2019.

Dominique VILLEMOT, *Le débat fiscal : une passion française*, 2019.

Florent OLIVER

LE JUGE ET L'IMPÔT

D'UN DUALISME COMPLEXE À UN MONISME VERTUEUX

Préface de Thierry LAMBERT

L'Harmattan

***

5-7, rue de l'École-Polytechnique – 75005 Paris
www.editions-harmattan.fr
ISBN : 978-2-140-25347-8
EAN : 9782140253478

Au pionnier qui a ouvert la voie. Paciència que tot arriva.

À mes parents

À Toi, avec qui tout est possible

PRÉFACE

En matière de contentieux fiscal, tout commence par une réclamation préalable devant les services de la Direction générale des finances publiques. L'autorité administrative joue un rôle essentiel dans le règlement des litiges. Quel que soit l'impôt concerné, les contribuables ont l'obligation de présenter à l'administration une « réclamation contentieuse ». Ce principe a pour origine, en matière d'impôts directs, la loi du 27 décembre 1927. Il a acquis une portée générale avec la loi du 27 décembre 1963, qui a étendu cette obligation au contentieux des taxes sur le chiffre d'affaires. Ces dispositions sont codifiées sous l'article R 190 -1 du Livre des procédures fiscales pour le contentieux de l'assiette et à l'article R 281-1 du même livre pour le contentieux du recouvrement. Cette étape dans la procédure est importante car, en vertu du principe de fixité de la demande, le contentieux reste définitivement lié par le quantum qui a été contesté devant l'administration.

La réclamation préalable ainsi formulée permet de poursuivre le débat entre l'administration et le contribuable. C'est l'occasion aussi pour ce dernier de confirmer certains points contestés pendant le contrôle, et pour l'administration de donner éventuellement satisfaction au contribuable. L'idée est de trouver une solution, qui satisfasse les parties, en évitant le juge quel qu'il soit.

L'une des particularités du contentieux fiscal est que le contentieux juridictionnel est réparti entre les juridictions de l'ordre administratif et de l'ordre judiciaire. On peut rechercher le fondement de la répartition du contentieux au regard, en grande partie, de la nature de l'impôt. Les litiges relatifs aux impôts directs et aux taxes sur le chiffre d'affaires relèvent des juridictions administratives, tandis que les tribunaux judiciaires connaissent des contestations portant sur les droits d'enregistrement, impôts et taxes assimilées ainsi que sur les contributions indirectes. Si l'on espère trouver un fondement au dualisme avec le critère du rôle ou, sur le fait que le juge civil serait le gardien du droit de propriété on fait, comme le soutient Monsieur Oliver, fausse route. Le fondement au dualisme en matière fiscale est historique, mais sans aucune rationalité. En effet la loi du 28 *pluviôse* an VII, qui créé les conseils de préfecture, leur attribue les litiges en matière de contributions directes. La loi du 22 *frimaire* an VII donne compétence à l'autorité judiciaire de connaître des litiges en matière de droits d'enregistrement, et plus généralement aux litiges en matière de contributions indirectes par la loi du 5 *ventôse* an XII. Mais la loi du 20 juin 1920, qui créée l'impôt sur le chiffre d'affaires donne compétence aux juridictions administratives.

Monsieur OLIVER a une thèse, qu'il défend avec conviction, Il se prononce pour un monisme « vertueux » et condamne un dualisme « complexe ».

C'est de façon convaincante qu'il instruit le procès du dualisme. Celui-ci est source de confusions pour les contribuables qui peuvent avoir des difficultés à trouver un juge, même si le nombre d'affaires devant le Tribunal des conflits est limité. À suivre l'auteur le dualisme, en raison de sa complexité, serait de nature à décourager les plaideurs. Le fait d'utiliser le Code général des impôts, le Livre des procédures fiscales et de mobiliser divers textes, qui se trouvent dans différents codes, ne facilite pas les choses. Un rapport récent relatif à l'ordonnance du 22 décembre 2021, portant partie législative du code des impositions sur les biens et services, montre que « les impositions de toutes natures » sont réparties dans plus d'une vingtaine de codes et dans de nombreuses lois non codifiées, « de sorte que le code général des impôts et le code des douanes regroupent seulement 50% des impositions de toutes natures ». Il est observé que « la répartition entre les différents codes n'obéit au demeurant à aucune logique d'ensemble »[1]. Plus généralement cette organisation juridictionnelle ne concourt pas à l'acceptation de l'impôt.

Une fois la déconstruction méthodiquement opérée, Monsieur OLIVER défend avec tout autant de convictions la nécessité de mettre en place le monisme, avec la création d'une juridiction dédiée. C'est un plaidoyer sérieux pour la création d'un juge unique de l'impôt. Cette juridiction spécialisée rendrait plus facile l'accès au juge qui aurait une compétence générale concernant tous les litiges fiscaux, y compris ceux qui sont du

---

[1] Rapport au Président de la République relatif à l'ordonnance n° 2021-1843 du 22 décembre 2021 portant partie législative du code des impositions sur les biens et services et transposant diverses nomes du droit de l'Union européenne. Journal officiel de la République française, 29 décembre 2021.

ressort du droit pénal fiscal. Monsieur OLIVER envisage cette solution avec une approche globale, traitant tout à la fois de l'organisation de cette juridiction mais aussi de la formation des magistrats. Il plaide pour que tous les textes ayant trait au contentieux fiscal soient rassemblés dans un seul code, ce qui en faciliterait l'usage. On peut penser que le monisme contribuerait à l'unification de la jurisprudence, facteur de sécurité juridique.

L'auteur considère que l'accès au juge fiscal participe du consentement à l'impôt. C'est une exigence démocratique. La démonstration est convaincante même si, sur certains points, elle peut être discutée.

Monsieur OLIVER nous livre une thèse, sa thèse, argumentée et bien écrite. Elle ne laissera personne indifférent chez les spécialistes du droit fiscal et au-delà car, elle nous invite à avoir une réflexion plus globale sur l'organisation juridictionnelle.

Thierry LAMBERT

Professeur à Aix-Marseille Université

TABLE DES ABRÉVIATIONS

AJDA	Actualité Juridique Droit Administratif
Alii.	Autres
AN	Assemblée Nationale
Art.	Article
Ass.	Assemblée
BEPS	Base Erosion and Profit Shifting
BIC	Bénéfices Industriels et Commerciaux
BNC	Bénéfices Non Commerciaux
Bull. civ.	Bulletin des arrêts des chambres Civiles
CA	Cour d'Appel
CAA	Cour Administrative d'Appel
Cass.	Cour de cassation
CC	Conseil Constitutionnel
CE	Conseil d'État
CEDH	Cour Européenne des Droits de l'Homme
CGCT	Code Général des Collectivités Territoriales
CGI	Code Général des Impôts
Ch. mixte	Chambre Mixte
Chron.	Chronique
Civ.	Chambre Civile
CJA	Code de Justice Administrative
CJCE	Cour de Justice des Communautés Européennes
CNRTL	Conseil National de Ressources Textuelles et Lexicales
Coll.	Collection
Com.	Chambre Commerciale
Comm.	Commentaire
Concl.	Conclusion

Conv. EDH	Convention Européenne des Droits de l'Homme
CPC	Code de Procédure Civile
CPCE	Code des Procédures Civiles d'Exécution
CPI	Code de la Propriété Intellectuelle
CPP	Code de Procédure Pénale
Crim.	Chambre Criminelle
Dactyl.	Dactylographié
DC	Décision constitutionnelle
DDHC	Déclaration des Droits de l'Homme et du Citoyen
DGCP	Direction Générale de la Comptabilité Publique
DGDDI	Direction Générale des Douanes et Droits Indirects
DGFiP	Direction Générale des Finances Publiques
DGI	Direction Générale des Impôts
Dir.	Sous la Direction de
DMTG	Droits de Mutation à Titre Gratuit
DMTO	Droit de Mutation à Titre Onéreux
Éd.	Édition
Fasc.	Fascicule
G20	Groupe des vingt
GAFAM	Google Amazon Facebook Apple Microsoft
GAJA	Grands Arrêts de la Jurisprudence Administrative
GAJF	Grands Arrêts de la Jurisprudence Fiscale
GFP	Revue Gestion et Finances Publiques
IFI	Impôt sur la Fortune Immobilière
IFOP	Institut Français d'Opinion Publique
IGF	Impôt sur les Grandes Fortunes
Infra.	Plus bas, ci-dessous
INSEE	Institut National de la Statistique et des Études Économiques
ISF	Impôt de Solidarité sur la Fortune
JCP G	Juris-Classeur périodique : La semaine juridique – édition Générale

JEX	Juge de l'Exécution
JLD	Juge des Libertés et de la Détention
JORF	Journal Officiel de la République Française
LGDJ	Librairie Générale de Droit et de Jurisprudence
LPA	Les Petites Affiches
LPF	Livre des Procédures Fiscales
Obs.	Observation
OCDE	Organisation de Coopération et de Développement Économique
Op. cit.	*Opus Citatum*
Ouvr. Coll.	Ouvrage Collectif
PFRLR	Principes Fondamentaux Reconnus par les Lois de la République
Plèn. Fisc.	Plénière Fiscale
Pp.	Pages
PUAM	Presses Universitaires d'Aix-Marseille
PUF	Presses Universitaires de France
QPC	Question Prioritaire de Constitutionnalité
R*	Disposition Réglementaire
RAPO	Recours Administratif Préalable Obligatoire
RDP	Revue du Droit Public
Rec.	Recueil Lebon
Rec. C. Constit	Recueil du Conseil Constitutionnel
REIDF	Revue Européenne et Internationale de Droit Fiscal
REP	Recours pour Excès de Pouvoir
Req.	Requête
RFDA	Revue Française de Droit Administratif
RFDC	Revue Française de Droit Constitutionnel
RFFP	Revue Française de Finances Publiques
RJF	Revue de Jurisprudence et des conclusions Fiscales
RO	Recueil Officiel des impôts

RSF	Revue de Science Financière
RSLF	Revue de Science et de Législation Financière
RTD Civ.	Revue Trimestrielle de Droit Civil
RTD Com.	Revue Trimestrielle de Droit Commercial
S.	Suivant
SATD	Saisie Administrative à Tiers Détenteur
Sect.	Section
SSR	Sous-Sections Réunies
Supra	Au-dessus, plus haut
TA	Tribunal Administratif
TC	Tribunal des Conflits
TGI	Tribunal de Grande Instance
TI	Tribunal d'Instance
TJ	Tribunal Judiciaire
TUE	Traité sur l'Union Européenne
TVA	Taxe sur la Valeur Ajoutée
UE	Union Européenne
Vol.	Volume

SOMMAIRE

INTRODUCTION GÉNÉRALE

« Le fractionnement des compétences juridictionnelles est l'une des sources de difficultés les plus caractéristiques du droit public français. »[1]

Le but poursuivi par cette recherche est de montrer l'érosion d'un dualisme juridictionnel en matière fiscale, dont seule la sédimentation historique justifie encore son existence. Face à elle, une autre vision est possible, porteuse de vertus : le monisme.

1. Le dualisme juridictionnel en matière fiscale est un sujet que la doctrine a traité régulièrement, alors que la scission du contentieux fiscal est tantôt défendue, tantôt pourfendue. Les écrits du professeur Bernard CASTAGNÈDE[2], de Philippe BERN[3], de Jean PUJOL[4] ou encore du doyen TROTABAS[5] sont à la genèse de cette étude s'inscrivant dans un débat doctrinal ancien, mais qui discutera nombre d'analyses. Les enjeux fiscaux, politiques, sociaux ayant subi nombre de mutations, la relation entre l'impôt, le juge et le contribuable sont au centre des préoccupations actuelles. Il sera ainsi proposé un autre regard en prenant en compte le temps écoulé, les évolutions depuis les précédentes études menées sur le sujet.

---

[1] B. CASTAGNÈDE, *La répartition des compétences juridictionnelles en matière fiscale*, Thèse. dactyl., Paris I, 1972, p. 3.

[2] *Ibid.*

[3] Ph. BERN *La nature juridique du contentieux de l'imposition*, Paris, LGDJ, Bibliothèque droit public, 1972, 187 p.

[4] J. PUJOL, *L'application du droit privé en matière fiscale. Recherche sur la véritable place du droit privé dans le système fiscal français*, Paris, LGDJ, 1987, 152 p.

[5] L. TROTABAS, « La nature juridique du contentieux fiscal en droit français » *in Mélanges Maurice HAURIOU*, Paris, Sirey, 1929, pp. 710-762, « Essai sur le droit fiscal », *RSLF*, 1928, pp. 201-236.

2. Le contentieux fiscal, à l'image du Berlin déchiré d'après-guerre est marqué par une fracture juridictionnelle, avec d'une part l'office du juge judiciaire et d'autre part l'office du juge administratif. Cette répartition inégale du contentieux fiscal est, nous le verrons, le fruit d'une sédimentation historique héritée de l'Ancien Régime[6] et renforcée par la Révolution. Alors qu'il s'agit d'une originalité néfaste pour la clarté et l'accès du contentieux fiscal, les acteurs du litige de l'impôt semblent résignés. Bien que la complexité du contentieux fiscal soit unanimement reconnue parmi les contribuables, l'administration ou le juge, et que la technicité de la matière soit admise, aucune proposition de simplification n'est actuellement proposée. Certes, quelques textes mettant en avant le terme de « simplification » ou quelques discours politiques font espérer que la lumière pénètre sur ce contentieux obscur. Hélas, la réalité souffre d'un manque de volonté de réformer profondément un contentieux effrayant de subtilités. Alors que l'administration fiscale a su entamer une démarche d'unification et de clarté par la création de la DGFiP, que certaines juridictions ont entamé la même démarche à l'instar de la fusion du Tribunal d'instance (TI) et du Tribunal de grande instance (TGI) au profit du Tribunal judiciaire, le contentieux fiscal demeure épars et complexe.

3. Pourtant, la technicité du contentieux fiscal ne semble plus faire de doute[7]. Ainsi, une simplification des procédures contentieuses, une meilleure lisibilité, et une plus grande compréhension semblent favorables à la perception par le profane d'un contentieux parfois considéré comme aride, voire périlleux, face à une administration toute puissante. Lorsque nous abordons le contentieux fiscal, c'est plus largement la justice fiscale qui est appréhendée. La justice fiscale est pour le citoyen, un élément clé de la justice rendue « au nom du peuple français » en ce que ce domaine est propice à l'atteinte des ressources du contribuable ou à son patrimoine. À travers le dualisme juridictionnel, c'est ainsi le fonctionnement de la justice en matière fiscale qui est étudié. Cette justice doit reposer sur deux piliers pour être considérée comme juste et efficace. Elle doit d'une part être accessible pour tout contribuable disposant ou non d'un conseil. Des

---

[6] Voir sur les institutions de l'Ancien Régime : F. SAINT BONNET, Y. SASSIER, *Histoire des institutions avant 1789*, 5e édition, Issy-les-Moulineaux, LGDJ, coll. Domat Droit public, 2008, 495 p.

[7] Voir M. LONG, « L'état actuel de la dualité de juridictions », *RFDA*, 1990, n°5, p. 689. M. LONG utilise la matière fiscale et financière en exemple de la technicité dont le juge a à connaître : « les compétences techniques exigées des magistrats sont de plus en plus nombreuses, en matière financière et fiscale par exemple ».

normes compréhensibles et un « juge de l'impôt » identifiable doivent être proposés au citoyen. D'autre part, le contribuable s'opposant à l'administration fiscale doit être assuré de recevoir le même traitement indépendamment de l'impôt litigieux, devant un tribunal impartial et un juge compétent.

4. Il apparaît aujourd'hui que mener une étude sur un contentieux aussi spécifique, correspondant à près de 21 000 dossiers par an[8], est nécessaire. Mettre en perspective les inconvénients du système actuel avec les enjeux démocratiques est indispensable tant les progrès en matière d'accès et de lisibilité sont à réaliser. Les mouvements sociaux récents[9] ont montré les risques d'un impôt mal compris, d'un juge peu accessible, d'une administration au fonctionnement complexe.

5. La délimitation de cette étude conduit à identifier l'objet de l'étude et à fournir les définitions des termes du sujet (**Section 1**), puis en circonscrire le champ (**Section 2**), pour parvenir à délimiter la problématique (**Section 3**), ainsi qu'établir un plan afin d'y répondre (**Section 4**).

Section 1 – Objet de l'étude

6. L'étude portera sur l'inconvénient et les conséquences du dualisme juridictionnel en matière fiscale. Pour montrer que le dualisme est un inconvénient et que le remède à ces maux se trouve dans le monisme, il faudra préciser ce que nous entendrons par « juge » (**§1**). La notion d'impôt retenue sera délimitée (**§2**) alors que le dualisme (**§3**) et le monisme (**§4**) seront définis.

---

[8] DIRECTION GÉNÉRALE DES FINANCES PUBLIQUES, *Rapport d'activité 2020*, p. 55.

[9] Les mouvements des « Bonnets rouges » en 2013, des « Gilets jaunes » en 2018, voir *infra* §642 et s.

§1 – Le juge

7. Il sera préféré le terme de juge[10] à celui de magistrat pour des raisons de précision. Le juge désignant le magistrat du siège, tranchant un litige entre deux parties écartant ainsi le magistrat du Parquet qui requiert mais ne tranche pas ou encore toute forme de magistrats incarnés par des responsables politiques.

8. Étymologiquement, le terme de juge provient du latin *judus, judes, de jus* et de *dicere*, dire. Il désigne dans nos sociétés modernes, le magistrat ayant été désigné par l'autorité publique, émanation du peuple souverain, comme apte à dire le droit, à trancher des litiges en application de la loi. Le point de vue de MONTESQUIEU, restrictif, limite la place du juge à l'application stricte du texte voté par le parlement. L'auteur des Lumières écrivait ainsi, dès le XVIIe siècle dans *De l'esprit des lois* que « les juges ne sont que la bouche qui prononce les paroles de la loi »[11]. Le juge aura ainsi pour fonction de rendre justice au regard des faits, des preuves et du droit pour trancher une situation litigieuse entre particuliers ou entre un particulier et l'administration[12].

9. Dès les premières formes de droit, il existe une incarnation du juge. Ainsi, 4 000 ans avant notre ère, le Code sumérien d'*Ur Nammu*[13], première forme de droit, de codification, implique qu'un personnage suprême rende la justice sur le fondement de lois casuistiques. À cette époque, la séparation des pouvoirs n'a pas été théorisée et le souverain cumule alors les fonctions

---

[10] G. CORNU, *Vocabulaire juridique*, Paris, PUF, coll. Quadrige, 2018, p. 582. Définition de Juge : « du latin judex (jus, dicere). Au sens générique (le plus fréquent dans le CPC, Code civil Art 4, 5), toute juridiction quels que soient son degré dans la hiérarchie (juge de première instance, juge d'appel, juge de cassation), son pouvoir (juge du droit, juge du fond, juge du provisoire), l'origine de son investiture (juge de l'État ou nommé par les parties), sa composition (collégiale ou non) ou même l'ordre auquel elle appartient (juge administratif ou juge judiciaire, et au sein de l'ordre judiciaire juge civil ou juge pénal etc) ; tout organe doté d'un pouvoir juridictionnel (du pouvoir de dire le droit, de trancher un litige) en ce sens sont des juges la Cour de cassation, la cour d'appel, la cour d'assises, l'arbitre ».

[11] MONTESQUIEU, *De l'esprit des lois*, Paris, Gallimard, 1995, 2 vol., 1617 p.

[12] MONTESQUIEU, *De l'esprit des lois, op. cit.* L'auteur des Lumières avance de façon péremptoire que « Les juges de la nation ne sont que la bouche qui prononce les paroles de la loi, des êtres inanimés, qui n'en peuvent modérer ni la force ni la rigueur ».

[13] Rédigé en sumérien en 2100 – 2050 av. J-C.

de législateur et de juge. Le Code d'*Hammurabi*[14], de trois siècles son cadet, hérité de la Mésopotamie antique prévoit qu'outre le souverain, des fonctionnaires, et des autorités locales ont des attributions judiciaires, mais surtout atteste de l'existence de *dayyānum*, juges professionnels rendant la justice au nom du souverain. Cette fonction demeure aujourd'hui présente dans notre organisation juridictionnelle.

10. Les civilisations grecques et romaines auront, elles aussi, recours à des juges professionnels sous les vocables de *magistratus*. Athènes dispose en outre d'un ordre de magistrature financière dédiée, compétente en matière de prélèvement, de répartition du Trésor, à côté de la magistrature commerciale, religieuse ou judiciaire[15]. Sur ce point, le système antique reconnaissait davantage que le nôtre les particularités du contentieux fiscal.

11. En France, la justice longtemps retenue entre les mains du souverain a laissé place progressivement à une justice déléguée au profit de juges professionnels réunis au sein de parlement, bailliage, sénéchaussée, prévôté ou vicomté. L'Ancien Régime connaît par ailleurs de réelles institutions à compétences financière et fiscale, comme les recettes de finances, les bureaux des finances, la Cour des aides ou encore la chambre des comptes[16].

12. La Révolution de 1789 aura un effet majeur sur la structure juridictionnelle française, abolissant certaines juridictions royales pour créer de nouveaux tribunaux. Les révolutionnaires se méfiant des juges, la Loi des 16 et 24 août 1790 fait interdiction aux juges d'intervenir dans le fonctionnement de l'administration appliquant la théorie de la séparation des pouvoirs de MONTESQUIEU à l'organisation juridictionnelle[17]. Sous l'Ancien Régime déjà, le contentieux de la capitation et des vingtièmes considérés comme des impôts directs étaient confiés à l'Intendant du Roi, donc à une autorité administrative, alors que le contentieux des impôts indirects était confié à des juridictions indépendantes. Par suite, les impôts indirects ont été supprimés étant perçus comme particulièrement injustes.

---

14 G. ARDANT, *Histoire de l'impôt, Livre I, De l'Antiquité au XVIIe siècle*, Paris, Fayard, 1971, 634 p.

15 On trouve à Athènes divers magistrats ayant chacun une fonction financière : les trésoriers, les colacrètes, les polètes, les logistes, les héllénotames, les practores.

16 G. ARDANT, *op. cit.*, Livre I, p. 453 et s.

17 MONTESQUIEU, *op. cit.*

Les besoins financiers de l'État finiront par obliger le législateur à les rétablir. Les Lois du 22 frimaire an VII et du 1er germinal an XIII vont confier ces impôts au juge judiciaire, jouissant à l'époque d'une image d'impartialité et de gardien de la propriété et de la liberté individuelle.

13. Le contentieux fiscal actuel, fruit d'une évolution historique, se déploie toujours sur les deux ordres du système d'organisation juridictionnelle[18]. Attribuée à un pouvoir régalien, la compétence de trancher les litiges issus des relations entre le contribuable et l'administration est confiée à des juges provenant des deux ordres juridictionnels. Ainsi, le juge statuant en matière fiscale, abusivement désigné « juge de l'impôt », sera incarné en première instance, soit par le juge administratif siégeant au sein de la chambre fiscale du Tribunal administratif (TA) compétent, soit par le juge judiciaire rendant justice au sein d'un Tribunal judiciaire[19], anciennement Tribunal de grande instance. À l'époque contemporaine, un arrêt du Tribunal des conflits du 10 juillet 1956 vient fixer le partage de compétence entre les deux ordres de juridiction[20]. La loi codifiée à l'article L. 199 du Livre des procédures fiscales (LPF) a créé cette « gare d'aiguillage » pour répartir le contentieux.

14. Précisons dès à présent que l'expression de « juge de l'impôt » ne peut être retenue. Aucun juge n'étant exclusivement compétent en matière fiscale, ce n'est que dans le cadre de ce que le professeur Bernard CASTAGNÈDE appelle « une clause de compétence »[21] que le juge statuera en matière fiscale. Derrière le masque du contentieux fiscal, on découvre un juge civil ou un juge administratif, et non pas un juge dédié à la discipline, spécialisé, unique comme on peut le trouver dans d'autres pays. « Le juge

---

[18] M. BAZEX, « Les origines de l'évolution du partage des compétences entre juridiction judiciaire et administrative », *in* H. ISAÏA, J. SPINDLER *(dir.), Histoire du droit des finances publiques Vol. II, Les grandes étapes de la fiscalité de l'État*, Paris, Economica, 1987, pp. 623-660.

[19] La fusion des TGI et des TI est issue des lois du 23 mars 2019, Loi n°2019-222 de programmation 2018-2022 et de réforme pour la justice et de la Loi organique n°2019-221 relative au renforcement de l'organisation des juridictions, *JORF* 24 mars 2019.

[20] TC, 10 juillet 1956, *Sté Bourgogne-Bois*, *AJDA*, 1956, n°458, note DRAGO : « les caractères propres de ladite taxe ne permettent pas de la ranger parmi les contributions indirectes, non plus d'ailleurs que parmi les impôts directs ; que le contentieux est, dès lors, compris parmi le contentieux général des actes et opérations de puissance publique et relève, à ce titre, de la juridiction administrative ».

[21] B. CASTAGNÈDE, *La répartition des compétences juridictionnelles en matière fiscale*, *op. cit.*, p. 13.

de l'impôt en France, reste à inventer »[22] alors que pour l'heure il demeure l'Arlésienne juridictionnelle.

15. Le contentieux fiscal demeure, en fonction de son attribution légalement définie, tranché par deux juges de tradition et de formation différentes appliquant des corps de textes différents. Le Code de justice administrative ou le Code de procédure civile seront par exemple utilisés par l'un ou l'autre ordre de juridiction en « comblement des lacunes du contentieux fiscal »[23]. L'application d'un corps de règle différent en fonction du juge compétent devra faire l'objet d'une analyse, permettant d'en montrer l'impact ou l'insignifiance dans le cadre d'un litige fiscal. Nous critiquerons la position ancienne du doyen TROTABAS qui indiquait en 1929 que « certes, il n'y a pas ici comme en droit administratif, une juridiction spécialisée : celle-ci d'ailleurs n'est guère concevable, et il n'y a pas la place entre l'ordre judiciaire et l'ordre administratif pour un troisième pôle juridictionnel. Mais du moins y a-t-il un contentieux fiscal qui constitue, au service du droit fiscal, un tout autonome. Partagé entre deux juridictions différentes, parfois rivales, le contentieux fiscal "recompose" en quelque sorte, à l'usage de la discipline qu'il doit servir, un ordre contentieux original, ou le juge judiciaire et le juge administratif semblent également oublier les règles classiques de recours qui leur sont généralement soumis ; tous deux se prononcent en droit fiscal, conformément aux règles autonomes de cette discipline et selon un certain état d'esprit qui s'affranchit à la fois du contentieux judiciaire et du contentieux administratif »[24]. Le juge statuant en matière fiscale aurait la capacité de s'affranchir de son *modus operandi* quotidien, de son corps de règle familier pour se métamorphoser ponctuellement en « juge de l'impôt » et trancher sur le fondement de règles autonomes. La réalité semble hélas plus complexe et moins favorable à la clarté du contentieux fiscal.

16. Le « juge de l'impôt » provient d'horizons et de formations différents. Ainsi, le juge administratif ou conseiller de tribunal administratif,

---

[22] Th. LAMBERT, « Le contentieux fiscal à la recherche de son juge » *in* U. NGAMPIO-OBÉLÉ-BÉLÉ (dir.), *La répartition des compétences juridictionnelles*, Bayonne, Institut universitaire Varennes, 2019, p. 87.

[23] J. PUJOL, *L'application du droit privé en matière fiscale. Recherche sur la véritable place du droit privé dans le système fiscal français*, Paris, LGDJ, 1987, 152 p.

[24] L. TROTABAS, « La nature juridique du contentieux fiscal en droit français » *in Mélanges Maurice HAURIOU*, Paris, Sirey, 1929, pp. 715-716.

tranchant 95% du contentieux fiscal[25] est issu d'un concours administratif sélectif ouvrant la voie à une mutation au sein d'une juridiction administrative. Le Conseil constitutionnel a reconnu, dans une décision du 22 juillet 1980, et ainsi élevé au rang des « principes fondamentaux reconnus par les lois de la République », l'existence de la justice administrative et consacré son indépendance ainsi que reconnu la particularité de ses fonctions, constitutionnellement garanties[26]. Le juge judiciaire est quant à lui à titre principal, recruté à l'issue d'un concours puis d'une scolarité de 7 à 9 mois à l'École Nationale de la Magistrature ainsi qu'au sein de juridictions[27]. La Constitution consacre en son article 66 « l'autorité judiciaire comme gardienne de la liberté individuelle »[28], assurant « le respect de ce principe dans les conditions prévues par la loi »[29]. Ce rôle protecteur est rappelé par la réforme récente de fusion des TGI et des TI, créant une appellation unique de magistrat siégeant au Tribunal judiciaire, les juges des contentieux de la protection (JCP)[30].

17. En matière fiscale, une large compétence est attribuée au juge. Par nature juge de plein contentieux, il bénéficie de toute latitude pour réformer ou annuler un acte d'imposition. Il pourra ainsi se substituer à l'administration pour recalculer l'impôt, les pénalités, ou encore décharger le contribuable. Face à l'excès de pouvoir, le juge administratif pourra censurer un acte administratif illégal rendu à l'égard du contribuable[31].

---

[25] Direction Générale des Finances Publiques, *Rapport d'activité 2020*, 58 p.

[26] CC, 22 juillet 1980, décision n°80-119 DC, Considérant n°6 : « Considérant qu'il résulte des dispositions de l'article 64 de la Constitution en ce qui concerne l'autorité judiciaire et des principes fondamentaux reconnus par les lois de la République en ce qui concerne, depuis la loi du 24 mai 1872, la juridiction administrative, que l'indépendance des juridictions est garantie ainsi que le caractère spécifique de leurs fonctions sur lesquelles ne peuvent empiéter ni le législateur ni le Gouvernement ; qu'ainsi, il n'appartient ni au législateur ni au Gouvernement de censurer les décisions des juridictions, d'adresser à celles-ci des injonctions et de se substituer à elles dans le jugement des litiges relevant de leur compétence ».

[27] Source : www.enm.justice.fr.

[28] F. Fines, « "L'autorité judiciaire gardienne de la liberté individuelle" dans la jurisprudence constitutionnelle », *RFDA*, 1994, p. 597 et s.

[29] Article 66 de la Constitution du 4 octobre 1958.

[30] Loi n°2019-222 du 23 mars 2019 de programmation 2018-2022 et de réforme pour la justice, *JORF* n°0071 du 24 mars 2019.

[31] Ch. de la Mardière, *Recours pour excès de pouvoir et contentieux administratif de l'impôt*, Paris, LGDJ, Bibliothèque de science financière, Tome 41, 2002, p. 1.

18. Deux ordres juridictionnels cohabitent ainsi en matière fiscale, le judiciaire jouissant d'un prestige ancien, mais ne traitant qu'une infime partie du contentieux fiscal et l'administratif, plus récent, moins prestigieux, mais tranchant la quasi-totalité du contentieux. Afin de renforcer sa position, le Conseil constitutionnel retient par ailleurs que le juge administratif est compétent dans l'exercice de prérogatives de puissance publique, sous réserve des matières réservées par nature à l'autorité judiciaire[32].

19. Le « juge de l'impôt » n'étant défini par aucun texte, il pourrait aussi bien être incarné par le juge constitutionnel ou le juge de la Cour de justice de l'Union Européenne (CJUE) statuant en matière fiscale. L'éclatement de la compétence juridictionnelle fiscale constitue indubitablement une complexité néfaste pour le contribuable souhaitant contester le montant ou le recouvrement de son impôt[33].

§2 – L'impôt

20. L'impôt émane du latin *impositum,* participe passé de *imponere* (dépôt, déposer), traduit comme une chose exigée, comme obligatoire[34]. CICÉRON, utilise dans la langue familière, *impono* qui a pris le sens de « faire porter sa charge à quelqu'un, se défaire de sa charge sur quelqu'un ».

21. L'impôt ne connaît pas de définition précise[35], laissant une large part à la doctrine qui, au fil du temps, a apporté sa pierre à la construction

---

[32] CC, 23 janvier 1987, décision n°86-224 DC, *JO* du 25 janvier 1987, et 28 juillet 1989, décision n°89-261 DC, *JO* du 1er août 1989.

[33] Voir sur le recouvrement de l'impôt : G. LEGRAND, H. MARTIN, P. de LAGARDE, *Le recouvrement de l'impôt*, 2e édition, Paris, LexisNexis, coll. Précis fiscal, 2014, 430 p.

[34] J.-L. ALBERT, J.-L. PIERRE, D. RICHER, *Dictionnaire de droit fiscal et douanier*, Paris, Ellipses, coll. Dictionnaires de droit, 2007, p. 280.

[35] L. PHILIP, « L'évolution de la jurisprudence fiscale constitutionnelle », *Droit Fiscal*, 2015, n°13, Étude 229 § 6.

d'une définition précise. STOURM[36], LEROY-BEAULIEU[37], VEDEL, JÈZE, Jacques GROSCLAUDE, Philippe MARCHESSOU[38], le doyen Olivier NÉGRIN ou encore le doyen Gilbert ORSONI[39] ont façonné au fil du temps les traits d'une notion au centre des questions fiscales, mais dont les contours ne sont pas légalement définis[40].

22. Selon la définition « légendaire » souvent attribuée à Gaston JÈZE[41], l'impôt serait « un prélèvement pécuniaire, de caractère obligatoire, effectué en vertu de prérogatives de puissance publique, à titre définitif, sans contrepartie déterminée, en vue d'assurer le financement des charges publiques de l'État, des collectivités territoriales et des établissements publics administratifs »[42]. Au sens de l'article 34 de la Constitution, les « impositions de toutes natures » correspondent aux impôts et aux taxes. Au sens de TROTABAS, l'impôt est « une créance publique de l'État envers le contribuable » exprimant la nécessité de « pourvoir aux dépenses publiques »[43]. Découle de ces définitions deux conséquences, le rôle de répartition des charges publiques entre les contribuables, ainsi que la justice

---

36 R. STOURM, *Systèmes généraux d'impôts*, Paris, Librairie Guillaumin, 1893, p. 23-24 : « l'impôt est un prélèvement opéré sur les facultés individuelles des contribuables pour subvenir aux besoins des services publics ».

37 P. LEROY-BEAULIEU, *Traité de la science des finances*, Paris, Librairie Guillaumin, 1877, p. 151 : « l'impôt est la contribution exigée de chaque citoyen pour sa part dans les dépenses du gouvernement ».

38 J. GROSCLAUDE, P. MARCHESSOU, B. TRESCHER, *Droit fiscal général*, Paris, Dalloz, coll. « Cours Dalloz », 13e édition, 2021, p. 2. Trois éléments sont retenus par les auteurs : « l'impôt peut être défini comme un prélèvement à caractère obligatoire et sans contrepartie, qui est perçu au profit d'une collectivité publique ». Ils y ajoutent une « composante » : les facultés contributives des citoyens.

39 G. ORSONI, *L'évolution de la notion d'impôt*, Thèse dactyl., Aix-en-Provence, 1975, 673 p. L'auteur cite notamment les définitions de l'impôt proposées par René STOURM ou Paul LEROY-BEAULIEU en 1912, Gaston JÈZE en 1930, Paul-Marie GAUDEMET en 1970, Maurice DUVERGER en 1971, Louis TROTABAS et Jean-Marie COTTERET en 1973.

40 C. VIESSANT, « L'évolution de la notion d'impôt », *in De l'esprit de réforme et de quelques fondamentaux. Mélanges en l'honneur du professeur Gilbert ORSONI*, Aix-en-Provence, PUAM, 2018, pp. 533-556.

41 O. NÉGRIN, « Une légende fiscale : la définition de l'impôt de Gaston Jèze », *RDP*, 2008, n°1, pp. 139 et s.

42 J. LAMARQUE, O. NÉGRIN, L. AYRAULT, *Droit fiscal général*, 4e édition, Paris, LexisNexis, coll. Manuel, 2016, p. 7.

43 L. TROBABAS, *Science et technique fiscales*, Paris, Dalloz, coll. Précis Dalloz, 1958, p. 9.

devant encadrer ce système fiscal, imposant une égale répartition en fonction des capacités contributives des redevables[44].

23. Nous aborderons dans cette étude le contentieux de l'ensemble des impôts correspondant à sa définition *lato sensu*, englobant dès lors les impositions de toutes natures au sens de l'article 34 de la Constitution, mais aussi les cotisations sociales. Le terme « impôt » sera compris au sens de prélèvement fiscal[45] permettant d'étudier l'office du juge, administratif ou judiciaire, statuant en matière fiscale sans distinguer la nature du prélèvement. Cette notion de prélèvement fiscal correspond à la vision de l'impôt d'André NEURRISSE qui aborde l'impôt comme « le transfert sans contrepartie d'avoirs sous forme monétaire au bénéfice de la puissance publique »[46] ou de CLAMAGERAN pour qui « l'impôt est une quote-part des ressources individuelles mise à la disposition du pouvoir social »[47]. Ce rapport à l'impôt, pourtant unique quelle que soit sa nature pour le contribuable, subit les effets d'un dualisme juridictionnel au moment de son contentieux.

§3 – Le contentieux fiscal

24. Le terme de contentieux est étymologiquement issu du mot latin *contensiosus :* qui donne lieu à une querelle[48]. Dans son sens strict, le contentieux fiscal serait ainsi une querelle dont l'impôt est le sujet. Bien que simple en apparence, la délimitation du contentieux fiscal souffre d'une myopie. Au plus près, c'est l'assiette de l'impôt qui semble être le sujet de la querelle entre le contribuable et l'administration. Au plus large, le contentieux du recouvrement entre dans le champ alors qu'il concerne non pas la quotité de l'impôt, mais l'obligation de payer une dette ouverte à

---

44 Article 13 de la DDHC.

45 G. GEST, G. TIXIER, *Manuel de droit fiscal*, 4e édition, Paris, LGDJ, 1986, pp. 57 et s.

46 A. NEURRISSE, *Histoire de la Fiscalité en France*, Paris, Economica, coll. Poche Finances publiques, 1996, p. 5.

47 J.-J. CLAMAGERAN, *Histoire de l'impôt en France*, première partie, Paris, Librairie de Guillaumin, 1897, p. I.

48 Ch. DE LA MARDIÈRE, *Recours pour excès de pouvoir et contentieux administratif de l'impôt, op. cit.*, p. 5.

l'endroit du Trésor public[49]. Ainsi *lato sensu*, le contentieux fiscal accueille également dans son giron les contentieux de la légalité, de la responsabilité et de la répression.

25. En matière fiscale la querelle débute bien avant la saisine du juge, le terme contentieux ne recouvrirait pas uniquement la partie juridictionnelle du litige, mais aussi la partie administrative. Particularité de la matière fiscale, la phase contentieuse s'ouvre, c'est une exigence procédurale, par une réclamation préalable contentieuse adressée au Directeur départemental des Finances publiques compétent *ratione loci*[50]. Cette première phase administrative, conçue comme un filtre est extrêmement efficace puisque sur près de 3 000 000 de réclamations[51] seules 12 477 affaires déboucheront sur une saisine juridictionnelle, objet de cette étude. Le juge administratif aura 0,50 % des réclamations à trancher, alors que le Conseil d'État devra en traiter 0,0014 %. Les chiffres se réduisent encore devant le juge civil à qui il échoit seulement 0,25 % du volume de réclamations préalables et à 0,0018 % pour la Cour de cassation[52].

26. Ce « contentieux de masse qui aboutit assez rarement à la phase juridictionnelle »[53] sera classé selon la nature de l'acte contesté selon un ordonnancement que l'on retrouve au sein du Livre des procédures fiscales (LPF) :

- le contentieux de l'imposition, lorsque le contribuable conteste les opérations d'assiette et de liquidation de l'impôt par la voie de l'action en décharge ou en réduction[54],

- le contentieux du recouvrement, lorsque le contribuable conteste les modalités de perception de l'impôt par voie d'opposition à contrainte ou de l'opposition à poursuite[55],

---

[49] J.-P. Casimir, *Contrôle fiscal : contentieux - recouvrement*, 12e édition, Paris, Groupe Revue Fiduciaire, coll. Les codes RF, 2013, 712 p.
[50] Article R* 196-1 à R* 196-6 du LPF.
[51] En 2020, 2 673 358 réclamations préalables ont été reçues par la DGFiP, Source : Direction Générale des Finances Publiques, *Rapport annuel 2020*, p. 54.
[52] *Ibid.*
[53] Th. Lambert, « Le contentieux fiscal à la recherche de son juge », *in* U. Ngampio-Obélé-Bélé (dir.), *La répartition des compétences juridictionnelles*, 2019, Bayonne, Institut universitaire Varenne, p. 73.
[54] Article L. 190 du LPF.
[55] Article L. 281 du LPF.

- le contentieux de la répression, lorsque l'administration déclenche une action répressive afin de sanctionner ou de faire sanctionner une infraction à la loi d'impôt,

- le contentieux de la responsabilité lorsque le contribuable demande réparation des dommages causés par les services fiscaux,

- le contentieux de l'excès de pouvoir, lorsque le contribuable intente un recours en annulation d'un acte règlementaire relatif à l'impôt ou de certaines décisions individuelles.

27. Bien qu'il prenne appui sur une structure juridictionnelle établie, le contentieux fiscal n'en demeure pas moins singulier au regard de cette répartition inégale entre les deux ordres. Ce terme d'ordre nous renverra à une conception organisée de la structure juridictionnelle, unie par un corps de règles communes, une tradition, une hiérarchie propre.

28. Les deux ordres de juridictions cohabitant en matière de contentieux fiscal, leurs « cultures » respectives pourraient influencer la discipline, mais aussi la troubler. Alors que l'influence du droit privé a fait l'objet de plusieurs études[56], celle du droit administratif a généré moins de production doctrinale.

29. L'office du juge correspond aux fonctions que le système juridique lui attribue et aux missions confiées. Parmi ces missions, celle de dire le droit implique une part de liberté et d'interprétation[57]. Cette liberté implique en outre, distinguant l'office du juge d'un pouvoir arbitraire, que le juge soit encadré par des normes, qu'il doit interpréter et appliquer au cas d'espèce. Le juge est par ailleurs guidé par l'article 6§1 de la Convention Européenne des Droits de l'Homme (Conv.EDH), instituant le principe de neutralité.

30. Par conséquent, pour trancher le litige fiscal qu'il aura à connaître le juge statuant en matière fiscale utilisera les règles du droit fiscal, mais aussi lorsqu'il est lacunaire, ses normes familières. Cette juxtaposition de règles, ajoutée à une organisation duale complexifie la procédure et participe à rendre son appréhension difficile.

---

[56] Voir sur ce thème : J. PUJOL, *op. cit.* ; X. VALLI, *Le juge fiscal judiciaire et le droit privé*, Thèse dactyl., Aix-en-Provence, 2014, 628 p.
[57] J.-L. BERGEL, « Introduction générale », *in* G. DARCY, V. LABROT, M. DOAT (dir.), *L'office du juge*, Paris, Sénat, coll. Les colloques du Sénat, pp. 12-25.

§4 – Dualité ou dualisme ?

31. Le « juge de l'impôt » est un *Janus* juridictionnel, composé d'une figure duale qu'il faut identifier. Dualisme et dualité sont deux termes proches, considérés parfois comme synonymes, mais qui ne relèvent pas exactement de la même définition. Le dualisme fait appel à la coexistence de deux éléments différents comme le dualisme manichéen fait cohabiter le bien et le mal. De même, le dualisme cartésien implique une interaction entre le *res cogitans*, l'esprit, et le *res extensa*, le corps[58].

32. Du latin *dualis*, la dualité selon le dictionnaire LITTRÉ renvoie à ce qui est double en soi. En mathématique, le terme « dualité » est utilisé lorsque deux éléments sont liés par une correspondance réciproque[59]. Si nous considérons que la fonction de « juge de l'impôt » est double en elle-même, répartie sur deux ordres coexistant au sein d'un système fiscal unique, il faut opter pour le terme de dualité. Si cette fonction est comprise comme deux juges fonctionnant en interaction sur la même matière, il faut choisir le terme de dualisme[60]. Au regard du fonctionnement du contentieux fiscal, les juges compétents semblent à la fois fonctionner indépendamment l'un de l'autre et en interaction. Nous choisirons le terme de dualisme pour plusieurs raisons. D'abord, chaque juge statuant en matière fiscale est indépendant, parfois d'ordres différents. Il applique à titre principal les règles propres au droit fiscal, mais utilisera en complément ses normes d'origine. Des questions préjudicielles pourront créer une interaction ponctuelle, mais leur office demeure indépendant. Il s'agit bien d'un dualisme juridictionnel en matière fiscale, faisant cohabiter sur une même matière l'office de deux juges rendant leur jurisprudence en toute indépendance.

---

[58] Dictionnaire du CNRTL numérique.

[59] Dictionnaire LITTRÉ numérique.

[60] Nous reprenons le terme choisi par : J.-M. SAUVÉ, « Le dualisme juridictionnel : synergies et complémentarité », Intervention lors du Cycle approfondi d'études judiciaires (CADEJ) 2016/2017 « L'autorité judiciaire dans l'État » à l'École nationale d'administration », www.conseil-etat.fr ; J. CAILLOSSE, « La justification du maintien actuel du dualisme juridictionnel », *AJDA*, 2005, p. 1781 ; D. LABETOULLE, « L'avenir du dualisme juridictionnel. Point de vue d'un juge administratif. », *AJDA*, 2005, p. 1770.

§5 – Deux juges pour un contentieux

33. Généralement, la répartition classique du contentieux entre l'ordre judiciaire, le plus ancien, et l'ordre administratif, plus récent, est fondamentalement simple. D'une part les litiges opposants deux particuliers sont confiés au juge judiciaire, d'autre part le contentieux opposant un particulier et l'administration est confié au juge administratif. Selon cette logique, le contentieux fiscal opposant l'administration et un contribuable serait naturellement entièrement dévolu au juge administratif. Pourtant, la réalité est toute autre. Inédit en droit français, une même matière est attribuée inégalement, mais légalement aux deux ordres de juridictions en fonction de l'impôt concerné sur le fondement de l'article L. 199 du Livre des procédures fiscales[61]. La « malformation congénitale de ce contentieux »[62] est héritée d'une loi ancienne du 22 frimaire an VII, article 65 et de la Loi du 28 pluviôse an VIII, article 4. La Loi du 22 frimaire an VII dispose qu' « en matière d'enregistrement, l'introduction et l'instruction des instances auront lieu devant les tribunaux civils du département ; la connaissance et la décision en sont interdites à toutes autres autorités constituées ou administratives ». Cette disposition sera étendue à tout impôt indirect, non perçu par voie de rôle[63]. C'est ainsi que les impôts indirects sont confiés au juge civil, un an avant la création des conseils de préfecture. La Loi du 28 pluviôse an VIII dispose que les conseils de préfecture, ancêtres des tribunaux administratifs se prononceront « sur les demandes des particuliers tendant à obtenir la décharge ou la réduction de leurs côtes de contributions directes »[64]. On trouve dans ces deux textes postrévolutionnaires la genèse du partage de compétence entre les deux ordres de juridictions fondée sur l'existence ou non d'un acte émanant de l'administration, incarné par la voie de rôle. Dès lors, les impôts établis à la suite d'un acte administratif reviennent à la compétence du juge administratif alors que les impôts liquidés et acquittés spontanément par les assujettis entrent dans le champ de compétence du juge judiciaire. La répartition équilibrée à l'époque n'a pas résisté à l'assaut du temps et au

---

[61] Article L. 199 du LPF.

[62] X. VALLI, *Le juge fiscal judiciaire et le droit privé*, Thèse dactyl., Aix-en-Provence, 2014, p. 15.

[63] Voir : A. DORT, « Rôle nominatif », *in* G. ORSONI (dir.), *Finances publiques. Dictionnaire encyclopédique*, 2e édition, Paris, Economica-PUAM, coll. Finances publiques, 2017, p. 800.

[64] L. TROTABAS, *Précis de science et de législation financières*, 9e édition, Paris, Dalloz, coll. petit précis Dalloz, 1947, p. 328.

cours du XXe siècle l'harmonie a été peu à peu troublée. Le « gardien des libertés » s'est vu concurrencé par un juge administratif à l'essor constant et le législateur a abondé dans ce sens en annihilant toute justification de dualisme au terme de l'attribution d'un impôt majeur, la TVA. Institué en France en 1954[65], le célèbre impôt indirect de Maurice LAURÉ est devenu la première ressource fiscale française. En confiant un impôt « moderne et productif »[66] au juge administratif, le législateur n'est pas seulement venu déstabiliser la traditionnelle répartition fondée sur la nature de l'impôt en plaçant un impôt indirect dans l'office du juge administratif. Par cette attribution, le législateur affirme le rôle majeur que joue le juge administratif en matière fiscale.

34. Cette « clause fiscale de compétence juridictionnelle » telle que théorisée par le professeur Bernard CASTAGNÈDE[67] instaure ainsi un dualisme, une rupture voire une scission du contentieux fiscal. Pour le doyen TROTABAS, seules des considérations historiques et politiques expliquent ce dualisme, alors que pour Gaston JÈZE la justification, lapidaire, du dualisme n'est qu'« un bel exemple d'apologétique juridique, de justification à tout prix de la règle existante »[68].

35. Ainsi, seront concernés dans cette étude l'ensemble des prélèvements obligatoires relevant de l'office du juge statuant en matière fiscale. Parmi eux, une classification duale peut être identifiée. D'une part, les impôts relevant de l'office du juge judiciaire, d'autre part, ceux relevant de l'office du juge administratif. L'outil d'aiguillage, faisant office de gare de tri parmi cette somme d'impôt, est incarné en matière de contentieux

[65] La Loi n°54-404 du 10 avril 1954 portant réforme fiscale crée la Taxe sur la valeur ajoutée.
[66] G. GEST, « Dualité de juridiction et unité du droit fiscal », *RFDA*, 1990, n°5, p. 822.
[67] B. CASTAGNÈDE, *La répartition des compétences juridictionnelles en matière fiscale*, Thèse dactyl., Paris I, 1972, volume 1, 594 p.
[68] L. TROTABAS, « Contentieux fiscal et juridiction administrative », *in Mélanges Paul NEGULESCO*, Bucuresti, Monitorul oficial si imprimeriile statilui, 1935, 855 p.

d'assiette par l'article L. 199 du LPF[69]. Le législateur indique, par cet article, que les impôts directs et les taxes sur le chiffre d'affaires ou les taxes assimilées sont confiés au juge administratif statuant dans le ressort du tribunal administratif. En parallèle, les droits d'enregistrements[70], impôt sur la fortune immobilière, droits de timbre, contributions indirectes et taxes assimilées entrent dans l'office du juge du tribunal judiciaire.

36. Le texte précise en outre, que les contribuables redevables de l'ensemble de ces impôts n'ayant pas, à l'issue de la réclamation contentieuse préalable devant l'administration, obtenu satisfaction peuvent porter leur différent devant la juridiction compétente. Une particularité est ainsi rappelée, en matière fiscale, comme dans certains contentieux administratifs[71], le citoyen-contribuable ne peut saisir le juge directement et doit, au préalable, saisir l'administration fiscale dans le cadre d'une réclamation contentieuse[72]. Au-delà du particularisme et de la question de la naissance de la situation contentieuse entre le contribuable et l'administration, la procédure est ici parfaitement superposée sur les deux ordres de juridiction, le contribuable étant soumis à la même exigence préalable à l'introduction de la phase contentieuse.

37. En matière de contentieux du recouvrement, le dualisme se retrouve de la même façon. L'article L. 281 du LPF dispose que les contestations relevant de l'obligation de payer et du montant de la dette

---

[69] L'article L. 199 du LPF dispose : « En matière d'impôts directs et de taxes sur le chiffre d'affaires ou de taxes assimilées, les décisions rendues par l'administration sur les réclamations contentieuses et qui ne donnent pas entière satisfaction aux intéressés peuvent être portées devant le tribunal administratif. Il en est de même pour les décisions intervenues en cas de contestation pour la fixation du montant des abonnements prévus à l'article 1700 du code général des impôts pour les établissements soumis à l'impôt sur les spectacles.
En matière de droits d'enregistrement, d'impôt sur la fortune immobilière, de taxe de publicité foncière, de droits de timbre, de contributions indirectes et de taxes assimilées à ces droits, taxes ou contributions, le tribunal compétent est le tribunal judiciaire. Les tribunaux judiciaires statuent en premier ressort. Un décret en Conseil d'État fixe les modalités d'application ».

[70] Voir : C. DAVID, *Droit de l'enregistrement et taxe de publicité foncière,* Paris, Dalloz, coll. Mémentos, 1984, 208 p.

[71] Le recours administratif préalable (RAPO) s'applique à certains contentieux administratifs : Article R. 421-1 du CJA.

[72] Th. LAMBERT, *Procédures fiscales*, 4e édition, Paris, LGDJ, coll. Domat droit public, 2019, p. 581.

fiscale relèvent du juge administratif. Le juge judiciaire sera compétent pour connaître des litiges concernant la régularité en la forme de l'acte soit l'exécution des mesures de poursuite. Particulièrement technique, le contentieux du recouvrement gagnera à être simplifié afin de mettre un terme à un dédale procédural périlleux pour le contribuable[73].

38. De ce dualisme, que nous qualifierons de néfaste à l'issue de nos développements, découle l'application de corps de règles différents. Il conviendra en outre, d'étudier l'influence unificatrice des règles de procédures fiscales ainsi que d'identifier l'existence d'un dualisme interactionniste ou celle d'un dualisme hermétique, alors que pour le doyen TROTABAS « ce partage n'exprime pas la dualité du contentieux fiscal »[74].

39. Le dualisme de juridiction en ce qu'il correspond à la prise en compte de contentieux spécifique entre le justiciable et l'État n'est ici pas remis en cause dans sa globalité. Toutefois, constater un éclatement du contentieux d'une même discipline, ici la matière fiscale, nous interroge. Existe-t-il un enrichissement mutuel, un dialogue des juges, une justification actuelle pour légitimer cette scission ?

40. Il convient de s'interroger sur la pérennité de ce dualisme, survivant de nombreuses réformes et objet de critiques. Pourtant en 2004, la Loi de simplification du droit[75], porteuse d'espoirs avait permis au

---

[73] M. MASCLET DE BARBARIN, *Le contentieux du recouvrement de l'impôt*, Paris, LGDJ, coll. Bibliothèque de droit public, Tome 243, 2004, p. 484.
[74] L. TROTABAS, *Science et technique fiscales*, Paris, Dalloz, coll. précis Dalloz, 1958, p. 327.
[75] Loi n°2004-1343 du 9 décembre 2004, loi de simplification du droit, *JORF* n°0287 du 10 décembre 2004.

gouvernement de simplifier les procédures en matière fiscale[76]. L'exécutif aurait pu s'emparer du sujet et réformer cette scission, pourtant appelée de ses vœux par le législateur en ces termes : « Simplifier les modalités de recouvrement de l'impôt et les règles régissant le contentieux du recouvrement, notamment en ce qui concerne la répartition des compétences juridictionnelles ». En 2007, le groupe de travail présidé par Monsieur Olivier FOUQUET avait formulé des observations et recommandations, comme l'avait fait en son temps la commission AICARDI[77].

41. Cette simplification passant par une vision moniste du contentieux permettrait de proposer au contribuable une vision claire de l'accès au contentieux fiscal et aux règles applicables.

§6 – Le monisme

42. Étymologiquement hérité du grec *monos*, seul, le monisme renvoie à une « unité d'objet auquel la pensée s'applique » ou à une « doctrine selon laquelle le monde n'est constitué que par une seule substance »[78]. Introduite

---

[76] L'article 24 de la loi de simplification du droit dispose : « Dans les conditions prévues par l'article 38 de la Constitution, le Gouvernement est autorisé à prendre par ordonnance toutes mesures adaptant la législation relative aux impositions de toute nature pour : 1° Simplifier les démarches des usagers en allégeant, supprimant ou dématérialisant des formalités ; 2° Simplifier les modalités de recouvrement de l'impôt et les règles régissant le contentieux du recouvrement, notamment en ce qui concerne la répartition des compétences juridictionnelles ; 3° Simplifier, harmoniser ou aménager le régime de pénalités prévu par le code général des impôts et le livre des procédures fiscales ; 4° Simplifier et améliorer les procédures de déclaration, de collecte et de contrôle de la taxe d'apprentissage ; 5° Améliorer les rapports entre l'administration fiscale et les contribuables, notamment en ce qui concerne les droits et garanties qui leur sont reconnus ; 6° Permettre au contribuable de se prévaloir de la doctrine et des décisions de l'administration relatives à l'assiette des droits et taxes perçus et recouvrés selon les modalités du code des douanes ; 7° Adapter les articles du code général des impôts qui se réfèrent à des dispositions relevant d'autres législations qui ont été modifiées ou abrogées ».

[77] M. AICARDI, *L'amélioration des rapports entre les citoyens et les administrations fiscales et douanières : rapport au Ministre d'état Ministre de l'économie des finances et de la privatisation*, Paris, Documentation française, Les rapports officiels, 1986, 123 p., ayant abouti à la Loi n°87-502 du 8 juillet 1987 dite AICARDI modifiant les procédures fiscales et douanières, renforçant les garanties du contribuable.

[78] Dictionnaire LAROUSSE, édition numérique : www.larousse.fr.

en philosophie par l'allemand Christian WOLFF, cette idée d'unité renvoie à l'origine à l'unité de l'esprit et de la matière, opposé à la philosophie dualiste qui distingue le corps et l'âme[79]. Le terme « monisme » renvoie à une conception d'unité de la matière[80]. Cette notion fait appel à la philosophie et à SPINOZA qui le premier a conceptualisé cette vision de « substance unique »[81]. Le monisme « considère l'ensemble des choses comme réductible à l'unité : soit au point de vue de leur substance, soit au point de vue des lois (ou logiques, ou physiques), par lesquelles elles sont régies, soit enfin au point de vue moral »[82].

43. En l'espèce, on ne renverra pas à de tels éléments, mais à deux parties, les « deux têtes du juge de l'impôt », constitués en matière fiscale d'une seule substance : le contentieux de l'impôt. Il faudra envisager comment réunir deux éléments, alors « qu'une évolution générale esquisse une unification du contentieux fiscal »[83]. Cette réunification permettra d'éviter la situation ubuesque décrite par Philippe BERN qui écrivait que « le contentieux de l'imposition n'est qu'une branche du contentieux administratif même lorsqu'il se déroule devant le juge judiciaire »[84].

44. Le monisme permet une vision unifiée d'une discipline actuellement atomisée telle que le contentieux fiscal. Comme les adeptes de cette pensée unifiant l'âme et le corps, le monisme en matière fiscale interroge et propose une réunification d'une compétence répartie sur deux ordres.

---

79 A. BILLECOQ, « Monisme », *in* S. AUROUX, A. JACOB (dir.), *Les notions philosophiques : dictionnaire*, Tome 2, Paris, PUF, 1990, p. 1680.

80 A. SIMHA, « Monisme », *in* M. BLAY (dir.), *Grand dictionnaire de la philosophie*, Paris, Larousse, CNRS éditions, 2003, pp. 685-688.

81 A. KAPLAN, *L' "Éthique" de Spinoza et la méthode géométrique : introduction à la lecture de Spinoza*, Paris, Flammarion, 1998, première partie : de Dieu, Proposition VIII.

82 Dictionnaire du CNRTL numérique.

83 J. GUEZ, *L'interprétation du contentieux fiscal,* Paris, LGDJ, coll. Bibliothèque de l'institut André Tunc, Tome 12, 2007, p. 50.

84 Ph. BERN, *op. cit.*, p. 5.

Section 2 – Le champ de l'étude

45. Pour circonscrire le sujet à une analyse resserrée à l'essentiel de la démonstration, il faudra écarter certains domaines, proches des interactions fiscales, mais éloignés du cœur du sujet (§**1**). Afin de couvrir convenablement le champ de la recherche, l'espace temporel et spatial devra être présenté par des considérations historiques (§**2**) et de droit comparé (§**3**).

§1 – Les domaines écartés

46. Le droit douanier qui obéit à des règles propres, bien qu'il s'agisse d'un contentieux de nature fiscale sera écarté de l'étude. Le professeur Claude J. Berr, dans son *Introduction au droit douanier*, nous fournit les arguments pour écarter cette branche du droit. L'auteur indique que l'on « est en présence d'une véritable branche du droit, c'est-à-dire d'un ensemble autonome et cohérent de normes issues d'une inspiration commune, dotées de caractéristiques propres lui conférant un particularisme indiscutable »[85]. Les contributions indirectes, reposant sur des procédures particulières, relevant de la Direction Générale des Douanes et Droits Indirects (DGDDI), génèrent quant à elles une jurisprudence casuistique peu favorable à un apport du juge. Il n'entrera, de fait, pas dans le champ de notre étude. Philippe BERN relevait déjà en 1972 que « si on avait voulu en tenir compte, il aurait fallu émettre sans cesse des réserves à son propos, ce qui n'aurait pas manqué de nuire à la clarté de l'exposé »[86]. Cette clarté à laquelle nous tenons en matière de contentieux fiscal doit être préservée dans le cadre de cette recherche.

47. Nous écarterons également le contentieux pénal de l'impôt, car « malgré l'existence de (traits) originaux qui isolent la majeure partie de la répression fiscale au sein de la procédure fiscale ordinaire, on ne saurait considérer qu'il s'agit d'une procédure fiscale »[87]. Les règles applicables relèvent en effet quasi intégralement de la procédure pénale, appliquée *in extenso* au litige fiscal. Par conséquent, le juge pénal compétent sort de

---

[85] C. J. BERR, *Introduction au droit douanier*, Paris, Economica, 2008, p. 1.

[86] Ph. BERN, *La nature juridique du contentieux de l'imposition*, *op. cit.*, p. 8.

[87] J.-M. LE BERRE, *La procédure fiscale contentieuse*, Thèse dactyl., Aix-en-Provence, 1977, p. 13.

l'analyse du dualisme en matière fiscale. Si nous l'aborderons ponctuellement, le contentieux pénal fiscal n'entre pas dans le champ principal de la recherche.

48. Nous concentrerons ainsi notre étude sur l'office du juge civil et l'office du juge administratif statuant en matière fiscale et tour à tour désigné par l'expression générique de « juge de l'impôt ».

§2 – L'aspect historique

49. Le recul historique nécessaire à l'étude de l'office du juge en matière fiscale nécessitera d'analyser les évolutions du contentieux fiscal autour de grandes dates. Partant de l'Ancien Régime, la période révolutionnaire marque un tournant avec les fondations d'un dualisme organique en matière fiscale. Plus proches de nous, l'avènement de la juridiction administrative, la création des Cours administratives d'appel, et l'émergence des juridictions communautaires ont influencé les rapports entre le juge, l'impôt et le contribuable. Pour comprendre pourquoi au XXIe siècle deux ordres de juridictions se partagent la balance et le glaive en matière fiscale, il faut retrouver la naissance de la classification fiscale pour identifier quels critères justifient l'affectation de l'impôt dans l'un ou l'autre des ordres de juridiction. Par suite, il faudra identifier la genèse de nos ordres de juridiction, remaniés à la Révolution, mais dont les fondements se trouvent sous l'Ancien Régime. S'il faut regarder en arrière, il faut aussi regarder à côté. La place du droit comparé est indispensable dans cette démarche de critique et de proposition.

§3 – La place du droit comparé

50. L'appréhension du traitement juridictionnel du contentieux fiscal, sa critique et sa proposition de réforme ne pourront se faire sans considérer les exemples d'autres pays qui ont confié depuis parfois près d'un siècle le contentieux fiscal à un juge spécialisé.

51. L'Allemagne, pays voisin et fédéral, connaît cinq ordres de juridiction[88] et a choisi de confier le contentieux fiscal à une cour fédérale des finances, le *Bundesfinanzhof* depuis 1950, succédant au *Reichsfinanzhof* créé en 1918. Instaurés dans chaque *Land*, les 19 tribunaux des finances ont une compétence exclusive en matière de contentieux fiscal. Permettant une unité d'application des règles fiscales pour les 16 *Länder*, la cour fédérale constitue un deuxième degré de juridiction, avant celui ouvert devant la Cour fédérale (*Bundesgerichtshof*).

52. Le Canada, pays fédéral, connaît également cinq ordres de juridiction, mais présente une organisation juridictionnelle différente de l'Allemagne. Le contentieux fiscal est confié aux tribunaux administratifs fédéraux, puis en deuxième instance à la cour canadienne de l'impôt, un recours est ensuite ouvert devant la cour d'appel fédérale puis en dernière instance, devant la Cour suprême du Canada.

53. L'Italie, pays régional, a choisi de confier le contentieux fiscal à une juridiction judiciaire provinciale spécialisée (*Commissioni Tributarie Provinciali*) en première instance. En appel, la commission de district est compétente (*Commissioni Tributarie Distrettuali*), alors que la Cour de cassation (*Corte di cassazione*) constituera l'ultime degré de recours en droit interne.

54. Le Portugal opère une interpénétration entre le contentieux administratif et le contentieux fiscal. Trois degrés de juridiction sont compétents en la matière, l'ordre administratif et fiscal accueille en première instance les seize *Tribunais administrativo e fiscais* répartis au sein des grandes villes du pays. Deux *Tribunais centrais administrativos* sont compétents en matière d'appel. Le *Supremo tribunal admininstrativo*, au sommet de l'ordre juridictionnel est divisé en deux chambres, une dédiée au contentieux administratif, l'autre au contentieux fiscal. Au Portugal, le contentieux fiscal partage le même juge avec le contentieux administratif.

55. Ces exemples auront pour fonction de montrer que confier le contentieux fiscal à une juridiction spécialisée a un sens, est réalisable et produit des effets bénéfiques sur les acteurs du contentieux fiscal. Ces pays étrangers, européens ou non, fédéraux ou unitaires ayant choisi la

---

[88] On trouve les juridictions de droit commun (compétentes en matière civile et pénale) ainsi que quatre ordres de juridiction spécialisés : tribunaux administratifs, tribunaux du travail, tribunaux du contentieux de la sécurité sociale et les tribunaux des finances.

spécialisation à l'assimilation serviront de base de réflexion pour proposer une réforme du contentieux fiscal.

Section 3 – Intérêt et problématique

56. La situation duale du contentieux fiscal est un inconvénient que nous mettrons en lumière et que nous proposerons de supprimer (§**1**). L'intérêt de la réparation du contentieux fiscal fracturé sera guidé par un fil conducteur, la problématique (§**2**).

§1 – Le dualisme juridictionnel éliminé au profit du monisme

57. Une fois le diagnostic posé (**A**), une proposition de réparation de la fracture sera proposée par l'application d'une vision moniste du contentieux fiscal (**B**).

A – Montrer les inconvénients du dualisme juridictionnel en matière fiscale

58. Le dualisme juridictionnel en ce qu'il complexifie la procédure fiscale est, *de facto*, une entrave à l'accès au contentieux fiscal. Elle constitue en outre, un risque de divergence de jurisprudences, alors que deux ordres de juridiction différents sont mobilisés pour statuer sur la même discipline.

59. Le dualisme juridictionnel emporte également pour conséquence la multiplication des textes applicables en matière fiscale, saturant la base normative applicable. Ce foisonnement normatif constitue pour le contribuable une difficulté, rendant difficile la compréhension de la matière. Cette complexité produit par ailleurs des effets négatifs sur l'administration qui est conduite à commettre des erreurs, sur le juge qui peut hésiter dans l'application de la loi, sur l'entreprise qui devra mobiliser de nombreux moyens administratifs, et enfin sur le conseil qui devra constamment décrypter des règles obscures.

60. La justification du dualisme confiant au juge civil, traditionnel gardien des libertés individuelles, des impôts patrimoniaux « sensibles » face à un juge administratif partisan et en faveur de l'administration est aujourd'hui désuète[89]. D'une part, parce que nous le verrons, le juge civil n'assure plus en matière fiscale une protection efficace des droits du contribuable. D'autre part, en raison de l'émancipation de la juridiction administrative due à la création des cours administratives d'appel[90] et à la reconnaissance constitutionnelle de son indépendance[91].

61. Le dualisme du contentieux fiscal subit par ailleurs une « concurrence juridictionnelle » exercée par d'autres juges à l'image du juge constitutionnel et du juge communautaire. Le succès de la question prioritaire de constitutionnalité (QPC) en matière fiscale a permis au juge du Palais Royal de produire une jurisprudence fournie en matière de protection constitutionnelle des droits du contribuable[92]. Dans le même temps, la Cour de Justice de l'Union Européenne (CJUE) et la Cour Européenne des Droits de l'Homme (CEDH) se sont emparées de la matière fiscale pour irriguer le droit national de garanties communautairement reconnues[93]. Dès lors, une partie des garanties du contribuable sort *de facto* du dualisme juridictionnel pour échoir à d'autres

[89] Th. RENAULT, « Du rififi chez les juges, le juge administratif est-il le nouveau gardien des libertés publiques ? », *AJDA*, 2016, n°30, pp. 1677-1680 ; J. ROBERT, « Le juge administratif et la liberté individuelle », *in Mélanges offerts à Marcel WALINE : le juge et le droit public*, Paris, LGDJ, 1974, pp. 719-732.

[90] Création des Cours administratives d'appel par la Loi n°87-1127 du 31 décembre 1987 portant réforme du contentieux administratif. Voir sur le sujet : H . ISAÏA, *Les cours administratives d'appel : approche critique*, Paris, Economica, 1993, 296 p.

[91] L'indépendance de la justice administrative résulte d'un principe fondamental reconnu par les lois de la République (PFRLR) issu de la Loi du 24 mai 1872 portant réorganisation du Conseil d'État et de la jurisprudence CC, 22 juillet 1980, décision n°80-119 DC, *Loi de validations d'actes administratifs*, *JORF* du 24 juillet 1980, p. 1868.

[92] A.-L. CASSARD-VALEMBOIS, Ch. DE LA MARDIÈRE, F. MALIHERE, S. SALLES, C. SAUGET, R. VABRES, « QPC et droit fiscal. Les apports croisés du droit fiscal et de la QPC », *Les cahiers du Conseil Constitutionnel, Titre VII* [en ligne], Hors-série, *QPC 2020 : les dix ans de la question citoyenne*, octobre 2020, https://www.conseil-constitutionnel.fr/publications/titre-vii/ : « Entre le 1er mars 2010 et le 31 décembre 2019, la matière fiscale représente 22 % des décisions QPC rendues par le Conseil constitutionnel, soit 158 décisions ».

[93] Par exemple : La non-conformité du droit de visite et de saisie au regard de l'article 6§1 de la Conv.EDH : CEDH, 21 février 2008, req. 18497, *Ravon et a. c/ France, Droit Fiscal*, 2008, n°12, comm. 228, note RAVON et LOUIT.

juges nationaux et communautaires, participant à l'émiettement de la compétence en matière fiscale.

B – Proposer une unification du contentieux autour d'un juge de l'impôt spécialisé

62. L'unification de la juridiction et des normes fiscales peuvent se résumer à une vision : le monisme. L'unification de la juridiction fiscale favorise naturellement l'unité de la discipline. Cette simplification matérielle, conduisant à une saisine du juge facilitée, sera sans doute l'apport le plus tangible et le plus effectif à l'égard du contribuable. Mais l'unification emporte d'autres vertus. Confier le contentieux fiscal à un juge unique favorise l'unité de la jurisprudence en concentrant autour d'un seul ordre de juridiction la production normative du juge.

63. Attribuer le contentieux de l'impôt à un juge unique renforce l'efficience de la justice en matière fiscale, permettant à des juges spécialisés d'utiliser un corps normatif unique. La codification réalisée par le Livre des procédures fiscales et le Code général des impôts (CGI) a permis d'unifier en partie le corps normatif du juge de l'impôt en lui permettant d'utiliser « en comblement des lacunes du droit fiscal »[94], son droit d'origine. La mise en œuvre d'un juge de l'impôt spécialisé devra se réaliser de concert avec l'achèvement de l'unification normative du droit fiscal, pour combler les dernières lacunes.

64. Toutefois, cette unification ne doit pas être vue comme un miroir aux alouettes. Plusieurs entraves viendront à l'encontre de cette réforme juridictionnelle. Le contentieux pénal fiscal, le contentieux relatif aux voies d'exécution en matière fiscale seront des questions qu'il faudra soulever. L'unification sera difficile face à une myriade de textes techniques, parfois mal rédigés, mais une réforme par étapes sera envisagée.

§2 – La problématique

65. Au regard des multiples effets du dualisme, la comparaison d'un « juge de l'impôt » avec un *Janus*, divinité à deux visages, laisserait la place à

[94] J. PUJOL, *op. cit.*

l'image d'un *Amphisbène*[95], ayant un regard différent, dans des directions différentes.

66. À la lumière de ces éléments, le dualisme juridictionnel est remis en question au profit d'un juge unique autour d'un corps normatif unifié. Cette dénonciation de l'ordre établi et la proposition d'une réforme juridictionnelle n'ont de sens que si elles ont un impact sur le contribuable. Par conséquent, une question synthétisera l'esprit de cette recherche :

En quoi le dualisme juridictionnel du contentieux fiscal est-il nuisible et le monisme vertueux pour le contribuable ?

67. Pour y répondre, un plan correspondant à ces deux temps sera proposé.

Section 4 – Le plan

68. La démonstration de l'érosion du dualisme juridictionnel et la perspective d'une unification du contentieux fiscal se feront en plusieurs temps. D'abord, la caducité du dualisme juridictionnel en matière fiscale sera étudiée. Le dualisme perçu comme une entrave à l'accès au contentieux fiscal, et l'absence de justification liée à la protection du contribuable seront abordés (**Partie I**). Ensuite, après avoir critiqué le modèle actuel, il sera envisagé un nouveau modèle de répartition juridictionnelle autour d'une juridiction unique, spécialisée, un monisme vertueux en remplacement d'un dualisme éculé. Les exemples de pays étrangers viendront démontrer qu'il est réaliste de songer à une refonte de la répartition juridictionnelle en matière fiscale alors même que la fusion de tribunaux a lieu au sein de l'ordre judiciaire (**Partie II**).

[95] Serpent mythologique possédant une tête à chaque extrémité et qui marcherait des deux côtés, pouvant aller dans deux directions.

PARTIE I – UN DUALISME JURIDICTIONNEL COMPLEXE

69. Scinder le contentieux d'une même branche du droit entre les deux ordres de juridictions est une situation inédite en droit français. Cette fracture du contentieux fiscal n'est pas sans conséquence ni sans justification. Pour comprendre comment cette situation demeure encore aujourd'hui un particularisme, il faut remonter à une époque où l'architecture politique et juridictionnelle a été bouleversée : la période révolutionnaire. De cette époque vertueuse pour le droit et les libertés découle une partie de la structure contentieuse en matière fiscale. Le dualisme de juridiction fondée sur une classification distinguant l'impôt direct de l'impôt indirect provient de cette période de bouleversements politiques et sociaux.

70. Cette fracture du contentieux fiscal que nous qualifions de complexe est consubstantielle de l'éclatement d'une relation unique sur deux ordres de juridiction. En l'espèce, quel que soit l'impôt, le rapport conflictuel ouvert oppose deux parties, l'administration fiscale et le contribuable. Le sujet de la querelle est pourtant le même : l'impôt. Au moment du contentieux pourtant, un brouillard s'installe devant le contribuable qui ne distinguera plus les acteurs et les normes du contentieux fiscal. Cette complexité originelle dont on retrouve les ferments à la Révolution est aujourd'hui renforcée par des interventions exogènes dépassant le strict dualisme d'ordres juridictionnels.

71. L'histoire n'a ainsi, en la matière, pas produit que des effets positifs, et l'avènement d'un millefeuille normatif et juridictionnel devient indigeste. L'intérêt du contribuable, mais aussi de l'administration fiscale est en jeu. Fondé sur une classification inadaptée aux enjeux actuels, sur une organisation juridictionnelle produisant un écartèlement d'une matière, le dualisme en matière fiscale constitue une entrave que l'histoire ou l'habitude ne peuvent plus justifier. La fin d'un ordre établi depuis la période révolutionnaire se réalise de fait, alors que le dualisme juridictionnel est concurrencé et ne correspond plus aux enjeux actuels (**Titre 1**).

72. Le dualisme juridictionnel complexe produit un risque d'incohérence du contentieux fiscal. S'il s'avère ardu de trouver le « juge de l'impôt » pour le contribuable, l'influence des autres droits en « comblement des lacunes » du droit fiscal, et une production jurisprudentielle hétérogène compliquent l'objectif de clarté de la discipline. Le contribuable se trouvera ainsi dans des situations différentes en fonction de l'impôt litigieux, face à deux procédures ouvertes devant un juge partiellement spécialisé ou épisodiquement saisi. Le dualisme comme instrument de morcellement et de complexité constitue indubitablement un inconvénient pour le contribuable qui n'en tire aucun bénéfice tant les arguments d'antan se sont effacés et les entraves développées (**Titre 2**).

TITRE 1 – LA FIN D'UN ORDRE ÉTABLI DEPUIS LA PÉRIODE RÉVOLUTIONNAIRE

73. La période révolutionnaire est marquante par nombre d'avancées en matière de libertés et de répartition juridictionnelle. L'abolition des privilèges, la nuit du 4 août 1789, est l'émanation directe d'une révolte fiscale. Le point de départ de cette recherche se place à cette époque produisant des effets sur le système fiscal actuel. De cette période d'effervescence philosophique et démocratique naîtront les fondements de principes constitutifs de notre régime. Même s'il convient de relativiser les apports de cette période qui, selon certains historiens, « Par bien des aspects, (…) ne fait que prolonger la période précédente »[1], il faut reconnaître qu'en matière fiscale nombre d'apports et de malformations sont issus de cette période fondatrice.

74. Le dualisme juridictionnel fait partie de cet héritage encombrant en matière de contentieux fiscal. Cette fracture basée sur une classification désuète subit l'érosion du temps, mais se maintient sans argumentation rationnelle. Issue d'une défiance à l'égard du pouvoir, l'affectation du contentieux de la « contribution commune », particulièrement sensible est le fruit d'une vision politique de la matière. L'article L. 199 du LPF, traduisant légalement le dualisme des juges, est issu de cette répartition et a subi les mêmes effets. L'affectation du contentieux à l'un ou l'autre ordre de juridiction n'est aujourd'hui plus guidé par aucune logique ni justification. Toutefois, elle participe à complexifier la procédure et à troubler encore davantage le rapport entre le contribuable et son juge (**Chapitre 1**).

75. Face à cette répartition aux fondements puisant ses racines dans plus de deux siècles, l'office du juge en matière fiscale est concurrencé de toute part, participant à morceler encore davantage une compétence éparse. Qu'ils soient juges nationaux ou européens, l'influence de leurs jurisprudences se diffuse en matière fiscale. Le dualisme est ainsi assiégé par des juges mus par la volonté d'étendre leur protection le plus largement possible (**Chapitre 2**).

[1] G. ARDANT, *Histoire de l'impôt*, Livre II, Paris, Fayard, 1972, p. 13.

CHAPITRE 1 – Un dualisme juridictionnel en mutation fondé sur une classification désuète

Tempus edax rerum[1]

76. Classifier pour attribuer. C'est en droit fiscal l'objet premier de l'élaboration d'une grille de classement par caractéristiques des prélèvements fiscaux. En fonction de son « profil », l'impôt entrera dans le champ de compétence du juge administratif ou du juge judiciaire. L'enjeu de ce Chapitre sera de savoir si le dualisme juridictionnel, objet de réformes, mais fondé sur des critères du XVIIIe siècle est adapté aux situations fiscales contemporaines.

77. La classification fiscale héritée de l'Ancien Régime, modifiée à la Révolution est encore aujourd'hui la trame de nos impositions. Cette époque de défiance à l'égard des juridictions de l'Ancien Régime est marquée par des destructions, des innovations et parfois de réhabilitations. Sous l'Ancien Droit, une forme de dualisme juridictionnel existait puisque le contentieux des tailles, impôt direct, était confié à l'intendant, juridiction de type administratif, alors que celui des aides, impôt indirect, était confié au juge « ordinaire »[2]. Pourtant, selon certains auteurs, ce n'est pas la nature de l'impôt qui avait guidé l'attribution contentieuse, mais la volonté de lutter contre la multiplication des offices qu'aurait générée l'attribution de nouveaux impôts au juge ordinaire plutôt qu'aux intendants[3]. En 1789, les impôts de l'Ancien Régime sont abolis. Hélas, les contributions volontaires ne peuvent suffire à abonder le budget de l'État et le législateur est contraint de rétablir un système fiscal. Les célèbres contributions dites des « Quatre vieilles » constituèrent jusqu'à la naissance du Premier Empire la quasi-intégralité des ressources fiscales françaises. Les trois premières

---

1 « Le temps dévore tout ».

2 Voir : Th. LAMBERT, « L'assiette des impôts directs locaux ; notes pour une recherche historique », *in* H. ISAÏA, J. SPINDLER (dir.) *Histoire du droit des finances publiques*, vol. III, Paris, Economica, coll. Finances publiques, 1988, pp. 267-291.

3 B. CASTAGNÈDE, *La répartition des compétences juridictionnelles en matière fiscale*, Thèse dactyl., Paris II, 1972, p. 127.

contributions directes sont instituées en 1791 par l'Assemblée constituante : la contribution foncière, la contribution personnelle et mobilière, et la contribution de la patente. En 1798, le Directoire y ajoute la contribution sur les portes et fenêtres. Le législateur révolutionnaire a par ailleurs aboli entre 1789 et 1792 l'ensemble des juridictions administratives[4]. Les dix ans qui suivirent ne laissèrent au contribuable que la possibilité de se tourner vers l'administration elle-même pour trancher un litige[5]. Il fallut attendre la Loi du 28 pluviôse an VIII pour retrouver une juridiction administrative, à travers le Conseil de préfecture placé sous la présidence du Préfet. Véritables juridictions, les Conseils de préfecture rendaient des arrêtés pouvant faire l'objet d'un second examen, devant le ministre-juge suivant les observations du Conseil d'État[6]. En matière fiscale, les nouvelles juridictions administratives seront sur le fondement de la Loi de pluviôse an VIII, compétentes en matière de contributions directes. Les droits d'enregistrement, fruits d'une fusion des droits royaux ont survécus à la Révolution et sont créés par une Loi des 5 et 19 décembre 1790[7]. La Loi du 5 ventôse an VIII[8] vient à son tour rétablir les contributions indirectes, les guerres menées par l'Empereur créant des besoins financiers plus importants. Contributions particulièrement impopulaires, car lourdes sous l'Ancien Régime, le législateur confie ce contentieux « sensible » au juge civil jouissant d'une image d'impartialité, protecteur des libertés fondamentales.

---

[4] Les Intendants sont supprimés dès le 22 décembre 1789, les Chambres des Comptes, les Cours des Aides, les bureaux des finances, et le Grenier à sel en septembre 1790, le Conseil du Roy en avril 1791.

[5] Les contribuable pouvaient saisir les directoires de district, les directoires des départements, administrations collégiales élues, ou le Ministre en fonction de la nature du recours : gracieux ou hiérarchique.

[6] J. LÉGER, « L'histoire des conseils de préfecture », *La revue administrative*, 1999, n°3, pp. 106-114.

[7] Ch. DE LA MARDIÈRE, « Histoire des droits d'enregistrement en France », *Droit Fiscal*, 2017, n°17, Étude 270 : « La loi de 1790 distingue trois sortes d'actes. Les premiers déclarent une valeur dont la transmission est immédiate, comme une vente immobilière ; l'impôt est alors proportionnel à la valeur convenue entre les parties. La deuxième catégorie se rapporte à des actes dans lesquels aucune valeur n'est déclarée, soit parce que cela n'a pas lieu d'être, comme dans un contrat de mariage, soit parce que la valeur n'est pas encore déterminée, ainsi à propos d'un testament. Les droits sur les actes de cette nature étaient égaux au quinzième des revenus des contribuables, calculé selon la cote d'habitation de la contribution mobilière. La troisième catégorie intéressait de pures formalités, comme les procès-verbaux ou les exploits d'huissiers ; ces actes sur les droits perçus étaient soumis à un droit fixe ».

[8] 25 février 1804 dans le calendrier grégorien.

Entre 1789 et 1800, il n'y a ainsi pas de difficulté en matière de dualisme juridictionnel, puisqu'il n'existe pas.

78. Sur cette trame est construite la tapisserie de notre répartition juridictionnelle. Parce qu'ils entrent dans la catégorie « impôt direct », ils sont, pour le législateur révolutionnaire, affectés au Conseil de préfecture, ancêtre du juge administratif. Parce qu'il est un « impôt indirect », le juge civil sera compétent. Bien que rigide, cette répartition s'explique par différents facteurs notamment la méfiance à l'égard d'un juge traditionnellement plus proche de l'administration, face à un juge civil incarnant la figure de « gardien des libertés ». Cette répartition aurait pu traverser les âges. Hélas pour l'harmonie de la répartition juridictionnelle du contentieux fiscal, le temps a désordonné la logique d'attribution qui semblait guider le législateur révolutionnaire. L'actuel article L. 199 du LPF guide ce partage attribuant de façon anarchique, à l'un ou l'autre juge compétent, le contentieux d'un ensemble d'impôt aux contours parfois flous.

79. Les critères anciens de la classification fiscale dont nous avons hérité sont remis en question alors qu'ils ne sont plus assez efficaces pour justifier une répartition objective. Remettre en question les critères hérités de la Révolution ainsi que montrer qu'ils sont caducs lorsqu'il faut envisager les situations fiscales contemporaines sont un premier pas sur le chemin de la remise en question du dualisme du contentieux fiscal (**Section 1**).

80. La classification n'est toutefois pas le seul élément ayant subi l'érosion du temps. La faiblesse d'un ordre juridictionnel sur l'autre semble également relever de l'Histoire. Traditionnellement, l'ordre judiciaire jouit d'un prestige sans égal par rapport à l'ordre administratif. On associe au premier de prestigieux qualificatifs tels que « gardien des libertés », « garant de la propriété privée », « gardien des droits et libertés fondamentaux », tandis que pour le second, on retrouve des qualificatifs bien moins flatteurs : « juge de l'administration » ou « juge sous tutelle ». Cette disparité de qualité constitue la deuxième justification à ce dualisme persistant. Pourtant, au cours des siècles, la logique d'attribution s'est érodée, jusqu'à s'inverser. Au XVIIIe siècle, le juge judiciaire incarnait le juge indépendant pour le législateur méfiant à l'égard des Conseils de préfecture, ancêtre de nos tribunaux administratifs jugés trop proches du pouvoir et susceptibles de « troubler les opérations de l'administration ». Pourtant la majorité du contentieux fiscal était confiée à un juge considéré comme subordonné à l'administration. Peu à peu, le juge administratif s'est émancipé. Par la création des Cours administratives d'appel[9] et du Code de justice administrative[10], et par son indépendance matérielle à l'égard du ministère de l'Intérieur, la juridiction administrative est à présent considérée comme une juridiction fiable et indépendante. Ainsi, sur le plan des garanties des droits du contribuable, l'écart entre les deux ordres n'a fait que se réduire. Aujourd'hui, la matière fiscale est en grande partie confiée à un juge administratif en partie spécialisé face à un juge judiciaire faisant l'objet de critiques et ne traitant qu'épisodiquement de contentieux fiscal (**Section 2**).

Section 1 – La discordance entre la classification et la répartition contentieuse de l'impôt

81. Pour appréhender la répartition juridictionnelle du contentieux fiscal, il faut se situer à l'origine du « schisme » fiscal et retrouver les premières traces du partage du contentieux fiscal. La période de la Révolution française, par sa remise en question de l'ordre établi, est propice à l'étude des métamorphoses juridiques. La Loi des 7-11 septembre 1790 confirmée par les Lois du 22 frimaire an VII et 28 pluviôse an VIII ont posé les bases d'un partage des compétences juridictionnelles que nous connaissons encore aujourd'hui (**§1**). L'équilibre trouvé par la répartition juridictionnelle figée par les textes révolutionnaires a été conservé durant plus d'un siècle. Néanmoins, la balance de THÉMIS a vu en matière fiscale l'un de ses deux plateaux s'alourdir au fil du temps jusqu'à totalement s'incliner sous le poids d'un législateur créant de nouveaux impôts et s'affranchissant de la traditionnelle répartition des contentieux. L'actuel article L. 199 du LPF incarne une « gare de triage » distinguant les impôts relevant de l'office du juge civil de ceux relevant du juge administratif. Ce texte incarne l'anarchie sur laquelle repose la répartition juridictionnelle du

[9] La Loi n°87-1127 du 31 décembre 1987 portant réforme du contentieux administratif instaure un nouveau degré de juridiction dans l'ordre administratif : les Cours administratives d'appel.

[10] Le Code de justice administrative a été créé par l'Ordonnance du 4 mai 2000 n°2000-387 pour sa partie législative. La partie réglementaire du code a été créée par deux décrets de la même date, n°s 2000-388 et 2000-389. L'ensemble est entré en vigueur le 1er janvier 2000.

contentieux fiscal, alors que la fiscalité du numérique est venue porter un coup fatal à la classification fiscale (**§2**).

§1 – La classification fiscale, fondement inadapté du dualisme juridictionnel

82. La Révolution a, en matière fiscale, fait œuvre de création, mais aussi de synthèse de critères anciens connus sous l'Ancien Régime. Le législateur a repris et adapté une « physionomie fiscale » à une époque où le citoyen ressentait de la méfiance à l'égard des autorités politiques et juridictionnelles. Le régime que nous connaissons en est l'héritier, mais comme selon l'adage « Qui accepte une succession se charge des dettes », il conviendra d'identifier les origines de la classification (**A**). La doctrine s'est interrogée depuis longtemps sur l'opportunité de conserver une classification mitée par le temps sans pour autant parvenir à en imposer une mise à jour (**B**).

A – Un dualisme juridictionnel fondé sur des critères historiques

83. Edgar ALLIX écrivait au début du XXe siècle : « L'impôt direct correspond au verbe "être" et "avoir", l'impôt indirect au verbe "faire" »[11]. Si l'esprit de synthèse est séduisant, la réalité est hélas bien moins harmonieuse. Inventée par les physiocrates, la distinction entre impôts directs et indirects au départ fondée sur un aspect économique fut enrichie d'un aspect politique par MONTESQUIEU et ROUSSEAU[12]. Sur cette pierre, le législateur révolutionnaire bâtira la répartition duale du contentieux fiscal.

84. De tout temps la répartition contentieuse de l'impôt ne s'est pas faite en vertu de son rendement, de la qualité du contribuable ou de sa technicité. Sous l'Ancien Régime et à la Révolution, la nature de l'impôt justifie son attribution à l'un des deux juges statuant en matière fiscale. La

---

[11] E. LAUFENBURGER, *Traité d'économie et de législation financière, Tome II - Économie du système fiscal français national et local*, 5e édition, Paris, Recueil Sirey, 1954, p. 32.

[12] C. LARRÈRE, « Impôt directs, impôts indirects : Économie, politique, droit », *in* F. TERRÉ (dir.), *L'impôt*, Paris, Dalloz, Archives de philosophie du droit, Tome 46, 2002, p. 117.

jurisprudence du XXe siècle reprend ce critère[13]. L'impôt passe alors une redoutable grille de classement. Est-il direct ou indirect, personnel ou patrimonial, perçu par voie de rôle ou spontanément ? Le litige porte-t-il sur l'assiette ou sur le recouvrement de la dette fiscale ? La réponse à ces questions permettra d'attribuer à l'un ou l'autre des ordres juridictionnels la charge de trancher le contentieux.

85. D'abord, la Loi des 7-11 septembre 1790 appliquant le principe révolutionnaire de séparation des pouvoirs instauré par la Loi du 16-24 août 1790[14] a confié au juge judiciaire le contentieux des impôts indirects venant s'ajouter à sa compétence en matière de droits d'enregistrement issue de la Loi du 22 frimaire an VII. La célèbre Loi d'août 1790 vient poser un principe dont la formulation peut interroger puisqu'elle interdit aux juges de « troubler, de quelque manière que ce soit, les opérations des corps administratifs ». Il s'agissait là d'une crainte originelle qu'un juge civil puisse perturber l'action de l'administration. Les droits d'enregistrement puisant leur origine dans la fiscalité de l'Ancien Régime occupent une place sans commune mesure avec celle qu'ils occupent aujourd'hui[15]. Pour trancher le litige, le juge devra interpréter voire apprécier la régularité d'un acte administratif et d'un rôle nominatif. Cette compétence n'est alors pas ouverte à l'égard du juge judiciaire[16]. Si les impôts révolutionnaires sont attribués au cours de l'an VII au juge judiciaire, c'est principalement parce que l'institution, qui est l'ancêtre de la juridiction administrative actuelle, n'existe pas encore.

86. Par suite, la Loi du 28 pluviôse an VIII vient instituer un Préfet, un conseil général, mais aussi le Conseil de préfecture auquel est confié le contentieux entre la personne publique et le citoyen venant en outre poser les bases d'un partage des compétences juridictionnelles. Selon ce texte, les différences qui existaient entre les critères d'assiette et de recouvrement des

---

[13] Voir TC, 10 juillet 1956, n°1565, *Sté Bourgogne-Bois*, *Rec. Lebon*, p. 586 ; *GADF*, n°59, p. 987 ; *AJDA*, 1956, II, note DRAGO et TC, 22 octobre 1979, n°2125, *Texier*, *Rec. Lebon*, 1979, p. 663.

[14] La Loi des 16 et 24 août 1790 est considérée comme la « loi salique de notre droit administratif », voir sur le sujet l'article de G. VEDEL, « La loi des 16-24 août 1790 : Texte ? Prétexte ? Contexte ? », *RFDA*, 1990, n°5, p. 698.

[15] P. BELTRAME, C. AIME, *Les droits d'enregistrement*, Paris, PUF, coll. Que sais-je ?, 1989, 127 p.

[16] E. LAFERRIÈRE, *Traité de juridiction administrative et des recours contentieux*, Tome 1, Paris, Berger-Levrault, 1887, p. 10.

différents impôts justifiaient que les impôts directs échoient au juge administratif, alors sous la forme de Conseil de préfecture. Étymologiquement, le terme de « préfecture » provient du latin *praefectura*, nom donné par les Romains aux villes placées sous leur administration. La proximité entre la juridiction administrative d'alors et le pouvoir politique reste sous-jacente à travers l'intitulé même de la juridiction[17]. Les impôts indirects pourront eux, sans obstacle être confiés au juge civil de district. Parmi les justifications de cette attribution, le professeur Guy GEST rapporte que ce sont les différences entre les techniques respectives d'assiette et de recouvrement des impôts directs et indirects qui justifient cette répartition juridictionnelle[18]. Pourtant, dans leur manuel[19], les professeurs GEST et TIXIER remettent en question la traditionnelle classification du système fiscal en indiquant qu'aucun critère ne permet de justifier scientifiquement la distinction impôt direct /impôt indirect. Cette *summa divisio* dont découle la répartition juridictionnelle, chère au législateur de la période révolutionnaire et dont nous avons hérité, semble être bâtie sur de fragiles fondations.

87. Un critère supplémentaire s'est adossé au premier pendant des siècles, celui de la présence ou non d'un acte émanant de l'administration, se traduisant en matière fiscale par le rôle. Ce titre exécutoire, actuellement codifié à l'article 1658 du CGI, permettant le recouvrement d'un impôt direct par le comptable public, incarnait pour la doctrine ancienne la marque incontestable de l'administration. Prenant la forme d'une liste de contribuables redevables de l'impôt, le rôle détermine la nature de l'impôt, ses bases, son taux d'imposition, le montant à payer, le bénéficiaire ainsi que la date de mise en recouvrement[20]. Il était ainsi bien naturel que le contentieux émanant d'un acte lié aussi étroitement à la personne publique échoiet au « juge de l'administration ». Dès lors, le contentieux des « Quatre vieilles » devait naturellement être attribué au juge administratif. En creux, le contentieux d'un impôt dû et acquitté spontanément, donc des impôts indirects, était considéré comme éloigné de la présence publique pouvant sans obstacle être confié à un juge considéré comme « gardien des libertés individuelles » : le juge judiciaire. Ce dernier était considéré comme plus

---

[17] M. DEGOFFE, *La juridiction administrative spécialisée*, Paris, LGDJ, Bibliothèque de droit public, 1996, p. 6.

[18] G. GEST, « Dualité de juridiction et unité du droit fiscal », *RFDA*, 1990, n°5, p. 822.

[19] G. GEST, G. TEXIER, *Manuel de droit fiscal*, 4e édition, Paris, LGDJ, 1986, p. 102.

[20] A. DORT, « Rôle nominatif », *in* G. ORSONI (dir.), *Finances publiques. Dictionnaire encyclopédique*, 2e édition, Paris, Economica, 2017, p. 800.

proche des intérêts du contribuable, et même pour certains plus indépendant. Cette conception de la répartition du contentieux fiscal, basée sur des critères techniques élude un acteur majeur de la relation conflictuelle pouvant naître autour de l'impôt : le contribuable. Qu'il soit redevable de n'importe quel impôt direct ou indirect, perçu par voie de rôle ou spontanément, le contribuable est lui, à la différence du juge, unique. Par ailleurs, qu'il soit perçu par voie de rôle ou pas, l'impôt voté par le Parlement et recouvré par les services fiscaux contient une part de puissance publique. Justifier sur ces fondements, ce dualisme juridictionnel semble bancal, daté, voire obsolète.

B – La remise en question des critères révolutionnaires par la doctrine

88. La conception contemporaine de la distinction entre les compétences des deux ordres de juridiction est simpliste : d'une part le juge civil est compétent en matière d'impôts directs, d'autre part le juge administratif est compétent en matière d'impôts indirects. Cette distinction est reprise en filigrane par l'article L. 199 du LPF, outil actuel de répartition du contentieux fiscal entre les deux ordres. Cette répartition est néanmoins inversée par rapport à celle connue au XVIIIe siècle. Pourtant les critères n'ont pas changé et les deux ordres de juridiction sont toujours en vis-à-vis lorsqu'on aborde le contentieux fiscal.

89. La nature du prélèvement permettrait ainsi à un juge de trancher le contentieux d'un impôt et pas d'un autre. La qualité d'impôt direct correspondrait par conséquent davantage à la « culture », à la compétence, et à la formation du juge de l'ordre judiciaire. Le juge administratif serait quant à lui plus compétent pour trancher le litige d'un impôt indirect. Le choix d'attribution de compétence a été, au XVIIIe siècle, guidé par une méfiance à l'égard de l'ancêtre de notre juge administratif. Pourtant, la perception des citoyens semble avoir changé depuis sans toutefois avoir emporté de conséquence sur le dualisme juridictionnel en droit fiscal.

90. À l'époque contemporaine, cette classification ancienne n'a en matière de contentieux fiscal plus qu'une existence théorique, néanmoins consacrée par le CGI. La taxe sur la valeur ajoutée (TVA), première ressource fiscale de France[21], impôt indirect par définition devrait, théoriquement et selon les critères révolutionnaires, être de la compétence du juge civil. Pourtant, le contentieux de la TVA est confié au juge administratif. Cette attribution, symbole de la fin d'une répartition harmonieuse, justifiée et claire, s'explique par plusieurs facteurs. D'une part, lors de la création de l'impôt par Maurice LAURÉ en 1954[22], la juridiction administrative est plus spécialisée que son homologue judiciaire en matière fiscale. Ce postulat est le fruit d'un développement des impôts attribués au premier et d'un recul des droits d'enregistrement et assimilés, considérés comme une fiscalité datée. D'autre part, la juridiction administrative incarnait déjà la figure du « juge de l'impôt », imprégné par une dose de prérogative de puissance publique, alors même que jusqu'en 1987 elle ne disposait pas d'une juridiction d'appel[23].

91. Certains auteurs[24] proposent une distinction entre impôts indirects, taxes sur le chiffre d'affaires et TVA, reconnaissant que ces dernières sont de la compétence du juge administratif alors que les impôts indirects sont de la compétence du juge judiciaire. Toutefois, aucune explication n'est avancée permettant de justifier cette répartition. Sans doute, la doctrine récente à l'image des écrits des professeurs LAMARQUE, NÉGRIN, AYRAULT, n'aura pas fait le choix d'entrer dans l'exposé des raisons de cette répartition par souci de clarté de leur manuel, ou peut-être parce que le débat semble lui aussi daté. Il faut dès lors chercher la source de ce fleuve à deux bras et ainsi se référer aux auteurs anciens pour trouver des traces d'une remise en question de cette classification.

92. Édouard LAFERRIÈRE analyse dès 1896 les différences qui existent entre les procédures d'assiette et de recouvrement appliquées par les deux grandes catégories d'imposition : impôts directs et impôts indirects. Il considère qu'un impôt direct fait appel à un rôle, soit un acte émanant de la puissance publique et dont la communication de l'extrait à l'assujetti constitue une décision administrative. Concernant les impôts indirects, il n'y

---

[21] La Taxe sur la valeur ajoutée (TVA) a généré 129,2 milliards d'Euros de recettes en 2019. Source : DIRECTION DU BUDGET, « Le budget de l'État voté pour 2019 », www.performance-publique.budget.gouv.fr.

[22] La TVA fut créée par la Loi n°54-404 du 10 avril 1954 portant réforme fiscale.

[23] La création des cours administratives d'appel émane de la Loi n°87-1127 du 31 décembre 1987 portant réforme du contentieux administratif.

[24] J. LAMARQUE, O. NÉGRIN, L. AYRAULT, *Droit fiscal général*, 4e édition, Paris, LexisNexis, 2016, p. 119.

a pas la présence d'un rôle nominatif, d'une décision administrative individuelle donc pas non plus la marque d'un acte de puissance publique[25]. De cette classification découle une attribution logique du contentieux fiscal au regard du principe de séparation des pouvoirs cher aux penseurs des Lumières. En présence d'un impôt marqué par un acte émanant de l'administration, symbole de la puissance publique, le juge administratif sera naturellement compétent. Lorsque l'impôt indirect est l'objet de contentieux, la situation est différente et rien ne s'oppose à ce que le juge judiciaire soit compétent[26].

93. Cette classification générale et l'analyse faite par LAFERRIÈRE sont abordées par TROTABAS qualifiant cette distinction comme étant « aussi universellement reconnue que différemment interprétée »[27]. C'est cette classification qui nous intéressera particulièrement, incarnant la justification principale de la répartition duale du contentieux fiscal. La doctrine n'est pas unanime, voire mal à l'aise avec cette distinction qui est « une des moins pertinentes juridiquement »[28] reposant sur des éléments d'assiette, de liquidation, de recouvrement divers. Cette perplexité à l'égard de l'impôt indirect est ancienne puisqu'un des symboles les plus frappants du législateur révolutionnaire était de les supprimer. Dans cette dichotomie, l'impôt direct frappe une situation factuelle stable dans lequel le contribuable est clairement identifié par le rôle nominatif, l'impôt sera ainsi aisément personnalisé. L'impôt indirect quant à lui, ne frappe pas une situation factuelle, mais des situations révélant la capacité contributive de celui qui l'effectue[29]. TROTABAS[30], tout comme Gaston JÈZE, fragilisent la démonstration de LAFERRIÈRE en considérant que la présence de la puissance publique est partout en matière fiscale, indépendamment du caractère direct ou indirect du prélèvement. Pour ces auteurs, les rapports liant le contribuable à l'administration fiscale sont irrigués par l'intervention d'un « pouvoir fiscal », créant ainsi une relation déséquilibrée entre une administration toute puissante et l'assujetti. Preuve en est qu'en matière

---

[25] E. LAFERRIÈRE, *Traité de la juridiction administrative et des recours contentieux*, Paris, LGDJ, 1989, pp. 691-692.

[26] B. CASTAGNÈDE, *La répartition des compétences juridictionnelles en matière fiscale*, Tome 1, Thèse dactyl., Paris I, 1972, p. 122.

[27] G. GEST, G. TEXIER, *Manuel de droit fiscal*, 4e édition, Paris, LGDJ, 1986, p. 100.

[28] F. HERVOUËT, « Impôt (directs et indirects) », *in* G. ORSONI (dir.), *Finances publiques. Dictionnaire encyclopédique*, *op. cit.*, p. 545.

[29] G. GEST, G. TEXIER, *Manuel de droit fiscal*, 4e édition, *op. cit.*, p. 109.

[30] L. TROTABAS, *Science et technique fiscales*, *op. cit.*, p. 6.

d'impôt indirect comme d'impôt direct, s'affranchir du paiement entraine les mêmes sanctions, la même procédure de recouvrement[31]. Dès lors, l'attribution contentieuse en fonction de la nature de l'impôt, traditionnellement avancée, est anéantie rendant par-là impossible la justification du dualisme juridictionnel du contentieux fiscal sur ce fondement. En 1954, Henry LAUFENBURGER dénonçait cette distinction, ne correspondant plus à la complexité du système fiscal d'alors[32]. Gaston JÈZE aura sans doute les mots les plus sévères à l'encontre de cette distinction obsolète que nous utilisons toujours en écrivant : « Au point de vue de l'analyse scientifique, ce critérium a à peu près la même valeur que celui qui s'attacherait à la couleur des cheveux de l'agent chargé de la perception »[33].

94. La justification de l'attribution du contentieux fiscal en fonction de la nature de l'impôt à un ordre juridictionnel est ainsi mise à mal par l'affaiblissement de la classification elle-même. Le fondement historique ne saurait justifier à lui seul une organisation juridictionnelle. Les mythes, attribuant à un juge un prestige supérieur à son homologue, la crainte d'un juge plus sévère que son homologue, l'attribution de contentieux d'un impôt dit sensible à un juge plutôt qu'à un autre, relèvent de la sociologie, de la psychologie, mais demeurent juridiquement irrecevables. Cette remise en cause basée sur l'érosion de la classification fiscale classique reprise en droit positif peut aussi trouver un allié, les nouveaux prélèvements fiscaux.

§2 – Un dualisme reposant sur la distinction controversée de l'article L. 199 du LPF

95. La classification fiscale sur laquelle repose la répartition juridictionnelle est ancienne. L'ancienneté n'est pas toujours synonyme de désuétude. En l'espèce, de nombreuses qualités peuvent être trouvées à la classification révolutionnaire, notamment sa clarté. Toutefois, la toile tissée avec le temps ne coïncide plus avec le cadre moderne qui l'entoure. Aujourd'hui fondé sur l'article L. 199 du LPF, le dualisme manque de

---

[31] Th. LAMBERT, *Procédures fiscales*, 4e édition, Paris, LGDJ, coll. Domat droit public, 2019, 752 p.

[32] H. LAUFENBURGER, *Traité d'économie et de législation financière, Tome II - Économie du système fiscal français national et local*, 5e édition, Paris, Recueil Sirey, 1954, p. 33.

[33] G. JÈZE, « Exposé critique d'une théorie en faveur au Conseil d'État sur la classification des recours contentieux en recours en annulation et recours de pleine juridiction », *RDP*, 1908, p. 682.

cohérence alors qu'impôts directs et indirects sont répartis sur les deux ordres de juridiction (**A**). L'économie a par ailleurs connu de nombreuses mutations faisant apparaître la classification fiscale comme anachronique, opposant des situations fiscales assises sur une situation matérielle à une fiscalité de l'intangible. Fruit de réformes cosmétiques successives, la fiscalité peut apparaître comme modernisée. Toutefois, au-delà du discours politique, le cadre légal est lui toujours assis sur les bases de la classification fiscale classique, ne correspondant plus à la réalité des situations économiques que le droit fiscal doit appréhender (**B**).

A – La répartition duale du contentieux fiscal sur le fondement de l'article L. 199 du LPF

96. En droit positif, l'article L. 199 du LPF[34] énonce le dualisme juridictionnel du contentieux fiscal. Bien qu'au centre du dualisme juridictionnel, ces dispositions manquent de précisions laissant un espace aux incompréhensions, aux erreurs ou à des doutes nécessitant l'intervention du Tribunal des conflits[35]. Par sa rédaction, mais aussi les termes employés le texte insuffle l'idée que les « impôts directs » sont confiés au juge administratif et que les « contributions indirectes » sont confiées au juge civil à l'image de la situation du début du XIXe siècle. Hélas pour une présentation pédagogique, la réalité est moins claire. D'une part, le législateur détermine la compétence du juge administratif : « En matière d'impôts directs et de taxes sur le chiffre d'affaires ou de taxes assimilées, les décisions rendues par l'administration sur les réclamations contentieuses et qui ne donnent pas entière satisfaction aux intéressés peuvent être portées devant le tribunal administratif. Il en est de même pour les décisions intervenues en cas de contestation pour la fixation du montant des abonnements prévus à l'article 1700 du code général des impôts pour les établissements soumis à l'impôt sur les spectacles ». Lorsqu'il aborde la compétence du juge administratif, l'article fondateur du dualisme débute par « en matière d'impôt direct », formulation sibylline alors que la définition de

[34] L'article L. 199 du LPF est codifié par le Décret n°97-662 du 28 mai 1997 reprenant les dispositions de la Loi n°63-1316 du 27 décembre 1963. Voir : J.-C. MAESTRE, « La loi du 27 décembre 1963 portant unification ou harmonisation des procédures, délais et pénalités en matière fiscale. Étape ou aboutissement ? », *Revue de science financière*, 1964, n°3, pp. 537-609.

[35] Voir par exemple : TC, civ., 13 avril 2015, n°15-03.988, bull. 2015, TC, n°11 ; TC, civ., 18 novembre 2013, n°13-03.917, *bull.* 2013, TC, n°19.

l'impôt direct n'est présente que dans la doctrine. Les impôts visés sont par exemple l'impôt sur le revenu, l'impôt sur les sociétés[36], et l'impôt sur le revenu des professionnels[37]. Entrent ensuite dans la classification, les « taxes sur le chiffre d'affaires ou les taxes assimilées », ne correspondant *stricto sensu* à aucune taxe. En réalité, le législateur vise ici un ensemble de taxes dont la taxe sur la valeur ajoutée (TVA)[38], première ressource fiscale française[39], mais aussi l'ensemble des taxes spéciales sur le chiffre d'affaires (par exemple la taxe sur le chiffre d'affaires des exploitations agricoles, taxe sur les transactions financières ou la taxe sur certains services fournis par les grandes entreprises du secteur numérique TSN). La formulation de l'article L. 199 du LPF confirme la compétence du juge administratif en matière d'impôts directs, mais y ajoute une catégorie aux contours flous, intégrant la TVA, emblématique impôt indirect. La classification révolutionnaire est ici bafouée, alors que le juge administratif tranchera aussi bien les litiges fondés sur des impôts directs que sur le plus important impôt indirect : la TVA.

97. D'autre part, l'article précise les compétences du juge civil, qui selon la doctrine administrative trouve sa place « par dérogation au principe suivant lequel le contentieux administratif relève de la juridiction administrative »[40]. Cette compétence est exclusive et d'ordre public[41]. « En matière de droits d'enregistrement, d'impôt sur la fortune immobilière, de taxe de publicité foncière, de droits de timbre, de contributions indirectes et de taxes assimilées à ces droits, taxes ou contributions, le tribunal compétent est le tribunal judiciaire. Les tribunaux judiciaires statuent en premier ressort. Un décret en Conseil d'État fixe les modalités d'application »[42]. Par son second alinéa, l'article L. 199 du LPF énonce avec aussi peu de précisions les prélèvements fiscaux concernés. Il faut reconnaître toutefois que les droits d'enregistrement, tels qu'ils ont été déterminés à la Révolution restent identifiés. Il s'agit à titre principal des droits de mutation à titre

---

36 Article 206 du CGI.

37 L'impôt sur le revenu des professionnels intègre les bénéfices industriels et commerciaux (BIC) prévus à l'article 34 du CGI et les bénéfices non commerciaux (BNC) fondés sur l'article 92 du CGI.

38 Article 256 et s. du CGI.

39 En 2019, la TVA a généré une ressource pour l'État de 129,2 milliards d'Euros. Source : Loi n°2018-1317 du 28 décembre 2018 de finances pour 2019.

40 BOI-CTX-JUD-10-10-20121204. Voir : B. HATOUX, « Le contentieux fiscal judiciaire », *RFFP*, 1987, n°17, pp. 71-102.

41 Cass. com., 20 juillet 1965, *bull. civ.* n°467.

42 Article L. 199 LPF, al. 2.

gratuit (DMTG) et des droits de mutation à titre onéreux (DMTO)[43]. L'impôt sur la fortune immobilière est le seul impôt nommé par l'article, demeurant assimilé par son assiette et ses méthodes de calcul aux droits de mutation à titre gratuit. Comme les contributions indirectes, particulièrement impopulaires avaient été confiées au juge civil sous l'Empire, l'impôt frappant le patrimoine des plus fortunés, politiquement sensible, a suivi le même chemin dès sa création en 1981[44]. Les contributions « indirectes et taxes assimilées à ces droits » correspondent à une catégorie ouverte intégrant par exemple la taxe de séjour forfaitaire[45] ou la taxe locale sur la publicité extérieure (TLPE)[46].

98. Outre la pertinence du classement, l'usage de formules telles que « taxes assimilées » ou de « décret en Conseil d'État (fixant) les modalités d'application » laisse flotter une imprécision suspecte. L'attribution n'est pas harmonieuse, répartissant les impôts directs et indirects parmi les deux ordres de juridiction. Pour chacun des offices juridictionnels, une formulation ouverte ne désigne pas des impôts, ne fixe pas une liste exhaustive, mais fait appel à l'assimilation de prélèvements innomés dans l'article. Cette imprécision est de surcroît dommageable pour un article fondant le dualisme juridictionnel du droit fiscal en droit positif connaissant une arborescence croissante.

B – Une classification inadaptée à des situations nouvelles

99. La répartition déséquilibrée fondée sur l'article L. 199 du LPF ne correspond pas, à l'évidence, à une répartition harmonieuse. En réalité, le manque d'harmonie fait ressortir le caractère désuet de cette classification alors que la fiscalité du XXe siècle voit apparaître des situations fiscales où le matériel a cédé sa place à l'intangible (**1**). Se fonder sur la distinction impôt direct/impôt indirect tout en adaptant les contours ne peut correspondre aux problématiques liées aux nouveaux prélèvements fiscaux (**2**).

---

[43] Voir : F. DOUET, *Précis de droit fiscal de la famille*, 18e édition, Paris, LexisNexis, coll. Précis fiscal, 2019, 1066 p.

[44] L'impôt sur les grandes fortunes (IGF), ancêtre de l'impôt de solidarité sur la fortune (ISF) et de l'actuel impôt sur la fortune immobilière (IFI), symbole de l'alternance politique et de l'arrivée d'une majorité de Gauche, fut créé par la Loi du 30 décembre 1981 de finances pour 1982, n°81-1160.

[45] Voir par exemple : CA Montpellier, 11 décembre 2014, n°12/02213.

[46] Articles L. 2333-6 et s., R. 2333-10 et s. du CGCT.

1. D'une fiscalité exclusivement matérielle à une fiscalité de l'intangible

100. L'érosion de la classification fiscale classique, argument fondamental de la répartition juridictionnelle, n'est pas seulement due à l'ancienneté de ses critères. Elle se confirme lorsque de nouvelles situations fiscales apparaissent, laissant entrevoir la limite d'une classification reposant sur des critères érigés à l'époque révolutionnaire.

101. Par sa caractéristique de droit de superposition, le droit fiscal doit être en mesure d'appréhender des situations fiscales inédites. Parmi ces situations fiscales, figure l'avènement du numérique aux enjeux économiques majeurs.

102. Cette nouvelle fiscalité balbutiante dite « 2.0 »[47] doit permettre d'adapter le système fiscal[48] aux situations factuelles actuelles, davantage dématérialisées. Dans ce paysage reconfiguré où les cheminées d'usines, les portes et fenêtres ou le patrimoine immobilier ne constituent plus les seuls indicateurs sur lesquels il est possible de faire reposer le système fiscal, la classification fiscale traditionnelle doit également s'adapter. Un nouveau « droit d'imposition s'exerçant au regard d'une assiette globalisée »[49] se mettant en place, tout le système fiscal est touché.

103. Cette remise en cause organique participe à l'affaiblissement des critères justifiant une répartition juridictionnelle duale en matière de contentieux fiscal, au premier titre duquel la classification impôt direct et impôt indirect.

104. Longtemps oubliée par le législateur, la fiscalité de « l'incorporel » s'est développée à l'image de la très médiatique « taxe GAFAM » destinée à

---

[47] F. DOUET, *Fiscalité 2.0 fiscalité du numérique*, Paris, LexisNexis, coll. Précis fiscal, 2018, p. 1.

[48] Nous retiendrons la définition de « système fiscal » donnée par Pierre BELTRAME : « ensembles, plus ou moins cohérents, d'institutions, de règles et de pratiques fiscales, (…) (faisant) incontestablement partie de notre univers social, économique, et même psychologique », P. BELTRAME, *Les systèmes fiscaux*, 3e édition, Paris, PUF, Que sais-je ?, 1997, p. 3.

[49] B. CASTAGNÈDE, « Réforme du système fiscal international et droits d'imposition des pays en développement », *Droit Fiscal*, 2019, n°47, Étude 445.

imposer sur le territoire national l'activité des géants du numérique[50]. La France est, il faut le reconnaître, aux avant-postes en matière de fiscalité du numérique, malgré la frilosité de l'Union européenne considérant pourtant « le marché unique numérique (comme) l'une des grandes priorités politiques de la Commission européenne »[51]. L'OCDE, dans le cadre du BEPS[52], a également entamé une réflexion sur cette fiscalité « *2.0* »[53]. Toutefois, à la différence de la vision française, la version OCDE de la « Taxe GAFAM » ne repose pas sur la création d'une taxe dédiée au secteur du numérique, mais uniquement sur une attribution du droit d'imposer les bénéfices attribués à l'État de situation de l'utilisateur même si l'entreprise n'a aucune présence matérielle sur le territoire de la juridiction.

105. L'essor de cette fiscalité adaptée aux enjeux actuels a un impact sur la classification, sur le contentieux et par conséquent sur le juge qui devra le trancher. Alors qu'il a été reproché au juge civil d'être peu spécialisé, l'introduction d'une nouvelle forme de fiscalité, immatérielle et technique risque de rendre sa tâche encore plus ardue.

2. L'évolution du cadre légal sur les bases d'un système classique

106. « Notre maison brûle et nous regardons ailleurs »[54]. L'exemple de la taxe sur les services numériques (TSN) dite « taxe GAFAM »[55] issue de la

---

[50] A. PERIN-DUREAU, « Un an de fiscalité de l'incorporel », *Revue Communication-commerce électronique*, 2020, n°3, pp. 20-29 ; LEXISNEXIS, « Taxe GAFA : le gouvernement présente son projet de loi », *Droit des sociétés,* 2019, n°4, Alerte 19.

[51] Prop. Dir. COM/2018/148, 21 mars 2018 concernant le système commun de taxe sur les services numériques applicable aux produits tirés de la fourniture de certains services numériques.

[52] Le projet BEPS « Base Erosion et Profit Shifting » est un projet lancé par le G20 en 2012 et mis en œuvre par l'OCDE a pour objectif de lutter contre la non-imposition et favoriser la coopération fiscale.

[53] OCDE, *Les défis fiscaux soulevés par la numérisation de l'économie – rapport intérimaire 2018 : Cadre inclusif sur le BEPS*, Projet OCDE/G20 sur l'érosion de la base d'imposition et le transfert de bénéfices, Paris, Éditions OCDE, 2018.

[54] Allocution du Président Jacques CHIRAC en ouverture de son discours devant l'assemblée plénière du IVe « Sommet de la Terre » le 2 septembre 2002 à Johannesburg.

[55] Les « GAFAM » regroupent les principales entreprises du numérique : Google, Amazon, Facebook, Apple, Microsoft.

Loi du 24 juillet 2019[56] est une illustration de l'érosion de la classification fiscale que nous avons connue jusqu'ici. Payant un impôt dérisoire à l'échelle de leur implantation en Europe, les géants du numérique furent l'objet d'un débat fiscal initié par le ministre de l'Économie et des Finances français, Bruno LE MAIRE[57]. Les pays membres ont été confrontés aux limites du système fiscal actuel. Cette taxe de 3% du chiffre d'affaires afférent à certaines activités numériques est par sa complexité un aveu d'impuissance[58]. Le dispositif codifié au CGI[59] prévoit que la taxe sera appliquée à certaines entreprises réalisant un chiffre d'affaires annuel mondial, réalisé au titre des services entrant dans le champ de la taxe, excédant 750 millions d'euros, et dont le chiffre d'affaires annuel réalisé en France sur ces prestations est supérieur à 25 millions d'euros. Elles devront réaliser certains services

---

56 Loi n°2019-759, 24 juillet 2019 portant création d'une taxe sur les services numériques et modification de la trajectoire de baisse de l'impôt sur les sociétés ; *JO* 25 juillet 2019.

57 A. PIQUARD, « Taxe GAFA » : Bruno Le Maire tente de mettre la pression sur les Etats-Unis », *in Le Monde,* 18 janvier 2020 – Th. LAMBERT, « Droit fiscal de l'Union européenne : les occasions manquées », *REIDF*, 2019, n°4, pp. 485-493.

58 LEXISNEXIS, « Taxe GAFA : le gouvernement présente son projet de loi », *Droit des sociétés*, 2019, n°4, Alerte 19.

59 Articles 299 à 300 du CGI.

définis par la loi[60]. Cette taxe est, par son assiette et les débats qu'elle a générés, manifestement complexe. Alors que les situations évoluent notamment avec l'avènement du numérique, le droit fiscal peine à suivre l'évolution factuelle notamment en raison du carcan d'une classification fiscale ancienne. Par l'instauration de la « taxe GAFAM » adossée sur le chiffre d'affaires, le législateur a voulu réaliser une double prouesse. D'abord, il a souhaité mettre un terme à une situation dans laquelle des milliards d'euros de chiffre d'affaires sont réalisés sur le territoire sans que l'État n'en bénéficie (la démarche s'inscrit ici dans un processus initié par

---

[60] L'article 1er alinéa 3 de la Loi n°2019-759 du 24 juillet 2019 portant création d'une taxe sur les services numériques et modification de la trajectoire de baisse de l'impôt sur les sociétés dispose : « II.- Les services taxables sont : « 1° La mise à disposition, par voie de communications électroniques, d'une interface numérique qui permet aux utilisateurs d'entrer en contact avec d'autres utilisateurs et d'interagir avec eux, notamment en vue de la livraison de biens ou de la fourniture de services directement entre ces utilisateurs. Toutefois, la mise à disposition d'une interface numérique n'est pas un service taxable :
« a) Lorsque la personne qui réalise cette mise à disposition utilise l'interface numérique à titre principal pour fournir aux utilisateurs :
«-des contenus numériques ;
«-des services de communications ;
«-des services de paiement, au sens de l'article L. 314-1 du code monétaire et financier ;
« b) Lorsque l'interface numérique est utilisée pour gérer les systèmes et services suivants :
«-les systèmes de règlements interbancaires ou de règlement et de livraison d'instruments financiers, au sens de l'article L. 330-1 du même code ;
«-les plates-formes de négociation définies à l'article L. 420-1 dudit code ou les systèmes de négociation des internalisateurs systématiques définis à l'article L. 533-32 du même code ;
«-les activités de conseil en investissements participatifs, au sens de l'article L. 547-1 du même code, et, s'ils facilitent l'octroi de prêts, les services d'intermédiation en financement participatif, au sens de l'article L. 548-1 du même code ;
«-les autres systèmes de mise en relation, mentionnés dans un arrêté du ministre chargé de l'économie, dont l'activité est soumise à autorisation et l'exécution des prestations soumise à la surveillance d'une autorité de régulation en vue d'assurer la sécurité, la qualité et la transparence de transactions portant sur des instruments financiers, des produits d'épargne ou d'autres actifs financiers ;
« c) Lorsque l'interface numérique a pour objet de permettre l'achat ou la vente de prestations visant à placer des messages publicitaires dans les conditions prévues au 2° du présent II ;
« 2° Les services commercialisés auprès des annonceurs, ou de leurs mandataires, visant à placer sur une interface numérique des messages publicitaires ciblés en fonction de données relatives à l'utilisateur qui la consulte et collectées ou générées à l'occasion de la consultation de telles interfaces, y compris lorsqu'ils sont réalisés au moyen d'interfaces dont la mise à disposition est exclue des services taxables par le c du 1° du présent II. Ces services peuvent notamment comprendre les services d'achat, de stockage et de diffusion de messages publicitaires, de contrôle publicitaire et de mesures de performance ainsi que les services de gestion et de transmission de données relatives aux utilisateurs ».

l'OCDE : le BEPS). Ensuite, il a essayé d'appliquer une fiscalité dont les bases datent du XXe siècle à une situation du XXIe siècle. Lorsqu'un panneau publicitaire est planté dans le sol d'une commune, une taxe est perçue[61], lorsqu'un timbre fiscal est requis[62], lorsqu'un commerçant ouvre une boutique[63], le droit fiscal sait qualifier la situation et y appliquer un régime. En matière numérique et plus largement pour tout ce qui est de l'ordre de l'immatériel, définir l'assiette et le taux d'un impôt est beaucoup plus complexe. De cette difficulté découle la difficile tâche d'un juge statuant en matière fiscale, peu armé pour trancher un litige fiscal. Le contentieux de la « taxe GAFAM », adossée sur le chiffre d'affaires, peut-être par défaut, va échoir au juge administratif. Les juridictions administratives possèdent une structure semi-spécialisée et vont s'emparer de ce nouveau type de contentieux. Déjà, la juridiction administrative s'est confrontée à ce contentieux peu confortable pour le profane. Le Tribunal administratif de Paris a rendu un jugement particulièrement favorable à l'encontre du géant du numérique GOOGLE, retenant une interprétation stricte de la notion d'établissement stable[64]. Par cinq arrêts, la Cour administrative d'appel de Paris a confirmé la position du juge du fond, jugeant que la filiale française de la société irlandaise GOOGLE IRELAND LIMITED ne constitue pas un établissement stable de celle-ci[65]. La question de la stabilité d'un établissement à propos d'une entreprise du numérique interroge. L'activité des géants du numérique se matérialise par des flux de données mesurées en octets, la mise en place de *data center* à l'usage d'utilisateurs répartis dans le monde entier. Au XXIe siècle, nous ne savons pas taxer l'octet, le flux de données représente pourtant une part importante de l'économie mondiale. Alors que jamais l'immatériel n'a présenté de tels enjeux, le législateur et le juge conservent une vision empreinte de matérialité à la situation fiscale de l'entreprise. La *materia prima* d'un impôt n'est en l'espèce plus matérielle, le système fiscal doit appréhender différemment les situations fiscales du numérique.

107. La classification fiscale, justification de la répartition juridictionnelle n'est plus adaptée aux problématiques modernes. L'enjeu

---

[61] La taxe locale sur la publicité extérieure ou TLPE est codifiée aux articles L. 2333-6 et suivants ainsi que R. 2333-10 et suivants du code général des collectivités territoriales.

[62] Articles 313 BA, CGI annexe 3 ; articles 121 KM à 121 KM ter, CGI annexe 4.

[63] Article 205 et s. CGI pour l'impôt sur les sociétés.

[64] TA Paris, 1re sect., 1re ch., 12 juillet 2017, n°1505178, *Sté Google Ireland Ltd.*, A. LEFEUVRE, « France-Google : finalement match nul ? », *REIDF*, 2019, n°4, pp. 521-524.

[65] CAA Paris, 9e ch., 25 avril 2019, n°s 17PA03067, 17PA03065, 17PA03066, 17PA03068, 17PA03069, *Sté Google Ireland Ltd.*

n'est plus de savoir s'il faut imposer une chose ou une personne, directement ou indirectement, ni même de considérer la stabilité d'un établissement, mais bien d'envisager les flux numériques. L'émergence d'un système fiscal moderne, adossé à une classification fiscale adaptée aux problématiques actuelles devient nécessaire. L'avènement d'une fiscalité moderne ne fera qu'augmenter la technicité de la discipline et renforcer les besoins de juges spécialisés, formés aux mutations incessantes des situations économiques et donc fiscales.

Section 2 – Les différences juridictionnelles, raison irrecevable du dualisme

108. Le dualisme de la juridiction fiscale oblige à une dualité de l'analyse. Depuis les fondements révolutionnaires, les deux ordres de juridiction ont connu une évolution hétérogène. Dès 1987, l'ordre administratif s'est doté de Cours administratives d'appel, ouvrant au contribuable trois degrés de recours. De son côté, la juridiction judiciaire accueille une structure en trois degrés dès 1800[66]. Pourtant en matière fiscale, il a fallu attendre le 1er mars 1998 pour que les Cours d'appel jugent en deuxième examen les litiges fiscaux[67], alors que la Cour de cassation occupait cette place de juge en second ressort. Jusqu'à cette date, le contribuable ayant recours au juge en matière fiscale était confronté à une inégalité tant matérielle que juridique selon l'impôt en litige. S'il contestait un impôt placé sous la compétence du juge administratif, l'appel lui était ouvert en cas de non-satisfaction du jugement en première instance ainsi que, le cas échant, la cassation. Signe d'une inégalité, devant le juge civil, seul le recours à la cassation était possible, devant une Cour engorgée.

109. L'évolution de la place quantitative comme qualitative du contentieux fiscal parmi les deux ordres de juridiction suit une évolution en ciseaux. L'ordre administratif s'est renforcé, émancipé, perfectionné au fil

[66] La Loi du 27 ventôse an VIII, (18 mars 1800 du calendrier grégorien) crée les 29 juridictions d'appel de l'ordre judiciaire mettant fin à l' « appel circulaire », procédure de second jugement par la même juridiction.

[67] Décret n°98-127 du 4 mars 1998 organisant les modalités du double degré de juridiction en matière de droits d'enregistrement, de taxe de publicité foncière, de droits de timbre, de contributions indirectes et de taxes assimilées à ces droits, taxes et contributions.

des réformes. Le rééquilibrage des voies de recours est l'avancée la plus tangible mettant en exergue les efforts de la juridiction administrative pour offrir aux justiciables les garanties d'un juste examen de leur situation (**§1**). En parallèle, constater les failles d'un juge judiciaire au prestige daté permettra de dépasser la vision quantitative du contentieux fiscal judiciaire pour aborder une vision qualitative de l'activité de juge (**§2**).

§1 – L'évolution de la juridiction administrative en matière fiscale

110. TOCQUEVILLE écrivait que « La justice administrative est une institution léguée par l'Ancien Régime »[68]. Force est de constater que si l'ordre administratif n'a pas traversé les époques *in extenso*, il était jusqu'à la fin du XXe siècle singulier vis-à-vis de son homologue judiciaire. L'ordre judiciaire étant doté d'un triple degré de juridiction, il manquait à l'ordre administratif une cour d'appel. La création d'une juridiction administrative d'appel est le symbole d'un rééquilibrage entre les deux ordres et même d'une avance prise par un juge perçu comme proche de l'administration (**A**). Au-delà de l'alignement organique, c'est aussi l'indépendance acquise qui renforce l'ordre administratif, annihilant les critiques de connivence avec le pouvoir politique (**B**).

A – La création des Cours administratives d'appel, un facteur de convergence entre les deux ordres

111. Depuis la réforme de 1953[69] portant création des tribunaux administratifs, succédant aux conseils interdépartementaux de préfecture, le contentieux n'a fait que croître selon un rythme de près de 20 % par an. L'accès à l'information, l'inflation des procédures contentieuses, le souhait croissant pour les contribuables de faire valoir leurs droits face à l'administration ont grandement participé à cette évolution des recours présentés devant le juge administratif qui d'un clapot devint peu à peu une déferlante.

---

[68] A. DE TOCQUEVILLE, *L'ancien régime et la Révolution*, Paris, Flammarion, 1988, p. 146.

[69] Décret n°53-934 du 30 septembre 1953 portant réforme du contentieux administratif, *JO* du 1er octobre 1953.

112. En 1985, un projet mené par Monsieur Robert BADINTER[70] proposait la création de trois chambres adjointes au Conseil d'État ayant pour objectif de désengorger la section du contentieux du Palais-Royal. Elles devaient être composées de membres de Tribunaux administratifs et de conseillers d'État. Placées sous la présidence du Président de la section du contentieux trois chambres devaient être spécialisées en matière d'appels relatifs aux marchés et dommages des travaux publics, au contentieux de la fonction publique et au contentieux fiscal[71]. Cette tentative de réforme échoua, notamment en raison d'une crainte de la création de « sous juges d'appel » ou encore de pouvoirs trop importants au sein d'une institution fortement hiérarchisée. De surcroît, une forme de concurrence entre les juges au sein même de la plus haute juridiction de l'ordre administratif n'était pas concevable pour les défenseurs d'une juridiction puissante et centralisée.

113. Il fallut attendre le 31 décembre 1987[72] pour qu'un contribuable soit traité, au moins sous l'angle des voies de recours, de la même façon qu'un justiciable ordinaire. Issue d'un projet de loi portant réforme du contentieux administratif mené par le Garde des Sceaux, Albin CHALANDON, la création de cinq Cours administratives d'appel[73], créa une juridiction d'appel de droit commun des Tribunaux administratifs. Le terme même de « cour » sera préféré à celui de « chambre » afin de renforcer le caractère juridictionnel de la nouvelle juridiction et faire oublier la tentative avortée de création des « chambres adjointes ». Les nouvelles Cours seront ainsi compétentes pour « statuer sur les appels formés contre les jugements des Tribunaux administratifs ». Leur ressort est défini par la loi, regroupant dans leur zone plusieurs Tribunaux administratifs, comme les Cours d'appel peuvent accueillir les recours émanant de plusieurs Tribunaux judiciaires. Dès lors, l'ordre administratif connaîtra une structure analogue à celle que connaît la juridiction judiciaire depuis la Loi du 27 ventôse an VIII portant réorganisation du contentieux judiciaire[74]. Ainsi, le contentieux fiscal suivra

---

[70] Garde des Sceaux, ministre de la Justice dans les gouvernements MAUROY II, III et FABIUS du 23 juin 1981 au 19 février 1986.

[71] Projet de loi Sénat n°129, première session ordinaire 1985-1986, adopté par l'Assemblée nationale relatif aux chambres adjointes au Conseil d'État.

[72] Loi n°87-1127 du 31 décembre 1987 portant réforme du contentieux administratif, *JO* du 1er janvier 1988.

[73] Le Décret n°88-155 du 15 février 1988 crée les cours administratives d'appel de Bordeaux, Nancy, Lyon, Nantes et Paris. Il existe à ce jour huit cours administratives d'appel à Bordeaux, Douai, Lyon, Marseille, Nancy, Nantes, Paris et Versailles.

[74] Le 27 ventôse an VIII correspond au 18 mars 1800 du calendrier grégorien.

une progression similaire à un contentieux ordinaire devant la juridiction civile, après avoir passé les fourches caudines de la phase administrative[75]. Chaque cour sera présidée par un Conseiller d'État en service ordinaire, comme les Cours d'appel qui sont présidées par un Magistrat expérimenté. Pour préserver l'unité de la juridiction administrative, les magistrats des Tribunaux administratifs et des Cours administratives d'appel seront issus du même corps et feront application du Code de justice administrative.

114. Les Cours administratives d'appel, territorialement compétentes[76], « connaissent des jugements rendus en premier ressort par les tribunaux administratifs, sous réserve des compétences que l'intérêt d'une bonne administration de la justice conduit à attribuer au Conseil d'État et de celles définies aux articles L. 552-1 et L. 552-2 (du Code de justice administrative) »[77]. Tout contribuable partie à l'instance en premier ressort pourra interjeter appel[78] dans les deux mois[79], à condition qu'il ait recours au ministère d'avocat[80]. En cas d'insatisfaction, la partie mécontente pourra, dans les deux mois, en dernier recours, déférer dans le cadre d'une cassation

---

[75] En 2020, près de 3 millions de réclamations contentieuses ont été formulées à l'administration (demandes de correction, réclamations au fond et demandes gracieuses). Seul 0,4 % des affaires arrivent jusqu'au Tribunal administratif et à peine 0,02 % devant le TJ. Source : DGFiP, *Rapport d'activité, rapport statistique 2020* (pourcentage calculé par nos soins).

[76] L'article R. 221-7 du code de justice administrative dispose que : « Le siège et le ressort des cours administratives d'appel sont fixés comme suit :
Bordeaux : ressort des tribunaux administratifs de Bordeaux, Limoges, Pau, Poitiers, Toulouse, Guadeloupe, Guyane, Martinique, La Réunion, Mayotte, Saint-Barthélemy, Saint-Martin et Saint-Pierre-et-Miquelon ;
Douai : ressort des tribunaux administratifs d'Amiens, Lille et Rouen ;
Lyon : ressort des tribunaux administratifs de Clermont-Ferrand, Dijon, Grenoble et Lyon ;
Marseille : ressort des tribunaux administratifs de Bastia, Marseille, Montpellier, Nice, Nîmes et Toulon ;
Nancy : ressort des tribunaux administratifs de Besançon, Châlons-en-Champagne, Nancy et Strasbourg ;
Nantes : ressort des tribunaux administratifs de Caen, Nantes, Orléans et Rennes ;
Paris : ressort des tribunaux administratifs de Melun, Paris, Wallis-et-Futuna, Nouvelle-Calédonie et Polynésie française ;
Versailles : ressort des tribunaux administratifs de Cergy-Pontoise, Montreuil et Versailles ».

[77] Article L. 321-1 du CJA.

[78] Article R. 811-1 du CJA.

[79] Article R. 811-2 du CJA.

[80] Article R. 811-7 du CJA.

l'arrêt de la Cour administrative d'appel devant le Conseil d'État[81]. Le cheminement de la procédure ouverte en matière fiscale devant le juge administratif est ainsi parallèle à celui d'une procédure ouverte par un justiciable devant le juge judiciaire.

115. L'apport du texte réformant le contentieux administratif n'est pas qu'organique, il est aussi une étape majeure dans l'émergence de la juridiction administrative comme juridiction impartiale.

B – L'émancipation de la juridiction administrative

116. L'émancipation de l'ordre administratif, en particulier des Tribunaux administratifs vis-à-vis du ministère de l'Intérieur fut en 1987 un enjeu tout aussi important que la création d'un nouveau degré de juridiction. Cette dépendance demeurait jusqu'alors comme un résidu des Conseils de préfecture devenus Tribunaux administratifs en 1953. Cette survivance « périmée »[82] d'une époque où les Tribunaux administratifs vivaient en « convivialité » avec les préfets, et où les moyens matériels pouvaient être partagés[83], n'était plus compatible avec les aspirations de la justice administrative. Il devenait impossible de justifier que l'ordre administratif fut apte à trancher un litige opposant un contribuable avec l'administration en toute indépendance. Jusque-là, le juge majoritairement compétent en matière fiscale était placé sous une double dépendance : celle du ministère de la Justice et celle du ministère de l'Intérieur, alors qu'il avait été tenté en 1985 de confier les Tribunaux administratifs uniquement au ministère de la Justice, pourtant considéré comme « pauvre ». Le ministre Pierre JOXE s'y était opposé et les Tribunaux administratifs étaient restés dans le giron de la place Beauvau. L'article 3 de la Loi de 1987 ouvre à la juridiction administrative, au-delà d'une réorganisation structurelle, le passage d'une nouvelle étape vers l'affranchissement. En remplaçant les mots « Le directeur chargé au ministère de l'Intérieur de la gestion du corps des membres des Tribunaux administratifs » par « Le secrétaire général du Conseil d'État », le législateur ne modifie pas seulement un terme, mais

---

[81] Article L. 821-1 du CJA.

[82] Déclaration de Jean FOYER à l'Assemblée Nationale - 1ère séance du 6 octobre 1987, *JO* n°58 AN (C.R), p. 3950.

[83] *Ibid.*

affranchit l'ordre administratif[84]. La modification de la composition du Conseil supérieur des tribunaux administratifs et des Cours administratives d'appel (CSTACAA) marque la sortie du ministère de l'Intérieur en tant qu'autorité de tutelle de la juridiction administrative[85]. Équivalent pour le juge judiciaire du Conseil supérieur de la magistrature, le CSTACAA émet un avis sur les nominations, détachements et intégrations des magistrats de l'ordre administratif[86]. Privilégier la présence d'un membre du Conseil d'État plutôt que du ministère de l'Intérieur est, tant d'un point de vue symbolique que matériel, un signe fort d'indépendance.

117. Dès lors, comme son homologue judiciaire, le juge administratif est administrativement rattaché au ministre de la Justice. L'indépendance du juge administratif sera renforcée par l'article L. 231-1-1 du Code de justice administrative créé en 2016, rappelant que l'action du juge doit être guidée par l'« indépendance », la « dignité », l'« impartialité », l'« intégrité » et la

84 Quatrième alinéa (3°) de l'article 14 de la Loi n°86-14 du 6 janvier 1986 modifié par la Loi n°87-1127 du 31 décembre 1987, aujourd'hui codifié à l'article L. 232-2 du Code de justice administrative.

85 L'article L. 232-2 du CJA présente la composition du Conseil supérieur des tribunaux administratifs et des cours administratives d'appel, présidé par le vice-président du Conseil d'État : « Le conseiller d'État, président de la mission d'inspection des juridictions administratives, le secrétaire général du Conseil d'État, le directeur chargé au ministère de la justice des services judiciaires, un chef de juridiction et un suppléant élus par leurs pairs, cinq représentants des magistrats des tribunaux administratifs et des cours administratives d'appel à l'exception de ceux détachés dans le corps depuis moins de deux ans, élus au scrutin proportionnel de liste à raison : d'un représentant titulaire et d'un suppléant pour le grade de conseiller, de deux représentants titulaires et de deux suppléants pour le grade de premier conseiller, de deux représentants titulaires et de deux suppléants pour le grade de président ; trois personnalités choisies pour leurs compétences dans le domaine du droit en dehors des membres du Conseil d'État et des magistrats des tribunaux administratifs et des cours administratives d'appel et qui n'exercent pas de mandat parlementaire nommées respectivement par le Président de la République, le président de l'Assemblée nationale et le président du Sénat ».

86 Article L. 232-1 du CJA.

« probité »[87]. Comme un rééquilibrage du statut d'un juge qui n'est pas consacré par la Constitution, à la différence d'une autorité judiciaire « gardienne de la liberté individuelle »[88], le législateur est venu renforcer l'indépendance et ainsi la légitimité d'un ordre juridictionnel traditionnellement proche de l'administration.

118. Avec l'alignement des voies de recours et l'indépendance acquise, l'ordre administratif devient le miroir du juge judiciaire pour le contentieux opposant un contribuable à l'administration fiscale. Aujourd'hui, l'activité de l'ordre administratif est croissante et la matière fiscale tient une bonne place parmi les contentieux recensés. Le succès est tel que, selon les professeurs Jacques GROSCLAUDE, Philippe MARCHESSOU et Bruno TRESCHER : « L'engorgement des Cours administratives d'appel, victimes de leur succès, apparaît aussi inéluctable que celui des Tribunaux administratifs »[89].

---

[87] L'article L. 231-1-1 du CJA crée par la Loi n°2016-483 du 20 avril 2016 relative à la déontologie et aux droits et obligations des fonctionnaires dispose que « Les magistrats des tribunaux administratifs et des cours administratives d'appel exercent leurs fonctions en toute indépendance, dignité, impartialité, intégrité et probité et se comportent de façon à prévenir tout doute légitime à cet égard.
Ils s'abstiennent de tout acte ou comportement à caractère public incompatible avec la réserve que leur imposent leurs fonctions.
Ils ne peuvent se prévaloir, à l'appui d'une activité politique, de leur appartenance à la juridiction administrative ».

[88] L'article 66 de la Constitution de 1958 dispose que « (…) L'autorité judiciaire, gardienne de la liberté individuelle, assure le respect de ce principe dans les conditions prévues par la loi ». Voir : Th.-S. RENOUX, « L'autorité judiciaire », *in* D. MAUS, L. FAVOREU, J.-L. PARODI (dir.), *L'écriture de la Constitution de 1958*, Economica-PUAM, 1992, p. 667 ; Th.-S. RENOUX, M. de VILLIERS, « Commentaire de l'article 66 de la Constitution », *Code constitutionnel*, Litec, 1994, p. 527 et s. ; D. TURPIN, « L'autorité judiciaire gardienne de la liberté individuelle », *AJDA*, 1983, pp. 653-663 ; E. UNTERMAIER-KERLEO, « Le juge judiciaire : quel gardien de la liberté individuelle ? », *in* ASSOCIATION FRANÇAISE DE RECHERCHE EN DROIT ADMINISTRATIF, *Le juge judiciaire*, Paris, Dalloz, Thèmes et commentaires, 2016, pp. 19-36.

[89] J. GROSCLAUDE, Ph. MARCHESSOU, B. TRESCHER, *Procédures fiscales*, *op. cit.*, p. 347.

119. *Tableau 1 - Les chiffres du contentieux fiscal au sein de l'ordre administratif*[90]

Chiffres 2020	Tribunal administratif (42 juridictions)	Cour administrative d'appel (8 juridictions)	Conseil d'État
Affaires enregistrées	210 514	30 229	10 034
Délais de jugement (en mois)	9	11	6
Volume du contentieux fiscal (%)	5,65	10,53	3,86
Volume du contentieux fiscal (nombre d'affaires déposées)	11 887	3 184	387

120. Par l'alignement des voies de recours et l'indépendance acquise, l'ordre administratif incarne une juridiction modernisée et impartiale, inspirée par le juge judiciaire, et plus précisément sur un juge judiciaire en dehors du champ fiscal et peut être idéalisé. En 1987, la juridiction administrative longtemps critiquée est en effet en avance sur son homologue judiciaire.

[90] Calculs effectués par l'auteur, données croisées : DIRECTION GÉNÉRALE DES FINANCES PUBLIQUES, *Rapport d'activité de l'année 2020* ; CONSEIL D'ÉTAT, *Rapport public, Activité juridictionnelle et consultative des juridictions administratives en 2020.*

§2 – L'évolution de la juridiction civile en matière fiscale

121. Doté d'une structure en trois degrés depuis le XVIIIe siècle, auréolé par une image de « gardien des libertés fondamentales », il convient de reconnaître qu'en matière fiscale, la place du juge civil est controversée. En effet, il fallut attendre deux siècles pour qu'un contribuable soit traité de la même façon qu'un justiciable ordinaire devant le juge civil et neuf ans pour qu'un contribuable le soit quel que soit l'impôt concerné. En lui ouvrant les portes de la Cour d'appel, le législateur n'a pas fait que désengorger la Cour de cassation, il a permis l'égalité de traitement entre les deux ordres de juridiction (**A**).

122. Au-delà d'une procédure équivalente, l'indépendance du juge civil quantitativement minoritaire en matière fiscale vis-à-vis de l'administration semble être naturelle. Pourtant, la jurisprudence a montré qu'alors que le juge administratif subissait une traditionnelle critique à l'égard de sa proximité avec les services fiscaux, le juge civil n'était plus tout à fait le magistrat indépendant que l'on décrivait à la Révolution (**B**).

A – L'ouverture tardive des portes de la Cour d'appel aux contribuables

123. Une étape manquait à l'harmonisation organique du contentieux fiscal entre ses deux juridictions. Ce chaînon manquant est celui de l'accès pour les contribuables à l'appel en matière fiscale. Alors que l'ordre administratif s'était organiquement aligné sur l'ordre judiciaire, le litige fiscal demeurait soumis à une procédure en deux instances devant le juge civil. Il fallut attendre 1998 pour que la Cour d'appel soit ouverte aux contribuables[91].

124. La Révolution n'ayant pas créé une juridiction d'appel pour les décisions du juge civil, la Cour de cassation dont les traces remontent à

---

[91] La mise en œuvre du double degré de recours concernant les litiges fiscaux devant le juge civil est inséré par l'article 112 de la Loi n°96-1181 du 30 décembre 1996 de finances pour 1997, appliquée par le Décret n°98-127 du 4 mars 1998 organisant les modalités du double degré de juridiction en matière de droits d'enregistrement, de taxe de publicité foncière, de droits de timbre, de contributions indirectes et de taxes assimilées à ces droits, taxes et contributions.

1318[92], devint à l'époque compétente pour juger en seconde instance le contentieux judiciaire. L'instruction du 29 septembre 1791, inscrite sur la couverture des « Lois et règlement de la Cour de cassation » raisonne comme un commandement : « La Cour de cassation n'est point un degré d'appel ni de juridiction ordinaire »[93]. Pourtant, souhaitant compenser ce déficit, le juge de cassation se comporta pendant longtemps comme un juge d'appel, jugeant en droit et en fait en matière fiscale[94]. La Cour tira cette pratique de l'Ancien Droit alors que la Cassation, héritée du « Conseil des parties » tranchait les contentieux fiscaux entre le « prince » et le citoyen, reprenant l'ensemble de l'affaire, en fait et en droit[95]. Seules les colonies disposaient à l'époque de juridictions d'appel. Avant 1998, la chambre commerciale de la Cour de cassation continuait à statuer en second ressort alors même que depuis les années 1950 sa jurisprudence s'était conformée à celle attendue par un juge de cassation[96]. Cette situation, contraire au principe de l'article 6§1 de la Conv.EDH, plaçait le contribuable face à un juge de « Cour suprême », devant juger en droit et non en fait.

125. En 1998, le législateur est venu combler cette lacune juridictionnelle, qui plaçait la France dans une situation où l'accès au procès équitable n'était pas totalement ouvert au contribuable. Dès lors un justiciable, par ailleurs contribuable, aura accès à trois degrés d'instance, devant les deux ordres de juridiction, quel que soit l'impôt litigieux. Une procédure d'appel ordinaire devant la chambre commerciale de la Cour d'appel est étendue en matière fiscale, régie par le Code de procédure civile[97]. « En matière de droits d'enregistrement, d'impôt sur la fortune immobilière, de taxe de publicité foncière, de droits de timbre, de contributions indirectes et de taxes assimilées à ces droits, taxes ou contributions, le tribunal

---

92 A.-P. TARBÉ, *Lois et règlement à l'usage de la Cour de Cassation*, Paris, Librairie encyclopédique du droit, 1840, p. 4 : le premier texte dont il est fait mention remonte à l'Ordonnance sur le Conseil du 18 juillet 1318.

93 A.-P. TARBÉ, *Lois et règlement à l'usage de la Cour de Cassation*, *op. cit.*, p. 1.

94 Ch. DE LA MARDIÈRE, *Recours pour excès de pouvoir et contentieux administratif de l'impôt*, *op. cit.*, p. 9.

95 A.-P. TARBÉ, *Lois et règlement à l'usage de la Cour de Cassation*, *op. cit.*, p. 14.

96 F. LABIE, « Le contrôle des faits par la Cour de cassation dans le contentieux de l'imposition », *in Études de finances publiques. Mélanges P. M. GAUDEMET*, Paris, Economica, 1984, p. 987.

97 L'appel est défini par l'article 542 du CPC : « L'appel tend à faire réformer ou annuler par la cour d'appel un jugement rendu par une juridiction du premier degré ». La procédure d'appel ordinaire est organisée par les articles 901 à 915 du CPC.

compétent est le tribunal judiciaire »[98]. La partie mécontente pourra introduire dans un délai d'un mois une procédure d'appel[99]. Le ministère d'avocat est comme en matière d'appel devant l'ordre administratif, obligatoire[100].

126. Avec près de deux siècles d'écart, les deux ordres de juridiction sont enfin, sous l'angle de leurs structures juridictionnelles, harmonisés. Comme l'a imaginé le législateur en 1800, c'est par une pyramide que se concevra la structure juridictionnelle des deux ordres, s'inspirant de la Constitution de l'an VIII[101] qui consacrait neuf articles à l'organisation judiciaire. En matière fiscale, neuf ans séparent l'alignement des procédures devant les deux ordres. À présent, d'un point de vue organique, rien ne distingue la procédure devant chaque ordre de juridiction. Plus subtiles, des variations peuvent exister à propos de l'office exercé par le juge.

B – L'indépendance du juge civil remise en question

127. Le juge judiciaire, jouissant d'un prestige ancien n'est pourtant pas en matière fiscale le juge le plus sollicité. Quantitativement, le contentieux fiscal est largement évité par la procédure de la réclamation préalable administrative[102]. Le contentieux fiscal judiciaire, minoritaire à l'intérieur d'un contentieux global maigre, est pour le juge épisodique. Le nombre d'affaires présentées devant cet ordre atteint à peine 5 %, dénombrant à l'échelle nationale seulement quelques centaines d'affaires par an.

---

[98] Article L. 199 du LPF.
[99] Articles R* 202-6 du LPF et 538 du CPC.
[100] Article 899 du CPC.
[101] Constitution du 22 frimaire an VIII soit le 13 décembre 1799 du calendrier grégorien.
[102] Voir : G. NOEL, *La réclamation préalable devant le service des impôts*, Paris, LGDJ, coll. Bibliothèque de science financière, 1985, 654 p.

128. *Tableau 2 - Volume d'affaires de nature fiscale déposées devant les juridictions de l'ordre judiciaire*

	2017	**2018**	**2019**	**2020**
Tribunaux de grande instance /tribunaux judiciaires (depuis 2020)	1 039	720	699	590
Cours d'appel	272	272	323	361
Cour de cassation	85	69	88	49

Source : DIRECTION GÉNÉRALE DES FINANCES PUBLIQUES, *Rapport d'activité, cahiers statistiques de l'année 2020.*

129. Le législateur révolutionnaire plaçait en haute estime le juge judiciaire. De même, la doctrine a longtemps reconnu que le droit privé « irriguait » la matière fiscale allant jusqu'à affirmer que « le droit civil constitue une science qui domine le droit fiscal »[103]. Pourtant, le juge de l'ordre administratif s'est vu confier un volume croissant d'impôts, consécutivement à son indépendance et au développement de sa structure juridictionnelle. Au cours du temps, les équilibres se sont inversés et à présent, le droit fiscal est considéré comme « l'une des principales branches du droit public »[104]. Par conséquent, le juge administratif est perçu par certains auteurs comme un « juge de droit commun en matière fiscale », comme un juge naturel de l'impôt, par rapport à un juge civil largement minoritaire et dont sa compétence apparaît comme une exception[105]. Monsieur PUJOL indique que « le système fiscal tout entier repose sur une

---

103 A. WAHL, *Traité de droit fiscal*, Tome III, Paris, Chevalier-Marescq & co, 1902-1906, p. 15.

104 D. TRUCHET, « Les branches du droit public », *in* D. TRUCHET, *Le droit public*, Paris, PUF, Que sais-je ?, 2014, pp. 83-84.

105 BOI-CTX-JUD-10-10-20121204 ; DIRECTION GÉNÉRALE DES FINANCES PUBLIQUES, *Rapport d'activité, cahier statistiques de l'année 2020*, p. 59.

base de droit privé »[106]. Pourtant cette place que la doctrine classique a octroyée au droit privé semble s'être érodée. Le juge civil est compétent au regard de l'article L. 199 du LPF « en matière de droits d'enregistrement, d'impôt sur la fortune immobilière, de taxe de publicité foncière, de droits de timbre, de contributions indirectes et de taxes assimilées à ces droits, taxes ou contributions », mais aussi pour trancher des questions préjudicielles soulevées à propos de l'assiette des impôts directs comme en matière de propriété ou de droit des personnes[107]. La seule minorité quantitative pourrait s'effacer au profit de décisions audacieuses, de protection efficace du contribuable, d'apports jurisprudentiels notoires. La réalité de l'apport du juge civil semble toutefois être équivalente à la place qu'il occupe face à son homologue administratif compétent en matière fiscale. La controverse récente autour des « ordonnances pré-rédigées » est un accroc de plus porté à l'image du juge civil. Cet exemple montre que l'indépendance de juge civil vis-à-vis de l'administration ne correspond pas à l'image d'Épinal.

130. Unanimement reconnus comme étant étendus, les pouvoirs de l'administration fiscale pourraient se révéler potentiellement attentatoires à de nombreux droits et libertés[108]. Parmi eux, l'inviolabilité du domicile est, dans le cadre de l'exercice d'un contrôle sur place, une garantie laissant la place à l'impérieuse nécessité de contrôler pour recouvrer l'impôt. Le domicile est une notion imprégnée de droit privé, car définie à l'article 102 du Code napoléonien comme étant le « lieu où (tout Français) a son principal établissement ». En tant que « gardien de la propriété privée » depuis la Loi du 8 mars 1810[109] rappelée par la décision du Conseil

---

[106] J. PUJOL, *L'application du droit privé en matière fiscale. Recherches sur la véritable place du droit privé dans le système fiscal français, op. cit.*, p. 151.

[107] CE, 9 mars 1998, n°129308, *Ministre du budget c/Queinnec.*

[108] C. GOUR, J. MOLINIER, G. TOURNIÉ, *Procédure fiscale*, Paris, PUF, coll. Thémis droit, 1982, p. 14.

[109] La Loi du 8 mars 1810, portant sur l'expropriation et les indemnités prévues vient protéger le citoyen face à la politique de grand travaux napoléonienne. Par cette loi, le juge civil devient le gardien de la propriété privée.

constitutionnel du 29 décembre 1983[110], le juge civil semble trouver une place naturelle dans la phase de contrôle de l'administration portant atteinte au domicile. Les articles L. 16 B et L. 38 du LPF ouvrent aux vérificateurs la possibilité, à des fins de contrôle, de s'introduire au domicile d'un contribuable ou au siège de l'entreprise, considéré comme le domicile de la personne morale. Ces « visites » sont permises lorsqu'existent des présomptions d'agissements constitutifs de délits de fraude fiscale violant les dispositions du CGI[111].

131. Présente dans les Constitutions de 1791[112] et de 1848[113], dans la Déclaration universelle des droits de l'Homme[114], l'inviolabilité du domicile est un principe à valeur constitutionnelle confié sans ambiguïté au juge judiciaire depuis 1983[115]. Ce principe est rappelé par les textes européens. L'article 8 de la Convention européenne des droits de l'Homme protège l'inviolabilité du domicile au même titre que la vie privée ou le secret des correspondances. Le juge civil est amené à se prononcer sur la violation du

---

[110] CC, 29 décembre 1983, décision n°83-164 DC, énonce que « les perquisitions qu'il prévoit à la discrétion de fonctionnaires qui peuvent y procéder alors même qu'il n'existe aucun indice d'infraction ; qu'en conséquence ils estiment ces dispositions contraires à la liberté individuelle dont l'article 66 de la Constitution confie la garde à l'autorité judiciaire » – La décision CC, 25 juillet 1989, décision n°89-256 DC, énonce « le principe fondamental reconnu par les lois de la République, selon lequel l'autorité judiciaire est garante de la propriété ».

[111] Les articles visés sont les 1741 et 1743 du CGI – Cass com. 10 février 1998, n°95-30.221, *M. Chung Lun Yee, Droit Fiscal*, 1998, n°39, comm. 833.

[112] Le 3° du titre premier de la Constitution de 1791 dispose « La Constitution garantit l'inviolabilité des propriétés ou la juste et préalable indemnité de celles dont la nécessité publique, légalement constatée, exigerait le sacrifice ».

[113] L'article 3 de la Constitution de 1848 dispose que « La demeure de toute personne habitant le territoire français est inviolable ; il n'est permis d'y pénétrer que selon les formes et dans les cas prévus par la loi ».

[114] L'article 12 de la Déclaration universelle des droits de l'Homme dispose que « Nul ne sera l'objet d'immixtions arbitraires dans sa vie privée, sa famille, son domicile ou sa correspondance, ni d'atteintes à son honneur et à sa réputation ».

[115] La décision du Conseil constitutionnel : CC, 29 décembre 1983, décision n°83-164 DC, énonce que « si les nécessités de l'action fiscale peuvent exiger que des agents du fisc soient autorisés à opérer des investigations dans des lieux privés, de telles investigations ne peuvent être conduites que dans le respect de l'article 66 de la Constitution qui confie à l'autorité judiciaire la sauvegarde de la liberté individuelle sous tous ses aspects, et notamment celui de l'inviolabilité du domicile ; que l'intervention de l'autorité judiciaire doit être prévue pour conserver à celle-ci toute la responsabilité et tout le pouvoir de contrôle qui lui reviennent ».

domicile par l'administration lorsque celle-ci use de son pouvoir de « droit de visite et de saisie »[116].

132. Cette procédure potentiellement inquisitoriale est placée sous le regard du juge civil, saisi par l'administration[117]. Par une ordonnance du juge des libertés et de la détention (JLD) du Tribunal judiciaire dans le ressort duquel sont situés les lieux à visiter, un officier de police judiciaire viendra assister le vérificateur dans l'exercice de ce qu'il convient d'appeler une perquisition fiscale[118]. Pour délivrer cette ordonnance, le juge doit s'assurer « de manière concrète (du) bien-fondé de la demande qui lui est faite par l'administration fiscale »[119]. Reconnaissons que la Cour de cassation[120] a longtemps été vigilante sur la motivation explicite de la décision du juge semblant être synonyme d'examen au cas par cas des situations présentées[121]. Un contentieux paraissant spontanément de nature formelle a soulevé une interrogation sur l'indépendance du juge civil. Le débat autour de la question des ordonnances prérédigées par l'administration sème le doute et interroge sur l'effectivité de la protection censée être exercée par le juge judiciaire. À l'occasion d'un jugement rendu par la chambre commerciale de la Cour de cassation en 2000 sur la recevabilité de sept pourvois attaquant la même

---

116 Voir : B. HATOUX, « Le juge compétent pour connaître de la fraude au jugement en matière de visites domiciliaires », *RJF*, 2000, n°5, pp. 400-406 ; L. AYRAULT, *Le contrôle juridictionnel de la procédure d'imposition*, Paris, L'Harmattan, Finances publiques, 2004, p. 134.

117 Voir sur le contrôle de la motivation de l'ordonnance de visite : L. AYRAULT, *Le contrôle juridictionnel de la procédure d'imposition, op. cit.*, p. 136.

118 La perquisition est définie par les articles 56 et s. et 94 et s. du CPP.

119 La doctrine administrative (BOI-CF-COM-20-20-20120912) prévoit que « L'ordonnance de visite doit comporter : - l'adresse des lieux à visiter ; - le nom et la qualité du fonctionnaire habilité qui a sollicité et obtenu l'autorisation de procéder aux opérations de visite ; - l'autorisation donnée au fonctionnaire qui procède aux opérations de visite de recueillir sur place, dans les conditions prévues au III bis de l'article L. 16 B du LPF, des renseignements et justifications auprès de l'occupant des lieux ou de son représentant et, s'il est présent, du contribuable mentionné au I-B ainsi que l'autorisation de demander à ceux-ci de justifier pendant la visite de leur identité et de leur adresse, dans les mêmes conditions ; - le délai et les voies de recours contre l'ordonnance ; - la mention de la faculté pour le contribuable de faire appel à un conseil de son choix. Par ailleurs, le juge doit motiver sa décision par l'indication des éléments de fait et de droit qu'il retient et qui laissent présumer, en l'espèce, l'existence des agissements frauduleux dont la preuve est recherchée ».

120 Cass. Ch. Mixte, 15 décembre 1988, *Droit Fiscal*, 1989, n°9, comm. 412, note P. DIBOUT – Cass. com., 7 mars 2001, *SA Trading*, *RJF*, 6/01, n°800.

121 J. GROSCLAUDE, Ph. MARCHESSOU, B. TRESCHER, *Procédures fiscales*, 10e édition, *op. cit.*, p. 184.

ordonnance fondée sur l'article L. 16 B du LPF, les pratiques du juge de l'exécution (JEX) sont mises en lumière[122].

133. D'abord, la demanderesse aborde l'exigence légale d'une ordonnance autorisant une visite domiciliaire. Elle rappelle que « les ordonnances autorisant une visite domiciliaire doivent constater concrètement l'origine apparemment licite de toutes les pièces produites par l'administration fiscale à l'appui de sa requête » et que « pour satisfaire aux exigences de l'article L. 16 B du Livre des procédures fiscales, les ordonnances autorisant une visite domiciliaire doivent constater concrètement l'origine apparemment licite de toutes les pièces produites par l'administration fiscale ». En réalité, l'administration ne fournit aucun détail relatif aux pièces saisies, ne permettant pas au juge de cassation de s'assurer de la régularité de l'ordonnance.

134. Pis encore, il est rappelé dans l'arrêt de la Cour que le juge de l'exécution du TGI de Paris, signataire de l'ordonnance est réputé avoir rédigé l'acte. En l'espèce, il est relevé que « l'ordonnance attaquée contient exactement aux mêmes endroits les mêmes erreurs typographiques qu'une autre ordonnance rendue dans la même affaire au nom du président du Tribunal de grande instance de Lyon à propos de la visite domiciliaire de locaux situés dans le ressort de ce dernier tribunal ; qu'en effet, le rédacteur de ces deux ordonnances met tantôt un espace entre une virgule et le mot qui la précède, tantôt aucun espace ; que le rédacteur des ordonnances a placé deux virgules côte à côte en haut de la page 8 de deux ordonnances ; qu'une telle similitude ne peut être le fruit du hasard ». Les preuves sont dès lors suffisantes pour, considérer que les ordonnances attaquées étaient rédigées par l'administration fiscale et non par le juge civil et ainsi en conclure que « l'obligation d'impartialité objective qui s'imposait à lui ainsi que les exigences de l'indépendance de l'autorité judiciaire par rapport à l'administration fiscale » ne sont pas respectées.

135. Malgré ces éléments factuels, la Cour de cassation n'a pas considéré qu'il y avait lieu à reconnaître la violation des garanties du contribuable lorsque le juge se prête à la pratique des ordonnances prérédigées et il l'a rappelé à plusieurs reprises créant sur ce sujet une jurisprudence constante[123]. Le « gardien des libertés fondamentales » ne

---

[122] Cass. com., 22 juillet 2000, n°98-30.366.

[123] Cass. com., 25 sept. 2012, n°11-24.536, F-P+B, *Sté BRM – Conseil et a.*, *Droit Fiscal*, 2012, n°40, Act. n°383.

semble pas voir la contradiction entre cette pratique et la protection du domicile et considère que « les motifs et le dispositif de l'ordonnance rendue en vertu de l'article L. 16 B du LPF sont réputés avoir été établis par le juge qui l'a rendue et signé »[124]. La Haute cour considérant que « l'apposition d'une signature, au pied d'un texte, vaut appropriation par le juge de ce texte et celui-ci doit être regardé comme étant son œuvre ». La précision n'est sans doute pas le fruit d'une situation totalement assumée par le juge. Partant, la protection par le juge civil parait lacunaire, proche de l'administration et ne pas correspondre à son prestige historique.

136. Deux situations se sont développées à l'égard des ordonnances prérédigées. Certains juges d'appel ont repris la position de la Cour de cassation et n'ont pas fait obstacle à l'usage d'ordonnances rédigées par l'administration fiscale et paraphées par le juge de l'exécution[125]. La Cour d'appel de Paris considéra par exemple que le juge « s'approprie l'autorisation qu'il signe, son rôle ne se limitant pas à une simple mission de chambre d'enregistrement »[126], s'inscrivant dans la doctrine du juge du quai de l'Horloge. D'autres juges plus frondeurs, volontairement ou non, à l'image du juge LE FEVRE de la Cour d'appel de Paris ont pris position contre ces ordonnances prérédigées, symbole d'une proximité entre juge et administration faisant obstacle à un examen *in concreto* de chaque situation. En 2010, la Cour d'appel de Paris rendit un arrêt sanctionnant une ordonnance prérédigée rendue par le juge des libertés et de la détention de Sens au motif que « le juge n'a pas pu accomplir sa mission essentielle de vérificateur du bien-fondé de la demande d'autorisation qui lui était

---

[124] Cass. com., 14 décembre 2010, n°10-13.601, *Droit Fiscal*, 2011, n°4, comm. 135, note F. MARTINET ; Cass. com., 29 octobre 1991, n°90-13.368, note FOUQUET et PELFANIAN : JurisData n°1991-003367 ; *Bull. civ.* 1991, IV, n°322 ; *Droit Fiscal*, 1992, n°12, comm. 625 ; *JCP E* 1992, II, n°36 ; *RJF*, 1/1992, n°80 – Cass. crim., 22 mars 2001, n°99-30.197, F-D, *Sté Trigone Conseil Littoral* : *JCP G* 2001, n°23, p. 1137 ; *RJF*, 10/2001, n°1252. – Cass. com., 15 décembre 2009, n°09-12.734, F-P+B, *Sté Agence maritime africaine (AMA)* : JurisData n°2009-050881 ; *Droit Fiscal*, 2010, n°15, Étude 269, note A. ANGOTTI et M. RODRIGUE.

[125] Voir en ce sens : CA Paris, pôle 5, chambre 1, 8 juin 2016, n°16/02099 ; CA Versailles, 19 novembre 2010, n°09/00132.

[126] CA Paris, Pôle 5, chambre 15, 5 décembre 2018, n°18/04953.

soumise »[127]. Cette fronde à l'égard de la jurisprudence constante rendue en cassation n'aura toutefois pas suffi à remettre en question cette pratique.

Approbation d'une situation ne vaut pas analyse casuistique. Une ordonnance sans auscultation, sans examen à l'égard d'un patient serait-elle concevable par les dépositaires du serment d'Hippocrate ? Un médecin signerait-il une ordonnance prérédigée par un organisme de protection sociale ? Pourtant c'est bien ce *modus operandi* que suit le juge civil à l'égard des ordonnances rendues dans le cadre des visites domiciliaires. Pour pallier cette situation non satisfaisante pour la protection des garanties du contribuable, le professeur Thierry LAMBERT proposait en 2012 la mise en œuvre d'un collège de magistrats administratifs. Plus spécialisés, organisés en chambres dédiées à la matière fiscale. Le juge administratif pourrait par cette réforme encadrer un droit dont le champ parait bien vaste[128]. Au prêt-à-porter, le sur-mesure pourrait pourtant être préféré et envisagé pour un juge civil armé de suffisamment de moyens et un législateur davantage précis.

127 CA Paris, Pôle 5, chambre 7, 4 février 2010, n°08/19960 - E. OBADIA, « Visites domiciliaires – Contrôle effectif et réel du JLD : le juge se rend à l'évidence », *Droit Fiscal*, 2010, n°13, Act. 102. Dans cette affaire avaient été relevé les mêmes coquilles, le même ordre des pièces pour chaque ordonnances rendues par trois JLD différents. Dans le dossier, une télécopie, antérieure de quelques jours à la date du prononcé de l'ordonnance autorisant les visites et saisies, aux termes de laquelle la DNEF adressait au JLD de Troyes « le projet d'ordonnance objet de [leur] rendez-vous du mercredi 18 juin, 14 heures 30 ». Aucun élément de preuve n'était joint à cette proposition. Le juge considère qu' « il ne saurait être admis que l'autorité judiciaire agisse en fait de manière non distincte de l'autorité administrative en se bornant à authentifier les documents établis par celle-ci ».

128 Th. LAMBERT, « Le droit de visite et de saisie de l'administration fiscale : les tourments de l'article L. 16 B du Livre des procédures fiscales », *Revue Sociétés*, 2012, n°2, pp. 71-80.

Conclusion du Chapitre 1

137. À la question de savoir si le dualisme juridictionnel fondé sur des critères révolutionnaires est adapté aux situations fiscales contemporaines, la réponse est non.

138. Fondement de la répartition juridictionnelle fiscale, la classification par nature de l'impôt est datée, car construite sur des critères révolutionnaires ne permettant plus de révéler la nature de la fiscalité du XXIe siècle. Érodée de toute part, la classification impôt direct / impôt indirect ne constitue plus une classification pertinente, alors que l'économie de l'immatériel connaît un essor sans précédent. S'il faut classifier pour attribuer le contentieux à un juge, il faut que la grille de classement soit pertinente. En affirmant que la classification fiscale est désuète, le dualisme juridictionnel est *de facto* atteint, d'une part parce qu'elle est le fondement de l'existence du dualisme, et d'autre part parce qu'elle constitue la justification de sa pérennité. Alors que durant près de deux siècles, la classification fiscale a tenu en présence d'un dualisme qualitativement déséquilibré[129], le centre de gravité se recentre entre le juge civil et le juge administratif.

139. En présence de procédures alignées sur les mêmes exigences, le contribuable sera traité de la même façon par les « deux têtes » du « juge de l'impôt ». La création des Cours administratives d'appel en 1987 incarne cet alignement procédural. Par l'indépendance acquise, le juge administratif a atteint son « âge de raison » émancipé de la figure tutélaire du ministre de l'Intérieur et plus largement de l'administration. Par cette liberté acquise, le contribuable ne s'adresse pas au « juge de l'administration », mais bien à un juge spécialisé en matière de contentieux opposant le citoyen à la puissance publique. Quelle expression plus évidente de la puissance publique que la levée de l'impôt ? Bien que partiellement spécialisée, la juridiction

[129] La répartition juridictionnelle est déséquilibrée en faveur de la juridiction administrative (95% du contentieux fiscal).

administrative est organisée en trois degrés par chambres spécialisées, où le contentieux fiscal occupe une place clairement identifiée[130].

140. Face à lui, le juge civil parait plus timide, voire frileux en matière de contentieux fiscal. Certes épisodique, le contentieux fiscal confié au juge civil est porteur d'enjeux importants comme la propriété[131] ou les libertés individuelles. La procédure devant le juge minoritaire en matière fiscale s'est réformée en ouvrant aux contribuables l'accès à l'appel. Toutefois, l'image du juge civil est ternie par sa vacance à l'égard de l'inviolabilité du domicile, au cœur de ses compétences traditionnelles. Le juge administratif, régulièrement saisi, a acquis avec le temps une expertise en la matière. Le juge constitutionnel, enhardi par la création de la QPC[132], particulièrement fertile en matière fiscale, prend une place de premier plan en matière de droits et libertés fondamentaux. De toute part, la place d'un juge quantitativement minoritaire se réduit. La Loi du 30 juin 2000 venue confier aux juges administratifs une procédure de « référé-liberté » a entériné la fin de l'image d'un juge civil protecteur des libertés[133]. Assis sur un trône au XVIIIe siècle, le « gardien des libertés fondamentales »[134] prend place aujourd'hui, en matière fiscale, sur un strapontin.

141. Enfin, à la suite du professeur Christophe DE LA MARDIÈRE[135], il faut reconnaître que le juge civil n'est pas en matière fiscale le gardien de la

---

130 Des chambres partiellement spécialisées structurent les compétences des juridictions administratives. Le Tribunal administratif de Marseille abrite une chambre « Contentieux fiscal, Police », celui de Paris une chambre « contentieux fiscal ; éducation-recherche ; élections universitaires ; étrangers ». Les cours administratives d'appels sont elles aussi organisées en chambres : « Fiscalité, étranger » à Marseille, « Fiscalité, fonction publique, étrangers » pour la juridiction de Paris. Le Conseil d'État répartit entre la 8e, 9e et la 10e chambre de la section du contentieux le contentieux fiscal.

131 « Les dispositions du droit fiscal qui font référence à la propriété sont basées, en l'absence de dérogation législative expresse prévue par le texte d'imposition, sur la notion civiliste de propriété », *in* O. DEBAT, *La rétroactivité et le droit fiscal*, Paris, Defrénois, Collection de thèses, Tome 18, 2006, p. 186. ; Voir sur la place du droit de propriété parmi les droits fondamentaux : J.-F. LACHAUME, H. PAULIAT, « Le droit de propriété privé est-il encore un droit fondamental ? », *Mélanges Philippe ARDANT : Droit et politique à la croisée des cultures*, Paris, LGDJ, 1999, pp. 373-391.

132 30% des QPC relèvent de la matière fiscale, soit un des premiers thèmes de saisine du Conseil constitutionnel dans le cadre de cette procédure.

133 Loi du 30 juin 2000 n°2000-597 relative au référé devant les juridictions administratives.

134 L'article 66 de la Constitution qualifie l'autorité judiciaire de « *gardienne de la liberté individuelle* ».

135 Ch. DE LA MARDIÈRE, *Recours pour excès de pouvoir et contentieux administratif de l'impôt*, *op. cit.*, p. 13.

propriété privée fantasmé par une part de la doctrine. Si tel était le cas, il serait le « juge de l'impôt », celui-ci étant étroitement lié à la propriété.

142. Le dualisme juridictionnel tel qu'il fut théorisé à la Révolution fut régulièrement attaqué par la doctrine pour des motifs de complexité, d'efficacité, d'aberration intellectuelle, de place réservée à la matière fiscale. Aujourd'hui, à ces critiques anciennes et parfois toujours d'actualité, s'ajoute l'anachronisme entre une structure fondée sur des critères, des exigences, des craintes anciennes et une réalité mouvante. L'émergence d'une fiscalité de l'immatériel, la prise en compte des coûts de procédures, l'accès au juge, mais aussi la défiance du citoyen face au système fiscal incite à se questionner sur la place d'une organisation juridictionnelle duale, complexe et peu efficiente dans un panorama où juges nationaux et juges communautaires se prononcent en matière fiscale.

CHAPITRE 2 – Un dualisme juridictionnel concurrencé

143. À l'image d'une classification fiscale érodée, le dualisme juridictionnel subit un siège redoutable regroupant des forces venues d'horizons divers. Incarnant jusqu'alors les deux visages du « juge de l'impôt », le juge civil et le juge administratif perdent progressivement de leur influence en matière fiscale. La protection des garanties du contribuable, au centre du contentieux fiscal est assurée par ailleurs par d'autres juges diluant ainsi le contentieux fiscal dans une pluralité de juridictions, internes et communautaires.

144. Cette interaction vertueuse entre juges trouve dans la doctrine un terme : « le dialogue des juges »[1]. Derrière cette expression parfois galvaudée, l'étymologie nous éclaire : *dia*, signifiant en grec « ce qui traverse » et *logos*, la parole. En musique, le dialogue a lieu lorsque des parties se répondent et souvent se réunissent pour ensemble former une harmonie. En droit, le « dialogue des juges » permettrait aux « bouches de la loi » de faire traverser leurs positions au-delà de leurs ordres respectifs et de s'enrichir de la position de son *alter ego*. Ce postulat, peut-être cette utopie, implique un échange, une compréhension voire une confiance mutuelle. Les relations entre les juges exerçant leur office en matière fiscale sont-elles à ce point bercées de sérénité ? Le sociologue Pierre BOURDIEU a identifié ce rapport entre les juges, évoluant dans un champ qu'il qualifie de « concurrence pour le monopole de dire le droit »[2]. Au milieu de ce « marché concurrentiel des juges », une lutte s'est installée autour d'objectifs d'affirmation de leurs positions juridictionnelles et d'essor de leurs textes de

---

[1] La paternité de cette expression est attribuée au Président GENEVOIS qui en 1978, alors commissaire du gouvernement, écrivait dans les conclusions de la célèbre décision *Cohn-Bendit* qu'il « ne devrait y avoir place ni pour le gouvernement des juges, ni pour la guerre des juges, mais pour le dialogue des juges » - CE, Ass., 22 décembre 1978, n°11604, *Rec. Lebon*.

[2] P. BOURDIEU, « La force du droit », *Actes de la recherche en sciences sociales*, vol. 64 De quel droit ?, 1986, pp. 3-19.

référence[3]. Plus tempéré, au milieu d'une guerre davantage connue sur un terrain commercial, le président Bruno GENEVOIS, alors commissaire du gouvernement, rappelle dans les conclusions de la célèbre décision *Cohn-Bendit* un aspect positif à une interaction, à travers ce qu'il appelle le « dialogue des juges »[4]. Plus tard, une définition plus précise est donnée à cet échange vertueux : « le dialogue des juges consiste en la prise en compte par une juridiction non seulement de sa propre jurisprudence, mais aussi, selon des procédures formalisées ou non, de la jurisprudence d'autres juridictions (au plan national, transnational, ou supranational) dans le but d'assurer la cohérence de l'ensemble du droit »[5]. En matière fiscale, le contentieux marqué par une fracture juridictionnelle n'échappe pas à cette interaction qu'elle soit vertueuse ou hostile remettant en question l'existence d'un dualisme juridictionnel.

145. Le juge constitutionnel d'abord connaît une place croissante en matière de contentieux fiscal. Tel que nous le connaissons sous la Ve République, le juge de la rue de Montpensier a muté. D'un juge effacé, discret, à propos duquel la doctrine s'interrogeait quant à son caractère juridictionnel au début du nouveau régime, il est peu à peu devenu un juge de premier plan en matière de « droits et libertés que la Constitution garantit ». Naturellement, la protection du citoyen en la matière concerne *a fortiori* le contribuable qui se voit appliquer une procédure fiscale particulièrement contraignante et potentiellement attentatoire aux libertés fondamentales. L'introduction de la procédure de la question prioritaire de constitutionnalité (QPC)[6] marque un tournant pour le juge constitutionnel. Le nouvel article 61-1 de la Constitution introduit en ces termes un contrôle *a posteriori* des lois : « Lorsque, à l'occasion d'une instance en cours devant une juridiction, il est soutenu qu'une disposition législative porte atteinte aux droits et libertés que la Constitution garantit, le Conseil constitutionnel peut être saisi de cette question sur renvoi du Conseil d'État ou de la Cour de cassation qui se prononce dans un délai déterminé (…) ». Au-delà d'un droit substantiel pour les citoyens, une place est réservée pour les juges suprêmes

---

[3] P. JAN, « Du dialogue à la concurrence des juges », *RDP*, 2017, n°2, p. 342.

[4] Voir les conclusions B. GENEVOIS sous CE, Ass., 22 décembre 1978, n°11604, *Ministère de l'Intérieur c/M.X.*, *Droit Fiscal*, 1979, p. 155.

[5] B. GENEVOIS, « Dialogue des juges ou confrontation sous-jacente ? », *in* P.-Y. MONJAL, P. JAN, Ch. GESLOT (dir.), *La concurrence des juges en Europe. Le dialogue des juges en questions(s)*, Paris, Éditions Clément Juglar, coll. Les actes de la Revue du droit de l'Union européenne, p. 20.

[6] La Loi constitutionnelle n°2008-724 du 23 juillet 2008 de modernisation des institutions de la Ve République a ajouté à la Constitution l'article 61-1.

de chaque ordre de juridiction. En associant d'autres juges, le Conseil constitutionnel officialise la relation existante avec eux, mais loin de créer un « ménage à trois », les place à la porte de la rue Montpensier, limitant leur rôle à celui d'huissier, décidant de qui pourrait passer les grilles dorées du Palais Royal. L'intégration des garanties du contribuable dans cette nouvelle « offre de protection » entraine, *de facto*, une remise en question de l'office du juge civil en tant que « gardien des libertés », mais aussi une contrainte exercée sur le juge administratif, gardien de la légalité de l'action administrative.

146. Le juge européen est lui aussi venu empiéter sur le champ jadis clos par le dualisme juridictionnel national. Le vertueux dialogue des juges internes et européens existe-t-il ou assistons-nous à une multiplication de « juges de l'impôt » dans un contexte concurrentiel ? Tant par l'influence de la Cour de justice de l'Union européenne (CJUE) que de la Cour européenne des droits de l'Homme (CEDH), les juges européens se prononcent régulièrement en matière fiscale. Le débat autour de l'encadrement des visites domiciliaires a montré les divergences pouvant exister entre le juge civil et le juge européen et par-là l'hégémonie du juge européen en la matière.

147. Dès lors, il faudra identifier ces rapports entre juges internes et externes, et déterminer si leurs relations s'assimilent à un « dialogue des juges » ou bien à une multiplication de « juges de l'impôt », chacun placé dans un monologue. Ces rapports de concurrence seront étudiés à travers l'influence croissante sur les juges nationaux du juge constitutionnel d'une part (**Section 1**), puis à travers l'influence croissante des juges européens d'autre part (**Section 2**).

Section 1 – L'influence croissante du juge constitutionnel en matière de contentieux fiscal

148. Parmi le dualisme juridictionnel du contentieux fiscal, le juge constitutionnel connaît une croissance constante depuis l'instauration de la Ve République. Outil d'un parlementarisme rationalisé, le juge de la rue Montpensier intervient également à travers des décisions portant sur les garanties du contribuable comme le droit de propriété[7], le droit à un procès équitable[8], le principe d'égalité devant la loi fiscale[9] et devant les charges publiques[10]. Dès 1959[11], le juge constitutionnel a en effet donné sa vision de la propriété privée alors même que le Conseil n'avait pas encore reconnu à la Déclaration des droits de l'Homme et du citoyen de 1789 la valeur constitutionnelle qu'on lui accorde aujourd'hui. À ces principes formant le « fondement du droit fiscal »[12], des droits fondamentaux sont en outre reconnus aux contribuables par la jurisprudence du Conseil constitutionnel. Ils visent la rétroactivité de la loi fiscale[13], les sanctions fiscales[14] (assimilées aux sanctions pénales[15]), et la liberté individuelle[16]. *De facto*, le champ du juge

---

7 Voir en ce sens, à propos du taux d'imposition : CC, 16 janvier 1986, décision n°85-200 DC, *Loi relative à la limitation des possibilités de cumul entre pensions de retraite et revenus d'activité*, cons. 17 et 18 ; CC, 29 décembre 2005, décision n°2005-530 DC, *AJDA*, 2006, n°13 ; *Dalloz*, 2006. 826, obs. V. OGIER-BERNAUD et C. SEVERINO, *LFI pour 2006*, cons. 65 et 66, et CC, 16 août 2007, décision n°2007-555 DC, *Dalloz*, 2008. 2025, obs. V. BERNAUD et L. GAY, *Loi en faveur du travail, de l'emploi et du pouvoir d'achat*, cons. 24. et à propos de l'ISF les décisions CC, 30 décembre 1981, décision n°81-133 DC, *LFI pour 1982*, cons. 6 et 7, et 29 déc. 1998, décision n°98-405 DC, *AJDA*, 1999. n°84 ; note J.-E. SCHOETTL ; D. 2000. 54, obs. L. PHILIP ; *GAJF*, 5e éd. 2009. n°24, *LFI pour 1999*, cons. 27 et 28.

8 Sous l'influence de la Cour européenne des droits de l'Homme le Conseil constitutionnel a reconnu le principe fondamental de droit à un procès équitable sur la fondement de l'article 16 de la DDHC par une décision CC, 28 juillet 1989, décision n°89-260 DC, puis rendue autonome par une décision CC, 20 janvier 2005, décision n°2004-510 DC.

9 Voir par exemple la décision CC, 9 janvier 1980, décision n°79-112 DC, *Loi portant aménagement de la fiscalité directe locale*, rendue sur le fondement de l'article 6 de la DDHC.

10 Voir par exemple la décision CC, 29 décembre 2009, décision n°2006-600 DC, *Loi de finances rectificative pour 2009*, ou encore O. FOUQUET, « Le Conseil constitutionnel et le principe d'égalité devant l'impôt », *Les nouveaux cahiers du conseil constitutionnel*, 2011, n°33 Le Conseil constitutionnel et l'impôt, Source : conseil-constitutionnel.fr.

11 CC, 27 novembre 1959, décision n°59-1 FNR, *rapport G. POMPIDOU.*

12 J. LAMARQUE, O. NÉGRIN, L. AYRAULT, *Droit fiscal général*, 4e édition, Paris, LexisNexis, 2016, p. 472.

13 CC, 9 août 2012, décision n°2012-654 DC, *Loi de finances rectificative pour 2012*. Voir sur ce sujet : O. DEBAT, *La rétroactivité et le droit fiscal*, Paris, Defrénois, Collection de thèses, Tome 18, 2006, 503 p.

14 Voir par exemple : CC, 29 décembre 1989, décision n°89-268 DC – CC, 30 décembre 1997, décision n°97-395 DC, *Loi de finances pour 1998.*

15 Le principe a été posé par la décision CC, 30 décembre 1982, décision n°82-155 DC, *Droit Fiscal*, 1983, comm. 47.

16 CC, 29 décembre 1983, décision n°83-164 DC, *Droit Fiscal*, 1984, comm. 49 ; *JCPG*, 1984, II, 20160, note R. DRAGO et A. DECOCQ ; *Code de procédure fiscale*, 23e édition, *Dalloz*, 2016, comm. J. LAMARQUE, sous l'article L. 16 B du LPF.

constitutionnel est large en matière fiscale, intervenant entre des voies tracées par les deux juges historiques statuant en matière fiscale.

149. Traditionnellement, le juge civil comme le juge administratif ne sont pas des juges de la constitutionnalité de la loi alors que leurs jurisprudences font application de la théorie de la « loi-écran » qui s'immisce entre la norme suprême et toute norme subordonnée[17]. Face à une juridiction spécialisée, la protection des libertés semble être un domaine réservé, incarné par le développement et la protection de principes émanant du « bloc de constitutionnalité ». Avec la réforme constitutionnelle du 23 juillet 2008[18] insérant l'article 61-1 à la Constitution et la procédure de la question prioritaire de constitutionnalité (QPC), le législateur a confié aux juges un rôle de filtrage et, *de facto,* une place dans le contrôle de constitutionnalité. En souhaitant harmoniser l'interprétation de la Constitution, le législateur a associé les juridictions suprêmes au contrôle exercé par le Conseil constitutionnel. En matière fiscale, cette procédure par voie d'exception, n'est pas si exceptionnelle alors que le contentieux fiscal est la principale source de QPC[19]. Cette association déséquilibrée peut être perçue comme une confiance accordée au juge ordinaire, exerçant pour certains un véritable « contrôle de constitutionnalité »[20]. Elle matérialisait également une supériorité de la juridiction détenant le monopole de l'interprétation du texte suprême à travers ce rôle de filtre, placé à la porte de la rue Montpensier.

150. La vision de ce partage des tâches ne peut être bercée d'angélisme. Dès lors, il convient d'identifier les rapports concurrentiels existant entre le

---

[17] G. DRAGO, « Introduction générale », *in* G. DRAGO (dir.), *L'application de la Constitution par les cours suprêmes*, Paris, Dalloz, Collection thèmes et commentaires, 2007, p. 1 ; F. LUCHAIRE, « Le fisc, l'autorité judiciaire et la Constitution », *in Études de finances publiques : Mélanges en l'honneur du professeur Paul Marie GAUDEMET*, Paris, Economica, 1984, pp. 606 et s.

[18] Loi constitutionnelle n°2008-724 du 23 juillet 2008 de modernisation des institutions de la Ve République.

[19] Au 17 juillet 2019, 796 QPC ont été rendues dont 138 en matière fiscale, soit 17% des QPC. Source : C. VIESSANT, « L'apport de la QPC à la protection des droits et libertés du contribuable », *in* K. FOUCHER (dir.), *L'apport de la QPC à la protection des droits et libertés*, Paris, Dalloz, coll. « Thèmes et commentaires, actes », 2020, pp. 271-294.

[20] C. ROULHAC, « L'apport de la question prioritaire de constitutionnalité en matière fiscale », *Droit Fiscal*, n°51-52, 2017, Étude 586.

juge administratif et le juge constitutionnel (**§1**), comme ceux liant le juge civil au juge constitutionnel (**§2**).

§1 – La concurrence entre le juge administratif et le juge constitutionnel

151. Peu considéré dès l'origine par le texte suprême de notre République, le Conseil d'État n'y est mentionné qu'en tant qu'organe consultatif[21], à la différence de la Cour de cassation disposant d'un titre dédié en tant qu'autorité judiciaire, chargée d'une mission de protection des droits et libertés. Il fallut attendre la révision constitutionnelle du 28 mars 2003[22] pour que la Constitution reconnaisse le caractère juridictionnel au juge suprême de l'ordre administratif. Depuis la révision constitutionnelle de 2008[23], les deux juges suprêmes, administratifs et judiciaires, sont évoqués par l'article 61-1 sur le même pied d'égalité, en tant que « juges du filtre » dans le cadre de la procédure de la QPC.

152. Les relations entre le juge administratif et le juge constitutionnel ont ainsi connu deux périodes. D'abord, celle au cours de laquelle le juge constitutionnel, protecteur des droits et libertés que la Constitution garantit exerçait un office épisodique, en harmonie avec la jurisprudence du juge administratif (**A**). Plus tard, l'introduction en 2008 de la QPC a permis l'avènement d'une protection de « deuxième génération » des libertés fondamentales que la Constitution garantit. Dès lors, les rapports entre juge administratif et juge constitutionnel ont évolué, subordonnant le second au filtrage du premier (**B**).

---

[21] L'article 37 de la Constitution du 4 octobre 1958 dispose que « Les matières autres que celles qui sont du domaine de la loi ont un caractère réglementaire. Les textes de forme législative intervenus en ces matières peuvent être modifiés par décrets pris après avis du Conseil d'État. (…) ».

[22] La Loi constitutionnelle n°2003-276 du 28 mars 2003 relative à l'organisation décentralisée de la République modifie à son article 10 l'article 74 de la Constitution : « le Conseil d'État exerce un contrôle juridictionnel spécifique sur certaines catégories d'actes de l'assemblée délibérante intervenant au titre des compétences qu'elle exerce dans le domaine de la loi ».

[23] Loi constitutionnelle n°2008-724 du 23 juillet 2008 de modernisation des institutions de la Ve République.

A – Les relations entre le juge administratif et le juge constitutionnel avant l'entrée en vigueur de la QPC

153. « Longtemps, les rapports entre le Conseil constitutionnel et le Conseil d'État ont été mitoyens, chacun évoluant dans un jardin à la française bien ordonné »[24]. Le voisinage entre une vieille juridiction détenant le monopole de l'interprétation du droit public en France depuis près de 150 ans et une jeune juridiction aux larges ambitions aurait pu se faire dans un tapage ébranlant les murs du Palais Royal. Pourtant, à l'image du jardin cher au Roi-Soleil, le juge administratif et le juge constitutionnel évoluaient dans une relative symbiose, chacun pratiquant son art topiaire.

154. Cette relation de proximité, matérialisée par la mitoyenneté existant entre les colocataires du Palais Royal se retrouve également à travers la porosité de leur composition. Cette proximité est présente dès le 5 mars 1959[25], naissance de la juridiction constitutionnelle par la présidence de Léon NOËL, Conseiller d'État[26] et la composition originelle de l'institution[27]. Cette influence organique du Conseil d'État sur le Conseil constitutionnel se vérifie depuis plus de 50 ans. À ce jour, 17 membres du Conseil d'État siègent ou ont siégé dans les salons de la rue Montpensier[28] contre seulement 5 émanant de la Cour de cassation[29]. La marque des membres de la plus haute juridiction de l'ordre administratif se retrouve encore plus fortement

---

[24] S. FERRARI, « L'exécution par le juge administratif des décisions QPC rendues par le Conseil constitutionnel », *RDP*, 2015, n°6, p. 1495.

[25] J.-L. DEBRÉ, « Intervention pour le 50e anniversaire de la mise en place du Conseil constitutionnel », le 5 mars 2009. Source : www.conseil-constitutionnel.fr.

[26] Y. BEAUVOIS, *Léon Noël, de Laval à de Gaulle, via Pétain, 1888-1987*, Villeneuve d'Ascq, Presses universitaires du Septentrion, 2001, 468 p.

[27] Cf. Procès-verbal de la première séance du Conseil constitutionnel, le 13 mars 1959.

[28] M. DELEPINE (5/03/1959 – 30/04/1960), NOEL (5/03/1959 – 3/03/1965), G. POMPIDOU (20/02/1959 – 14/04/1962), R. CASSIN (11/07/1960 – 2/03/1971), B. CHENOT (11/05/1962 – 31/07/1964), A. DESCHAMPS (16/09/1964 – 4/03/1968), P. CHATENET (5/03/1968 – 3/03/1977), P. COSTE-FLORET (3/03/1971 – 27/08/1979), A. SEGALAT (4/03/1977 – 3/03/1986), P. LEGATTE (11/05/1983 – 3/03/1986), G. ABADIE (11/03/1992 – 11/03/2001), N. LENOIR (11/03/1992 – 11/03/2001), Y. GENA (20/01/1997 – 6/07/2004), O. DUTHEILLET DE LAMOTHE (12/03/2001 – 12/03/2010), R. DENOIX DE SAINT-MARC (5/03/2007 – 4/03/2016), H. HAENEL (12/03/2010 – 10/08/2015), M. PINAULT (8/03/2016 -).

[29] M. PATIN (5/03/1959 - 4/03/1962), G.-L. DUBOIS (5/03/1968 - 3/03/77), J. CABANNES (1/03/1989 - 1/03/1998), G. CANIVET (5/03/2007 – 4/03/2016), D. LOTTIN (6/11/2017).

au sein du secrétariat général. Sur 9 secrétaires généraux depuis 1959, 8 émanaient du Conseil d'État contre 1 seul de la Cour de cassation. Récemment encore, Monsieur Michel PINAULT, membre du Conseil constitutionnel n'a pas pris part au vote au motif qu'il était également conseiller d'État, évitant ainsi tout soupçon de conflit d'intérêts[30].

155. De ce constat de proximité humaine et géographique découlent plusieurs conséquences. D'abord, l'influence naturelle de la philosophie des membres d'une jeune juridiction qu'était le Conseil constitutionnel en 1959, par ailleurs conseillers d'État. Juge exerçant des fonctions de protecteur de la Constitution depuis des siècles, le juge administratif possédait une ascendance naturelle sur la jeune juridiction suprême. Certes, la jurisprudence *Arrighi* du 6 novembre 1936[31] permit au Conseil d'État de prendre de la distance vis-à-vis du contrôle de constitutionnalité en refusant de contrôler la conformité de la loi à la norme suprême. Néanmoins, force est de reconnaître que la production de « principes fondamentaux particulièrement nécessaires à notre temps » permit de combler une vacance en matière de protection des droits et libertés. Cette proximité entre le juge administratif suprême et la Constitution, dont il a lui-même participé à la rédaction[32], aurait pu créer une entrave à l'émancipation du Conseil constitutionnel. En développant un contrôle au fond de constitutionnalité des lois, la jurisprudence du Conseil constitutionnel s'est en effet rapidement heurtée à celle de son voisin plus âgé. En bonne intelligence, les tensions de voisinage se neutralisèrent au profit d'une « matrice commune »[33], développant un « standard commun » de protection de la norme suprême. « Le Conseil constitutionnel, juge de la loi, a beaucoup reçu du Conseil d'État » reconnaissaient volontiers Robert BADINTER et Marceau LONG[34].

---

[30] F. CHALTIEL, « La déontologie devant le Conseil constitutionnel », *Les petites affiches*, 2018, n°80, p. 7. La délibération concernait une QPC portant sur un cumul de fonction du vice-président du Conseil d'État en matière de déontologie.

[31] CE, Sect., 6 novembre 1936, *Arrighi*, *Lebon*, p. 966, *Dalloz*, 1938, 3.1, conclusion R. LATOURNERIE, note EISENMANN ; *RDP*, 1936, 671, conclusions R. LATOURNERIE.

[32] B. MATHIEU, M. VERPEAUX (dir.), *L'examen de la constitutionnalité de la loi par le Conseil d'État*, Paris, Dalloz, Thèmes et commentaires, Les cahiers constitutionnels de Paris, 2011, 137 p.

[33] D. LABETOULLE, « Les méthodes de travail du Conseil d'État et au Conseil constitutionnel », *in* UNIVERSITÉ PANTHÉON-ASSAS, *Conseil constitutionnel et Conseil d'État*, colloque des 21 et 22 janvier 1988 au Sénat, Paris, LGDJ Montchestien, 1988, p. 249.

[34] R. BADINTER, M. LONG, « Conseil constitutionnel et Conseil d'État. Une seule Constitution, *in* UNIVERSITÉ PANTHÉON-ASSAS, *Conseil constitutionnel et Conseil d'État*, colloque des 21 et 22 janvier 1988 au Sénat, *op. cit.*, p. 30.

Cette reconnaissance est mutuelle alors que le Conseil d'État a, le premier, reconnu, certes implicitement, la qualité de juridiction à un organe aux contours remis en question[35]. Le juge statuant largement en matière fiscale serait ainsi concurrencé par une juridiction qu'il a lui-même participé à créer.

156. Une influence mutuelle peut être identifiée entre le juge administratif et le juge constitutionnel. D'abord, l'influence de la jurisprudence du Conseil d'État sur un Conseil constitutionnel jeune se retrouve à travers plusieurs décisions. Depuis la fin de la Seconde Guerre mondiale, le Conseil d'État avait effectivement élargi son influence en matière de protection des droits et libertés, dont le droit fiscal est friand. À travers la production de « principes généraux du droit » (PGD) et son statut de « gardien de la légalité administrative », il est peu à peu devenu le gardien administratif de la légalité[36] face à une Constitution encore peu protégée. En matière fiscale, il a incarné le « premier de cordée » notamment en matière d'égalité face aux charges publiques reconnue dès 1958[37], alors que son voisin gardien de la Constitution n'avait pas encore exercé sa protection. L'égalité devant l'impôt[38], la possibilité pour tout acte administratif de faire l'objet d'un recours pour excès de pouvoir[39] ou le principe de non-rétroactivité des actes administratifs[40] sont autant de principes non écrits sur lesquels le juge constitutionnel s'est référé pour rendre ses décisions. Les principes fondamentaux reconnus par les lois de la République (PFLR)[41] émanant du Conseil d'État et définis par lui dès 1956[42] ont également

---

[35] CE, Ass., 12 décembre 1969, *Conseil national de l'ordre des pharmaciens*, *AJDA*, 1970, comm. 103.

[36] L. FAVOREU, « Dualité ou unité d'ordre juridique : Conseil constitutionnel et Conseil d'État participent-ils de deux ordre juridiques différents ? », *in* UNIVERSITÉ PANTHÉON-ASSAS, *Conseil constitutionnel et Conseil d'État*, colloque des 21 et 22 janvier 1988 au Sénat, *op. cit.*, pp. 145-189.

[37] CE, 7 février 1958, *Syndicat des propriétaires de chêne-liège d'Algérie* : *AJDA*, 1958, II, p. 130.

[38] CE, 22 février 1974, *Association des maires de France*, *Dalloz*, 1974, p. 520.

[39] CE, Ass., 17 février 1950, *Ministre de l'agriculture c/ Dame Lamotte*, *Lebon*, p. 110, *GAJA* n°67.

[40] CE, Ass., 25 juin 1948, *Société du Journal l'Aurore*, *Lebon*, p. 289, *GAJA*, n°64.

[41] La notion de « principes fondamentaux reconnus par les loi de la République » est inscrite au premier alinéa du Préambule de la Constitution de 1946, texte repris par le Préambule de la Constitution du 4 octobre 1958. La décision du Conseil constitutionnel : CC, 16 juillet 1971, décision n°71-44 DC, dite *« Liberté d'association »* reconnaît la valeur constitutionnel à ce préambule.

[42] CE, Ass., 11 juillet 1956, *Amicale des annamites de Paris*, n°26638, *Lebon*, p. 317, reconnaît la liberté d'association comme PFLR.

influencé la jurisprudence du Conseil constitutionnel avant de s'en saisir lui-même et d'en générer à son tour. Depuis la reconnaissance de la liberté d'association[43], le Conseil d'État, concurrencé par le juge constitutionnel n'a produit des PFRLR que de façon épisodique. *A contrario*, le gardien de la Constitution a généré plusieurs principes fondamentaux applicables au contentieux fiscal comme les droits de la défense[44], l'indépendance de la juridiction administrative[45] ou encore la reconnaissance de l'autorité judiciaire comme gardienne de la propriété privée[46]. Partant, le juge constitutionnel, discret au début des années 1960 en matière d'édiction de principes prétoriens protégeant les droits du contribuable, en devient le principal producteur.

157. Ensuite et à l'image d'une énergie marémotrice, il faut reconnaître l'influence de la jurisprudence du Conseil constitutionnel sur le Conseil d'État. Monsieur Olivier FOUQUET, président de la section des finances du Conseil d'État pendant près de dix ans témoigne, en reconnaissant « quel poids pèse aujourd'hui la jurisprudence du Conseil constitutionnel sur les délibérations des sections administratives et de l'assemblée générale du Conseil d'État », prenant notamment l'exemple de la transposition de la jurisprudence du juge constitutionnel dans les décisions du juge de l'ordre administratif[47]. La jurisprudence du juge constitutionnel est naturellement intégrée à celle du Conseil d'État même s'il n'en est pas fait mention explicitement[48]. Ainsi, l'ascendance naturelle du juge administratif sur le juge constitutionnel nouveau venu sur l'échiquier juridictionnel s'est peu à peu estompée. À présent, le Conseil constitutionnel est devenu l'acteur principal en matière de protection des droits et libertés à l'échelle nationale. En matière fiscale, le Conseil constitutionnel empiète sur un domaine jusqu'alors occupé par une des deux têtes du « juge de l'impôt », alors que

---

43 CC, 16 juillet 1971, décision n°71-44 DC, *Liberté d'association*, note J. RIVÉRO, *AJDA*, 1971, pp. 537-542.

44 CC, 2 décembre 1976, n°76-70 DC, *Loi relative au développement de la prévention des accidents du travail*, note L. FAVOREU, *RDP*, 1978, p. 817.

45 CC, 22 juillet 1980, n°80-119 DC, *Loi portant validation d'actes administratifs*, note L. HAMON, *Recueil Dalloz*, 1981, p. 356.

46 CC, 25 juillet 1989, décision n°89-256 DC, *Loi portant dispositions divers en matière d'urbanisme et d'agglomérations nouvelles*, note B. GENEVOIS, *Annuaire international de justice constitutionnelle*, 1989, n° V-1989, pp. 473, 493, 505, 509.

47 O. FOUQUET, « Le Conseil constitutionnel et le principe d'égalité devant l'impôt », *Les nouveaux cahiers du Conseil constitutionnel*, 2011, n°33 Le Conseil constitutionnel et l'impôt. Source : conseil-constitutionnel.fr.

48 Depuis 1990, 66 décisions du Conseil d'État se réfèrent, dans leurs visas, expressément à la jurisprudence du Conseil constitutionnel. Source : *Légifrance.fr*.

les droits et libertés garantis par la Constitution couvrent la majorité des garanties du contribuable. Certes, le juge administratif conserve une part de contrôle de constitutionnalité, circonscrite au contrôle des actes administratifs. Le juge administratif est, *de facto*, dépossédé d'une part de protection des garanties du contribuable et donc de son influence sur le contentieux fiscal. Sur le marché de la protection des garanties, le juge constitutionnel a gagné, en droit fiscal comme ailleurs. L'avènement en 2008 de la QPC n'a fait que développer ce processus.

B – Les relations entre le juge administratif et le juge constitutionnel depuis l'entrée en vigueur de la QPC

158. La réforme constitutionnelle de 2008[49] marque un tournant dans l'histoire du Conseil constitutionnel et par là dans ses rapports avec les autres juges. Après avoir affirmé son statut de juridiction, montré la qualité de sa jurisprudence en matière de protection des garanties offertes par la Constitution, ainsi que démontré son indépendance, une nouvelle étape est franchie. L'introduction de l'article 61-1 de la Constitution[50] permet à tout justiciable en cours d'instance de déférer devant le juge constitutionnel une disposition législative qu'il estime violer la Constitution, ou plus précisément le « bloc de constitutionnalité »[51]. Seules les dispositions n'ayant pas déjà été déclarées conformes peuvent être soumises à cette procédure de contrôle *a posteriori*. Afin d'éviter un engorgement de la juridiction constitutionnelle, un mécanisme de « filtrage » est prévu par le législateur à travers la Loi organique de 2009[52]. Le juge du fond devra, avant de transmettre, ou pas, la

---

[49] L'article 29 de la Loi constitutionnelle n°2008-724 du 23 juillet 2008 de modernisation des institutions de la Ve République, *JORF* n°171 du 24 juillet 2008, introduit l'article 61-1 de la Constitution.

[50] L'article 61-1 de la Constitution dispose : « Lorsque, à l'occasion d'une instance en cours devant une juridiction, il est soutenu qu'une disposition législative porte atteinte aux droits et libertés que la Constitution garantit, le Conseil constitutionnel peut être saisi de cette question sur renvoi du Conseil d'État ou de la Cour de cassation qui se prononce dans un délai déterminé ».

[51] Selon l'expression du doyen Louis FAVOREU, le « bloc de constitutionnalité » recouvre la Constitution du 4 octobre 1958, le Préambule de la Constitution de 1946, la Déclaration des droits de l'Homme et du citoyen de 1789, les Principes fondamentaux reconnus par les lois de la République et la Charte de l'environnement de 2004.

[52] La Loi organique n°2009-1523 du 10 décembre 2009 modifie l'Ordonnance n°58-1067 portant loi organique sur le Conseil constitutionnel et introduit un chapitre dédié à la QPC.

QPC, s'assurer que trois conditions sont réunies[53]. D'abord la disposition législative doit s'appliquer au litige, elle ne doit ensuite pas avoir déjà été déclarée conforme à la Constitution, et enfin, la question doit être nouvelle et sérieuse[54]. Si ces critères sont réunis, la question sera transmise au Conseil d'État et le cas échéant au Conseil constitutionnel.

159. Affirmant son monopole en matière de droits fondamentaux, le juge constitutionnel ne consent au juge suprême de l'ordre administratif qu'un rôle d'intermédiaire, limité à un filtrage alors que la procédure est encadrée par la loi. De surcroît, les termes les moins explicites de l'article 61-1 de la Constitution comme le champ de l'expression de « droits et libertés que la Constitution garantit » sont précisés par le juge constitutionnel lui-même. Depuis la première et célèbre décision de renvoi du Conseil d'État *SNC Kimberly Clark* en 2010[55], le juge administratif a sollicité des précisions quant aux modalités de la procédure de « filtrage » de la QPC, reconnaissant sa compétence en la matière[56]. Jusqu'alors juge de la même caste, le juge placé au sommet de l'ordre administratif joue à présent un rôle de subordonné face à une institution s'apparentant sous l'angle des libertés fondamentales à une Cour suprême. Cette interdépendance juridictionnelle affirme la place prépondérante du juge constitutionnel, gardien de la Constitution, face à un juge devant surseoir à statuer puis se cantonner à un contrôle formel de la demande du justiciable. Le Conseil constitutionnel a par suite précisé ce qu'il entendait par « question nouvelle et sérieuse »[57] venant encore davantage parfaire une procédure dans laquelle le juge administratif n'a qu'une fonction d'exécutant.

160. En matière fiscale, la procédure de la QPC est fréquemment utilisée, montrant la proximité entre le contentieux fiscal et la protection des

[53] Article 23-2 de l'Ordonnance n°58-1067 du 7 novembre 1958 portant loi organique sur le statut du Conseil constitutionnel, modifiée par la Loi organique n°2009-1523 du 10 décembre 2009.

[54] Loi organique n°2009-1523 du 10 décembre 2009 relative à l'application de l'article 61-1 de la Constitution, *JORF* n°0287 du 11 décembre 2009, p. 21379.

[55] CE, 10e et 9e ss-sections, 23 avril 2010, n°327166, *SNC Kimberly Clark*, concl. J. BOUCHER, *Droit Fiscal*, 2020, n°20, pp. 32-35.

[56] Le Conseil d'État indique que « c'est d'abord selon nous, au Conseil constitutionnel qu'il appartiendra de déterminer l'étendue de son office au titre de l'article 61-1 de la Constitution et notamment ce qu'il convient d'entendre par les "droits et libertés" mentionnés par cet article », *ibid.*

[57] CC, 3 décembre 2009, décision n°2009-595 DC, *Loi organique relative à l'application de l'article 61-1 de la Constitution*, *Rec. CC*, 2009, p. 206.

droits et libertés du contribuable, aussi appelés « garanties du contribuable ». Le plus souvent, ce sont le principe d'égalité[58], le principe de non-rétroactivité[59], le droit de propriété[60] ou encore le principe de nécessité des peines[61] qui sont invoqués dans ce cadre. Cette évolution procédurale n'intervient pas sur un terrain vierge, puisqu'auparavant le juge constitutionnel avait élaboré une jurisprudence fournie lors des contrôles *a priori* exercés à l'encontre des lois de finances. En matière d'atteinte au principe du contradictoire[62], l'atteinte au principe d'égalité, devant la loi[63] et devant les charges publiques[64], mais aussi la légalité et la nécessité de proportionnalité des délits et des peines[65] la possibilité d'exercer un recours devant le juge constitutionnel est une voie porteuse pour les conseils. Filtrage sous-entend blocage de certaines procédures, ce que le Conseil d'État parvient à faire lorsqu'au regard de la jurisprudence constitutionnelle notamment, il estime que la norme mise en cause ne mérite pas d'être examinée par le Conseil constitutionnel. Refusant par exemple de renvoyer devant le juge constitutionnel l'article L. 53 du LPF en matière de contrôle de l'impôt sur les sociétés[66], le Conseil d'État a montré son pouvoir de veto dans le cadre de la QPC[67].

---

[58] Voir par exemple : CC, 31 juillet 2020, décision n°2020-854 QPC, *Société Beraha* ; CC, 3 avril 2020, décision n°2019-832/833 QPC, *M. Marc S. et autre* ; CC, 17 janvier 2020, n°2019-820 QPC, *Époux K.*

[59] Voir par exemple : CC, 30 juillet 2010, décision n°2010-19/27 QPC, *Époux P. et autres* ; CC, 2 mars 2016, n°2015-525 QPC, *Société civile immobilière PB 12.*

[60] Voir par exemple : CC, 7 janvier 2020, décision n°2019-819 QPC, *Société Casden Banque populaire*, CC, 15 novembre 2019, décision n°2019-813 QPC, *M. Calogero G.*

[61] Voir par exemple : CC, 22 février 2019, décision n°2018-767 QPC, *Société ODDO BHF* ; CC, 23 novembre 2018, décision n°2018-745 QPC, *M. Thomas T. et autre.*

[62] CC, 4 mai 2012, décision n°2012-239 QPC, *Mme Ileana A.*

[63] Voir par exemple : CC, 18 octobre 2010, décision n°2010-58 QPC, *Procos et a.* : décision portant sur la taxe sur les surfaces commerciales ou CC, 15 novembre 2019, décision n°2019-813 QPC, *M. Calogero G.*

[64] Voir par exemple : CC, 21 janvier 2011, décision n°2010-88 QPC, *Mme Boisselier, Droit Fiscal*, 2010, n°48, commentaire 578, concl. N. ESCAUT.

[65] Voir par exemple : CC, 23 novembre 2018, décision n°2018-745.

[66] CE, 18 juin 2010, n°338638, inédit au *recueil Lebon.*

[67] Le Conseil d'État a estimé que « ces dispositions, telles qu'interprétées par la jurisprudence, n'ont pas pour effet de priver les associés des sociétés (…) du droit d'être informés, en cas de redressement du bénéfice social, des bases d'imposition mises à leur charge, dans des conditions respectant les garanties attachées au principe constitutionnel du respect des droits de la défense procédant des dispositions de l'article 16 de la Déclaration des droits de l'Homme et du citoyen ».

161. En reléguant le juge administratif au rôle de juge du filtre, deux conclusions peuvent être tirées. D'une part, la reconnaissance d'un pouvoir au juge administratif sans qui le Conseil constitutionnel ne pourra statuer sur la question soulevée par le justiciable. Ce pouvoir de contrôle de recevabilité peut être considéré comme un renforcement de la place de juge administratif en matière de protection des libertés. Cette confiance octroyée par le juge constitutionnel peut être perçue comme une marque d'estime à l'égard du juge administratif au premier rang duquel le Conseil d'État. D'autre part, un rôle de « passeur », au service d'un juge détenant le monopole en matière de protection des garanties du contribuable peut s'interpréter par ailleurs comme un rôle subordonné, d'« huissier audiencier » de la procédure de QPC, placé dans l'antichambre d'un juge de l'exception. Dès lors, la bataille opposant les deux voisins du Palais Royal semble remportée par la rue Montpensier, renforcée par l'introduction de la procédure de la QPC mettant en œuvre un contrôle *in concreto*, proche du contribuable et efficace en matière de protection des droits et libertés que la Constitution garantit. La conception d'un dualisme juridictionnel en matière fiscale est dès lors affaiblie, alors qu'entre sur le « marché des juges », le juge constitutionnel, supplantant le juge administratif sur une partie de son office.

162. La concurrence des juges transcende les ordres, touchant tant le juge administratif que le juge civil, lui aussi soumis à l'émancipation du juge constitutionnel. La concurrence est d'autant plus rude que traditionnellement, l'autorité judiciaire est perçue comme la « gardienne des libertés individuelles », formule reprise au sein de la Constitution[68].

§2 – La concurrence entre le juge civil et le juge constitutionnel

163. La concurrence existant entre un juge civil au prestige ancien, minoritaire en matière de contentieux fiscal et le juge constitutionnel peut être scindée en deux périodes. D'abord, celle antérieure à la mise en place de la QPC (**A**) marquant une période au cours de laquelle le juge constitutionnel était effacé, puis davantage impliqué en matière de protection des droits et libertés du contribuable. Ensuite, la période ouverte

---

[68] Article 66 de la Constitution du 4 octobre 1958.

depuis l'avènement de la QPC marquant « l'acte II » du contrôle de constitutionnalité des lois (**B**).

A – Les relations entre le juge civil et le juge constitutionnel avant la mise en place de la QPC

164. Le juge civil au premier rang duquel le juge de la Cour de cassation, juridiction suprême de l'ordre judiciaire, incarne la deuxième tête du *Janus* qui apparaît lorsque nous partons à la recherche du « juge de l'impôt ». S'intéresser à l'office du juge civil en matière fiscale, c'est au-delà de son caractère épisodique aborder l'image de l'autorité judiciaire comme « gardienne de la liberté individuelle », consacrée par l'article 66 de la Constitution de 1958. En constitutionnalisant des dispositions fondamentales inspirées de l'*Habeas Corpus*, Michel DEBRÉ a introduit un devoir supplémentaire pesant sur l'autorité judiciaire, celui de protéger les droits fondamentaux reconnus aux citoyens[69]. Cette fonction et cette réaffirmation doivent être replacées dans leur contexte historique, alors que les tensions en Algérie fragilisent le régime, et qu'une partie de l'opposition accuse le Général de GAULLE d'exercer un coup d'État organisé. Ainsi, en consacrant un principe prétorien ancien, le rédacteur de la nouvelle Constitution renforce le juge face à un exécutif fort, réaffirme la volonté de protéger par le texte suprême les libertés fondamentales. Toutefois, en confiant à l'autorité judiciaire cette fonction centrale dans un État de droit à un ordre en particulier, un malaise à l'égard des autres juges émerge. Le juge administratif, « oublié » par la Constitution ne serait pas un gardien des libertés fondamentales ? Le Conseil constitutionnel n'a-t-il pas pour fonction de protéger les libertés des citoyens au regard de la Constitution ? Si ce choix a été fait, c'est sans doute parce qu'en 1958 le Conseil constitutionnel n'était qu'un embryon et qu'il n'incarnait pas encore cette image du gardien des libertés contenues dans la Constitution. De cette préférence trop évidente va naître une concurrence entre le juge civil auréolé de prestige et le juge constitutionnel, cherchant sa place parmi les juges.

165. Alors qu'un bras de la Seine les sépare, la Cour de cassation et le Conseil constitutionnel connurent une histoire et une évolution différentes. Dès sa création, le plus haut degré de l'ordre judiciaire alors dénommé

---

[69] D. SALLES, « L'article 66 de la Constitution de 1958 : un Habeas Corpus à la française ? », *Les cahiers de la Justice*, 2010, n°1, pp. 59-63.

« Tribunal de cassation » s'est vu confier une mission juridictionnelle[70], composée de magistrats chevronnés trouvant à travers leur nomination le couronnement de leur carrière. Le Conseil constitutionnel dut quant à lui prouver son caractère juridictionnel alors que sa nature était à l'origine floue et que sa composition marquée par la présence majoritaire de conseillers d'État rendait son indépendance douteuse. Traditionnellement protectrice de la propriété privée, de la vie privée et plus largement de la liberté individuelle[71], l'autorité judiciaire est considérée comme indépendante et dépositaire d'une mission, quasiment d'un sacerdoce, celui de protéger les droits et libertés hérités de la Révolution. Cette protection est particulièrement nécessaire lorsque l'on considère que les relations entre le citoyen et l'administration sont déséquilibrées.

166. En matière fiscale, le juge civil jouit, comme dans d'autres domaines, d'un prestige ancien. Dès la Révolution, les impôts « sensibles », patrimoniaux et ainsi potentiellement attentatoires à la propriété privée sont confiés au juge civil réputé être plus indépendant que l'ancêtre du juge administratif. Plus proche de nous, lorsqu'en 1983 le contentieux lié aux « visites domiciliaires », donc aux perquisitions fiscales exercées par l'administration, arrive devant le Conseil constitutionnel, le juge rappelle la place du juge civil. La décision rappelle ainsi que pénétrer le domicile d'un contribuable ne peut se faire qu'après ordonnance rendue par le Président du Tribunal de grande instance, assisté par un officier de police judiciaire et de deux témoins. Au-delà de la procédure de l'article L. 16 B du LPF, le juge rappelle que ces dispositions concernent « la liberté individuelle dont l'article 66 de la Constitution confie la garde à l'autorité judiciaire »[72]. En reconnaissant que la perquisition concerne directement la liberté

---

[70] ASSOCIATION DES MAGISTRATS ET ANCIENS MAGISTRATS DE LA COUR DE CASSATION, *Le tribunal et la Cour de cassation 1790-1990, volume jubilaire*, Paris, Litec, 1990, p. 26 : Le journal des Tribunaux du 22 avril 1791 rapportant l'installation du « Tribunal de cassation » indique que « Ce tribunal attendu depuis fort longtemps et qui doit être le complément de l'organisation judiciaire ».

[71] La compétence du juge judiciaire en matière de libertés individuelles est clairement formulée dans la Loi constitutionnelle du 3 juin 1958, *JO* du 4 juin 1958, p. 5326 : « L'autorité judiciaire doit demeurer indépendante pour être à même d'assurer le respect des libertés individuelles telles que définies par le préambule de la Constitution de 1946 et par la Déclaration des droits de l'homme à laquelle il se réfère ».

[72] CC, 29 décembre 1983, décision n°83-164 DC, considérant 25.

individuelle du contribuable, la compétence du juge civil en découle naturellement.

167. À cette époque, le Conseil constitutionnel ne distingue pas les différentes libertés individuelles comme la vie privée, la propriété privée, la liberté d'aller et venir ou encore le secret des correspondances intégrant l'ensemble au champ de l'article 66 de la Constitution et *de facto* à la compétence première du juge judiciaire. Cette unité autour du juge civil en la matière n'a pas duré, puisqu'à l'image de la France au lendemain du Traité de Verdun morcelant l'Empire des petits-fils de Charlemagne en trois royaumes[73], le juge constitutionnel a rapidement fractionné la notion de liberté individuelle et ainsi affaibli l'office du juge civil. Selon l'adage *ubi lex non distinguit, nec nos distinguere debemus*[74], le juge n'a pas à apporter une distinction à un principe juridique. Pourtant, c'est ce qu'a fait le juge constitutionnel à propos des libertés incluses dans le champ de l'article 66, s'engouffrant ainsi dans une brèche ouverte par le Tribunal des conflits dès 1986[75]. Rattachant la liberté d'aller et venir à la Déclaration des droits de l'homme et du citoyen[76] et non plus à l'article 66 de la Constitution un autre voisin du Palais Royal, le juge du Tribunal des conflits intervient et retrouve la vision restrictive des libertés individuelles qu'il avait évoquée en rendant l'arrêt *Clément* en 1964[77].

168. En 1998[78], le juge constitutionnel confirme une position sous-jacente de réduction du champ de l'article 66 en distinguant le respect de la vie privée de la liberté individuelle. En 1999[79], la liberté d'aller et venir sort à son tour du champ de l'article 66. Enfin, en 2004[80], le juge de la rue Montpensier distingue les libertés individuelles qu'il protège, mais aussi marque son emprise en la matière face au prestige du juge civil. Il indique ainsi que « figurent au nombre des libertés constitutionnellement garanties

[73] En août 843, les trois petits-fils de Charlemagne : Lothaire, Charles et Louis se partagent l'Empire, affaiblissant ainsi considérablement le territoire créé par leur ancêtre et marquant le déclin de la dynastie Carolingienne.

[74] Là où la loi ne distingue pas, il n'y a pas lieu de distinguer.

[75] Voir la décision du Tribunal des conflits dite « fouille des véhicules » n°76-75 DC du 12 janvier 1977 ou encore la décision n°93-325 DC du 13 août 1993 portant sur la Loi relative à la maîtrise de l'immigration et aux conditions d'entrée, d'accueil et de séjour des étrangers en France.

[76] Articles 2 et 4 de la DDHC.

[77] TC, 16 novembre 1964, *recueil* p. 796.

[78] CC, 29 décembre 1998, décision n°98-405 DC.

[79] CC, 16 juin 1999, décision n°99-411 DC.

[80] CC, 2 mars 2004, décision n°2004-492 DC.

« la liberté d'aller et venir, l'inviolabilité du domicile privé, le respect des correspondances et le respect de la vie privée, protégés par les articles 2 et 4 de la Déclaration de 1789, ainsi que la liberté individuelle, que l'article 66 de la Constitution place sous la surveillance de l'autorité judiciaire ». Cette canonnade du juge constitutionnel sur le juge civil entraine plusieurs conséquences. D'abord, en dépossédant d'une grande partie de sa substance l'article 66 de la Constitution, la volonté du constituant de 1958 de lier la protection des libertés à l'office du juge civil est bafouée au profit du renforcement d'un juge qui se veut spécialisé en la matière. Ensuite, cette dynamique montre que le juge civil n'est plus le seul juge jouissant d'une image d'indépendance face à des juges administratif et constitutionnel en développement.

169. En effet, malgré ce prestige ancien, l'évolution de la répartition du contentieux fiscal par le législateur montre une désaffection pour le juge civil au profit d'un juge administratif plus spécialisé. Pourtant, en lui confiant le contentieux de l'impôt sur les grandes fortunes (IGF) en 1982[81], de l'impôt de solidarité sur la fortune (ISF)[82] puis de l'impôt sur la fortune immobilière (IFI), ainsi que celui des droits d'enregistrement, le législateur n'a pas oublié cette tradition prétorienne de protecteur de la propriété privée[83]. Jusqu'en 1959, date de l'installation du Conseil constitutionnel, le juge civil avait ainsi une place étendue en matière de protection des droits et libertés. Protégé par le Président de la République, garant de l'indépendance de l'autorité judiciaire[84], le juge civil était clairement investi d'une mission à l'égard des libertés individuelles. Le Conseil constitutionnel à l'origine créé pour trancher des litiges entre pouvoir exécutif et législatif a fini par jouer un rôle dans le champ de la protection des libertés fondamentales grâce au contrôle *a priori* des lois[85].

170. Les deux juridictions considérées différemment par la Constitution à l'image de la confiance conférée à une fille aînée vis-à-vis de

---

[81] *Droit Fiscal*, 1982, n°2-3, commentaire 87, p. 50. Voir sur l'aspect historique : J. GROSCLAUDE, *L'impôt sur la fortune*, Paris, Berger-Levrault, 1976, 225 p.

[82] M. MARTIN « L'impôt de solidarité sur la fortune », *Droit Fiscal*, 1989, n°2, pp. 39-47.

[83] Voir pour une analyse critique de l'impôt sur le patrimoine : J.-L. ALBERT., « La fiscalité du patrimoine », *in Mélanges en l'honneur d'Henri JACQUOT*, Orléans, PU Orléans, 2006, pp. 17-29.

[84] Article 64 de la Constitution du 4 octobre 1958.

[85] B. LOUVEL, « L'autorité judiciaire gardienne de la liberté individuelle ou des libertés individuelles ? », *in Réflexion à l'occasion de la rencontre annuelle des premiers présidents de cour d'appel et de la Cour de cassation le 2 janvier 2016*. Source : www.courdecassation.fr.

son frère cadet semblent voir leurs influences s'inverser, notamment depuis la mise en œuvre de la QPC en 2008.

B – La concurrence entre le juge civil et le juge constitutionnel depuis la mise en place de la QPC

171. L'avènement de la QPC a renforcé le Conseil constitutionnel dans ses fonctions. D'abord, en réaffirmant son statut de juridiction, obligeant le juge du fond à suspendre et à transmettre prioritairement la question posée au juge constitutionnel. Ensuite, en renforçant sa place de gardien des droits et libertés que la Constitution garantit. Le nouveau contrôle *a posteriori* des lois vient affaiblir encore la place traditionnelle du juge civil, intervenant en matière de propriété ou de libertés individuelles, domaines traditionnellement attachés à ce dernier. Devenu « juge du filtre », le juge civil n'est plus tout à fait le gardien des libertés traditionnellement présenté[86]. Pour le Conseil constitutionnel, il n'est qu'une juridiction de filtrage permettant à l'organe spécialisé de dire si une disposition législative est conforme ou non au texte suprême. En examinant la loi, une immixtion sur le terrain de la norme de référence de la Cour de cassation se produit. La scène de « Glorification de la loi » ornant la salle d'audience de la juridiction de l'Ile de la Cité en atteste, la loi est l'essence même de la Cour, sa norme suprême telle que conçue à la Révolution[87]. Perçue par certains comme une procédure « autoritaire vis-à-vis des juridictions "ordinaires" »[88], la QPC ne fait qu'approfondir une évolution du Conseil constitutionnel. Cette concurrence connue à l'égard des juges ordinaires prend une dimension différente lorsque l'on aborde le juge civil. Puisque « la loi n'exprime la volonté générale que dans le respect de la Constitution »[89], il est naturel que le juge gardien de la Constitution s'en saisisse.

172. Les QPC déférées à l'examen du Conseil constitutionnel montrent que les domaines traditionnels du juge civil sont partiellement abandonnés

---

[86] Ce monopole est remis en cause depuis plusieurs années : J. NORMAND., « Le juge judiciaire gardien non exclusif des libertés. Le cas des étrangers », *RTD civil*, 1996, pp. 235 et s.

[87] J. KRYNEN, *L'emprise contemporaine des juges*, Paris, Gallimard, 2012, p. 289.

[88] B. BERNABÉ, E. CARTIER, « L'introduction d'un nouveau gène dans le procès », *in* E. CARTIER (dir.), *La QPC, le procès et ses juges. L'impact sur le procès et l'architecture juridictionnelle*, Paris, Dalloz, 2013, p. 1.

[89] CC, 23 août 1985, décision n°85-197 DC, *Évolution de la Nouvelle-Calédonie.*

au profit du juge constitutionnel. Parmi eux, le droit à la propriété privée[90] ou la liberté individuelle[91], domaines traditionnels du juge civil, sont largement accaparés par le juge constitutionnel. Pour une partie de la doctrine, cette protection perçue comme superficielle est peu satisfaisante[92]. Le droit à la propriété privée par exemple est fréquemment invoqué par le juge constitutionnel au détour de la protection d'un autre droit comme l'égalité devant les charges publiques[93] ou la légalité de l'impôt[94]. Cette place en strapontin du droit à la propriété privée est sans commune mesure avec la place réservée par le juge civil à ce droit. Sur ce point, la concurrence entre les juges est quantitativement favorable au juge constitutionnel, alors que qualitativement le juge civil pourrait le protéger de façon plus exclusive.

173. Après 12 ans d'existence, il faut reconnaître que la QPC n'a pas eu l'effet escompté en matière fiscale et a déçu ceux qui attendaient de cette procédure une mutation du droit[95]. Cette procédure novatrice, renforçant l'hégémonie du Conseil constitutionnel en matière de droits et libertés peut être résumée comme « une évolution sans révolution »[96]. Néanmoins, l'apport du contrôle *a posteriori* des libertés ne peut se résumer à une vision « marketing » de la protection des libertés sur le terrain concurrentiel que connaît ce domaine. Partant, il faut considérer que, sans révolutionner la discipline, la QPC en matière fiscale permet l'amélioration de la protection des libertés tout en conservant les positions jurisprudentielles connues depuis l'époque de l'unique contrôle *a priori*. Pour une part de la doctrine, le

---

[90] CC, 30 juillet 2010, décision n°2010-19/27, QPC, *Époux P. et autres.*

[91] CC, 30 septembre 2011, décision n°2011-169 QPC, *Consorts M. et autres* ; CC, 17 septembre 2010, décision n°2010-28 QPC, *Association Sportive Football Club de Metz.*

[92] C. VIESSANT, « L'apport de la QPC à la protection des droits et libertés du contribuable », *in* K. FOUCHER, *L'apport de la QPC à la protection des droits et libertés*, Paris, Dalloz, coll. « Thèmes et commentaires, actes », 2020, p. 289.

[93] Voir en ce sens les décisions : CC, 11 février 2011, décision n°2011-99 QPC, *Mme Noblins*, *JO* 12 février 2011, p. 2757, CC, 9 décembre 2016, décision n°2016-603 QPC, *Consorts C.*, *JO* 14 décembre 2016, n°0290 ; CC, 24 février 2017, décision n°2016-612 QPC, *SCI Hyéroise*, *JO* 25 février 2017, n°0048 ; CC, 17 mai 2019, décision n°2019-782 QPC, *Mme Elise D.*

[94] Voir par exemple : CC, 18 juin 2010, décision n°2010-5 QPC, *SNC Kimberly Clark* ; CC, 29 janvier 2015, décision n°2014-445, *Société Thyssenkrupp*, *JO* 31 janvier 2015, p. 1502.

[95] Ch. DE LA MARDIÈRE, « La QPC en matière fiscale : un espoir déçu » *in* Th. LAMBERT (dir.), *Le contentieux fiscal en débats*, Paris, LGDJ-Lextenso, coll. « Grands colloques », 2014, pp. 32-35.

[96] E. BOKDAM-TOGNETTI, « QPC et contentieux fiscal : bientôt quatre années d'enrichissement mutuel et d'évolution sans révolution », *RJF*, 2013, n°12, pp. 979-988.

droit fiscal et les procédures fiscales se sont « constitutionnalisés »[97], subissant l'influence croissante de la jurisprudence du Conseil constitutionnel.

174. La concurrence entre le juge civil et le juge constitutionnel se solde ainsi par un bilan mitigé entre apport limité et occasions fréquentes pour le Conseil constitutionnel de se prononcer sur des questions fiscales. Au regard de ce bilan en demi-teinte, des « parts de marché » de la protection des droits et libertés des contribuables restent à conquérir par d'autres juges, cette fois au-delà de nos frontières, notamment par le juge européen.

Section 2 – L'influence croissante des juridictions européennes en matière de contentieux fiscal

175. « À l'échelon de la Communauté européenne, il ne doit y avoir ni gouvernement des juges ni guerre des juges. Il doit y avoir une place pour le dialogue des juges »[98]. Pourtant, depuis les conclusions du Président GENEVOIS en 1978 dans la célèbre décision *Cohn-Bendit*[99], la situation semble être éloignée de l'idéal formulé alors. En réalité, les juges interviennent sur un « marché concurrentiel » sur lequel l'offre de protection des libertés fondamentales rencontre la demande des citoyens. Il devient évident que faute d'égalité des armes entre juge national et juge européen, la concurrence qui naît entre eux est favorable au juge européen[100]. De surcroît, les « droits et libertés » visés à l'article 61-1 de la Constitution ne concernent que ceux contenus dans le « bloc de constitutionnalité », excluant par-là ceux

[97] L. PHILIP, *Droit fiscal constitutionnel, Évolution d'une jurisprudence*, Paris, Economica, 2014, p. 5.

[98] B. GENEVOIS, « Dialogue des juges ou confrontation sous-jacente ? », *in* P.-Y. MONJAL, P. JAN, Ch. GESLOT (dir.), *La concurrence des juges en Europe. Le dialogue des juges en question(s)*, Paris, Éditions Clément Juglar, coll. Les actes de la Revue du droit de l'Union européenne, p. 20.

[99] P.-Y. MONJAL, « Présentation. La concurrence des juges ou le dialogue des doctrines », *in* P.-Y. MONJAL, P. JAN, Ch. GESLOT (dir.), *La concurrence des juges en Europe. Le dialogue des juges en question(s)*, Paris, Éditions Clément Juglar, coll. Les actes de la Revue du droit de l'Union européenne, p. 14.

[100] Voir en ce sens : P. GAÏA, « Le Conseil constitutionnel peut-il encore résister à l'Europe », *RFDC*, 2014, n°100, p. 921.

contenus dans les textes européens ou au sein de la Conv.EDH. Au-delà d'une concurrence interne entre les juges exerçant une protection des droits et libertés des contribuables opposés à l'administration fiscale, l'ordre juridique européen exerce une influence croissante en matière fiscale.

176. D'un point de vue normatif, rappelons que la protection des droits de l'Homme n'est pas présente dans le Traité de Rome de 1957, texte fondateur de la Communauté européenne. Il faudra attendre le Traité de Maastricht en 1992 pour qu'à travers la notion de citoyenneté européenne des droits y soient attachés. Le Traité d'Amsterdam de 1997 est venu ajouter le respect des droits comme condition *sine qua non* à l'adhésion d'un nouvel État membre[101]. Il crée de surcroît une procédure de suspension d'un État membre en cas de violation grave et répétée des traités. En 2000, la Charte européenne des droits fondamentaux vient codifier un « standard » en la matière au niveau communautaire. Le Traité de Lisbonne de 2009 apporte une pierre supplémentaire à l'édifice des droits fondamentaux en rendant la Charte contraignante et invocable par tout citoyen européen[102]. En parallèle, la Convention européenne de sauvegarde des droits de l'Homme voit le jour au lendemain de la Seconde Guerre mondiale, en 1950, à l'initiative du Conseil de l'Europe. À ce jour, l'Union européenne, disposant de la personnalité juridique depuis le Traité de Lisbonne[103], n'a toujours pas ratifié ce texte.

177. D'un point de vue organique, plusieurs juridictions sont compétentes pour assurer une protection effective des droits et libertés des citoyens européens. En premier lieu, la Cour européenne des droits de l'Homme (CEDH) siégeant à Strasbourg est créée en 1959[104]. Elle est destinée à assurer la bonne application de la Convention et de ses protocoles additionnels. En second lieu, il faut considérer la place de la Cour de justice de l'Union européenne (CJUE) qui, elle aussi, joue un rôle important en la matière[105]. Chacune des juridictions est composée d'un juge par État membre assurant une représentation équitable. Si plusieurs juges interviennent en matière fiscale, dont il faudra mesurer l'influence et parfois

---

101 Article 49 du Traité sur l'Union européenne.

102 Article 6 du TUE.

103 L'article 47 du TUE reconnaît explicitement la personnalité juridique de l'Union européenne.

104 Création le 18 septembre 1959.

105 C. BLUMANN, L. DUBOIS, *Droit institutionnel de l'Union européenne*, 7e édition, Paris, LexisNexis, coll. Manuel, 2019, 1039 p.

la concurrence avec le juge national, il est certain qu'il n'existe pas de juge spécialisé. Malgré cette absence de spécialisation à l'échelle européenne comme nationale, les justiciables apprécient de faire appel aux juges qui leur donnent souvent raison, apparaissant comme « un rempart des droits du citoyen contre les États trop gourmands »[106]. Le droit européen devient, depuis plus de deux décennies, une composante essentielle du droit fiscal[107]. En France, le contentieux fiscal étant réparti entre les deux ordres de juridiction, il faut étudier les interactions entre juge administratif et européen d'une part (**§1**), puis entre juge civil et juge européen d'autre part (**§2**), pour montrer la concurrence européenne subie par le traditionnel dualisme.

§1 – La concurrence entre le juge administratif et le juge européen

178. Le célèbre adage « charbonnier est maître chez soi » est l'exact opposé de la place du juge national en matière fiscale. La réalité est plus proche d'une interaction pacifique, mais parfois aussi brutale autour d'une prérogative régalienne qu'est le contentieux de la levée de l'impôt. Ce « noyau dur des prérogatives de la puissance publique » incarné par le droit fiscal est reconnu par le juge européen[108]. Il faut considérer cet échange comme un apport mutuel entre le juge national à l'histoire multiséculaire, et le juge européen créé par la volonté des États membres il y a quelques décennies. Cet apport peut s'interpréter de deux façons différentes dans ce contexte concurrentiel entre juges administratif et européen en matière de protection des droits et libertés du contribuable. D'une part il faut considérer une interaction pacifique, un enrichissement mutuel, que nous pouvons assimiler à une relation classique de « dialogue des juges » (**A**). D'autre part, cette relation peut s'assimiler à un « monologue du juge » lorsque faisant preuve de primauté, le juge européen impose au juge administratif sa vision en matière fiscale (**B**).

---

106 P. DE FRÉMINET, « La Communauté européenne dispose-t-elle d'une véritable juge fiscal ? », *Droit Fiscal*, 2007, n°25, Étude 647.

107 M.-Ch. BERGERES, « Les voies contentieuses permettant d'assurer la primauté de la norme fiscale communautaire sur la norme fiscale nationale », *Droit Fiscal*, 1999, n°30, comm. 100255.

108 CEDH, grande ch., 12 juillet 2001, *Ferrazzini c/ Italie*, n°44.759/98, *Droit Fiscal*, 2002, n°10, comm. 187.

A – Les relations entre juge administratif et européen dans le cadre d'un « dialogue des juges »

179. L'action du juge administratif national s'insère dans un panorama juridique plus large, intégrant un niveau européen. Deux acteurs interviennent en matière fiscale à travers divers moyens, le juge de la Cour de justice de l'Union européenne (**1**) et le juge de la Cour européenne des droits de l'Homme (**2**).

1. Le « dialogue des juges » entre le juge administratif et le juge de la Cour de justice de l'Union européenne

180. Depuis l'arrêt *Nicolo* du 20 octobre 1989[109], le Conseil d'État a reconnu la primauté de la norme communautaire sur la norme nationale. Cette supériorité conventionnelle sur la loi, trouve son fondement à l'article 55 de la Constitution[110]. En tant que « juge de droit commun de l'Union européenne », le juge national a fréquemment recours à l'interprétation des textes notamment parce qu'il assure la transposition des principes européens dans sa jurisprudence. Pour obtenir la position de la Cour de justice de l'Union européenne sur un texte, le juge administratif peut formuler une question préjudicielle. Cette faculté se transforme en obligation lorsqu'on aborde l'office du juge du Conseil d'État qui statue en dernier recours au niveau national[111]. Dans le cas contraire, la France peut être condamnée au motif d'une action en manquement[112]. La question préjudicielle devient ainsi

---

[109] CE, Ass., 20 octobre 1989, n°108243, *Nicolo, Droit Fiscal*, 1989, n°48, comm. 2287.

[110] L'article 55 de la Constitution du 4 octobre 1958 dispose : « Les traités ou accords régulièrement ratifiés ou approuvés ont, dès leur publication, une autorité supérieure à celle des lois, sous réserve, pour chaque accord ou traité, de son application par l'autre partie ».

[111] CJUE, 15 mars 2017, *Aquino,* ECLI:EU:C:2017:209 - E. BOKDAM-TOGNETTI, E. CREPEY, « La réception de la jurisprudence de la Cour de justice de l'Union européenne en matière de TVA par le Conseil d'État français », *REIDF*, 2015, n°3, pp. 373-382.

[112] Article 258 du TFUE : « Si la Commission estime qu'un État membre a manqué à une des obligations qui lui incombent en vertu des traités, elle émet un avis motivé à ce sujet, après avoir mis cet État en mesure de présenter ses observations. Si l'État en cause ne se conforme pas à cet avis dans le délai déterminé par la Commission, celle-ci peut saisir la Cour de justice de l'Union européenne ».

« une arme au service de la primauté de l'ordre juridique communautaire »[113]. Présente en droit européen comme en droit national, la question préjudicielle permet à un juge de suspendre l'instance pendant qu'une question est tranchée par le juge compétent. Cette procédure parfois soumise aux critiques est en fait un facteur d'unité du droit européen, assurant au sein des États membres une application harmonieuse et uniforme des règles supranationales. Elle est « une technique de coopération juridictionnelle »[114], un « instrument de coopération entre la Cour et les juridictions »[115], alors que le juge national sollicite l'éclairage du juge européen pour trancher lui-même le litige.

181. L'exemple de l'arrêt *de Ruyter* de 2015[116] montre l'effet vertueux de la question préjudicielle sur l'office du juge administratif à travers notamment la mise à disposition par le juge européen d'une « grille de lecture » à destination du juge national[117]. Les bienfaits de ce « dialogue des juges » se constatent entre la CJUE et le juge administratif, mais aussi vis-à-vis de la CEDH, seconde juridiction européenne intervenant en matière fiscale.

2. Le « dialogue des juges » entre le juge administratif et le juge de la Cour européenne des droits de l'Homme

182. Afin de préserver la souveraineté des États, le droit fiscal n'entre pas, en principe, dans le champ d'action de la CEDH chargée de protéger les droits et libertés contenus dans la Conv.EDH[118]. La France est principalement condamnée par la Cour pour avoir porté atteinte au droit à

---

113 M.-Ch. BERGERES, « Les voies contentieuses permettant d'assurer la primauté de la norme fiscale communautaire sur la norme fiscale nationale », *Droit Fiscal,* 1999, n°30, comm. 100255.

114 *Ibid.*

115 E. BOKDAM-TOGNETTI, « Droit interne et droit de l'Union européenne : entre harmonisation, coopération et inspiration. Quelques réflexions à l'occasion de l'affaire Ambulances de France », *RJF*, 2013, n°4, pp. 331-336.

116 CJUE, 26 février 2015, *Ministre de l'Économie c/G. de Ruyter*, affaire C-623/13.

117 N. PETON-PHILLIPOT, « Suite de l'arrêt de Ruyter : malgré un premier arrêt de la CJUE, le contentieux des prélèvements sociaux ne se tarit pas… », *Droit Fiscal*, 2018, n°37, comm. 382.

118 Ch. DE LA MARDIÈRE, « Droit fiscal et Convention européenne des droits de l'homme », *REIDF*, 2019, n°4, p. 484.

un procès équitable[119]. En droit fiscal, la Cour de Strasbourg a très tôt franchi le pas en produisant une jurisprudence applicable en la matière. De son côté, le juge administratif se reconnaît compétent pour interpréter la Convention comme tout autre traité[120], mais ne s'estime pas lié à la jurisprudence de la Cour. Par ailleurs, le Conseil d'État jouissant d'une marge d'appréciation de la Convention, estime que les décisions de la CEDH n'ont qu'une autorité relative de la chose jugée[121]. Au-delà de cette position quasi frondeuse, le juge administratif reconnaît à la jurisprudence de la Cour de Strasbourg un poids important ne serait-ce que pour éviter une condamnation à la France pour non-respect du traité.

183. Le juge administratif s'enrichit de la Conv.EDH et de la jurisprudence de la Cour pour protéger un ensemble de « droits substantiels » faisant application de plusieurs articles du traité. Il applique par exemple l'article 8, concernant le respect de la vie privée[122], et l'article 9 concernant la liberté de religion, applicable par exemple au régime des aides fiscales apportées à une église protestante[123]. Il fait aussi application de l'article 10 à propos de la liberté d'expression[124], ou de l'article 14 concernant l'interdiction des discriminations, par exemple un contribuable peut contester une différence de traitement entre contribuables prévues par la loi[125]. Le juge administratif applique également l'article 1er du premier protocole additionnel à propos de l'espérance légitime[126]. À l'inverse, la

---

[119] Sept condamnations ont été prononcées en 2019 à l'encontre de la France pour avoir violé l'article 6 de la CEDH. Source : *La CEDH en faits et en chiffres, 2019*, consulté sur le site internet : www.echr.coe.int.

[120] Conformément à l'article 55 de la Constitution de 1958 et au préambule de la Constitution du 27 octobre 1946.

[121] G. GOULARD, « Convention européenne des droits de l'homme et contentieux administratif de l'impôt », *Les petites affiches*, 1994, n°80, n° PA199408004.

[122] CE, 15 décembre 1993, *Miquel*, *RJF*, 1994, n° 2, n°167.

[123] CE, 6 novembre 1991, n°78-503.

[124] CE, 18 mars 1994, *Sovemarco Europe*, *RJF*, 1994, n°5, n°532.

[125] CE, 10 août 2005, n°259741, *Sarteur*, *RJF*, 2005, n°1305. Voir en ce sens : M. COLLET, « Les bienfaits du "dialogue des juges". Remarques sur la mise en œuvre par le juge fiscal des articles 14 de la Convention EDH et 1er de son premier protocole additionnel », *Droit Fiscal*, 2006, n°51, comm. 70.

[126] Voir à ce propos : CE, plén. fisc., 9 mai 2012, n°308996, *Min. c/ Sté EPI*, *Droit Fiscal*, 2012, n°26, comm.. 355, note S. VAILHEN ; CE 3e et 8e ch., 6 juin 2018, n°414482, *Sté Dekra France*, *Droit Fiscal*, 2018, n°24, act. 265 ; CE, 3e et 8e ch., 13 mars 2019, n°417536, *Sté Ferropem*, *Droit Fiscal*, 2019, n°36, comm. 351.

CEDH intègre et valide parfois l'approche du Conseil d'État comme par exemple en matière de pénalités fiscales[127].

184. Sur ces divers points, le juge administratif intègre, de bonne grâce, la jurisprudence et les textes européens en matière de droits de l'Homme, trouvant une richesse en matière de protection des droits du contribuable. Cette intégration par l'interprétation, par l'application de la Conv.EDH, par l'application de la jurisprudence de la Cour de Strasbourg participe à un passage d'un dualisme entre droit européen et droit interne en un monisme, fruit d'une interpénétration des droits. Autre effet sur la jurisprudence du juge administratif, une influence s'installe, ouvrant le dualisme juridictionnel traditionnellement présenté en matière fiscale à d'autres juges, en l'espèce européens. Cette fusion peut se dérouler dans un échange pacifique entre les juges ou se muer en domination du juge supranational sur le juge national, imposant sa doctrine en matière fiscale aux magistrats français.

B – Les relations entre juge administratif et européen dans le cadre d'un « monologue du juge »

185. Après une phase d'échanges fluides, il semble que le « dialogue des juges » s'est brouillé. Le président de la section du contentieux du Conseil d'État, Jean-Denis COMBREXELLE décrit une situation passée : « De façon constante, il était dit, exposé et écrit au Plateau de Kirchberg, j'en témoigne, que le juge de l'Europe communautaire n'était pas, contrairement aux apparences, la seule CJCE puis la seule Cour de justice de l'Union européenne, mais d'abord les juges nationaux [...]. Le dialogue des juges n'était pas une formule commode et brillante utilisée dans les colloques et les revues juridiques, c'était une réalité quotidienne [...]. Le maître-mot du dialogue des juges était : confiance ». Depuis, la situation a évolué, sans doute sous l'effet de l'émancipation du juge européen. Au-delà d'une intégration mutuelle des jurisprudences nationales et européennes, l'intégration a pour effet d'octroyer au droit européen et à ses juges une place prépondérante dans certains domaines, comme les droits et libertés protégeant les contribuables.

186. La question préjudicielle, présentée comme instrument de dialogue entre les juges peut aussi devenir un redoutable instrument coercitif à l'encontre du juge national. La France aurait pu être condamnée en

---

[127] E. BOKDAM-TOGNETTI, « Pénalités fiscales et pouvoirs du juge : la CEDH valide l'approche du Conseil d'État », *RJF*, 2012, n°8-9, pp. 699-705.

manquement si le Conseil d'État n'avait pas posé une question préjudicielle alors qu'il devait le faire comme en 2018 dans le cadre d'un contentieux fiscal[128]. Le droit européen d'application directe trouve une place de choix dans l'ordonnancement juridique et vient, de fait, contraindre l'action du juge national. Par ailleurs, les définitions autonomes produites par les juges européens en matière fiscale imposent une vision monolithique, cohérente vis-à-vis d'une harmonisation communautaire, mais coercitive à l'égard du juge national. Le juge européen est venu ainsi, préciser certaines notions vaguement définies en droit interne, afin d'assurer une application correcte et harmonieuse de dispositions fiscales. En matière de TVA, un des rares impôts en partie harmonisé, le juge de la CJCE a « offert » au juge national des définitions précises. Par exemple, la notion de « location immobilière » était jusqu'en 2000[129] non définie en droit fiscal, imposant au juge de se référer à la notion de droit civil. L'enjeu de la définition est majeur, puisque le mécanisme de la TVA considère que si la location ou la sous-location doivent être considérées comme une prestation de services entrant en principe dans le champ de la TVA, l'article 13 B de la sixième Directive[130] permet à « l'affermage et la location de biens immeubles » d'échapper à cet impôt. Plus généralement, les conditions spécifiques exigées pour bénéficier d'une exonération de TVA constituent des notions autonomes, « clef en main » pour le juge national. Déjà en 2001, le juge communautaire indiquait que « l'assujettissement à la TVA d'une opération déterminée ou son exonération ne sauraient dépendre de sa qualification en droit national »[131], fermant ainsi la porte à toute interprétation des termes par le juge national en la matière.

187. Le « dialogue des juges » entre le Conseil d'État, juridiction suprême de l'ordre administratif et les juges de la CJUE ou de la CEDH est pour une partie de la doctrine, impossible[132]. Sur ce marché concurrentiel de

---

[128] CJUE, 4 octobre 2018, *Commission européenne c/ République française*, aff. C-416/17.

[129] CJCE, 12 sept. 2000, aff. C-358/97, *Commission c/ Irlande* : *Rec. CJCE* 2000, I, p. 6301 ; *RJF* 12/2000, n°1536. – CJCE, 6e ch., 9 oct. 2002, aff. C-409/98, *Mirror Groupe*, C-108/99, *Droit Fiscal*, 2002, n°3, comm. 21 ; *RJF* 1/2002, n°124.

[130] Directive n°2006/112/CE, art. 135, 1, l.

[131] CJCE, 11 janvier 2001, aff. 76/99, *Commission c/ France*, *RJF*, 2001, n°4, n°575 ; CJCE, 16 janvier 20003, aff. 315/00, *Maierhofer*, *RJF*, 2003, n°4, n°523.

[132] S. HIOL, « L'impossible dialogue entre la Cour de justice et le Conseil d'État français », *in* P.-Y. MONJAL, P. JAN, Ch. GESLOT (dir.), *La concurrence des juges en Europe. Le dialogue des juges en question*, Paris, Éditions Clément Juglar, coll. Les actes de la Revue du droit de l'Union européenne, pp. 347-356.

la protection des droits et libertés, une relation pacifique, d'échange, d'enrichissement mutuel paraît être du domaine de l'utopie.

188. Fondamentalement, les fonctions du Conseil d'État et de la CJUE sont propices à des divergences. Au sommet de son ordre juridictionnel, le Conseil d'État souhaite assurer une harmonisation de la jurisprudence administrative sur le territoire. La CJUE a la même fonction sur le territoire de l'Union européenne. Pour y parvenir, la Cour doit élaborer un « standard européen » alimenté en partie par les jurisprudences des États membres, puis fournir une position unique sur une situation juridique. La jurisprudence interne peut influencer le juge européen, toutefois la position adoptée n'est pas systématiquement celle de notre juge national.

189. Au-delà de l'harmonisation, le Conseil d'État est constitué d'une histoire et d'un prestige que perturbe l'émergence d'un nouvel ordre juridique supranational. En 1985[133], le juge suprême de l'ordre administratif a montré qu'il demeurait une juridiction indépendante et qu'il avait pour projet de limiter le pouvoir de la Cour de Strasbourg. En l'espèce, le juge du Palais Royal n'a pas reconnu l'autorité de la chose jugée d'une disposition jurisprudentielle du juge européen n'ayant pas fait l'objet d'une question préjudicielle. La « fronde » du juge du Palais Royal vis-à-vis du juge de Luxembourg dura jusqu'en 2006, lorsque l'arrêt *de Groot*[134], rendu en matière d'impôt sur le revenu d'un ressortissant néerlandais ayant exercé une activité professionnelle dans différents États membres, marqua une allégeance obtenue de dure lutte. L'arrêt symbolise une nouvelle phase, plus apaisée, des relations entre des juges jusqu'alors peu enclins à la coopération. Ainsi, le juge administratif se reconnaît lié par l'interprétation de la Cour au-delà de la question préjudicielle *stricto sensu*. Endossant son rôle de « juge de droit commun » de l'Union européenne, le Conseil d'État reconnaît le poids inconditionnel du juge européen. Dès lors, l'échange parfois marqué, agitant la doctrine est terminé, laissant la place à une forme d'allégeance assumée. Le « dialogue des juges » est *de facto* enterré, remplacé par un juge national intégrant la jurisprudence européenne, communiquée dans le cadre d'un « monologue du juge », fournissant une jurisprudence « clé en main » au juge national.

190. Pris entre le marteau des intérêts nationaux, de sa souveraineté juridictionnelle et l'enclume des intérêts communautaires, le juge

---

133 CE, 26 juillet 1985, n°42204, *ONIC*.

134 CE, Ass., 11 décembre 2006, n°234560, *de Groot*, *Droit Fiscal*, 2007, n°23, comm. 582.

administratif est au cœur d'un cas de conscience. À la fois juge suprême de l'ordre administratif et juge de droit commun de l'Union européenne, le juge français subit une pression. Le contribuable l'a compris et n'hésite pas à mobiliser les textes européens, parfois de façon aride, sans peu de motivation pour contraindre le juge national à assurer sa fonction de juge européen.

191. Marquées par une phase de dialogue vigoureux entre juges administratif et européen, les relations sont aujourd'hui apaisées. Cet apaisement ne doit pas être vu que sous un seul angle. Favorable à l'harmonisation de l'application des textes et de la jurisprudence en Europe, cette situation marque la fin d'une guerre sur le terrain concurrentiel de la protection des droits et libertés. Néanmoins, en devenant « juge de droit commun de l'Union européenne », le juge administratif en devient son représentant, mais aussi son subordonné. Le juge administratif, une des deux têtes du « juge de l'impôt » a perdu la bataille, en reconnaissant la suprématie de la Cour de Luxembourg sur les droits garantis par les textes communautaires, il a déposé les armes. En anesthésiant le « dialogue du juge », la situation se caractérise à présent par un « monologue du juge », incarnant une relation verticale entre les juges européens et le juge national.

§2 – La concurrence entre le juge civil et le juge européen

192. Le doyen HATOUX indiquait à propos de la jurisprudence du juge suprême de l'ordre judiciaire que « la position de la Cour de cassation est celle qui donne au justiciable les garanties les plus importantes »[135]. Dans ce contexte, la concurrence entre le juge civil et le juge européen pourrait être vive. Le juge européen irrigue de sa jurisprudence les juridictions nationales judiciaires. Sur le marché concurrentiel des droits et libertés, il se trouve face au juge civil, traditionnellement gardien des libertés fondamentales, dans une situation parfois de dialogue (**A**), mais aussi de monologue (**B**).

---

[135] B. HATOUX, « La Cour de cassation n'est pas tenue de revenir sur la jurisprudence "Ferreira" », Interview, *Feuillet Rapide Fiscal Social Francis Lefebvre*, 2012, n°32, §5, parue le 13 juillet 2012.

A – Les relations entre le juge civil et le juge européen dans le cadre d'un « dialogue des juges »

193. La Cour de cassation a reconnu très tôt la primauté et l'effet direct du droit communautaire sur le droit national par le célèbre arrêt (rendu en matière fiscale) *Société des Cafés Jacques Vabre*[136]. Se conformant à l'article 55 de la Constitution, les traités régulièrement ratifiés acquièrent une autorité supérieure aux lois. Au droit originel de l'Union, s'ajoute le droit dérivé incarné par les règlements, les directives, mais aussi par la jurisprudence « abondante et fondamentale »[137] de la CJUE.

194. La Conv.EDH ainsi que la jurisprudence de la CEDH influencent et enrichissent également l'office du juge civil en matière fiscale. Le droit de propriété, traditionnellement protégé par le juge civil est aussi protégé par l'alinéa 2 de l'article 1er du 1er protocole additionnel à la Convention[138], laissant aux États le soin de légiférer afin d'assurer le paiement des impôts. Le droit au procès équitable, élément central des droits et libertés du justiciable est protégé par le juge civil, mais aussi par le juge de la CEDH sur le fondement de l'article 6[139]. Le juge civil a eu régulièrement l'occasion de se prononcer sur le fondement de la jurisprudence de la CEDH, au-delà de sa recherche visant à savoir si les objectifs visés par la Convention sont bien atteints par les textes en vigueur au niveau national[140]. Sa jurisprudence est ainsi fertile en matière d'affaires relatives au recouvrement de l'impôt après que l'administration ait recours à la préemption ou la saisie de biens[141], mais également en matière de droit au respect de la vie privée et familiale, du

---

136 Cass, ch. mixte, 24 mai 1975, n°73-13556, *Société des cafés Jacques Vabre*, *Dalloz*, 1975, p. 487, concl. TOUFFAIT.

137 B. HATOUX, « La règle de droit en matière fiscale devant l'ordre judiciaire », *Droit Fiscal*, 2013, n°24, comm. 325.

138 L'alinéa 2 de l'article 1er du premier Protocole additionnel à la Convention de sauvegarde des Droits de l'Homme et des Libertés fondamentales du 20 mars 1952, tel qu'amendé par le Protocole n°11 du 11 mai 1994, entré en vigueur le 1er novembre 1998 dispose : « Les dispositions précédentes ne portent pas atteinte au droit que possèdent les États de mettre en vigueur les lois qu'ils jugent nécessaires pour règlementer l'usage des biens conformément à l'intérêt général ou pour assurer le paiement des impôts ou d'autres contributions ou des amendes ».

139 CEDH, 25 janv. 2000, n°38366/97, *Miragall Escolano et a. c/ Espagne.*

140 B. HATOUX, « La règle de droit en matière fiscale devant l'ordre judiciaire », *ibid.*

141 Cass. com., 16 juin 1987, n°86-13990, *Bull. civ.* 1987, IV, n°151.

domicile[142] et de la correspondance sur le fondement de l'article 8 de la Conv.EDH.

195. L'application de l'article 6§1 de la Conv.EDH relatif aux visites domiciliaires n'est pas applicable à l'ensemble de la matière fiscale. Depuis l'arrêt *Ferrazzini c/ Italie*[143], la CEDH considère que le procès fiscal n'entre pas dans le champ de cet article, car le droit fiscal ne s'apparente ni à la matière civile ni à la matière pénale. La Cour de cassation a confirmé cette position à de nombreuses reprises[144], faisant sienne la position du juge de Strasbourg.

196. L'enrichissement mutuel, l'échange, caractérisant un véritable « dialogue des juges » s'est au fur et à mesure tari, laissant place comme à l'égard du juge administratif à une relation à sens unique. Le juge européen est devenu un juge supranational, aux compétences étendues, à la jurisprudence foisonnante, venant contraindre une partie de l'office du juge national.

B – Les relations entre le juge civil et le juge européen dans le cadre d'un « monologue du juge »

197. Assis sur le même siège, celui de la protection des droits et libertés, le juge civil et le juge européen se trouvent en concurrence directe. Face à un juge plus récent, aux prérogatives étendues tant sur le plan *ratione materiae* que *ratione loci*, le juge civil, minoritaire en matière de contentieux fiscal, peine à conserver sa place.

---

[142] Cass. com., 20 nov. 1990, n°1368 P, *Bull. civ.* 1990, IV, n°293 ; *RJF* 1/1991, n°77. – Cass. com., 5 févr. 1991, n°168 P, ETD, *Bull. civ.* 1991, IV, n°50 ; *RJF* 5/1991, n°632. – Cass. com., 9 févr. 1993, n°91-21 699, *M. Benno Feingold, Bull. civ.* 1993, IV, n°56 ; *Droit Fiscal,* 1993, n°17-18, comm. 938 ; *RJF* 5/1993, n°671. – Cass. com., 16 mai 1995, n°1270 P, *Sté Générale sucrière et a., Bull. civ.* 1995, IV, n°148, *RJF* 10/1995, n°1140 - CA, Paris, Pôle 5, chambre 15, 13 novembre 2019, n°18/22383 - CA, Paris, Pôle 5, chambre 1, 6 janvier 2016, n°13/24389.

[143] CEDH, grande ch., 12 juillet 2001, n°44759/98, *Ferrazzini c/ Italie, Droit Fiscal,* 2002, n°10, comm. 9.

[144] Cass. com. 12 juillet 2004, n°01-11.403, *Consorts Pelat, Droit Fiscal,* 2004, n°42, comm. 764. – Cass. com., 31 mai 2005, n°02-17.025, *Marin-Cudraz et Favray, Droit Fiscal,* 2005, n°38, comm. 625. – Cass. com. 15 mai 2012, n°11.18.478, *Allegrini, RJF,* 2012, n°8-9, comm. 873.

198. L'exemple de la procédure de visite domiciliaire illustre la concurrence et la domination du juge européen sur le juge national. Cette procédure potentiellement inquisitoriale est placée sous le regard du juge civil, saisi par l'administration. Par une ordonnance du juge des libertés et de la détention (JLD) du Tribunal judiciaire dans le ressort duquel sont situés les lieux à visiter, un officier de police judiciaire viendra assister le vérificateur dans l'exercice de ce qu'il convient d'appeler une perquisition fiscale[145]. Pour délivrer cette ordonnance, le juge doit s'assurer « de manière concrète (du) bien-fondé de la demande qui lui est faite par l'administration fiscale »[146]. La Cour de cassation[147] a longtemps été vigilante sur la motivation explicite de la décision du juge semblant être synonyme d'examen au cas par cas des situations présentées[148]. Le contentieux soulevé autour de la question des ordonnances prérédigées par l'administration sème le doute et interroge sur l'effectivité de la protection censée être exercée par le juge civil. La CEDH s'est notamment interrogée sur le sujet dans la célèbre décision *Ravon c/ France*, alors que les requérants formulaient des

---

145 La perquisition est définie par les articles 56 et s. et 94 et s. du CPP.

146 La doctrine administrative (BOI-CF-COM-20-20-20120912) prévoit que « L'ordonnance de visite doit comporter : - l'adresse des lieux à visiter ; - le nom et la qualité du fonctionnaire habilité qui a sollicité et obtenu l'autorisation de procéder aux opérations de visite ; - l'autorisation donnée au fonctionnaire qui procède aux opérations de visite de recueillir sur place, dans les conditions prévues au III bis de l'article L. 16 B du LPF, des renseignements et justifications auprès de l'occupant des lieux ou de son représentant et, s'il est présent, du contribuable mentionné au I-B ainsi que l'autorisation de demander à ceux-ci de justifier pendant la visite de leur identité et de leur adresse, dans les mêmes conditions ; - le délai et les voies de recours contre l'ordonnance ; - la mention de la faculté pour le contribuable de faire appel à un conseil de son choix. Par ailleurs, le juge doit motiver sa décision par l'indication des éléments de fait et de droit qu'il retient et qui laissent présumer, en l'espèce, l'existence des agissements frauduleux dont la preuve est recherchée ».

147 Cass. Ch. Mixte, 15 décembre 1988, *Droit Fiscal*, 1989, n°9, comm. 412, note P. DIBOUT – Cass. com. 7 mars 2001, *SA Trading*, *RJF*, n°6/01, comm. 800.

148 Voir *supra* §131.

griefs sur ce fondement[149]. Le juge européen est revenu sur la notion de « respect du domicile », fondant sa décision sur le caractère « civil » de ce droit conformément à la jurisprudence *Ferrazzini*[150]. En considérant que le respect du domicile doit permettre de bénéficier d'un contrôle juridictionnel effectif, en fait comme en droit, et par suite de permettre au contribuable de prévenir la survenance d'une telle procédure le juge porte un coup à l'article L. 16 B du LPF[151]. Cette disposition interne est considérée comme une atteinte disproportionnée au but poursuivi et le juge conclut à une violation de l'article 8 de la Conv.EDH. Le juge civil n'avait, pour sa part, pas décelé d'atteinte aux garanties jusque-là.

199. Par suite, la Cour de Strasbourg inflige une lourde critique à l'endroit du juge de la Cour de cassation en considérant que le recours devant lui, se limitant à un contrôle en droit, ne peut constituer un recours effectif sur le fondement de l'article 6§1 de la Conv.EDH[152]. À l'issue de cette décision, le plus haut degré de juridiction de l'ordre judiciaire français est ainsi considéré comme un recours non effectif par le juge européen. La Cour de cassation n'a par ailleurs pas considéré qu'il y avait lieu à reconnaître la violation des garanties du contribuable lorsque le juge se prête à la pratique des ordonnances prérédigées[153].

---

149 CEDH, 21 février 2008, *Ravon et a. c/ France*, n°18497/03, *Droit Fiscal*, 2008, n°12, comm. 227, note D. RAVON et Ch. LOUIT ; *RJF* 2008 n°571, Étude B. HATOUX 454 et 552. Le juge relève qu' « en pratique, les ordonnances portant autorisation seraient prérédigées par l'administration, et présentées au juge en même temps que la requête et les pièces la justifiant, le juge n'ayant plus qu'à signer. Tel aurait été le cas en l'espèce, ce qui expliquerait pourquoi les deux ordonnances rendues le même jour par les présidents de deux juridictions distinctes – l'une à Marseille, l'autre à Paris – sont rédigées dans les mêmes termes et typographie et comportent les mêmes fautes de frappe, de grammaire et d'orthographe. La circonstance que les ordonnances ont été rendues le jour même du dépôt des demandes de l'administration – qui comportaient pourtant 240 pages de pièces – confirmerait que lesdits juges n'ont pas procédé à un examen effectif des dossiers. Bref, dans les faits, la décision d'effectuer une visite domiciliaire en matière fiscale serait prise par l'administration seule ».

150 CEDH, grande chambre, 12 juillet 2001, n°44759/98, *Ferrazzini c/ Italie*.

151 CEDH, 24 juillet 2008, n°18603/03, *André et a. c/ France*, *Droit Fiscal*, 2008, n°43, comm. 552, note Ch. LOUIT.

152 « Or elle considère qu'à elle seule, la possibilité de se pourvoir en cassation – dont les requérants ont d'ailleurs usé – ne répond pas aux exigences de l'article 6§1 dès lors qu'un tel recours devant la Cour de cassation, juge du droit, ne permet pas un examen des éléments de fait fondant les autorisations litigieuses ».

153 Voir par ex : Cass. com., 25 sept. 2012, n°11-24.536, F-P+B, *Sté BRM – Conseil et a.*, *Droit Fiscal*, 2012, n°40, Act. 383.

200. En 2008, l'article L. 16 B du LPF a été réformé. Le législateur a par-là institué un recours, non suspensif, devant le premier Président de la Cour d'appel contre une ordonnance d'autorisation et contre le déroulement des visites et saisie[154]. Cette disposition est venue fermer la porte à un contentieux naissant par l'arrêt *Ravon c/ France*[155] et potentiellement nombreux portant sur la violation du droit au procès équitable protégé par l'article 6§1 de la Conv.EDH. En se prononçant sur le sujet, au regard de la jurisprudence *Ferrazzini*[156], le juge européen fait sienne la notion de domicile au regard du droit civil. Cette démarche fait ressortir la place vacante laissée par le juge civil national. À la place du juge national, discret sur le sujet, le juge communautaire va considérer que les contribuables ont droit à un contrôle juridictionnel effectif, mais ne condamne pas la pratique des ordonnances prérédigées. Le « gardien des libertés fondamentales » ne semble pas voir la contradiction entre cette pratique et la protection du domicile et considère que « les motifs et le dispositif de l'ordonnance rendue en vertu de l'article L. 16 B du LPF sont réputés avoir été établis par le juge qui l'a rendue et signé »[157]. La Haute cour considérant que « l'apposition d'une signature, au pied d'un texte, vaut appropriation par le juge de ce texte et celui-ci doit être regardé comme étant son œuvre »[158].

201. La vie privée est un autre droit du contribuable protégé traditionnellement par le juge civil, alors que sa définition émane directement du Code civil, norme de référence du juge judiciaire[159]. La CEDH s'est prononcée en 2002 sans détour sur l'atteinte à la vie privée dans le cadre des visites domiciliaires et n'a pas considéré qu'il y avait violation

---

[154] Article 164 de la Loi de modernisation de l'économie du 4 août 2008 n°2008-776, publiée au *JO* du 5 août 2008.

[155] CEDH, 21 février 2008, *Ravon et a. c/ France*, n°18497/03, *Droit Fiscal*, 2008 n°12, comm. 227, note D. RAVON et Ch. LOUIT ; *RJF* 2008 n°571, Étude B. HATOUX 454 et 552 - CEDH, 16 octobre 2008, *Maschin c/France*, n°10747/03, *Droit Fiscal*, 2008, n°49, comm. 611, note Ch. LOUIT.

[156] CEDH, grande chambre, 12 juillet 2001, n°44759/98, *Ferrazzini c/ Italie.*

[157] Cass. com. 14 décembre 2010, n°10-13.601, *Droit Fiscal*, 2011, n°4, comm. 135, note F. MARTINET ; Cass. com., 29 octobre 1991, n°90-13.368, FOUQUET et PELFANIAN : JurisData n°1991-003367 ; *Bull. civ.* 1991, IV, n°322 , *Droit Fiscal*, 1992, n°12, comm. 625 ; *JCP E* ,1992, II, n°36 ; *RJF*, 1/1992, n°80. – Cass. crim., 22 mars 2001, n°99-30.197, F-D, *Sté Trigone Conseil Littoral* : *JCP G*, 2001, n°23, p. 1137 ; *RJF* 10/2001, n° 1252. – Cass. com., 15 décembre 2009, n°09-12.734, F-P+B, *Sté Agence maritime africaine (AMA)* : JurisData n°2009-050881 ; *Droit Fiscal*, 2010, n°15, Étude 269, A. ANGOTTI et M. RODRIGUE.

[158] Cass. com., 28 mai 2013, n°12-16.317.

[159] Article 9 alinéa 1er du Code civil.

des textes européens[160]. Le juge civil national se trouve encore sur ce point en situation de concurrence, rendant lui-même régulièrement des décisions sur le sujet. Même la jurisprudence du Conseil d'État confirme l'affaiblissement de la place du juge civil à l'image de la décision du 24 avril 2011[161]. Le juge administratif considère en outre que « la protection de la vie privée ne relève pas, par nature, de la compétence exclusive des juridictions judiciaires ». Dès lors, le juge judiciaire perd l'exclusivité d'une compétence traditionnelle dont il conservait un prestige et un monopole dû notamment à une croissance des juridictions européennes. Le contribuable soumis à un contrôle sur place ne sera ainsi pas davantage protégé devant le juge civil que devant le juge administratif, tous deux soumis à une concurrence supranationale.

202. Pour autant, la place réduite du juge civil n'est pas le fruit d'une couardise, mais plutôt de concurrence avec des juges spécialisés, davantage formés, aux compétences élargies. Le juge communautaire s'empare régulièrement de problématiques fiscales et ses décisions, souvent richement motivées influencent le juge national.

160 CEDH, 8 janvier 2002, n°51578/99, *Keslassy c/ France* : la Cour estime que l'ingérence dans le droit du requérant au respect de sa vie privée et de son domicile était proportionnée aux buts légitimes poursuivis et donc nécessaire, dans une société démocratique, au sens de l'article 8§2 de la Convention. Voir également CEDH, 27 avril 1999, *Banco de finanzas e inversiones S.A. c. Espagne*, n°36876/97.

161 CE, 9e et 10e ss-sections réunies, 24 avril 2011, n°314577.

Conclusion du Chapitre 2

203. Attaqué de toutes parts, le dualisme juridictionnel en matière fiscale que nous connaissons depuis la période révolutionnaire n'existe plus. En réalité, de nombreux juges sont compétents en matière fiscale, à l'échelle nationale comme supranationale. Sur ce « marché de la protection des droits et libertés », chaque juge veut imposer sa vision, son office, le poids de sa juridiction en matière fiscale. Conséquence d'une absence de juge spécialisé, le contentieux fiscal est fractionné en une myriade de juges nationaux et supranationaux qui exercent leur office sur une même matière, par essence même le symbole de la souveraineté de l'État.

204. À l'échelle nationale, le traditionnel dualisme juridictionnel représenté par les « deux têtes du juge de l'impôt », le juge civil et le juge administratif subit une concurrence du juge constitutionnel. Potentiellement attentatoire aux droits et libertés que la Constitution garantit, la procédure fiscale entre naturellement dans le champ de compétence d'un juge qui en devient gardien. Les juges traditionnellement compétents en la matière deviennent, *de facto*, soumis à l'interprétation foisonnante d'un texte suprême davantage protégé depuis l'introduction de la QPC en 2008.

205. À l'échelle européenne, le dualisme est assiégé par les deux juridictions de l'Union européenne, la CEDH et la CJUE. Alors que la première est spécialisée en matière de droits et libertés édictées par la Conv.EDH, la seconde a pour mission de protéger les citoyens européens d'éventuels excès de pouvoirs des États membres. Avec le développement de l'Union, l'enrichissement de ses textes, l'influence des juges européens en matière fiscale s'accroît.

206. Dans les deux situations de concurrence, l'évolution des rapports entre les juges montre une alternance entre « dialogue des juges » et « monologue du juge ». Les juges européens et le juge constitutionnel prouvent en effet régulièrement leur hégémonie à travers l'application de leurs jurisprudences par le juge national. Ce dualisme juridictionnel concurrencé en interne et en Europe n'est plus qu'une présentation théorique, ne correspondant plus aux enjeux actuels en matière fiscale.

Ainsi, il ne s'agit plus d'un dualisme, mais de cinq juges statuant en matière fiscale. Le *Janus* en matière fiscale a laissé place à une *Hydre*. Cette multiplicité de juges ne peut être perçue que comme un affaiblissement du contentieux fiscal et par-là de la protection des garanties du contribuable.

Conclusion du Titre 1

207. Le constat de la fin d'un ordre établi, hérité de la période révolutionnaire se confirme par la démonstration. Cette succession dans laquelle on retrouve une classification fiscale sur laquelle repose le dualisme juridictionnel est érodée de toutes parts et nécessite une remise en question.

208. Cet anachronisme frappe chacun des éléments de l'héritage. La classification des impôts en fonction de leur nature ne correspond plus aux enjeux actuels où l'intangible nécessite d'être appréhendé. En parallèle, l'existence de deux ordres de juridiction interroge alors que la justification devient difficile à produire. Concurrencé par d'autres juges, le dualisme corrodé devient un vestige dont les avantages sont rares. Seule la complexité de cette structure est bien actuelle et prégnante, au détriment du contribuable.

209. L'inconvénient du dualisme juridictionnel en matière fiscale repose ainsi sur des fondations anciennes, qu'il convient d'analyser objectivement pour envisager un remède.

TITRE 2 – L'INCONVÉNIENT DU DUALISME JURIDICTIONNEL EN MATIÈRE FISCALE

210. Avec deux ordres de juridiction compétents sur une même matière, la qualité de la justice rendue en matière fiscale devrait être, si non supérieure au moins égale aux autres domaines. La réalité est hélas plus mitigée.

211. Unanimement reconnue, la complexité du contentieux fiscal constitue un handicap de la matière affectant l'ensemble des rapports entre les acteurs du contentieux de l'impôt. Temple de l'ésotérisme, la procédure fiscale est obscure, inaccessible, foisonnante de règles issues de sources multiples. Cette complexité néfaste pour le contribuable se rencontre dès l'identification du juge compétent qui n'est pas toujours clairement défini. Après avoir passé le filtrage de la réclamation préalable, le contribuable se trouve ainsi dans un environnement mystérieux qu'il peut ressentir comme hostile. Le dualisme juridictionnel est en grande partie la cause de cette situation. Il participe grandement à complexifier un rapport contentieux, entravant la protection des contribuables, parfois mal informés ou découragés d'entreprendre un tel contentieux (**Chapitre 1**).

212. Le dualisme a pour effet d'instaurer un risque de cacophonie jurisprudentielle entre deux ordres de juridiction statuant sur la même matière. L'impôt litigieux déterminant le juge compétent, un risque de protection variable en fonction du sens de la jurisprudence rendue par un ordre demeure. Au-delà d'un manque de clarté découlant d'une fracture du contentieux, une hétérogénéité de l'office du juge statuant en matière fiscale crée un facteur d'inégalité de traitement du contribuable pourtant placé dans la même situation litigieuse à l'égard de l'administration (**Chapitre 2**).

CHAPITRE 1 – La complexité du contentieux fiscal, une entrave à la protection du contribuable

213. La justice telle qu'imaginée dans un monde idéal serait gratuite, accessible, rapide, et juste. Pour atteindre cet idéal, plusieurs dispositions participent à sa concrétisation. En matière fiscale, la gratuité du contentieux est en partie réalisée puisque la phase précontentieuse exercée auprès de l'administration, évacuant la grande majorité des litiges, est gratuite. Le recours au ministère d'avocat en première instance est facultatif devant l'ordre administratif mais obligatoire devant l'ordre judiciaire. La première entrave n'est alors pas pécuniaire, mais plutôt technique, voire psychologique. L'accès au juge compétent en matière fiscale incarne cette première entrave. Effet direct de la dualité juridictionnelle du contentieux fiscal, identifier le juge compétent pour trancher un litige n'est pas chose aisée. Cela devrait pourtant être évident pour tous à l'image d'autres contentieux, comme ceux du domaine pénal ou social, alors que la réalité montre plutôt l'inverse. Protégé par l'article 6§1 de la Conv.EDH, l'accès au juge est le corollaire du droit au procès équitable et ainsi une garantie cardinale reconnue au contribuable. Cet accès implique une clarté des textes, une aide juridictionnelle pour les plus modestes ou encore l'identification du juge compétent. La dualité, reposant sur des fondements anachroniques, concurrencée par des juges nationaux et européens ne propose pas une répartition claire, accessible et harmonieuse pour le contribuable. Force est de reconnaître que la répartition légale du contentieux à travers des articles ayant pour fonction d'affecter à l'un ou l'autre juge le contentieux fiscal est largement faillible. Dès lors, il faudra considérer les failles de la répartition légale du contentieux fiscal, mais aussi analyser le rôle de l'« arbitre » compétent en matière de répartition juridictionnelle (**Section 1**).

214. La rapidité de traitement du contentieux subit également cette lourdeur procédurale. Les cas d'erreurs de juge saisi, les questions préjudicielles ou le recours au Tribunal des conflits sont autant d'évènements pouvant ralentir de façon conséquente l'instance. La difficulté de trouver le « juge de l'impôt » est ainsi une entrave pour un contribuable faible face à une administration spécialisée. Cette entrave matérielle se caractérise aussi du point de vue procédural et normatif. Alors que le contentieux fiscal est réparti sur deux ordres de juridiction, les textes propres aux juges administratifs et judiciaires viennent « combler les lacunes du droit fiscal ». Le contribuable devra ainsi composer avec deux ordres juridictionnels à philosophie, aux pratiques et aux fondements différents. Cette fracture se ressent de façon encore plus prégnante lorsque le contribuable conteste la procédure ou l'établissement d'impôts relevant des deux ordres de juridiction (**Section 2**).

Section 1 – La difficulté de trouver le « juge de l'impôt »

215. La « deuxième maxime » d'Adam SMITH, énonce : « La taxe, ou portion d'impôt que chaque individu est tenu de payer doit être certaine et non arbitraire. L'époque de paiement, le mode de paiement, la somme à payer, tout doit être clair tant pour le contribuable qu'aux yeux de toute autre personne »[1]. Nous pourrions ajouter à cet appel à la clarté, l'exigence d'un contentieux fiscal tout aussi limpide. En droit fiscal, trouver le « juge de l'impôt » de façon aisée et sans ambiguïté est une exigence, une nécessité et le corollaire du principe du droit au procès équitable applicable à tous les contentieux. Toutefois, la réalité correspond davantage à un dédale qu'à une voie royale. Le contribuable, placé face à l'administration fiscale, se trouve perdu parmi un nombre de choix, de qualifications, de textes ne participant pas à la clarté du contentieux fiscal ni à la « réconciliation d'un couple désuni »[2]. Cette complexité est en grande partie due à une répartition légale aux contours mal définis (**§1**). Des termes flous, une attribution d'un impôt à un juge trop rare, des assimilations sibyllines, la répartition légale du contentieux de l'impôt manquent à l'évidence de précision.

216. De ce manque de clarté découlent plusieurs effets néfastes sur les bonnes relations entre l'administration et le contribuable, au titre desquels apparaissent des erreurs de saisine ou encore la mobilisation d'une

---

[1] J. DUBERGÉ, *Les Français face à l'impôt. Essai de psychologie fiscale*, Paris, LGDJ, 1990, p. 25.
[2] Ch. LOUIT, « Les relations entre l'administration fiscale et le contribuable », *in* UNIVERSITÉ PAUL CÉZANNE (éditeur scientifique), *Études offertes à Pierre KAYSER*, Tome II, Aix-en-Provence, PUAM, 1979, p. 177.

juridiction spécialisée en matière de répartition du contentieux entre les deux ordres : le Tribunal des conflits (§**2**). L'ensemble de ces entraves participent à la longueur, la complexité du contentieux fiscal et parfois la réticence du contribuable à s'attaquer à une montagne perçue comme infranchissable, ne correspondant pas aux exigences contemporaines d'accès au droit et au juge.

§1 – Les limites de la répartition légale du contentieux fiscal

217. La répartition légale du contentieux de l'impôt est *in abstracto* contenue dans les textes, qu'il s'agisse du contentieux de l'assiette ou du recouvrement. En réalité, le législateur en grande partie responsable de ces hésitations en matière d'attribution contentieuse, ne détermine pas systématiquement le juge compétent lorsqu'il crée un impôt. En parallèle, les textes faisant office de « gare de tri » du contentieux sont rédigés de façon peu précise. Dès lors, tant en matière de contentieux de l'assiette (**A**) que de contentieux de recouvrement (**B**) le contribuable peine à trouver le « juge de l'impôt ».

A – La répartition imprécise du contentieux de l'assiette

218. L'article L. 199 du LPF[3] fonde la répartition juridictionnelle du contentieux de l'assiette. Véritable « gare de tri » de la répartition juridictionnelle, il fonde une « clause fiscale de compétence »[4] hélas aux

[3] L'article L. 199 du LPF dispose : « En matière d'impôts directs et de taxes sur le chiffre d'affaires ou de taxes assimilées, les décisions rendues par l'administration sur les réclamations contentieuses et qui ne donnent pas entière satisfaction aux intéressés peuvent être portées devant le tribunal administratif. Il en est de même pour les décisions intervenues en cas de contestation pour la fixation du montant des abonnements prévus à l'article 1700 du code général des impôts pour les établissements soumis à l'impôt sur les spectacles.
En matière de droits d'enregistrement, d'impôt sur la fortune immobilière, de taxe de publicité foncière, de droits de timbre, de contributions indirectes et de taxes assimilées à ces droits, taxes ou contributions, le tribunal compétent est le tribunal judiciaire. Les tribunaux judiciaires statuent en premier ressort. Un décret en Conseil d'État fixe les modalités d'application (1).
(1) Ces dispositions s'appliquent aux jugements rendus à compter du 1er mars 1998 ».

[4] B. CASTAGNÈDE, *La répartition des compétences juridictionnelles en matière fiscale*, *op. cit.*, p. 12.

contours flous et aux nombreuses exceptions. En matière de contentieux de l'assiette, il procède à l'assimilation d'impositions à une catégorie, par des formules comme « taxes assimilées ». Par l'absence de liste exhaustive des impôts et de leur affectation à un juge, la loi n'apporte pas un outil simple et fiable pour les contribuables. Le législateur porte sa part de responsabilité en ne déterminant pas toujours dans les textes quel juge sera compétent en cas de contentieux. Initialement, l'article départiteur ne nommait pas d'impôt *stricto sensu*, procédant à une répartition par catégorie générique et par assimilations[5].

219. Jusqu'en 2018, aucun impôt n'était précisément nommé dans l'article, alors que les droits d'enregistrement, la taxe de publicité foncière regroupent plusieurs prélèvements. Il fallait ainsi procéder à des assimilations, notamment en matière d'ISF relevant de la compétence du juge civil par assimilation aux droits de mutation à titre gratuit dans le cadre d'un décès[6]. L'article 885 D du CGI indique clairement cette assimilation que le professeur Maurice COZIAN illustrait en indiquant que l'évaluation du patrimoine du contribuable se faisait « chaque année à la date du 1er janvier, un peu comme si on liquidait la succession du contribuable à cette date »[7]. Déjà en 1981, année de naissance de l'impôt sur les grandes fortunes (IGF), le législateur paraissait frileux lorsqu'il abordait le nouvel impôt. L'article 9 de la Loi de finances pour 1982[8] prévoit ainsi que « l'impôt est assis et recouvré selon les mêmes sanctions que les droits de mutation par décès ». Aucune affectation juridictionnelle n'était clairement énoncée et il fallait lire en filigrane quel juge était compétent. Ce rattachement poussa notamment le professeur Gilbert TIXIER à faire œuvre de synthèse en écrivant « L'IGF : un droit d'enregistrement »[9]. En assimilant le nouvel impôt, il rapproche ainsi l'assujetti à l'IGF avec un *de cujus*, « considéré comme décédant fictivement au 1er janvier de chaque année ». L'alternance politique mettra un terme à l'IGF qui sera recréé sous un autre acronyme en 1988, l'ISF était né. Proche de son aïeul, le nouvel impôt frappant le patrimoine des plus

---

5 Article L. 199 du LPF, codifié par le Décret n°82-882, 1982-10-15, en vigueur du 1er janvier 1982 au 9 juillet 1987.

6 J. LAMARQUE, O. NÉGRIN, L. AYRAULT, *op. cit.*, p. 126. Voir pour un regard critique : J.-L. ALBERT, « La Cour de cassation et l'impôt de solidarité sur la fortune : conséquences et inconséquences », *Recueil Dalloz*, 2005, pp. 1659 et s.

7 M. COZIAN, *Précis de fiscalité des entreprises*, 26e édition, Paris, Lexis Nexis, 2003, p. 410. (L'expression a disparu des éditions mises à jour).

8 Loi n°81-1160 du 30 décembre 1981, *Loi de finances pour 1982.*

9 D. LALANNE-BERDOUTICQ, G. TIXIER, *L'impôt sur les Grandes Fortunes*, Paris, LGDJ, 1982, Tome I, p. 15.

riches en a les mêmes traits. En recréant l'impôt le plus politiquement chargé en symbole, la priorité est donnée à la perception de la mesure dans l'opinion publique davantage que son régime juridique. Les articles 885-A à 885-X, 1723 *ter* OOA et 1723 *ter* OOB du CGI sont ainsi réactivés sans toutefois offrir au contribuable une affectation légale du contentieux. L'assujetti à l'ISF en litige avec l'administration fiscale devra déduire que le juge compétent sera, selon l'article L. 199 du LPF, le même que celui officiant en matière de droits d'enregistrement.

220. Avec la création de l'IFI en 2018, le législateur a pour la première fois rompu son clair-obscur pour proposer au contribuable une affectation expresse au profit du juge civil[10]. Peut-être que le flou de l'article a été ainsi identifié par le législateur qui aurait pourtant pu faire perdurer l'assimilation de l'impôt sur la fortune aux droits d'enregistrement. Effet induit de cette attribution, l'article départiteur devra subir une modification lorsque l'intitulé du prélèvement changera ou lorsqu'il disparaîtra. Quoi qu'il en soit, aucun autre impôt n'a depuis bénéficié de ce régime de faveur laissant au contribuable un outil peu efficace.

221. Dès lors, trois niveaux de précisions peuvent être identifiés au sein de l'article départiteur. Le niveau le plus précis est celui occupé par l'impôt sur la fortune immobilière, les droits d'enregistrement, les droits de timbre et la taxe de publicité foncière qui sont clairement mentionnés par le texte. Les intitulés permettent d'identifier aisément le prélèvement et ainsi le juge compétent, en l'espèce le juge civil pour les prélèvements mentionnés. Le niveau intermédiaire est occupé par les intitulés « impôts directs », « taxes sur le chiffre d'affaires », « contributions indirectes », « taxes », « contributions » correspondant à des catégories peu définies, englobant de nombreux prélèvements, ouvrant la porte à des erreurs de qualification et constituant une difficulté pour le contribuable. Le troisième grand niveau abrite une catégorie encore plus large et indéfinie, celle des « taxes assimilées », catégorie « fourre-tout », ajoutant encore une part de flou à un article censé être l'outil de répartition du contentieux fiscal. Le fondement textuel ne peut être considéré comme un outil efficace de répartition juridictionnelle et présente l'inconvénient de ne pas offrir au contribuable un *modus operandi* utilisable en l'état.

222. En matière d'assiette, il faudra ainsi se référer à l'article L. 199 du LPF pour savoir quel juge sera compétent en fonction de ses

[10] Article L. 199 du LPF modifié par la Loi n°2017-1837 du 30 décembre 2017.

caractéristiques. Plusieurs entraves affectent la vision de cette « clause générale de compétence ». D'abord parce que certains impôts ne correspondent pas trait pour trait à la classification proposée par la loi et ensuite parce qu'il faut connaître les caractéristiques de l'impôt litigieux pour le faire entrer dans l'une ou l'autre catégorie. L'apparition d'un impôt nommé laisse espérer qu'une clarification de la répartition du contentieux fiscal est un objectif pour le législateur. Hélas, elle est encore trop rare et l'exemple de l'IFI est unique. Cette répartition imprécise touche le deuxième grand motif du contentieux fiscal, celui du recouvrement.

B – La répartition imprécise du contentieux du recouvrement

223. En matière de contentieux du recouvrement, comme en matière de contentieux d'assiette « [l]'identification du juge compétent pour traiter la réclamation du redevable constitue le premier obstacle auquel ce dernier va se trouver confronté »[11]. La complexité de la dualité infuse également les textes en la matière bien que l'article L. 281 du LPF semble dans sa rédaction

---

[11] M. MASCLET DE BARBARIN, *Le contentieux du recouvrement de l'impôt*, *op. cit.*, p. 273. Voir : B. HATOUX, « Le contentieux du recouvrement à l'aune des grands principes », *RJF*, 2015, n°3, pp. 168 et s.

plus clair[12]. Dans ce cas, « le contentieux du recouvrement de l'impôt s'analyse donc comme la contestation juridictionnelle, au fond ou en la forme, du recouvrement forcé d'une créance fiscale »[13]. Au-delà de la dualité similaire au contentieux d'assiette, le contribuable devra déterminer la nature de l'action contentieuse qu'il souhaite introduire. Le contentieux du recouvrement se scinde en effet en deux branches et en trois procédures distinctes.

224. D'abord, s'il a pour objectif de contester la « régularité en la forme de l'acte » de recouvrement en lui-même, le juge de l'exécution (JEX), juge civil est compétent pour juger l'acte de poursuite. S'il estime que l'acte de poursuite est entaché d'irrégularité, le JEX pourra décharger le contribuable de son impôt.

225. Ensuite, si le contribuable a pour objectif de contester « l'obligation de payer », le dualisme juridictionnel réapparaît et le contribuable devra saisir le juge civil ou le juge administratif statuant en « juge de l'impôt ». L'article L. 281 du LPF renvoie expressément à l'article

---

[12] L'article L. 281 du LPF dispose : « Les contestations relatives au recouvrement des impôts, taxes, redevances, amendes, condamnations pécuniaires et sommes quelconques dont la perception incombe aux comptables publics doivent être adressées à l'administration dont dépend le comptable qui exerce les poursuites.

Lorsque les contestations portent sur le recouvrement de créances détenues par les établissements publics de l'État, par un de ses groupements d'intérêt public ou par les autorités publiques indépendantes, dotés d'un agent comptable, ces contestations sont adressées à l'ordonnateur de l'établissement public, du groupement d'intérêt public ou de l'autorité publique indépendante pour le compte duquel l'agent comptable a exercé ces poursuites.

Les contestations relatives au recouvrement ne peuvent pas remettre en cause le bien-fondé de la créance. Elles peuvent porter :

1° Sur la régularité en la forme de l'acte ;

2° A l'exclusion des amendes et condamnations pécuniaires, sur l'obligation au paiement, sur le montant de la dette compte tenu des paiements effectués et sur l'exigibilité de la somme réclamée. Les recours contre les décisions prises par l'administration sur ces contestations sont portés dans le cas prévu au 1° devant le juge de l'exécution. Dans les cas prévus au 2°, ils sont portés :

a) Pour les créances fiscales, devant le juge de l'impôt prévu à l'article L. 199 ;

b) Pour les créances non fiscales de l'État, des établissements publics de l'État, de ses groupements d'intérêt public et des autorités publiques indépendantes, dotés d'un agent comptable, devant le juge de droit commun selon la nature de la créance ;

c) Pour les créances non fiscales des collectivités territoriales, des établissements publics locaux et des établissements publics de santé, devant le juge de l'exécution ».

[13] M. MASCLET DE BARBARIN, *Le contentieux du recouvrement de l'impôt*, *op. cit.*, p. 3.

L. 199 du LPF, faisant office de répartiteur du contentieux fiscal : « Les recours contre les décisions prises par l'administration sur ces contestations sont portés, dans le premier cas, devant le Tribunal de grande instance, dans le second cas, devant le juge de l'impôt tel qu'il est prévu à l'article L. 199 ». Ici encore, le dualisme du contentieux constitue une « source de complexité supplémentaire »[14], constituant une entrave pour le contribuable désireux de trouver le « juge de l'impôt », alors que l'identification du juge compétent pour traiter la réclamation du redevable constitue le premier obstacle auquel ce dernier va se trouver confronté. Ce n'est en l'espèce pas la classification de l'impôt qui devient une difficulté, mais plutôt la nature du contentieux que souhaite ouvrir le contribuable. Lorsque le contribuable conteste l'obligation de payer sa créance fiscale, il devra ainsi déterminer quel juge est compétent et quelle procédure engager parmi trois branches à l'image d'une arborescence informatique.

226. Enfin, une autre procédure s'ajoute à la principale, celle du référé fiscal, procédure d'urgence également soumise au dualisme juridictionnel. L'article L. 279 du LPF énonce la compétence du juge administratif et prévoit ainsi qu'« [e]n matière d'impôts directs et de taxes sur le chiffre d'affaires, lorsque les garanties offertes par le contribuable ont été refusées, celui-ci peut, dans les quinze jours de la réception de la lettre recommandée qui lui a été adressée par le comptable, porter la contestation, par simple demande écrite, devant le juge du référé administratif, qui est un membre du tribunal administratif désigné par le président de ce tribunal ». L'article reprend en filigrane la première partie de l'article L. 199, tout en détaillant de façon encore plus abstraite les caractéristiques précises des impôts concernés. L'article L. 279 A du LPF concerne la compétence du juge civil en « matière de droits d'enregistrement, de taxe de publicité foncière et de droits et taxes assimilés ainsi qu'en matière de contributions indirectes, de timbre et de législations assimilées ». Comme la formulation de l'article L. 199, le texte concernant les impôts relevant du juge civil est en partie plus précis que pour les autres prélèvements, tout en n'intégrant pas l'IFI énoncé expressément par l'article encadrant le contentieux de l'assiette. Ainsi, en matière de référé, le contribuable se voit offrir le même droit devant les deux ordres de juridiction, sur le fondement de deux textes distincts reflétant encore une fois la dualité du contentieux fiscal.

227. Identifier s'il s'agit du contentieux de l'assiette ou du recouvrement, s'il s'agit du contentieux de l'obligation de payer ou d'une

[14] *Ibid.*, p. 354.

contestation de l'acte de poursuite, ou encore s'il s'agit d'une urgence, sont des préalables indispensables pour identifier le juge compétent. Ce chemin de croix du contribuable participe à la vision qu'il a d'une montagne à gravir lorsqu'il envisage de contester une décision de l'administration fiscale. Cette difficulté liée à une répartition juridictionnelle peu lisible, participe à la complexité du contentieux fiscal et à des erreurs de saisine. Pour permettre d'identifier clairement une affectation juridictionnelle lorsque les juges du fond n'y parviennent pas, une juridiction est spécialement compétente : le Tribunal des conflits.

§2 – Les saisines du Tribunal des conflits

228. Le Tribunal des conflits incarne le « dernier recours des justiciables désemparés qui sont à la recherche de leur juge »[15]. L'existence du Tribunal de conflits découle directement de l'existence de la dualité juridictionnelle dans notre panorama juridictionnel. Le contribuable, perdu dans une œuvre digne de *Dédale* ne parvient pas toujours à trouver le *Minotaure* devant lui permettre de trancher le litige fiscal. Il peut, comme le juge, avoir recours à la juridiction départitrice pour trancher de façon préjudicielle ou *a posteriori*, un contentieux négatif ou positif de juridiction (**A**). Curieusement, pour un domaine où le dualisme fracture un contentieux unique, en matière fiscale le Tribunal est peu saisi (**B**). Ce caractère épisodique a la vertu de ne pas rallonger régulièrement les procédures, mais ne doit pas occulter l'intérêt des décisions rendues et leurs effets sur le contribuable.

A – Le Tribunal des conflits, dernier recours contre les errances du contribuable

229. Abrité par le Conseil d'État, le Tribunal des conflits qui a rendu le célèbre arrêt *Blanco* en 1873[16] est, pour une partie de la doctrine, l'institution la « plus simple » et la « plus rationnelle »[17], pour d'autres, elle est une

---

15 F. GAZIER, « Avant-propos », *in* F. CHOUVEL, Th. LAMBERT, *Les cas de partage au Tribunal des conflits*, Paris, Economica, 1984, p. V.

16 TC, 8 février 1873, *Blanco*.

17 F. GAZIER, *op. cit.*

« curieuse institution »[18]. La mission du Tribunal est de trancher des conflits négatifs de juridictions[19] (les juges de deux ordres de juridiction s'estiment incompétents pour trancher un litige) ou des conflits positifs[20] (deux juges s'estiment compétents pour trancher un litige). Cette situation résulte directement d'un dualisme de juridiction mal identifiée et d'une « incertitude dans laquelle sont plongés les justiciables qui forment un recours contre l'administration »[21]. En droit fiscal, ces interférences se matérialisent par la détermination du juge compétent pour trancher le litige d'un impôt qu'on ne parvient pas à classer grâce à la loi dans les catégories légalement définies. Le Tribunal des conflits incarne « le vrai régulateur de la séparation des autorités administratives et judiciaires, et son arbitre »[22].

230. Le Tribunal a connu une « double naissance », une première en 1848-1849, par la Constitution du 4 novembre 1848, puis a été supprimé en 1852 alors que son utilité était remise en question[23]. Sa place vacante a constitué un manque puisque la Loi du 24 mai 1872 portant réorganisation du Conseil d'État le rétablit. La Loi des 16 et 24 août 1790 sur la séparation des autorités administratives et judiciaires est néanmoins le fondement de l'existence du Tribunal en même temps qu'elle instaurait un dualisme juridictionnel en France. Par sa composition, le Tribunal des conflits est original puisqu'il est composé selon un mode paritaire depuis la Loi du 24 mai 1872, constituant sa « marque de fabrique »[24]. Aujourd'hui, quatre membres sont issus de l'ordre administratif, quatre sont issus de l'ordre judiciaire nommés pour trois ans, reconductibles deux fois[25].

---

[18] J. ROBERT, « Préface », *in* F. CHOUVEL, Th. LAMBERT, *Les cas de partage au Tribunal des conflits*, Paris, Economica, 1984, p. IX.

[19] Article R. 771-1 du CJA.

[20] Articles 18 à 31 du Décret n°2015-233 du 27 février 2015, relatif au Tribunal des conflits et aux questions préjudicielles, *JORF* n°0051 du 1er mars 2015.

[21] S. PETIT, *Le Tribunal des conflits*, Paris, PUF, coll. Que sais-je ?, 1994, p. 5.

[22] B. PACTEAU, *Contentieux administratif*, 7e éd., Paris, PUF, coll. Droit fondamental classiques, 2004, p. 103.

[23] J.-L. GALLET, *Interview de Jean-Louis GALLET, ancien vice-président du Tribunal des conflits.* Source : www.tribunal-conflits.fr. (consulté le 9 octobre 2020).

[24] J. ARRIGHI DE CASANOVA, J.-H. STAHL, « Tribunal des conflits : l'âge de maturité », *AJDA*, n°10, 2015, pp. 575 et s.

[25] Loi n°2015-177 du 16 février 2015 relative à la modernisation et à la simplification du droit et des procédures dans les domaines de la justice et des affaires intérieures, *JO* 17 février 2015, p. 2961.

231. La saisine du Tribunal des conflits est ouverte aux juridictions, aux justiciables, et aux Préfets. Une décision devra être rendue dans les trois mois[26] avant que l'instance puisse reprendre. Les justiciables, pour lesquels la procédure est la plus lourde à supporter, peuvent saisir le Tribunal dans trois cas, après constitution d'un avocat au Conseil d'État ou à la Cour de cassation[27] : en cas de conflit de décisions, de conflit négatif[28] ou pour obtenir réparation d'un préjudice subi à raison du délai de procédures menées conjointement devant les deux ordres de juridiction[29]. En pratique, c'est la procédure de prévention de conflit négatif de juridiction qui est le plus souvent utilisée[30]. La saisine du Tribunal des conflits permettra d'identifier clairement le juge compétent pour trancher un litige fiscal. L'avantage de la procédure est donc la clarté de l'identification du juge, son inconvénient étant pour le contribuable l'allongement de la procédure et l'accumulation des frais de procédure.

232. L'existence du Tribunal des conflits est l'incarnation matérielle de l'errance du contribuable, parti à la recherche du « juge de l'impôt ». Sur ce plan, il est « l'allié du justiciable dans sa recherche du juge compétent, permettant d'annihiler tout risque de déni de justice[31]. Cette errance est la conséquence directe de l'imprécision des textes organisant la répartition du contentieux fiscal. Avec des textes clairs, des impôts affectés expressément à un juge, il n'y aurait plus de justification de l'existence du Tribunal des conflits en matière fiscale. Hélas, il n'en est rien et son office permet en dernier recours de trouver le « juge de l'impôt » compétent.

---

[26] Article 29 du Décret n°2015-233 du 27 février 2015, relatif au Tribunal des conflits et aux questions préjudicielles, *JORF* n°0051 du 1er mars 2015.

[27] Article 5 du Décret n°2015-233 du 27 février 2015, relatif au Tribunal des conflits et aux questions préjudicielles, *JORF* n°0051 du 1er mars 2015.

[28] Article 37 et 38 du Décret n°2015-233 du 27 février 2015, relatif au Tribunal des conflits et aux questions préjudicielles, *JORF* n°0051 du 1er mars 2015.

[29] Articles 43 et 44 du Décret n°2015-233 du 27 février 2015, relatif au Tribunal des conflits et aux questions préjudicielles, *JORF* n°0051 du 1er mars 2015.

[30] Dans 74% des saisines, le Tribunal des conflits est saisi en prévention de conflit négatif. Source : TRIBUNAL DES CONFLITS, *Rapport annuel d'activité pour l'année 2018*.

[31] L. VAPAILLE, « Les limites de la mission du tribunal des conflits », *in* Th. LAMBERT (dir.), *Le contentieux fiscal en débats*, *op. cit.*, p. 100.

B – Le faible recours au Tribunal des conflits en matière de contentieux fiscal

233. En matière fiscale, le Tribunal des conflits est peu saisi alors même que le dualisme juridictionnel marque son contentieux. La faible quantité de saisines, correspondant à la faiblesse quantitative du contentieux fiscal, ne doit pas masquer son importance. En 2020, deux décisions ont été rendues en matière fiscale, l'une portant sur la taxe sur les certificats d'immatriculation des véhicules, l'autre sur l'ISF[32].

234. La première[33] émane de la Cour administrative d'appel de Marseille qui a saisi le Tribunal, alors que le contribuable demandait à l'État de lui verser une indemnité en réparation des préjudices subis lors du recouvrement de la taxe. Le contribuable considère que la juridiction administrative est compétente, alors que la faute commise est détachable des opérations d'assiette et de recouvrement de l'impôt. Le juge a considéré que « la taxe sur les certificats d'immatriculation des véhicules était assise et recouvrée comme un droit de timbre » et qu'ainsi elle rentrait dans le champ du second alinéa de l'article L. 199 du LPF attribuant la compétence au Tribunal judiciaire. Par conséquent, la procédure ouverte devant le Tribunal administratif de Nîmes, ainsi que celle ouverte devant la Cour administrative d'appel de Marseille sont déclarées « nulle et non avenue ». Dès lors, le contribuable devra rouvrir une procédure devant le Tribunal judiciaire pour voir sa requête être entendue. Ouverte le 19 décembre 2016, le contentieux doit presque quatre ans plus tard repartir à la situation initiale et subir une nouvelle saisine. La procédure est ici particulièrement longue et coûteuse pour le contribuable.

235. L'affaire du 6 juillet 2020[34] est un autre exemple montrant la difficulté pour les contribuables, leurs conseils et les juges de déterminer la compétence d'un « juge de l'impôt ». En l'espèce, le contribuable souhaite que le Tribunal reconnaisse le juge administratif compétent pour le décharger des rappels, pénalités et intérêts liés à l'ISF dont il est déclaré redevable par l'administration. Les juges du TGI comme ceux du Tribunal administratif de Paris s'étaient déclarés incompétents pour en connaître. Face à un conflit négatif de juridiction, le risque est le déni de justice,

---

[32] Source : tribunal-conflits.fr/decisions.

[33] TC, 9 mars 2020, n°C4175, inédit au recueil *Lebon*.

[34] TC, 6 juillet 2020, n°C4192.

exposant le juge à des poursuites sur le fondement de l'article 4 du Code civil[35]. Rappelant les dispositions de l'article L. 199 du LPF et l'assimilation de l'ISF aux droits d'enregistrement, le juge du Tribunal des conflits considère que la juridiction judiciaire est compétente pour connaître de ce litige. Toutefois, la décision indique que le juge administratif devra surseoir à statuer en attendant la réponse à une question préjudicielle posée au juge civil « à propos du montant de la créance de restitution imputable sur cet impôt ». Comme dans près de 80 % des cas tranchés par le Tribunal, le juge judiciaire est ainsi reconnu compétent[36]. La complexité de la dualité en matière fiscale prend ici tout son sens : à la difficulté de trouver le « juge de l'impôt » révélée par la saisine du Tribunal des conflits, s'ajoute la procédure de question préjudicielle rendue nécessaire dans une telle situation. Le contribuable a dû ainsi saisir deux « juges de l'impôt » différents, incapables de déterminer leur compétence en matière fiscale, puis le Tribunal des conflits qui produira un *modus operandi*. Le contribuable devra après cinq ans de procédure saisir à nouveau le juge civil qui devra poser une question préjudicielle. La complexité et la longueur du contentieux dans ce cas ne peut que constituer une entrave matérielle pour le contribuable qui devra alterner les usages, les procédures et les textes des deux ordres de juridiction. Une telle inertie dans la procédure pourrait exposer la France à une condamnation par la CEDH sur le fondement de l'article 6§1 de la Conv.EDH relatif au procès équitable et par extension au délai raisonnable.

236. Ainsi, malgré le caractère épisodique des saisines du Tribunal des conflits, il permet efficacement de neutraliser les dernières interrogations liées au partage de compétence entre les deux ordres de juridiction compétents en matière fiscale. Néanmoins, par son existence, il incarne la difficulté qu'induit la répartition du contentieux en matière fiscale, s'ajoutant à une procédure particulièrement lourde pour les contribuables. La complexité du dualisme juridictionnel s'incarne ici par l'existence du Tribunal des conflits au carrefour des juges compétents en matière fiscale.

237. À cette difficulté organique devra en effet s'ajouter une complexité procédurale liée à la pénétration des textes propres à chaque ordre de juridiction compétent. Complexité supplémentaire, une fois que le

---

[35] L'article 4 du Code civil dispose : « Le juge qui refusera de juger, sous prétexte du silence, de l'obscurité ou de l'insuffisance de la loi, pourra être poursuivi comme coupable de déni de justice ».

[36] Donnée calculée par nos soins. Source : TRIBUNAL DES CONFLITS, *Rapport annuel d'activité pour l'année 2018.*

contribuable aura trouvé le « juge de l'impôt » compétent pour trancher le litige de l'impôt qu'il conteste, son chemin de croix n'est pas terminé, il devra ensuite se familiariser avec ses textes de référence.

Section 2 – Une double influence au service d'un contentieux fiscal unique

238. Désigné par la doctrine comme un « droit de superposition », le droit fiscal s'enrichit depuis toujours de différentes branches du droit[37]. Inégalement réparti entre les deux ordres de juridiction, le contentieux fiscal est au carrefour des « philosophies » des deux ordres de juridiction[38]. Ainsi, à côté d'une procédure spécifiquement fiscale contenue dans le LPF, et des dispositions législatives fiscales contenues au sein du CGI, les juges statuant en matière fiscale, non spécialisés et membres de l'ordre administratif ou de l'ordre judiciaire, intègrent si nécessaire leurs textes de référence. En tant que juge de plein contentieux, le juge statuant en matière fiscale peut réformer l'acte, recalculer l'impôt, l'annuler, ou le moduler. En contrepartie de cette compétence de plein contentieux, ouvrant une large part à la réformation d'un acte administratif fortement imprégné de puissance publique, le juge doit s'appuyer sur des textes lui permettant de circonscrire au plus près la situation du contribuable, devenue contentieuse. Pour y parvenir, il ne trouvera pas la réponse aux contentieux ouverts dans les seuls textes spécifiquement « fiscaux » contenus au sein du Code général des impôts et du Livre des procédures fiscales, auquel on attribue pudiquement le titre de « Livre » et non pas de « Code ». Comme un palliatif, les textes de référence des « deux têtes » du juge de l'impôt viendront en soutien, mettant en lumière les lacunes des textes fiscaux. En matière de recours pour excès de pouvoir (REP), le juge administratif utilisera les sources classiques du droit administratif notamment la jurisprudence du Conseil d'État.

239. Selon le célèbre adage *specialia generalibus derogant*[39], les règles fiscales céderont la place aux règles de droit civil ou administratif lorsqu'elles offrent une réponse non contenue dans le CGI ou le LPF. Conformément au

---

[37] L. Vapaille, *La doctrine administrative fiscale*, Paris, L'Harmattan, coll. Finances publiques, 1999, p. 286.

[38] M. Betch, *Le juge judiciaire et l'impôt*, Paris, Litec, 2010, 358 p.

[39] Les lois spéciales dérogent aux lois générales.

principe de légalité fiscale, incarné par l'article 34 de la Constitution, la loi prévoit la répartition et l'application des procédures. L'article R. 200-1 du LPF prévoit ainsi expressément l'application du Code de justice administrative lors d'un contentieux ouvert devant le juge administratif. L'article R. 202-6 du LPF prévoit pour sa part, l'application du Code de procédure civile aux procédures d'appel devant le juge judiciaire. Dès lors, « en comblement des lacunes du droit fiscal »[40], les dispositions du Code civil et du Code de procédure civile interviennent en matière fiscale à travers l'intervention du juge civil (§**1**). Ces apports majeurs ne correspondent d'ailleurs pas à la place quantitative du juge civil en matière fiscale. Compétent dans la majorité des cas en matière fiscale, le juge administratif diffuse également sa doctrine, sa jurisprudence et ses textes contenus notamment au sein du Code de justice administrative (§**2**).

240. Par conséquent, le dualisme juridictionnel du contentieux fiscal n'apporte pas qu'une complexité à l'étape de la saisine du juge, mais elle infuse une diversité de sources du droit qui au-delà d'un enrichissement de la discipline vient en complexifier la procédure. Cette complexité procédurale vient ajouter au « rocher de Sisyphe » une difficulté supplémentaire : celle de la multiplicité des textes applicables en matière fiscale, disséminés au-delà des textes fiscaux.

§1 – L'influence du droit civil en matière de contentieux fiscal

241. Du latin *civilis*[41], le droit civil irrigue le droit fiscal prévoyant les rapports entre le contribuable et l'administration fiscale. À travers par exemple le droit des obligations, le droit des biens ou encore le droit de la famille, le droit civil est venu enrichir le droit fiscal. Réunies au sein du Code civil, du Code de procédure civile (CPC) ou encore du Code de procédure civile d'exécution (CPCE), plusieurs dispositions se retrouvent au visa de décisions rendues par le juge civil en matière fiscale. Le juge civil admet ainsi qu'« en l'absence de dispositions contraires édictées dans le Code général des impôts ou le Livre des procédures fiscales, les règles générales de

[40] J. PUJOL, *L'application du droit privé en matière fiscale, op. cit.*, p. 85.

[41] Le citoyen.

procédure civile sont applicables en matière fiscale »[42]. Par exemple, les dépens liés aux frais de procédure ne sont pas prévus par les textes « fiscaux ». Les contribuables feront appel dans leurs conclusions à l'article 700 du Code de procédure civile[43], car les textes « fiscaux » ne contiennent pas de dispositions à ce propos. Par ailleurs, plusieurs articles fournissent le *modus operandi* de la procédure devant le juge civil comme l'article 455 du CPC sur la forme des jugements rendus, ou encore l'article 450 du CPC à propos des délais de jugements. Difficile de savoir s'il s'agit d'un manque volontaire ou d'une lacune pourtant facilement corrigeable.

242. Cet apport peut être vu comme un enrichissement de la matière, mais constitue inévitablement une source de complexité supplémentaire. Conséquence de son architecture organique, la procédure fiscale est fracturée sur les deux ordres venant irriguer de leurs propres règles le contentieux fiscal. Dès lors, tant en matière de contentieux de l'assiette (**A**) que de contentieux du recouvrement (**B**), le contribuable devra, au-delà du CGI et du LPF, puiser des règles de droit parmi le Code civil ou le Code de procédure civile.

A – Le droit civil en « comblement des lacunes » des règles d'assiette

243. Le droit civil vient apporter au juge civil principalement, des outils nécessaires lui permettant de trancher un contentieux fiscal. Parmi eux, nous prendrons comme exemple deux notions fortement imprégnées de droit privé utilisées par Monsieur Jean PUJOL ayant mené une des premières

---

42 Cass. com., 18 avril 1989, n°87-16082, Bull.

43 L'article 700 du CPC concerne particulièrement les contribuable présumés économiquement plus faibles que l'administration : « Le juge condamne la partie tenue aux dépens ou qui perd son procès à payer. 1° À l'autre partie la somme qu'il détermine, au titre des frais exposés et non compris dans les dépens ; 2° Et, le cas échéant, à l'avocat du bénéficiaire de l'aide juridictionnelle partielle ou totale une somme au titre des honoraires et frais, non compris dans les dépens, que le bénéficiaire de l'aide aurait exposés s'il n'avait pas eu cette aide. Dans ce cas, il est procédé comme il est dit aux alinéas 3 et 4 de l'article 37 de la Loi n°91-647 du 10 juillet 1991. Dans tous les cas, le juge tient compte de l'équité ou de la situation économique de la partie condamnée. Il peut, même d'office, pour des raisons tirées des mêmes considérations, dire qu'il n'y a pas lieu à ces condamnations. Néanmoins, s'il alloue une somme au titre du 2° du présent article, celle-ci ne peut être inférieure à la part contributive de l'État ».

réflexions sur le droit civil en matière fiscale[44]. Le droit civil viendra notamment en complément pour lui permettre de reconnaître le concubinage d'un assujetti à l'IFI (**1**), ou encore prendre en compte une charge dans le calcul de l'impôt comme une pension alimentaire versée (**2**).

1. L'exemple du concubinage en matière d'impôt sur la fortune immobilière (IFI)

244. L'article 964 du CGI[45] indique qu' « [i]l est institué un impôt annuel sur les actifs immobiliers désigné sous le nom d'impôt sur la fortune immobilière. Sont soumises à cet impôt, lorsque la valeur de leurs actifs mentionnés à l'article 965 est supérieure à 1 300 000 € (…). Sauf dans les cas prévus aux a et b du 4 de l'article 6, les couples mariés font l'objet d'une imposition commune. Les partenaires liés par un pacte civil de solidarité défini à l'article 515-1 du Code civil et les personnes vivant en concubinage notoire font l'objet d'une imposition commune ». Nous connaissons le régime du mariage, du PACS, mais le terme de « concubinage notoire » est juridiquement plus flou.

245. Déjà en 1987, Monsieur Jean PUJOL prenait en exemple le concubinage notoire pour illustrer une des « lacunes du droit fiscal ». À l'époque, il affirmait qu'aucune disposition fiscale ne parvenait à définir cette notion et qu'attendre la position jurisprudentielle du juge n'était pas la bonne solution[46]. Le juge devait se référer alors à une instruction administrative pour y trouver la position de l'administration, palliant cette carence en matière de définition. Peu accessible, de surcroît à une époque où le *Bulletin officiel des impôts* était uniquement disponible au format papier, la « lacune du droit fiscal » pénalisait le contribuable à travers la difficulté d'accès à la règle. Elle indiquait pour qualifier un concubinage notoire qu'il fallait « s'attacher à l'existence simultanée des critères de stabilité, de continuité et de notoriété de ces relations. Conformément à la jurisprudence de la Cour de cassation, le concubinage sera considéré comme notoire lorsque deux personnes

---

[44] J. PUJOL, *op. cit.*

[45] Article 964 du CGI, issu de la Loi n°2017-1837 du 30 décembre 2017.

[46] J. PUJOL, *op. cit.*, p. 85.

vivent publiquement comme mari et femme »[47] reprenant une position doctrinale ancienne[48].

246. Depuis, les situations de vie en couple hors cadre du mariage ont évolué. Toutefois, pour le droit fiscal, seules trouvent grâce à ses yeux des unions concrètement et légalement scellées : le mariage et le PACS. Dans ces deux situations, les contribuables pourront avoir recours à une imposition commune à l'impôt sur le revenu[49]. Néanmoins, le régime de l'impôt sur la fortune (d'abord l'IGF, puis l'ISF et aujourd'hui l'IFI) fait appel à une notion plus vague et plus difficile à assurer sur le terrain de la preuve : le concubinage notoire. Le Code civil retient à l'article 515-8 que « [l]e concubinage est une union de fait, caractérisée par une vie commune présentant un caractère de stabilité et de continuité, entre deux personnes, de sexe différent ou de même sexe, qui vivent en couple ». Pour sa part, le droit fiscal effectue une assimilation, en retenant un « concubinage notoire »[50] s'appuyant sur la définition du « Code napoléonien », pour définir une situation où le contribuable n'est pas lié par un contrat à son/sa partenaire, mais qui ne peut être considéré comme célibataire. De cette « union devant le fisc » naîtra la possibilité d'imposer à l'IFI sur la base du patrimoine détenu par le foyer. Par ce « chassé-croisé entre le droit civil et le droit fiscal »[51], l'administration fiscale pose un regard civil sur les assujettis. Elle a en outre considéré qu'il fallait vivre sous le même toit et a exclu de tout soupçon de concubinage les personnes ne pouvant être mariées (personnes en ligne directe, collatérale…)[52] ou pacsées[53].

247. Aucune mention du CGI ou du LPF ne permettrait d'identifier la situation du foyer d'un contribuable vivant en dehors d'une union légalement contractée. La notion de concubinage, bien que définie par le « Code Napoléon », n'est pourtant pas reprise *in extenso* par le juge civil compétent en matière d'IFI. Les textes font appel en matière fiscale à un concubinage « notoire ». Cette qualité supplémentaire ajoutée à la notion de base connue par les civilistes doit permettre de qualifier sans ambiguïté une

---

[47] Instruction du 11 mai 1982, B.O.D.G.I 7 R-1-82.
[48] Cass., 10 novembre 1924 ; Cass., 12 mai 1925.
[49] Article 6 du CGI.
[50] Article 964 alinéa 8 du CGI.
[51] J. HÉRAUD, « Ces couples déclarés unis par les liens... de l'impôt : le concubinage en droit fiscal », *Droit Fiscal*, 2008, n°41, comm. 531.
[52] Articles 191 à 163 du Code civil.
[53] Article 515-2 du Code civil.

situation relevant grandement de la vie privée, elle aussi protégée par l'article 9 du Code civil. Pour le LITTRÉ, « notoire » renvoie à « ce qui est à la connaissance publique », permettant aux vérificateurs de recueillir des informations auprès d'autres personnes que les contribuables.

248. La déclaration de concubinage notoire sera ainsi indispensable pour établir un IFI conforme, prenant en compte la valeur et l'abattement de 30 % applicable à la résidence principale[54]. Le juge devra ainsi utiliser une base de droit civil, adaptée par le droit fiscal pour définir la situation fiscale de couples assujettis à l'IFI. D'autres situations ne requièrent pas d'adaptation et sont appliquées *in extenso* par le juge civil statuant en matière fiscale.

2. L'exemple de la pension alimentaire

249. L'article 156 du CGI définit l'assiette de l'impôt sur le revenu, dont le contentieux est confié au juge administratif conformément à l'article L. 199 du LPF. L'article décline les revenus imposables et les déductions pouvant être opérées dans le cadre du calcul de l'impôt direct le plus connu des contribuables. Preuve supplémentaire d'une superposition des droits (ou d'une lacune) l'article renvoie directement au Code civil lorsqu'il aborde la notion de pensions alimentaires : « pensions alimentaires répondant aux conditions fixées par les articles 205 à 211, 367 et 767 du Code civil à l'exception de celles versées aux ascendants quand il est fait application des dispositions prévues aux 1 et 2 de l'article 199 *sexdecies* »[55].

250. Pour le Code civil, de la notion de pension alimentaire découlent des obligations nées du mariage. La notion n'est pas définie par les textes purement « fiscaux ». Elle concerne l'obligation alimentaire qu'un ascendant doit assumer à l'égard de ses descendants[56], qu'un enfant doit assumer à l'égard de ses parents[57], ou encore que les gendres et belles-filles doivent à leurs beaux-parents[58]. Pour le contribuable, il s'agit incontestablement d'une charge économique devant être prise en compte au titre des charges déductibles de l'impôt sur le revenu. Avec près de 130 000 divorces

---

[54] Article 965 et s. du CGI.
[55] Article 156 II, 2° du CGI.
[56] Article 203 du Code civil.
[57] Article 205 du Code civil.
[58] Article 206 du Code civil.

prononcés chaque année[59], la situation d'un contribuable devant déduire une pension alimentaire n'est pas anecdotique. Au stade de la déclaration, il n'y a pas de difficultés particulières. Toutefois, en cas de contentieux, le juge et le contribuable devront se référer aux textes civils. Une fois la charge qualifiée de pension alimentaire, elle pourra effectivement entrer dans le champ des déductions de l'impôt sur le revenu.

251. La jurisprudence fiscale et le CGI lui-même font ainsi directement appel au Code civil pour combler une « lacune du droit fiscal »[60]. Pour le contribuable contestant le calcul de l'impôt sur le revenu, il faudra ainsi qu'il identifie le juge compétent en se référant au Livre des procédures fiscales, puis se réfère au CGI pour circonscrire l'assiette de l'impôt dans un premier temps. Ensuite, il devra reprendre le Code civil pour identifier la charge déductible puis, le cas échéant, le Code de procédure civile au titre des dépens. Au total, pour un litige portant sur une charge déductible de l'impôt sur le revenu, le contribuable devra identifier les règles provenant de quatre codes différents. Le droit civil vient ainsi enrichir les textes fiscaux en matière d'assiette, mais il vient aussi apporter sa pierre à l'édifice en matière de règles du recouvrement.

B – Le droit civil en « comblement des lacunes » des règles de recouvrement

252. Le contentieux du recouvrement de l'impôt concerne la « contestation juridictionnelle du recouvrement forcé de la créance fiscale »[61]. En matière fiscale le créancier n'est pas l'égal du débiteur. Face au contribuable débiteur, l'administration fiscale pourra en effet déployer un arsenal de mécanismes pouvant être regroupés autour du terme générique de « recouvrement forcé ». Particulièrement « offensif », le recouvrement forcé de la créance fiscale constitue un point de crispation entre les parties. La potentielle atteinte à la propriété privée en est la raison principale. Le contentieux du recouvrement semble être le grand absent des textes « purement fiscaux » et diffus dans certains manuels de procédures fiscales, en traitant le sujet de façon transversale[62]. Les textes fiscaux lacunaires ne pourront fournir au juge les outils nécessaires pour trancher le litige,

---

[59] Chiffre de l'INSEE pour 2016. Source : www.insee.fr.

[60] Voir par exemple : CAA CE 9/10 ch.-r., 14 octobre 2020, n°421028.

[61] M. MASCLET DE BARBARIN, *op. cit.*, p. 19.

[62] Th. LAMBERT, *Procédures fiscales, op. cit.*

obligeant également le contribuable à appréhender des notions non prévues par les textes fiscaux, participant ainsi à la complexité de la procédure.

253. Les procédures de recouvrement forcé sont quasi intégralement prévues par les divers codes relevant du droit civil et principalement par le Code des procédures civiles d'exécution (CPCE). Il s'agit, pour l'essentiel, de mesures visant à appréhender des biens meubles corporels ou incorporels, au travers de procédures telles que la saisie-vente ou la saisie-attribution. En matière de saisie immobilière, la procédure applicable est régie par le Livre III du CPCE[63]. Concernant les rémunérations, la saisie et la cession sont régies par le Code du travail[64], alors que certaines procédures spécifiques comme la saisie du fonds de commerce sont régies par le Code de commerce[65]. En matière de saisie des brevets encore, le Code de la propriété intellectuelle, autre code appartenant au droit civil, intervient pour régir la procédure[66]. Enfin, dernier exemple de pénétration du droit privé en matière de recouvrement forcé : le Code des transports pour la saisie de navires[67].

254. Deux phases se succèdent dans le cas d'une contestation du recouvrement forcé de l'impôt. La première est administrative, devant le directeur départemental des finances publiques dans le délai de deux mois à partir de la date de la notification de l'acte de poursuite[68]. La seconde phase s'ouvre devant le juge qui devra dire si le recouvrement forcé de la créance fiscale est valide ou pas.

255. L'article L. 281 du LPF se caractérise par un nouveau dualisme. Il distingue le contentieux de l'obligation de payer de celui des actes de poursuite. Article de répartition du contentieux entre les juges compétents en matière de recouvrement, le législateur prévoit trois affectations du contentieux. La première situation est celle de la « validité en la forme de l'acte » relevant du juge de l'exécution (JEX). La seconde affectation relative à l'obligation de payer renvoie à l'article L. 199 du LPF. Le contribuable devra dans cette dernière situation saisir le juge administratif ou le juge civil en fonction de la nature de l'impôt. Le contentieux de recouvrement

---

63 Articles L. 311-1 et s. du CPCE.

64 Articles R. 3252-2 et s. du Code du travail.

65 Article L. 143-3 du Code de commerce.

66 Article L. 613-21 et R. 613-51 du Code de la propriété intellectuelle.

67 Article L. 5114-23 et s. du Code des transports.

68 Article R* 282-1 du LPF.

apportera de fait une part de droit civil lorsque le juge civil ou le JEX seront compétents.

256. Comme en matière de contentieux de l'assiette, les textes fiscaux sont lacunaires. Le contribuable comme le juge ne pourront pas trouver au sein des CGI et LPF les réponses pour trancher un contentieux portant sur le recouvrement de l'impôt. Le recouvrement, qui plus est forcé, est fortement imprégné de droit civil de sorte que le contentieux du recouvrement constitue « le lieu d'une concurrence entre le droit fiscal et le droit privé »[69]. Plusieurs mécanismes contenus au sein du Code des procédures civiles d'exécution, du Code du travail, du Code du commerce, mais aussi du Code de la propriété intellectuelle viennent compléter les deux branches du contentieux du recouvrement, qu'il soit du ressort du JEX (**1**), ou du juge civil, « juge de l'impôt » sur le fondement du 2° de l'article L. 281 du LPF (**2**). Cet apport viendra de fait ajouter de nouvelles règles au contentieux fiscal, ajoutant des couches au millefeuille normatif encadrant la procédure ouverte entre le contribuable et l'administration.

1. L'apport du droit civil au contentieux du recouvrement tranché par le JEX

257. Le contribuable frappé par une procédure de recouvrement forcé peut contester la régularité en la forme de l'acte, autrement dit, il s'agit ici d'un « contentieux de la légalité externe »[70] de l'acte de poursuite. La doctrine administrative indique sans détour qu'« il appartient au juge de l'exécution (JEX) d'apprécier la régularité en la forme d'un acte de poursuite (opposition à l'acte de poursuite) »[71]. Le JEX détient ainsi le monopole du contentieux de la régularité en la forme de l'acte. Naturellement, la compétence du JEX a pour revers de la médaille l'application partielle du droit civil à la procédure. L'infusion de la procédure civile se fait sur plusieurs aspects du contentieux fiscal à tel point que ce contentieux des

---

[69] B. Castagnède, *op. cit.*, p. 409.

[70] M. Collet, P. Collin, *Procédures fiscales : contrôle, contentieux et recouvrement de l'impôt,* 3e édition, Paris, PUF, coll. Thémis droit, 2020 p. 346.

[71] BOI-REC-EVTS-20-10-30. Voir : N. Cayrol, *Droit de l'exécution*, 2e édition, Paris, LGDJ, coll. Droit privé, 2016, 488 p.

poursuites est considéré par certains auteurs comme étant de nature non fiscale[72].

a. L'encadrement par le droit civil de la saisine du JEX

258. Le contribuable devra saisir le JEX conformément aux règles des procédures civiles d'exécution « par assignation à la première audience utile du juge de l'exécution »[73]. En cas d'urgence, « le juge de l'exécution peut permettre d'assigner à l'heure qu'il indique, même d'heure à heure et les jours fériés ou chômés » au tribunal ou au domicile du juge[74]. Le ministère d'avocat n'est pas obligatoire, les parties se défendent en principe elles-mêmes. Elles peuvent toutefois se faire assister ou représenter, notamment par un avocat[75]. Par ailleurs, le LPF[76] précise que les règles de la procédure à jour fixe prévues par le CPC sont applicables[77], exerçant un renvoi supplémentaire aux textes civils.

259. Le principe général de compétence territoriale du JEX est défini à l'article R. 121-2 du CPCE qui indique que le JEX compétent est, au choix du demandeur, celui du lieu où demeure le débiteur ou celui du lieu d'exécution de la mesure[78]. Après la décision rendue, le délai d'appel, qui n'a pas d'effet suspensif[79], est de quinze jours à compter de la notification de la décision aux parties qui est effectuée par le greffe au moyen d'une lettre recommandée avec demande d'avis de réception[80].

---

72 M. Masclet de Barbarin, *op. cit.*, p. 375.

73 Article R. 121-11 du CPCE.

74 Article R. 121-12 du CPCE.

75 Article R. 121-7 du CPCE.

76 Article R. 281-5 du LPF.

77 Articles 788 à 792 du CPC.

78 Le BOFiP (BOI-REC-EVTS-20-10-30) rappelle qu'il existe de nombreuses exceptions, toutes contenues dans le CPCE : « Ainsi, est toujours compétent :
- Le juge du lieu d'exécution de la mesure en matière de saisie-vente (CPC exéc., art. R. 221-10 et CPC exéc., art. R. 221-40) ;
- le juge du lieu où demeure le débiteur en matière de saisie-attribution (CPC exéc., art. R. 211-10), de saisie de droits d'associé et de valeurs mobilières (CPC exéc., art. R. 232-6), de saisie des véhicules terrestres à moteur par déclaration à la préfecture (CPC exéc., art. R. 223-3).
En revanche, pour la saisie par immobilisation du véhicule, l'option de compétence demeure : juge de l'exécution du lieu où demeure le débiteur ou du lieu d'immobilisation du véhicule (CPC exéc., art. R. 223-10) ».

79 Article R. 212-21 du CPCE.

80 Article R. 121-5 et R. 121-20 du CPCE.

260. L'article L. 258 A du LPF indique de manière expresse qu'en matière de procédure, le contentieux du recouvrement sera guidé par le Code de procédure civile. En l'espèce, le contribuable devra se conformer aux articles 648 et suivant du CPC en ce qui concerne les actes d'huissier nécessaires dans le cadre de ce contentieux. L'article 694 du même code rappelle que « [l]a nullité des notifications est régie par les dispositions qui gouvernent la nullité des actes de procédure », relevant eux-mêmes des articles 112 et suivants du CPC.

261. En matière procédurale, l'intégralité de l'action menée par le contribuable dans le cadre d'une contestation en la forme de l'acte de poursuite relève du droit civil. Le dualisme juridictionnel se matérialise ici à travers l'application du CPC et du CPCE. La complexité du contentieux fiscal s'enrichit alors de deux codes soit plus de 5 000 pages cumulées, difficilement maîtrisables pour un contribuable déjà placé face au « bloc normatif » incarné par les textes fiscaux. Au-delà de la procédure, le droit civil irrigue également l'office du JEX en tant que gardien de la liberté individuelle et de la propriété privée.

b. L'encadrement par le droit civil de l'office du JEX

262. Les saisies conservatoires et sûretés judiciaires sont régies par la Loi du 9 juillet 1991[81] et le Décret du 31 juillet 1992[82], permettant aux créanciers de mettre en œuvre des mesures conservatoires après autorisation du juge, dans le but de garantir le recouvrement de créances[83]. La saisie attributive à tiers détenteur (SATD) est un moyen privilégié offert à l'administration pour recouvrer la créance d'un contribuable dans le cadre d'un recouvrement forcé[84]. Il permet au comptable public de demander à un tiers (employeur, banque…) qui détient une somme appartenant au contribuable débiteur, de payer à l'administration directement la somme correspondant à la dette fiscale. Le JEX est ainsi compétent pour déclarer la validité de l'acte ou reconnaître qu'il est entaché d'illégalité. Lorsque le juge relèvera que les phases et mentions obligatoires d'une procédure ne sont pas respectées, l'acte n'est pas régularisable et la SATD est invalidée. Par exemple, une SATD n'étant pas signée par l'autorité compétente doit être

[81] Loi n°91-650 du 9 juillet 1991, *JORF* n°163 du 14 juillet 1991.
[82] Décret n°92-755 du 31 juillet 1992, *JORF* n°180 du 5 août 1992.
[83] Article L. 511-1 du CPCE
[84] Article L. 262 du LPF.

déclarée nulle. Le juge indique qu'« un document dépourvu de signature ne constitue pas la notification d'un avis à tiers détenteur au redevable de l'impôt »[85].

263. Par ailleurs, le contribuable peut contester les mesures conservatoires dont il subit comme conséquence la perte de jouissance. Il peut s'agir de saisie conservatoire[86] ou de sûreté judiciaire[87]. Pour ce faire, le CPC fournit la base textuelle de la procédure à travers les articles précisant les conditions d'exercice[88]. Lorsque le contentieux porte sur la saisissabilité des biens, le JEX est également compétent, qu'il ait ou non autorisée la mesure conservatoire. Conformément aux dispositions du CPCE, la procédure doit être introduite dans le délai d'un mois à compter de la signification de l'acte[89].

264. En cas d'urgence, le contribuable débiteur peut saisir le Président du Tribunal judiciaire sur le fondement du CPC. Celui-ci pourra ordonner toute mesure ne se heurtant pas à une contestation sérieuse[90] ou encore « prescrire, même en présence d'une contestation sérieuse, les mesures conservatoires qui s'imposent, soit pour prévenir un dommage imminent, soit pour faire cesser un trouble manifestement illicite »[91]. Par exemple, le JEX pourra suspendre l'exécution d'une SATD en attendant que la juridiction administrative se soit prononcée[92].

265. Le contribuable bénéficie ainsi d'une réelle protection du juge civil face à une potentielle atteinte à la propriété privée exercée par l'administration. Le JEX, spécialisé dans l'application d'une mesure exécutoire devient pour le contribuable un interlocuteur clairement identifié. Pour trancher un litige lié à l'exécution d'une mesure, le juge devra se référer aux textes civils, participant à l'adjonction du droit privé au droit fiscal, et ainsi à sa complexification. L'influence du droit civil se retrouve également

[85] Cass. com., 13 janvier 1998, n°96-13157.
[86] Les saisies conservatoires doivent contenir les mentions prévues à l'article R. 523-1 du CPCE.
[87] Article L. 531-1 CPCE.
[88] Articles R. 511-1, R. 512-3 et R. 532-6 du CPCE.
[89] Article R. 522-6 du CPCE et article R. 221-53 du CPCE.
[90] Article 808 du CPC.
[91] Article 809 du CPC.
[92] Voir par ex. : Cass. com., 16 juin 1992, n°90-12601.

à travers l'office du juge civil prenant pour la circonstance les habits de « juge de l'impôt ».

2. L'apport du droit civil au contentieux du recouvrement tranché par le « juge de l'impôt »

266. En dehors de la contestation de la validité en la forme de l'acte, contentieux dit « externe », le contribuable peut contester la quotité ou l'exigibilité de l'impôt, soit la validité « interne de l'acte ». Dans ce cas, il retrouvera le dualisme applicable au contentieux de l'assiette et devra se référer à l'article L. 199 du LPF. Si l'impôt litigieux relève du juge administratif, il sera fait application des règles de droit administratif en complément des « lacunes du droit fiscal ». Si le juge civil est compétent, il utilisera naturellement les règles de droit civil pour pallier les carences du droit fiscal. Il peut s'agir de procédures concernant le 2° de l'article L. 281 du LPF qui dispose : « À l'exclusion des amendes et condamnations pécuniaires, sur l'obligation au paiement, sur le montant de la dette compte tenu des paiements effectués et sur l'exigibilité de la somme réclamée. Les recours contre les décisions prises par l'administration sur ces contestations sont portés dans le cas prévu au 1° devant le juge de l'exécution. Dans les cas prévus au 2°, ils sont portés : a) Pour les créances fiscales, devant le juge de l'impôt prévu à l'article L. 199 ».

267. Quelques exemples illustrent la marque du droit privé en la matière, régie par le CPC. La demande en justice est formée par assignation délivrée par voie d'huissier[93]. Conformément aux dispositions de l'article 751 du CPC, le ministère d'avocat est obligatoire, son défaut constitue une nullité de fond de l'assignation. Si l'assignation ne contient pas l'objet de la demande et l'exposé des moyens[94], la nullité devra être invoquée avant toute défense au fond.

268. La jurisprudence donne peu d'exemples de l'office du juge civil statuant en tant que « juge de l'impôt » devant trancher sur la question de la quotité ou l'exigibilité de l'impôt. Il le fera par exemple au cours d'une contestation fondée sur le fait que l'obligation de payer n'existe pas ou plus, suite à un dégrèvement dont aurait bénéficié le contribuable[95]. Le juge civil

---

[93] Articles 750, 54 et s. du CPC.

[94] Article 4 du CPC.

[95] Par exemple Cass. com., 25 mars 1991, n°568 P, BRODOUX, *RJF*, 1991, n°6, comm. 877.

officiera aussi lorsqu'un donataire invoquera qu'il est redevable des droits de mutation qu'en proportion de la part de nue-propriété indivise qu'il détient[96]. L'office du juge civil en la matière, bien qu'épisodique, est ainsi prévu par les textes, alors que l'identification du cadre de la saisine demeure complexe.

269. L'adjonction d'un ensemble de textes émanant du droit civil participe à créer une entrave en travers de l'accès du contribuable au juge civil. Toute entrave pouvant participer à ne pas défendre ses droits, cette difficulté supplémentaire n'est pas satisfaisante pour le contribuable. Effet direct du dualisme juridictionnel du contentieux fiscal, l'apport du droit civil « en comblement des lacunes du droit fiscal » doit s'additionner aux règles spécifiquement fiscales. Il convient de constater que l'apport du droit civil au droit fiscal est important au regard du caractère épisodique du contentieux représentant moins de 5 % du volume global. À ces ensembles de règles, vastes et difficilement maîtrisables pour le contribuable en conflit avec l'administration, s'ajoute l'apport du droit administratif, seconde conséquence du dualisme.

§2 – L'influence du droit administratif en matière fiscale

270. L'apport du droit administratif, qu'il émane de sources textuelles ou jurisprudentielles, est naturellement important alors que 95 % du contentieux fiscal est tranché par le juge administratif. Le contentieux de l'assiette, en volume le plus important bénéficie en premier lieu des apports du droit administratif. Il convient toutefois d'identifier l'apport exogène en matière de contentieux du recouvrement et de recours pour excès de pouvoir à l'égard de l'administration. En tant que droit de superposition, le droit fiscal vient s'enrichir de règles processuelles et de règles de fond permettant au juge statuant en matière fiscale de trancher un litige sur le fondement de règles qu'il ne trouverait pas dans les textes « spécifiquement fiscaux »[97]. Par ailleurs, il faut reconnaître le rôle de la loi dans cet apport. L'article R. 200-1 du LPF dispose en effet que « [l]es dispositions du Code

---

[96] Cass. com., 21 janvier 1997, n°95-10180, *M. DE MAUPÉOU D'ALBEIGES*, *Droit Fiscal*, 1997, n°15-16, com. 445.

[97] Th. LAMBERT, « Les constructions jurisprudentielles de la juridiction administrative », *in* Th. LAMBERT (dir.), *Le contentieux fiscal en débats*, *op. cit.*, pp. 123-138.

de justice administrative sont applicables aux affaires portées devant le Tribunal administratif ou devant la Cour administrative d'appel, sous réserve des dispositions particulières prévues par le présent livre ». Dès lors, en toute légitimité, le juge puisera dans le code les dispositions nécessaires[98].

271. Statuant par nature au « plein contentieux »[99], mais aussi dans le cadre d'un « contentieux de l'annulation », le juge administratif utilisera lorsque le droit fiscal est lacunaire les règles du Code de justice administrative. Le droit public étant largement jurisprudentiel, le juge administratif de l'impôt aura recours à la jurisprudence de son ordre au premier rang duquel le Conseil d'État. La jurisprudence viendra ainsi « rectifier » ou compléter la loi « de façon empirique et subjective »[100]. Madame Marie-Aimée LATOURNERIE, alors commissaire du gouvernement, affirme que les lignes directrices de la jurisprudence du Conseil d'État en matière fiscale sont les suivantes : « - Assurer en matière fiscale, le respect des principes généraux du droit public, - Veiller à la bonne articulation entre le droit fiscal d'une part, et les branches du droit autres que le droit public d'autre part (droit civil, droit commercial, droit pénal, droit du travail…) - Contribuer à l'insertion rationnelle du prélèvement fiscal dans la réalité de la vie économique »[101]. L'influence de diverses branches du droit est ici réaffirmée.

272. Toutefois, de l'enrichissement à l'alourdissement il n'y a qu'un pas. En matière de contentieux fiscal, la complexité n'est pas un mythe et l'adjonction de règles vient encore davantage rendre indigeste la procédure entamée face à l'administration fiscale. Cette infusion se diffuse en matière de contentieux de l'assiette (**A**), mais aussi de contentieux du recouvrement (**B**) couvrant ainsi la majeure partie du contentieux fiscal.

---

98 A. MAITROT DE LA MOTTE, « Les divergences de jurisprudence entre juge administratif et juge judiciaire de l'impôt », *Droit Fiscal*, 2016, n°38, Étude 499.

99 CE, 7 / 8 SSR du 17 décembre 1980, n°19741, *Sociétés des aciéries de Pompey*, mentionné aux tables du recueil *Lebon.*

100 Th. LAMBERT, « Les constructions jurisprudentielles de la juridiction administrative », *in* Th. LAMBERT (dir.), *Le contentieux fiscal en débats*, *op. cit.*, p. 125. Voir : M. Ch. BERGERES, « Vers un contrôle élargi de la loi fiscale par le Conseil d'État ? », *Droit Fiscal*, 2002, n°43, pp. 1433-1438. et « Les normes jurisprudentielles en droit fiscal », *Droit Fiscal*, 2000, n°13, pp. 549-554.

101 M.-A. LATOURNERIE, « L'apport de la jurisprudence administrative au droit fiscal », *in* R. HERTZOG (dir.), *Le juge fiscal*, Paris, Economica, coll. Finances publiques, 1988, p. 243.

A – Le droit administratif en « comblement des lacunes » du contentieux de l'assiette

273. Le droit administratif irrigue le contentieux fiscal lorsque le juge administratif remplit son office en la matière. Une fois la phase précontentieuse passée devant l'administration, le contribuable mécontent pourra ester en justice devant le Tribunal administratif. La doctrine administrative opposable précise que le juge administratif « est en premier ressort juge de droit commun dans le cadre du contentieux relatif aux impôts directs, aux taxes sur le chiffre d'affaires et aux taxes assimilées. Les Tribunaux administratifs statuent toutefois en premier et dernier ressort sur les recours de plein contentieux fiscal relatifs aux impôts locaux autres que la contribution économique territoriale »[102].

274. Le contentieux de l'assiette inclut en pratique les actes de liquidation de l'impôt s'ajoutant au calcul de l'impôt. Plus largement entendu comme étant le « contentieux de l'établissement de l'impôt », ou encore comme « le contentieux de l'imposition »[103] « de loin le plus important »[104], il est le canal le plus favorable à l'irrigation « publiciste » du droit fiscal. Il importe, en palliatif aux lacunes du droit fiscal, ses textes et la jurisprudence de son ordre qu'il se trouve face à un contentieux de pleine juridiction (**1**) ou face à un contentieux de l'excès de pouvoir (**2**).

1. L'apport du droit administratif dans le cadre d'un contentieux de pleine juridiction

275. Pour régir la procédure ouverte devant le juge administratif statuant en matière fiscale, le LPF est largement insuffisant. Le Code de justice administrative, texte familier du juge viendra irriguer la procédure fiscale conformément aux renvois explicites prévus par le LPF[105].

276. En tant que juge de pleine juridiction, le juge administratif pourra ainsi réformer l'acte administratif ou même l'annuler et décharger de tout ou partie le contribuable de l'impôt et des pénalités. En l'espèce, le contentieux de l'assiette (et de la liquidation de l'impôt) est le cœur du

---

102 BOI-CTX-ADM-10.
103 M. COLLET, P. COLLIN, *op. cit.*, p. 229.
104 G.-W. SCHMELTZ, *La jurisprudence fiscale de la juridiction administrative*, Paris, Dalloz, 1978, p. 103.
105 Article R. 200-1 du LPF.

contentieux fiscal. Il génère un apport important du droit administratif, qu'il s'agisse de textes codifiés ou de jurisprudences émises par les juridictions administratives.

277. Le Code de justice administrative codifie les dispositions applicables au juge administratif dans le cadre du contentieux fiscal, comblant les lacunes des textes fiscaux. Qu'il s'agisse de la compétence matérielle du juge[106], de sa compétence territoriale[107], de l'introduction des instances[108], de l'instruction des demandes[109], des incidents de procédure[110], des jugements du Tribunal administratif[111], des voies de recours[112], de la procédure de référé[113] ou encore des dépens et frais irrépétibles[114], le contribuable devra se référer au Code de justice administrative. Sur cette base, le juge devra respecter le caractère contradictoire de la procédure[115]. Le juge doit en effet s'assurer que les parties ont pu fournir leurs observations sur l'affaire dans les délais prévus[116].

278. La jurisprudence du juge administratif de l'impôt complète aussi les lacunes du droit fiscal à travers différentes décisions apportant par la « bouche de la loi » des apports nécessaires à la résolution des litiges fiscaux. Dans le volume annuel de décisions rendues par le juge administratif, seules certaines dépassent le champ de l'espèce et fournissent un apport doctrinal. Ces décisions majeures du Conseil d'État sont consignées depuis 1818 au *Recueil Lebon.* En fonction de leur intérêt, les jurisprudences émises par le recueil du Conseil d'État sont classées selon trois catégories. La première

---

[106] Article L. 211-1 du CJA.
[107] Article R. 312-1 du CJA.
[108] Article R. 413-1 et s. du CJA.
[109] Article R. 411-1 du CJA.
[110] Les incidents de procédures désignent des questions particulières soulevées en cours d'instance. Certains sont prévus par le CJA comme la QPC, régie par les articles R. 771-3 à 771-21 du CJA ; le désistement prévu par l'article R. 636-1 du CJA ou la connexité prévue aux articles R. 431-1 à R. 431-4 et R. 432-1 à R. 432-3 du CJE.
[111] L'article L. 222-1 du CJA dispose que les jugements des Tribunaux administratifs et des CAA sont rendus de manière collégiale. Les articles R. 222-17 et s. du CJA précisent que la formation doit être composée de 3 membres au minimum.
[112] Article L. 321-1 du CJA.
[113] Article L. 511-1 du CJA.
[114] En matière de dépens il faudra se référer notamment à l'article R. 761-1 du CJA. L'article L. 761-1 du CJA définit les frais irrépétibles.
[115] Article L. 5 du CJA.
[116] Article R. 612-6 du CJA.

correspond à la mention « publié au *recueil Lebon* » et regroupe les décisions dont la portée jurisprudentielle est majeure. La deuxième catégorie renvoie à la mention « mentionné aux tables du *recueil Lebon* », attribuée aux décisions présentant un intérêt supérieur aux décisions d'espèce et méritant d'être identifiées par les juristes. La troisième catégorie intitulée « inédit au *recueil Lebon* » indique que la décision, de moindre portée, n'est pas publiée, mais présente un intérêt jurisprudentiel.

279. Publiées ou mentionnées aux tables du recueil, les décisions majeures enrichissant le contentieux fiscal sont ainsi identifiables, peuvent être quantifiées et analysées. En 2019, 83 décisions produisant un apport en matière de contentieux de l'assiette ont été consignées au *recueil*[117]. À quatre-vingt-trois reprises, le juge administratif a apporté par son office, un outil supplémentaire permettant d'éclairer le contentieux fiscal. Statuant au plein contentieux, le juge du Palais royal a ainsi régulièrement participé au « comblement des lacunes » du droit fiscal.

280. L'apport jurisprudentiel est nécessaire à une matière qui doit par nature épouser les activités et comportements humains et économiques[118]. Quelques exemples non exhaustifs peuvent être relevés pour illustrer cet apport constant. Le *BOFiP*[119] utilise par exemple la décision du 23 avril 1971 pour éclaircir une situation où une déclaration non signée est assimilable à un défaut de déclaration de revenus[120]. Il utilise par ailleurs la jurisprudence du Conseil d'État pour illustrer le cas où la taxation d'office viendra sanctionner une réponse du contribuable considérée comme partiellement précise et suffisante[121].

281. Par ailleurs, l'apport du juge ne se limite pas au champ du contentieux du recouvrement, il concerne également, celui de l'excès de pouvoir.

---

117 Chiffre établi par nos soins. Source : *Recueil Lebon*, www.dalloz.fr.

118 L. VAPAILLE, *La doctrine administrative fiscale*, *op. cit.*, p. 93.

119 BOI-CTX-ADM.

120 CE, 23 avril 1971, n°77799.

121 CE, 18 mars 1981, n°16400.

2. L'apport du droit administratif dans le cadre d'un contentieux de l'annulation (REP)

282. Selon la célèbre formule d'Édouard LAFERRIÈRE, le recours pour excès de pouvoir est le « procès fait à un acte »[122]. Il est ouvert à tout contribuable souhaitant contester la légalité d'un acte administratif lui faisant grief[123]. Il couvre *de facto* un champ plus réduit que celui du plein contentieux, circonscrit à l'annulation d'un acte illégal de l'administration[124]. En tant que contentieux objectif[125], en matière fiscale, il est ouvert pour les recours en la forme des actes émis par l'administration fiscale à l'encontre du contribuable, comme les décisions prises sur les demandes en remise ou en modération d'impôts ou encore les instructions administratives. En matière de procédure, le contribuable et le juge devront se référer aux dispositions du Code de justice administrative, mais aussi à la jurisprudence du Conseil d'État qui irrigue la procédure par exemple en matière de compétence *ratione loci*[126].

283. Le code indique en outre que le ministère d'avocat est requis devant le Tribunal administratif « lorsque les conclusions de la demande tendent au paiement d'une somme d'argent, à la décharge ou à la réduction de sommes dont le paiement est réclamé au requérant ou à la solution d'un litige né d'un contrat »[127]. Les frais et dépens pouvant être mis à la charge de la partie succombante relèvent comme en matière de contentieux de l'assiette de l'article L. 761-1 du CJA.

284. Comme dans le cadre du plein contentieux, le juge de l'annulation à l'occasion de l'exercice de son office émet des parcelles de droit, comblant les « lacunes du droit fiscal ». Par exemple, le juge a précisé le délai à

---

122 E. LAFERRIÈRE, *Traité de la juridiction administrative et des recours contentieux*, Paris, Berger-Levrault, Tome 2, 1888, p. 383. Voir notamment : Th. JACQUEMONT, « La recevabilité des recours pour excès de pouvoir contre les documents de portée générale destinés aux contribuables », *Droit Fiscal*, 2017, n°37, Étude 434.

123 CE, Ass. 17 février 1950, *min. c/ LAMOTTE*, *Lebon* p. 110 ; *RDP*, 1951, p. 478, concl. J. DELVOLVE, note M. WALINE.

124 En 2019, 30 décisions du Conseil d'État ont été rendues dans le cadre d'un REP en matière fiscale et consignées au *recueil Lebon*. Source *Recueil Lebon*, Dalloz. Données calculées par nos soins.

125 Ch. DE LA MARDIÈRE, *op. cit.*, p. 29.

126 Article R. 312-1 du CJA.

127 Article 431-2 du CJA.

l'intérieur duquel le contribuable peut contester un passage de la doctrine administrative[128]. Le REP a pu également produire des effets lorsqu'il annule des dispositions de la doctrine administrative, par exemple l'annulation par le juge d'un décret conduisant à rendre caduque une circulaire reprenant les mêmes règles[129].

285. Le droit administratif agit ainsi comme un alluvion enrichissant le droit fiscal en matière d'assiette, représentant la majorité des contentieux fiscaux. Il enrichit la matière, mais alourdit la procédure pesant sur le contribuable en imposant le recours à des textes de droit administratif. La même conséquence se retrouve en matière de recouvrement, procédure contentieuse parmi les plus complexes.

B – Le droit administratif en « comblement des lacunes » du contentieux du recouvrement

286. Le contentieux du recouvrement constitue un labyrinthe complexe pour le contribuable[130]. Le contentieux du recouvrement peut être ouvert en contestation d'un commandement aux fins de saisie immobilière[131], face à une mise en demeure de payer[132], ou à l'encontre d'une compensation[133]. Le procès-verbal de saisie, en matière de saisie-vente, saisie-attribution, saisie des rémunérations, saisie des véhicules terrestres à moteur, saisie des droits d'associés et des valeurs mobilières, saisies conservatoires peuvent également être contestés dans le cadre du contentieux du recouvrement[134]. Enfin, la saisie administrative à tiers détenteur remplaçant l'avis à tiers

128 N. JACQUOT et N. GUILLAND, « R.I.P le REP ? A propos de CE sect. 13 mars 2020 », *Droit Fiscal*, 2020, n°13, act. 105 – S. RUDEAUX, « Recours pour excès de pouvoir contre une instruction fiscale : un, deux mois, partez ! », *Droit Fiscal*, n°15-16, 2020, comm. 225.
129 CE, 24 novembre 1989, n°93162, *Ville de Montpellier*, *Droit Fiscal*, 1990, n°17/18.890, conclusions RACINE.
130 V. HAÏM, « Les labyrinthes du contentieux du recouvrement », *Recueil Dalloz*, 1995, chron. 150.
131 BOI-REC-FORCE-40.
132 L'article L. 257-0 A du LPF ouvre la voie à une contestation sur le fondement de l'article L. 281 du LPF.
133 BOI-REC-PREA-10-30 : une compensation exercée sur le fondement de l'article L. 257 B du LPF.
134 BOI-REC-EVTS-20-10-10.

détenteur[135] et la déclaration de créances à une procédure collective par le comptable[136] peuvent être contestées devant le juge de l'exécution.

287. Comme le contentieux de l'assiette, le contentieux du recouvrement bénéficie également d'apports jurisprudentiels « comblant les lacunes » du droit fiscal en la matière, mais apportant aussi une complexité à une procédure déjà marquée par un brouillard épais au regard du contribuable.

1. L'apport du droit administratif au contentieux du recouvrement dans le cadre d'un plein contentieux

288. La jurisprudence du Conseil d'État irrigue la procédure du contentieux du recouvrement fracturé par une distinction entre contestation au fond ou en la forme. Outre les dispositions du LPF et du CPCE, le juge comme le contribuable devront se référer à une source majeure du droit administratif : la jurisprudence.

289. La professeure Marie MASCLET DE BARBARIN relève divers apports de la jurisprudence en la matière. Elle indique notamment que la jurisprudence administrative a comblé les « lacunes de droit fiscal » en matière de référé-suspension. Le juge a en effet complété les dispositions du législateur qui instituait en 2000[137] une procédure d'urgence en matière de recouvrement forcé permettant l'application de la réforme au contentieux fiscal[138].

290. La jurisprudence administrative est venue clarifier la procédure du contentieux du recouvrement forcé sur plusieurs points. Par exemple, l'application de l'action oblique, propre au droit civil[139] est écartée par le juge administratif considérant que « seul le redevable ou la personne solidaire

---

135 L'article L. 262 du LPF crée la procédure unifiée de saisie administrative à tiers détenteur. Voir par exemple : CE, 20 mars 1968, n°0120 et n°70135 ; CE, 9/10 ch. réunies, 24 avril 2019, n°412570.
136 CE, 20 mars 1991, n°76959 ; Cass. com., 8 mars 1994, n°91-17383.
137 Loi n°2000-597, *JO* 1er juillet 2000, *Droit Fiscal*, 2000, n°28, p. 1005, modifiée par l'article 5 du Décret n°2000-1115 du 22 novembre 2000.
138 M. MASCLET DE BARBARIN, *Le contentieux du recouvrement de l'impôt*, *op. cit.*, p. 347.
139 Article 1341-1 du Code civil.

peut demander la mainlevée d'un avis à tiers détenteur »[140]. Ou encore, lorsque le Conseil d'État valide la procédure selon laquelle une réclamation relative aux poursuites est adressée au comptable chargé du recouvrement « auquel il appartient de la transmettre au chef de service territorialement compétent, seul habilité à répondre à cette demande s'agissant d'impôts recouvrés par les comptables du Trésor »[141].

291. La jurisprudence administrative a clarifié en partie le dualisme juridictionnel touchant à plusieurs titres le contentieux du recouvrement réparti sur les deux ordres de juridiction. Le juge administratif produit ainsi, en matière de recouvrement, quelques décisions venant préciser et compléter le droit fiscal, mais aussi alourdir une matière déjà complexe. Cet apport se retrouve dans le cadre d'un plein contentieux, mais aussi de façon plus épisodique dans le cadre d'un contentieux de l'annulation.

2. L'apport du droit administratif au contentieux du recouvrement dans le cadre du contentieux de l'annulation (REP)

292. À la différence du juge statuant sur un contentieux du recouvrement prévu à l'article L. 281 du LPF, « [l]e juge de l'excès de pouvoir intervient seulement pour sauvegarder le cadre juridique dans lequel doit être exercée la compétence de l'administration »[142]. Il est considéré par les auteurs de manuels de procédures fiscales comme faisant partie des « contentieux annexes »[143], ou encore des « contentieux généraux »[144], alors que sa procédure n'est pas spécifiquement applicable à la matière fiscale.

---

140 CAA Bordeaux, 4e ch., 10 novembre 2005, n°02-950, *Caisse régionale de garantie de la responsabilité professionnelle des notaires de la cour d'appel de Bordeaux*, *Droit Fiscal*, 2006, n°29, comm. 526.

141 CE, 7e ss-sect., 31 mai 1965, n°35655, *Droit Fiscal*, 1965, n°27, comm. 776 – CE, 9e et 7e ss-sect., 3 décembre 1986, n°50058, *Droit Fiscal*, 1988, n°29-30, comm. 1560 ; *RJF*, 2/1987, n°252 – CE, 8e et 3e ss-sect., 18 février 2004, n°230257, *Sté d'économie mixte immobilière interdépartementale de la région parisienne (SEMIDEP)* : JurisData n°2004-080524 ; note J.-L. PIERRE ; *RJF*, 5/2004, n° 551.

142 J.-M. LE BERRE, *La procédure fiscale contentieuse*, Thèse dactyl., Aix-Marseille III, 1977, p. 197.

143 M. COLLET, P. COLLIN, *op. cit.*, p. 285.

144 J. LAMARQUE, O. NÉGRIN, L. AYRAULT, *Droit fiscal général*, 2e édition (la partie réservée au contentieux disparaît des éditions suivantes), Paris, LexisNexis, 2011, p. 1381.

293. En vertu de la théorie du recours parallèle, l'ouverture d'une procédure de REP est strictement encadrée[145], alors que « les réclamations et recours formés en matière fiscale relèvent par nature du plein contentieux »[146]. Depuis les années 1990 et l'arrêt *Association Freudienne* sanctionnant les atteintes à l'égalité devant l'impôt[147], le juge a souhaité par le contentieux de l'annulation contenir le pourvoir réglementaire fiscal[148].

294. Les contribuables pourront toutefois solliciter l'annulation de l'acte administratif lorsqu'ils ne disposent pas de voies de recours produisant un résultat équivalent. En matière de recouvrement, cette possibilité est annihilée alors que « la contrainte délivrée par l'administration à l'encontre d'un contribuable en vue du recouvrement de l'impôt ne peut être contestée que par la voie de l'opposition »[149].

295. En matière de recouvrement, seuls les actes détachables de la procédure d'établissement et de recouvrement de l'impôt pourraient être soumis à un REP. La jurisprudence est venue éclaircir ce point en indiquant que les demandes contentieuses, en matière de recouvrement amiable, ne sont pas considérées comme des actes détachables, et sortaient *de facto* du champ de la procédure d'annulation[150]. Plus largement, la procédure du REP ne correspond pas à un contentieux caractérisé par des mesures de recouvrement, liées à la procédure d'imposition. L'apport du juge administratif dans ce cadre est dès lors limité au profit d'une jurisprudence judiciaire, davantage spécialisée en matière de voies d'exécution. L'apport du droit administratif au profit du contentieux fiscal est ainsi variable, mais

---

145 M. CHRÉTIEN, « Le recours pour excès de pouvoir en matière fiscale », *JCP*, 1946, I, n°571.

146 CE, Sect., 29 juin 1962, n°53.090, *Société des aciéries de Pompey*, *Lebon*, p. 438, *Droit Fiscal*, 1962, n°31, com. 861.

147 CE. Sect., 4 mai 1990, n°s 55124 et 55137, *Association freudienne et Robinet.*

148 Ch. DE LA MARDIÈRE, *Recours pour excès de pouvoir et contentieux administratif de l'impôt*, Paris, LGDJ, 2002, p. 142.

149 D. GUILTARD, « Le recours pour excès de pouvoir en matière fiscale », *Droit Fiscal*, 1982, n°22, Étude 100040.

150 CE, 3 juin 1985, n°41.271, *Droit Fiscal*, 1986, n°14, comm. 709.

conséquent. Il irrigue la majorité des phases et des types de contentieux lorsque le juge administratif, le plus souvent saisi en la matière, est compétent. Cet apport, souvent jurisprudentiel, constitue une strate s'ajoutant au millefeuille normatif caractérisant le contentieux fiscal. Le contribuable devra appréhender les règles de droit fiscal, mais aussi les règles textuelles et jurisprudentielles du droit administratif.

Conclusion du Chapitre 1

296. Le doyen Christian LOUIT écrivait « ce qui est obscur et complexe renforce le sentiment, facilement exploitable, de l'arbitraire ou de l'injustice »[151]. En matière fiscale, force est de constater que ce sentiment se confirme par des éléments tangibles ne participant pas à entretenir des relations apaisées entre l'administration et le contribuable. Le dualisme juridictionnel n'est pas seulement une particularité juridique dont découle une classification qui, pour le juriste, n'est pas harmonieuse. Cette fracture du contentieux fiscal sur deux ordres de juridiction constitue une complexité affectant directement et concrètement l'accès au juge pour le contribuable. Cette entrave n'est pas non plus une simple difficulté, une pierre sur un chemin escarpé, elle constitue une difficulté pouvant affecter le droit au procès équitable. À la différence du Conseil des impôts qui considérait en 2002 que le dualisme ne perturbe que « faiblement » l'accès au contentieux fiscal[152], nous considérons qu'il participe à obscurcir un contentieux déjà fort complexe. Le même rapport reconnaît d'ailleurs que « l'existence de deux ordres de juridiction constitue un facteur de complexité dès lors qu'ils se partagent une même matière ». Cette complexité prive le contribuable d'une protection efficace de ses garanties en ce qu'elle peut le décourager et renoncer à saisir le juge par manque de clarté, par la longueur de la procédure, et finalement à l'inaccessibilité du « juge de l'impôt ». Ce « chemin de croix » entamé par le contribuable connaîtra plusieurs stations. D'abord, il déterminera avec difficultés les caractéristiques de l'impôt litigieux et sa classification fiscale. Parfois, il trébuchera et poursuivra par l'éventuelle saisine d'une juridiction départitrice afin de déterminer le juge

---

151 C. LOUIT, « Les relations entre l'administration fiscale et le contribuable », *in Études offertes à Pierre KAISER*, Tome II, Aix-en-Provence, PUAM, 1979, p. 177.

152 CONSEIL DES IMPÔTS, *Les relations entre les contribuables et l'administration fiscale, XX*ᵉ *rapport au Président de la République*, Paris, 2002, p. 163.

Ibid. p. 175.

compétent. Écrasé par le poids de son litige fiscal, il poursuivra son calvaire jusqu'aux marches du tribunal dont il devra déterminer la compétence. Une fois qu'il y pénètre, il devra identifier la règle applicable parmi des dizaines de codes pour espérer percer le mystère du contentieux fiscal et être libéré.

297. En tant que droit de superposition, le droit fiscal a longtemps été décrit comme étant un droit au carrefour des autres droits. Si l'enrichissement du métissage des droits ne fait aucun doute, la clarté s'en est trouvée affectée. Ainsi, au-delà de l'enrichissement d'une discipline, le contribuable se retrouve face à un obstacle qu'il peut percevoir comme insurmontable. Le « millefeuille » des règles applicables au contentieux fiscal devient pour le contribuable, indigeste. Le « comblement des lacunes » du droit fiscal par une multitude de droits se fait au prix fort pour le contribuable. En matière d'assiette comme de recouvrement, le droit civil et le droit administratif, droits « naturels » des juges statuant en matière fiscale irriguent naturellement le contentieux.

298. En matière de recouvrement, la complexité de la procédure constitue indubitablement une atteinte au droit à un procès équitable, protégé à l'article 6§1 de la Conv.EDH et dont l'applicabilité est seulement reconnue par la Cour de cassation et non pas par le Conseil d'État[153]. Ici, les deux ordres de juridiction n'ont pas la même position jurisprudentielle constituant une divergence entre les « deux têtes du juge de l'impôt »[154]. Ses manques de cohérence, de clarté et d'accessibilité se retrouvent tout au long de la démarche entamée par le contribuable. Le recours préalable auprès de l'administration, les délais de recours extrêmement brefs[155], les contestations étroitement encadrées constituent le « rocher de Sisyphe » que devra gravir le contribuable.

---

153 Cass. com., 20 novembre 1990, n°1342 P.

154 J.-Ch. DUCHON-DORIS, « Procès équitable et contentieux du recouvrement », *Droit Fiscal*, 2002, n°17, Étude 16.

155 Alors que le contribuable dispose de plusieurs années pour contester une décision dans le cadre de l'assiette, le délais en matière de recouvrement est porté à 2 mois : Articles R. 281-2 et s. du LPF.

L'ensemble de ces complexités, fruit du dualisme juridictionnel et de ses effets induits, participent à créer une procédure fiscale ne respectant pas, en partie, les exigences du droit à un procès équitable[156]. Ainsi, le dualisme ne participe pas à proposer au contribuable une protection efficace de ses garanties et ne correspond pas aux exigences d'une justice moderne, accessible, rapide, et efficiente. À ces obstacles techniques, viendront s'ajouter les risques de divergence de jurisprudence entre les deux ordres, portant atteinte à l'unité du contentieux fiscal, à sa lisibilité, et à son accessibilité.

[156] CEDH, 16 décembre 1992, *Geouffre de la Pradelle c/ France*, *Recueil Dalloz*, 1993, p. 561.

CHAPITRE 2 – La jurisprudence de deux ordres de juridiction, un facteur d'inégalité de traitement du contribuable

299. Au XVIIIe siècle, MONTESQUIEU écrivait que, pour se défendre face aux « traitants », il fallait affronter les voies contentieuses requérant de « grandes connaissances, ces choses étant sujettes à des discussions subtiles »[1]. En matière fiscale, les deux siècles qui nous séparent d'un des grands penseurs des Lumières n'ont, hélas, pas permis de le contredire. Le contentieux fiscal demeure en effet un creuset de complexités subies par le contribuable confronté à de nombreuses difficultés à différentes étapes de la procédure.

300. Pour Hans KELSEN, l'interprétation de la loi renvoie à une situation selon laquelle l'organe d'application du droit doit « résoudre la question de savoir quel est le contenu qu'il doit donner à la norme individuelle à déduire de la norme générale législative dans son application à une espèce concrète, la norme individuelle se présentant comme un acte juridictionnel ou une décision administrative »[2]. La notion de jurisprudence que nous retiendrons ici sera celle de « jurisprudence prétorienne » mettant en avant la force créatrice du juge et le rôle de source du droit fiscal[3]. La jurisprudence permettra dans une discipline marquée par la complexité de donner une définition abstraite que n'a pas donnée la loi, un contenu à une notion légale[4] à travers les bouches des « deux têtes du juge de l'impôt ».

---

1 MONTESQUIEU, *De l'esprit des lois*, Livre XIII, Chapitre 9. D'une mauvaise sorte d'impôt, Paris, Gallimard, Tome 1, 1995, p. 425. Il écrivait aussi que les juges ne sont que « la bouche qui prononce les paroles de la loi », le pouvoir des juges étant « en quelque façon nulle », MONTESQUIEU, *De l'esprit des lois*, Livre XI, Chapitre 6. De la Constitution d'Angleterre, Paris, Gallimard, Tome 1, 1995, pp. 333-337.

2 H. KELSEN, *Théorie pure du droit*, Paris, LGDJ, 1999, p. 335.

3 S. GUINCHARD, Th. DEBARD, *Lexique des termes juridiques 2020-2021*, Paris, Dalloz, 2020, p. 613.

4 J.-J. BIENVENU, Th. LAMBERT, L. VAPAILLE, *Droit fiscal*, 5e édition, Paris, PUF, coll. Droit fondamental, classiques, 2021, p. 89.

301. En droit fiscal, nous avons un dualisme de juridiction. Mais avons-nous une dualité de jurisprudence ? Monsieur Julien GUEZ, dans sa thèse *L'interprétation en droit fiscal*, s'interroge sur les effets du dualisme juridictionnel du contentieux fiscal en matière d'interprétation des textes, et sur l'homogénéité de la jurisprudence fiscale[5]. Il faut rappeler qu'il n'existe pas de « juge de l'impôt » au sens organique, il n'existe que des juges ordinaires statuant en matière fiscale.

302. Il conviendra d'identifier l'éventuelle hétérogénéité de la jurisprudence fiscale rendue par les deux ordres, alors que pour une partie de la doctrine, l'interprétation en droit fiscal, « droit de prélèvement, c'est-à-dire d'exception, (…) doit être interprétée dans le sens le plus strict »[6]. La Cour de cassation est du même avis, jugeant que le droit fiscal est d'interprétation stricte, et qu'il n'est pas envisageable d'élargir les dispositions d'un texte s'appliquant en la matière[7]. En réalité, chaque juge est imprégné de la « philosophie » de son ordre, de ses textes, parfois même de ses traditions. Il est sans doute naïf de considérer que la production jurisprudentielle de tous les juges statuant en matière fiscale est strictement équivalente en matière de contentieux. Pour rejoindre le professeur Bernard CASTAGNÈDE, la loi fiscale, extrêmement précise, donc complexe, appliquée au contribuable, « a pour effet d'individualiser, de "personnaliser" sa dette fiscale »[8]. Naturellement, le traitement des litiges par les deux ordres ne se fait pas selon des procédures radicalement différentes, et les textes fiscaux exercent une fonction « unificatrice » de la jurisprudence[9]. Néanmoins, l'intervention de nombreux juges en la matière fait courir un risque de divergence, de retard en matière d'harmonisation, ou même de protection variable du contribuable en fonction de la juridiction saisie (**Section 1**).

---

[5] J. GUEZ, *L'interprétation en droit fiscal*, Paris, LGDJ, coll. Bibliothèque de l'institut André Tunc, Tome 12, 2007, p. 12. Voir également : G. DEDEURWAERDER, *Théorie de l'interprétation et droit fiscal*, Paris, Dalloz, Nouvelle bibliothèque de thèse, 2010, 486 p. ; Ph. MARCHESSOU, *L'interprétation des textes fiscaux*, Paris, Economica, Droit des affaires et de l'entreprise, 1980, 258 p.

[6] Concl. M. MARTIN sous CE, 9 décembre 1959, n°38710, *Droit Fiscal*, 1960, n°3, comm. 30.

[7] Voir à ce propos : Cass. civ. 3e, 27 octobre 1975, *RJF*, 1976, p. 111 ; et Cass. crim., 25 janvier 1973, *Bull. crim.*, n°42, p. 107.

[8] B. CASTAGNÈDE, « Remarque sur la nature juridique du contentieux fiscal », *Revue de science financière*, 1970, nos 1-2, p. 20.

[9] J. MOLINIER, « L'office du juge en contentieux fiscal », *in* R. HERTZOG, *Le juge fiscal*, *op. cit.*, p. 65.

303. Autre effet pesant sur le contribuable, le dualisme juridictionnel est quantitativement et qualitativement déséquilibré. Pour le juge administratif, tranchant 95 % des litiges entre le contribuable et l'administration, le contentieux fiscal est familier. Il produit naturellement une jurisprudence fournie, donnant parfois l'occasion d'apports majeurs à la discipline. Le juge civil demeure peu saisi en la matière. Il n'a à connaître d'un litige fiscal que de manière épisodique, surtout lorsqu'il s'agit d'une « petite » juridiction. Cette faiblesse quantitative se retrouvera sur l'aspect qualitatif, alors que le juge civil paraît prendre de la distance avec la matière fiscale (**Section 2**).

Section 1 – Une multitude de « juges de l'impôt », un risque de divergences jurisprudentielles

304. « L'État de droit est un État des juges » écrivait Jean CARBONNIER[10], montrant ainsi la place centrale de la production prétorienne parmi les sources du droit. Le mot jurisprudence a pour origine latine *juris*, le droit, l'autorité, et *prudentia*, le savoir, la science, la connaissance. Bien que l'origine latine ne corresponde pas trait pour trait à l'expression utilisée en français, elle peut être définie comme « l'ensemble des solutions généralement, mais non obligatoirement, données par les tribunaux à des questions de droit »[11]. Elle correspond aussi « aux règles de droit produites par les autorités étatiques rattachées au pouvoir judiciaire »[12]. Ce droit prétorien constitue une source majeure pour une matière étant régie par des textes perçus comme complexes, obscurs, parfois lacunaires. Respectant le principe de légalité fiscale, le juge se prononcera ainsi en interprétation, en complément de la loi. Parfois aussi, comme le relève le professeur Jean LAMARQUE, la force créatrice de la jurisprudence produira des effets comblant les imperfections des textes, mettant en œuvre une vision extensive de l'interprétation juridictionnelle de la loi[13].

---

[10] J. CARBONNIER, « L'État dans une vision civiliste », *Droits*, 1992, n°15, p. 35.

[11] A. LECA, *La genèse du droit*, Aix-en-Provence, Librairie de l'université & Presses universitaires d'Aix-Marseille, 1998, p. 119.

[12] B. BARRAUD, *La jurisprudence et la doctrine*, Paris, L'Harmattan, coll. Le droit aujourd'hui, 2017, p. 27.

[13] Voir note sous CE, 17 février 1971, n°80809, *AJDA*, 1971, comm. 648.

305. Par « divergence », il faut entendre une contrariété, une hétérogénéité de positions jurisprudentielles, une application des textes différente, une qualification différente, voire un conflit entre juges. Pour le législateur, c'est un problème, une aspérité qu'il faut gommer afin de garantir une application et une interprétation harmonieuse sur le territoire et pour les justiciables. Il peut exister des divergences entre juges du fond, on parle alors de divergence « horizontale », ou parfois de « résistance »[14]. Il peut exister aussi des divergences entre les juges du fond et les juges de cassation, qu'on peut qualifier de divergence « verticale »[15]. Enfin, ces divergences sont également possibles entre juges nationaux et juges européens. Il n'existe pas de rapport hiérarchique entre les deux ordres de juridiction, donc pas d'obligation pour un juge de se conformer à la position de son homologue[16].

306. En matière fiscale, le dualisme juridictionnel ne participe pas à la clarté de la procédure, irriguée par des apports exogènes. Cette pluralité de juges qui, au-delà des ordres judiciaire et administratif, s'étend au juge constitutionnel et aux juges européens, constitue un des particularismes du contentieux fiscal. Ce particularisme n'a pas qu'une influence matérielle sur le contentieux ouvert entre le contribuable et l'administration. Ces neuf juges exerçant leur office en matière fiscale produisent une jurisprudence sur le fondement des textes spécifiquement fiscaux, mais aussi de leur droit commun. Ces jurisprudences émises par des juges aux formations, aux philosophies, et aux textes de référence différents, produisent des parcelles de droit. Il faut s'en réjouir, chacune de ces parcelles est devenue avec le temps des terres équivalentes, fruit de mélanges entre textes fiscaux et textes de droit commun. À l'image d'un plan d'arbre fruitier, chaque contentieux est greffé de la même façon à deux éléments : l'administration et le contribuable. Or, comme toute culture, chaque parcelle n'est pas exposée de la même façon. Ainsi, chaque fruit produit, comme chaque jurisprudence produite par un juge tenant une parcelle de droit n'est pas équivalente en qualité ou en saveur. Le juge civil, le juge administratif, le juge constitutionnel, le juge de la CEDH, et le juge de la CJUE produiront

---

14 F. ZENATI, « La saisine pour avis de la Cour de cassation », *Dalloz*, 1992, chron., p. 247.

15 E. SERVERIN, « Les divergences de jurisprudence comme objet de recherche », *in* P. ANCEL, M.-C. RIVIER (dir.), *Les divergences de jurisprudence*, Saint-Etienne, Publications de l'université de Saint-Etienne, 2003, pp. 81 et s.

16 A. MBOULI, *Le dualisme juridictionnel en matière fiscale*, Thèse dactyl., Lyon III, 2009, p. 398.

chacun une jurisprudence en grande partie harmonieuse, mais dont les subtiles variations peuvent être identifiées.

307. Au regard de la structure du contentieux fiscal, chaque impôt relève d'un seul ordre de juridiction, rendant dès lors difficile l'analyse de l'office de deux juges sur le même impôt. Toutefois, comme une problématique classique, la menace d'une contrariété de jurisprudence plane sur le contentieux fiscal[17]. Dès lors, pour identifier les divergences jurisprudentielles, il est nécessaire de « s'interroger sur ce qui est commun aux deux juges de l'impôt : les sources, les preuves, les sanctions, ou encore la répression des abus »[18]. Comme le relève le professeur Alexandre MAITROT DE LA MOTTE, repris par le professeur Ludovic AYRAULT, les divergences de jurisprudences au sein d'un droit fracturé par un dualisme sont un risque, mais un risque qui se réduit de plus en plus[19]. Néanmoins, il convient de noter que l'harmonie totale n'est pas atteinte et que le dualisme juridictionnel du contentieux fiscal laisser planer un risque, si non de divergence, au moins de disparité de traitement entre un juge fréquemment saisi et un juge saisi de manière épisodique, ou entre un juge du fond et le juge constitutionnel, ou encore entre un juge national et un juge européen. Il faudra dès lors analyser les risques de divergences d'application des normes nationales entre « juges de l'impôt » (**§1**), mais aussi les risques de divergence d'application des normes internationales et communautaires par les « deux têtes du juge de l'impôt » (**§2**).

§1 – Des risques de divergences d'application des normes nationales entre « juges de l'impôt »

308. Le dualisme juridictionnel du contentieux fiscal, la juridiction d'appel, le recours à la cassation ont pour conséquence de générer de nombreux juges compétents pour trancher un litige fiscal. Le risque de divergences jurisprudentielles interpelle spontanément lorsqu'on aborde les décisions rendues par six juges internes, potentiellement « juges de l'impôt ». D'autant que certains juges sont davantage spécialisés que d'autres, que leurs

---

[17] Voir sur cette thématique : A. VAN LANG, « Le dualisme juridictionnel en France : une question toujours d'actualité », *AJDA*, 2005, p. 1760.

[18] A. MAITROT DE LA MOTTE, « Les divergences de jurisprudence entre juge administratif et juge judiciaire de l'impôt », *op. cit.*, Étude 499.

[19] L. AYRAULT, « Rapport de synthèse », *Droit Fiscal*, 2016, n°38, Étude 488.

philosophies varient et que leur « droit commun » n'est pas identique. Néanmoins, ce risque est à relativiser et même si certaines divergences anciennes ont pu être notées, que certaines persistent (**A**), les divergences tendant à se réduire au profit d'une parole du juge harmonisée en matière fiscale (**B**).

A – Des divergences jurisprudentielles anciennes

309. Le foisonnement de juges en matière fiscale provoque naturellement une multitude de jurisprudences émises par diverses juridictions nationales ou européennes. Même si la structure textuelle du contentieux fiscal permet une certaine harmonie, à différentes époques les juges n'ont pas toujours adopté les mêmes analyses, appliqué des textes équivalents, ou rendu des décisions de même sévérité. Parfois, les différences de « philosophies » des juges ont créé une dissonance entraînant pour le contribuable une différence de traitement, selon qu'il ouvre un contentieux devant le juge d'un ordre de juridiction ou d'un autre. Il faut reconnaître que ces écarts finissent par se combler, les juges faisant œuvre d'harmonisation. Néanmoins, ce « lissage » peut intervenir plusieurs mois ou plusieurs années plus tard, laissant le contribuable face à des divergences jurisprudentielles, affectant la lisibilité du contentieux fiscal. Ces divergences peuvent conduire à considérer, comme la doctrine classique, que le juge civil est plus favorable au contribuable et que le juge administratif est davantage bienveillant avec l'administration. D'autant que « traditionnellement, le juge administratif se montrait moins sévère en matière de contentieux fiscal qu'en matière de contentieux général à l'égard de vices de procédures commis par l'administration »[20].

310. Parfois, des méthodes juridiques différentes sont mobilisées afin de trancher un contentieux, lesquelles conduiront à la même solution. L'hétérogénéité de ces méthodes découle directement de la structure juridictionnelle du contentieux fiscal réparti sur les deux ordres. Le juge du Tribunal administratif, de la Cour administrative d'appel, du Conseil d'État d'une part, le juge du Tribunal judiciaire, de la Cour d'appel, de la Cour de cassation d'autre part peuvent coiffer la casquette de « juge de l'impôt ». Pas moins de six juges sont ainsi compétents en la matière au niveau national. Leurs domaines, couvrant la procédure de contrôle et de rectification, créent

[20] P. COLLIN, « Procédures fiscales : chronique de l'année 2012 », *Droit Fiscal*, 2013, n°9, Étude 176.

des « plages fiscales communes dans lesquelles les deux juges interviennent concurremment »[21]. Pour établir ces divergences, il faudra ainsi identifier certains indicateurs, certains points de rencontre entre les deux ordres de juridiction pour mettre en lumière les divergences d'interprétation des juges statuant en matière fiscale.

311. Pour illustrer les divergences entre les deux ordres de juridiction pouvant altérer les rapports entre le juge et le contribuable, citons l'obligation pour l'administration fiscale de saisir les commissions administratives consultatives. Rappelons que les articles L. 57 et suivant du LPF prévoient que lorsque l'administration fiscale constate des irrégularités dans les éléments servant de base à l'établissement de l'impôt, elle peut avoir recours à la procédure de redressement contradictoire. Les services de contrôle adressent alors au contribuable une proposition de rectification lui permettant d'exposer ses observations dans un délai de 30 jours. L'article L. 59 du LPF prévoit que « Lorsque le désaccord persiste sur les rectifications notifiées, l'administration, si le contribuable le demande, soumet le litige à l'avis soit de la commission départementale des impôts directs et des taxes sur le chiffre d'affaires prévue à l'article 1651 du Code général des impôts, soit de la Commission nationale des impôts directs et des taxes sur le chiffre d'affaires prévue à l'article 1651 H du même code, soit de la Commission départementale de conciliation prévue à l'article 667 du même code. Les commissions peuvent également être saisies à l'initiative de l'administration ». La controverse née lorsque le contribuable demande la saisine de la commission alors qu'elle n'est pas compétente. Le Conseil d'État considère pour sa part qu'il doit saisir la commission automatiquement dès que la demande a été formulée[22]. Le commissaire du gouvernement Guillaume GOULARD mettait en lumière dès 1997[23] que la décharge d'imposition pouvait être prononcée en cas de défaut de saisine de la commission départementale, lorsque le contribuable souhaitait lui poser une question de fait uniquement[24]. À l'inverse, la Cour de cassation

---

[21] G. GEST, *Dualité de juridiction et unité du droit fiscal, op. cit.*, p. 822.

[22] CE, 13 décembre 2006, n°267782, *SARL Eroshop* : *RJF*, 3/07, n°326 ; CE, 19 mars 1986, n°46948 : *RJF* 5/86, n°532 ; CE, Avis, 23 avril 1997, n°183969, *SA Sabé* : *RJF*, 6/97, concl. GOULARD, p. 364.

[23] Note sous CE, Avis, 23 avril 1997, n°183969, *SA Sabé* : *RJF*, 6/97, concl. G. GOULARD, p. 364.

[24] CE 13 juin 1979, n°10358 : *RJF*, 9/79 n°490, concl. FABRE, *Droit Fiscal*, 16/80, comm. 910 ; CE 21 février 1990, n°58482, *Transports Béjot* : *RJF*, 4/90 n°455, concl. O. FOUQUET, p. 235.

considère que la commission doit être consultée même si la question est une question pure de droit, ne relevant normalement pas de sa compétence[25] [26]. Ainsi, les deux ordres de juridiction n'ont pas la même interprétation de l'article L. 59 du LPF qui pour l'un impose une saisine automatique, alors que pour l'autre elle n'interdit pas un « filtrage ». La demande du contribuable ne sera dans ce cas pas traité de la même façon devant les deux ordres de juridiction. Le filtrage du juge administratif permettra de ne pas ralentir inutilement la procédure, évitant ainsi une saisine puis une déclaration d'incompétence. Le juge civil, s'en tenant aux dispositions de l'article L. 59 du LPF qu'il considère comme impératives, saisira automatiquement la commission à la suite de la demande du contribuable.

312. Cette divergence d'interprétation des textes par les « deux têtes » du juge de l'impôt se retrouve encore au sujet de la prescription de l'action contentieuse. Sur la question de savoir si la lettre recommandée avec accusé de réception non réclamée auprès des services postaux par le destinataire serait de nature à interrompre ou pas la prescription, les deux ordres n'ont pas la même position. Le juge administratif considère que la notification de redressement interrompt la prescription à la date de présentation du pli par le facteur[27]. Le juge civil considère qu'il faudrait produire un acte d'huissier pour pouvoir suspendre la prescription. Portant sur la régularité en la forme de l'acte de poursuite, cette position montre que le juge civil considère la signification par acte d'huissier comme la norme et la notification par courrier recommandé l'exception, à la différence du juge administratif[28].

313. Autre exemple de divergence notoire entre la Cour de cassation et le Conseil d'État, la mention des textes qui fondent l'imposition[29]. Pour le juge civil, la mention des textes sur lesquels elle fonde le redressement constitue une obligation pour l'administration. Constituant une formalité

---

25 Cass. com., 12 mars 1996 : *RJF*, 6/96 n°773.

26 Cass. com., 12 mars 1996, n°522 D, *DGI c/Sté Eurogarage* : *RJF* 8-9/98, n°1045 ; Cass. com., 3 juin 1998, n°1160 D, *Sté La Reinette* : *RJF*, 8-9 /98, n°1045.

27 TA Toulouse, 5 avril 2005, n°02-1369, *Manout* : *RJF*, 1/06, n°93 ; CE, 21 octobre 1981, n°17996 et 18160.

28 Cass., civ., 9 juin 2005, n°913 FS-PB, *Mandereau*, *RJF*, 2005, n°1311 ; *Dalloz*, 2005, IR 2037.

29 A. ANGOTTI, F. MARTINET, « Conseil d'État et Cour de cassation, juges de l'impôt : étude comparative (deuxième volet) », *Droit Fiscal*, 2013, n°39, Étude. 435.

substantielle, son absence vicie la procédure[30]. *A contrario*, le juge administratif, plus proche de la lettre de l'article L. 57 du LPF considère que la mention des articles du CGI n'est pas obligatoire, se limitant à s'assurer que la motivation est suffisante pour permettre au contribuable de formuler ses observations[31]. Cette divergence d'interprétation du LPF montre que, conformément à la conception traditionnelle, le juge administratif est plus tolérant à l'égard de l'administration que le juge civil qui s'assure que le contribuable pourra exposer ses observations en connaissance totale de la base textuelle fondant la rectification. Par conséquent, le contribuable ne sera pas protégé de la même façon par les deux ordres de juridiction.

314. La substitution de base légale de la proposition de rectification incarne une autre image de divergence relative à la procédure contentieuse de l'impôt. Ce mécanisme fort utile pour l'administration, parfois comparée à une « bouée de sauvetage »[32] ou à un « changement d'étiquette juridique »[33], lui permet d'invoquer une nouvelle base textuelle dans le but de maintenir l'imposition. Cet outil particulièrement favorable à l'administration est justifié par l'intérêt supérieur de recouvrer l'impôt[34]. Le juge administratif

---

[30] Cass. com., 15 décembre 1987, n°86-15.872, *Sté Strugo et SCI Résidence le grandlièvre* : *Bull. civ.* 1987, IV, n°278, p. 207 ; *Droit Fiscal*, 1988, n°10, comm. 524 ; *Ind. enr.* 1988, n°14.937 – Cass. com., 28 janvier 1992, n°90-10 465, *M. Wallyn* : *Droit Fiscal*, 1992, n°40, comm. 1830 ; *RJF* 4/1992, n° 573. – Cass. com., 9 mars 1993, n°436 D, *Corlay* : *RJF* 5/1993, n°753. – Cass. com., 13 décembre 1994, n°93-12.797, Guillot : JurisData n°1994-002876 ; *Droit Fiscal*, 1995, n°12, comm. 585 ; *RJF* 6/1995, n°795.

[31] CE, Sect., 21 mai 1976, n°94052, *Droit Fiscal*, 1976, n°25, comm. 878, concl. Mme M.-A. LATOURNERIE ; *RJF* 7-8/1976, n°344, chron. B. MARTIN LAPRADE, p. 225 ; *GAJF*, 4e éd., n°56. – CE, 8e et 9e ss-sect., 18 mars 1994, n°68799 et n°70814, *SA Sovemarco-Europe*, *Droit Fiscal*, 1994, n°40, comm. 1703, note G. TIXIER et Th. LAMULLE, *RJF* 5/1994, n°532, concl. Ph. MARTIN, p. 290 – CE, Sect., 6 décembre 1995, n°90914, *Navon* et n°126826, *SA Samep*, JurisData n°1995-600591, *Droit Fiscal*, 1996, n°7, comm. 203, concl. G. BACHELIER, *RJF* 1/1996, n°61, chron. GOULARD, p. 2, *BDCF* 1/1996, n°1, concl. G. BACHELIER. Le Conseil d'État semble admettre une exception à cette jurisprudence lorsque la mention du texte servant de fondement aux impositions est indispensable à la compréhension des redressements, Voir CE, 8e et 9e ss-sect., 8 avril 1998, n°157508, *M. Renucci*, *JurisData* n°1998-047468, *Droit Fiscal*, 1998, n°50, comm. 1128, *RJF* 3/1998, n°696, *BDCF* 3/1998, n°61, concl. J. ARRIGHI DE CASANOVA.

[32] Th. LAMBERT, « Motivation et substitution de base légale », *in* B. HATOUX (dir.), *Droits du contribuable. Etat des lieux et perspectives*, Paris, Economica, coll. Entreprises et perspectives économiques, 2002, pp. 67-77.

[33] Ph. LUPPI, « La substitution de base légale en matière fiscale », *in Mélanges en l'honneur de Pierre BELTRAME*, Aix-en-Provence, PUAM, 2010, pp. 303-341.

[34] CE, 27 juillet 1936, *Ministre des finances c/ X.*, *Lebon*, p. 871.

considère que cette substitution est possible à tout moment de la procédure contentieuse sans que l'administration ne soit contrainte par l'envoi d'une nouvelle notification au contribuable[35]. Cette faculté a un effet direct sur la prescription puisqu'elle ne sera pas invocable si la substitution intervient postérieurement au délai de reprise. Le juge judiciaire n'a, sur ce point, pas la même position que son homologue, rejoignant la conception classique de juge protecteur du contribuable. Pour sa part, le juge civil moins favorable à l'administration considère que si la nouvelle base légale fondant la rectification implique un débat contradictoire, il faudra reprendre la procédure depuis sa phase initiale, c'est-à-dire depuis la proposition de rectification[36].

315. Les quelques exemples relevés montrent que la multitude de juges compétents en matière fiscale génère un risque de « brouillage » de la ligne jurisprudentielle. Ces choix jurisprudentiels, mettant en perspective les garanties du contribuable et l'impérieuse nécessité de recouvrer l'impôt, et au-delà de préserver l'intérêt général, participent à créer une dissonance entre les deux ordres de juridiction. Néanmoins, ces divergences tendent à se réduire au profit d'une harmonisation croissante alors que « le recours à des méthodes différentes n'aboutit pas systématiquement à des résultats différents »[37].

B – Des divergences jurisprudentielles réduites au profit d'une harmonisation croissante

316. Face au risque de divergences jurisprudentielles, plusieurs mécanismes ont été créés afin de faciliter, voire d'imposer, le « dialogue des juges ». La question préjudicielle (**1**), la demande d'avis, le recours en cassation, sont autant de procédures permettant d'assurer l'homogénéité de la jurisprudence fiscale. Néanmoins, ces procédures, certes juridiquement intéressantes, participent à alourdir le procès fiscal et ne sont pas à placer au bénéfice du contribuable qui subit l'architecture juridictionnelle du contentieux fiscal à travers la complexité, la longueur et le coût de l'instance.

---

[35] CE, 21 mars 1975, n°87573, *RJF*, 1975, n°5, comm. 258.

[36] Cass. com., 8 janvier 1991, n°88-15.018, *M. COHEN-ADDET*, Jurisdata, n°1991-000095 ; *JCP G* 1991, IV, p. 84 ; *JCP N* 1991, n°42, p. 270 ; *Gaz. Pal.* 1991, 1, p. 187 ; *RJF*, 3/1991, n°377 - Cass. com., 20 octobre 1998, n° 96-20-.960, *M. DURAND*, Jurisdata n°1998-005186 ; *Droit Fiscal*, 1999, n°3, comm. 46 ; *RJF*, 1/1999, n°940 - Cass. com., 20 juin 2006, n°04-13.554, F-D, *M. ROPARS et a.*, Jurisdata, n°2006-034371 ; *RJF* 11/2006, n°1477.

[37] A. MAITROT DE LA MOTTE, *op. cit.*

Moins néfaste pour la longueur de l'instance fiscale, la démarche unificatrice des juges placés à la tête de chaque ordre participe à la convergence des positions jurisprudentielles (**2**).

1. La question préjudicielle, un facteur d'harmonisation de la jurisprudence

317. La question préjudicielle suspend l'instance afin de permettre à un juge compétent de répondre à une question posée par le juge du fond. Contenue dans le terme « incident de procédure », la question préjudicielle interrompt l'instance, mais présente l'avantage d'imposer le dialogue des juges. Ainsi, elle permet un échange débouchant sur une harmonisation des définitions produites par un juge extérieur à l'instance, permettant au juge du fond de remplir son office. Par cette question, le juge suspendant son office appliquera une définition conforme à la position de son homologue.

318. *De facto*, l'harmonie sera sur ce point réalisée, permettant de rendre la décision sur le fondement d'une qualification commune. Trois conditions indispensables pour la validité d'une question préjudicielle : la première est liée à l'incompétence du juge saisi, la seconde relève d'une difficulté sérieuse de la question posée et la dernière se rapporte à la nécessité pour la solution du litige de résoudre préalablement ladite question[38].

319. Plusieurs exemples de renvois ont montré la nécessité pour le juge saisi d'interroger son homologue. Devant le juge administratif, la question préjudicielle formulée peut porter sur la propriété, le domicile[39] ou encore l'état des personnes[40], relevant de la compétence du juge civil[41]. Devant le juge civil, une question préjudicielle peut être formulée sur un point relevant de l'interprétation d'un acte administratif, compétence exclusive du juge administratif[42].

320. Juridiquement, la procédure paraît ainsi offrir une mise au diapason salutaire dans un contexte où les offices des juges de deux ordres de juridiction risquent de créer une cacophonie. Pour le contribuable,

---

38 BOI-CTX-DG-20-60-20.

39 Voir par exemple : CE, 18 janvier 1988, n°06490.

40 Voir par exemple : CE, 11 octobre 1954, n°32.335, *RO*, p. 132 – CE, 11 mars 1970, n°69588.

41 Voir en ce sens : TC, 23 novembre 1959, n°1701, *RO*, p. 511 – CE, 22 février 1960, n°24187, *RO*, p. 24.

42 Cass. com., 7 novembre 1983, n°82-12933.

l'apport est plus nuancé. Certes, il sera soumis à la question préjudicielle, assuré d'être jugé sur le fondement d'une qualification émise par un juge spécialisé. Néanmoins, le temps de la formulation de la question préjudicielle, l'instance suspendue en attente de la réponse a pour effet de rallonger une procédure déjà perçue comme longue et coûteuse. Le dualisme juridictionnel apporte encore une fois une complexité et une lenteur dont pourrait se passer le contentieux fiscal. Un autre mouvement d'unification, moins néfaste pour le procès fiscal se développe au niveau des juges « suprêmes », permettant l'élaboration d'une jurisprudence plus harmonisée.

2. La jurisprudence unificatrice des juges « suprêmes »

321. Les juges placés au sommet de leur ordre respectif et le juge constitutionnel n'ont pas qu'une mission de juge de dernier ressort. Dans une relation verticale, ils participent à l'unification de la position jurisprudentielle entre le juge du fond et les étages supérieurs de l'ordre juridictionnel. Dans une relation horizontale, les juges « suprêmes » tendent à harmoniser leurs positions, notamment en matière fiscale, lieu privilégié de rencontre des deux ordres. Le juge constitutionnel, en irriguant l'ensemble de l'architecture juridictionnelle, participe à sa façon à un mouvement d'harmonisation du droit national autour de « standards » émis sur la base du « bloc de constitutionnalité ». Comme une suture, le juge suprême rapprochera deux parties d'une même matière, le contentieux fiscal, pour permettre la cicatrisation de plaies parfois anciennes et douloureuses.

322. Le Conseil d'État en tant que « juge suprême » de l'ordre administratif[43] participe à l'harmonie de la jurisprudence produite par l'ensemble de l'ordre administratif[44]. Au-delà d'un rôle de juge de cassation placé au terme d'un cheminement juridictionnel, le juge du Palais-Royal assume une fonction de régulateur de l'ensemble de l'ordre administratif[45].

---

[43] Reprenant l'expression de l'article L. 111-1 du CJA « la juridiction administrative suprême ».

[44] P. DELVOLVÉ, « Le Conseil d'État, régulateur de l'ordre juridictionnel administratif », *in Juger l'administration, administrer la justice. Mélanges en l'honneur de Daniel LABETOULLE*, Paris, Dalloz, 2007, p. 259.

[45] B. PLESSIX, *Droit administratif général*, 3e édition, Paris, LexisNexis, coll. Manuels, 2020, p. 450.

Il assure l'unité de l'interprétation de la jurisprudence rendue par les juges, quelle que soit la juridiction saisie[46] et détient « des pouvoirs généraux de régulation de l'ordre administratif »[47]. « Principal créateur du droit » pour une partie de la doctrine[48], le Conseil d'État assure une unité jurisprudentielle autour des principes du droit administratif appliqués à la matière fiscale que sont la « puissance publique » ou « l'intérêt général ». Irriguant la jurisprudence administrative, ces principes classiques, comme les 200 ans de jurisprudences rendues par le Conseil d'État, participent à assurer l'unité des décisions du juge administratif statuant en matière fiscale.

323. La Cour de cassation participe pour sa part à l'unité de la jurisprudence rendue par les juges civils de son ordre au regard de ses principes de « gardiens des libertés individuelles ». Cette « philosophie » commune irrigue notamment le contrôle des actes de recouvrement forcés ou encore le droit de visite et de saisie.

324. La procédure de la « question pour avis de droit »[49], commune aux deux ordres permet aux juges subordonnés de requérir l'avis de leur juge suprême sur une question de droit nouvelle, présentant des difficultés sérieuses. L'instance est ainsi suspendue jusqu'à l'obtention de la réponse à cet avis « contentieux » ou l'expiration du délai de trois mois. Grâce à cette procédure, les juges subordonnés sont ainsi confortés dans leurs décisions, alors que le juge suprême conserve un moyen d'assurer l'unité de la jurisprudence et de prévenir les contrariétés de jugement. Cette procédure se distingue du renvoi préjudiciel en ce que l'avis est rendu après étude du dossier intégral, instruit selon la même procédure qu'un recours gracieux ordinaire. Toutefois l'avis rendu sera dépourvu de toute autorité juridique

---

[46] O. LE BOT, *Contentieux administratif*, 8e édition, Bruxelles, Bruylant, coll. Paradigme, 2020, p. 53

[47] CE, 10 novembre 1999, *Sté coopérative agricole du Brienon*, *Lebon*, p. 351.

[48] A. GUÉRIN, « La juridiction administrative une, solidaire, indivisible », *in Juger l'administration, administrer la justice. Mélanges en l'honneur de Daniel* LABETOULLE, Paris, Dalloz, 2007, p. 491.

[49] Prévue à l'article L. 113-1 du CJA pour le Conseil d'État, transposée par l'ordre judiciaire par la Loi 15 mai 1991 reprise aux articles L. 441-1 à L. 441-4 et R. 441-1 du Code de l'organisation judiciaire, complétée par un Décret du 12 mars 1992, codifié aux articles 1031-1 et s. du Code de procédure civile. Voir sur ce mécanisme : B. PLESSIX, *op. cit.*, p. 450.

puisqu'il ne lie pas la juridiction de renvoi[50]. Le Conseil d'État rendant des avis pédagogiques et réguliers en matière fiscale, se distingue de la Cour de cassation, moins familière de l'exercice, rendant moins d'avis[51].

325. Aux « deux têtes du juge de l'impôt », il faut ajouter le juge du Conseil constitutionnel, exerçant son office de façon croissante notamment depuis l'introduction de la QPC. L'office du juge constitutionnel est d'autant plus marquant qu'il assure un rôle d'harmonisation des jurisprudences autour des textes constitutionnels. Par sa référence aux textes à valeur constitutionnelle, le juge de la rue Montpensier a une fonction d'harmonisation, offrant une référence commune aux deux ordres de juridiction.

326. Le principe d'égalité est fréquemment utilisé par le juge constitutionnel pour protéger le contribuable d'une inégalité de traitement devant la loi fiscale ou devant les charges publiques[52]. D'autres libertés fondamentales sont également protégées par le juge constitutionnel en matière fiscale, comme le droit de propriété, ou les libertés individuelles dans le cadre du contrôle. L'ensemble de la jurisprudence constitutionnelle, appliquée par le juge statuant en matière fiscale permet de produire des références communes aux deux ordres de juridiction leur permettant de trancher un litige sur le fondement d'une interprétation unique des textes constitutionnels. Cette harmonisation horizontale entre juges suprêmes participe à l'unification des positions doctrinales des deux ordres statuant en matière fiscale.

327. Au fond, à l'échelle nationale, ces « divergences » sont réduites et ne permettent pas d'identifier des différences majeures d'appréciation du juge ou une inégalité de traitement du contribuable entre les deux ordres.

---

[50] J. GOURDOU, « L'avis du Conseil d'État sur une question de droit », *in Mouvement du droit public : du droit administratif au droit constitutionnel, du droit français aux autres droits. Mélanges en l'honneur de Franck MODERNE*, Paris, Dalloz, 2004, p. 193.

[51] Un des rares exemples : Cass., Avis, 7 mars 1997, n°0970006 P, la question posée au juge de cassation par le juge était « Le juge de l'exécution peut-il, sur le fondement combiné des articles L. 262 et L. 263 du Livre des procédures fiscales, 43 de la loi 91-650 du 9 juillet 1991 et 64 du décret 92-755 du 31 juillet 1992, délivrer un titre exécutoire contre le tiers détenteur à un comptable public ? ».

[52] O. FOUQUET, « Le conseil constitutionnel et le principe d'égalité devant l'impôt », *Les nouveaux cahiers du Conseil constitutionnel*, 2011, n°33 Le Conseil constitutionnel et l'impôt, Source : conseil-constitutionnel.fr.

Récemment, le Conseil d'État l'a reconnu : « Dans un souci de cohérence, notamment encouragé par la jurisprudence du Conseil constitutionnel et de la Cour européenne des droits de l'homme, la Section du contentieux du Conseil d'État a, dans sa décision Mme T.[53] »[54] fait le choix de l'harmonie.

328. La relativité des divergences abordées par le professeur Alexandre MAITROT DE LA MOTTE montre qu'une réponse tranchée n'est toutefois pas opposable. La majorité des questions contentieuses sont harmonisées au niveau national. Les juges faisant preuve de mimétisme davantage que de fronde, cela est à placer au bénéfice du contribuable. Il ne faudra toutefois pas en conclure que la structure juridictionnelle duale est neutre pour celui-ci. En effet, à cet éclatement jurisprudentiel connu au niveau national, il faut y ajouter les rapports entre les juges européens et les juges français. Le dualisme interne crée alors une relation tripartite avec le juge européen dont la jurisprudence n'est pas perçue de façon harmonieuse par les deux ordres. D'une part, certaines divergences, certes mineures, peuvent encore être identifiées et ne participent pas à l'harmonie de la matière. D'autre part, si le mimétisme caractérise les jurisprudences des deux ordres, l'apport du dualisme est ainsi réduit. Il y a entre les deux ordres si peu de différences jurisprudentielles que la persistance du dualisme pose question.

329. Si au niveau interne, la réception, l'application et la production jurisprudentielle des deux ordres de juridiction semblent présenter une certaine harmonie, la réception des normes internationales et européennes pourrait créer une part de divergence d'application.

§2 – Les risques de divergence d'application des normes internationales et communautaires par les « deux têtes du juge de l'impôt »

330. L'« européanisation du droit »[55] produit un effet sur les rapports entre juge national et juge européen alors que la doctrine s'est interrogée sur

---

[53] CE, Sect., 16 février 2018, *Mme T.*, n°395371.

[54] CONSEIL D'ÉTAT, *Rapport d'activité 2019*, p. 127.

[55] S. BRACONNIER, *Jurisprudence de la Cour européenne des droits de l'homme et droit administratif français*, Bruxelles, Bruylant, 1997, p. 359.

l'existence d'un véritable juge fiscal en Europe[56]. En matière fiscale, la jurisprudence de la CEDH et de la CJUE influencera de fait les décisions rendues par le juge interne devenu « juge de droit commun du droit de l'Union européenne »[57], complétant notamment les garanties offertes au contribuable. De surcroît, le Conseil d'État reconnaît à la CJUE le statut d'« *ordre juridique intégré* » à l'ordre juridique national[58]. L'influence directe ou indirecte des directives et règlements sur les textes nationaux, de la jurisprudence du juge européen infusent naturellement le dualisme de juridiction que nous connaissons à l'échelle nationale. La question se pose alors de savoir si cette influence exogène est reçue et appliquée de la même façon par les deux ordres de juridiction.

331. Le dualisme juridictionnel que nous connaissons à l'échelle interne produit des effets lorsqu'un élément d'extranéité entre en jeu dans la procédure fiscale à travers l'application des conventions fiscales internationales ou l'application des normes européennes. Il existe ainsi un risque d'application différente des normes internationales et européennes (**A**) alors que la procédure de la question préjudicielle posée devant le juge européen doit neutraliser les divergences et assurer une unification de l'application des normes européennes (**B**).

A – Une réception potentiellement hétérogène entre les « deux têtes du juge de l'impôt »

332. Le juge national se trouve dans une situation de collaboration avec le juge européen qui intègre la jurisprudence des juges de Strasbourg et de Luxembourg dans le cadre de son office[59]. L'application par deux ordres de juridiction des normes européennes pourrait produire une différence d'interprétation, créant une situation d'inégalité à l'égard du contribuable en fonction du juge tranchant son litige. Plusieurs indicateurs montrent que ce risque, lié à des philosophies différentes peut avoir des effets sur le traitement du contribuable notamment à travers l'applicabilité des normes

---

56 P. DE FRÉMINET, « La communauté européenne dispose-t-elle d'un véritable juge fiscal ? », *Droit Fiscal*, 2007, n°25, Étude 647.

57 E. BOKDAM-TOGNETTI, E. CREPEY, « La réception de la jurisprudence de la Cour de justice de l'Union européenne en matière de TVA par le Conseil d'État français », *op. cit.*

58 CE, Ass., 23 décembre 2011, *M. Kandyrine de Brito Paiva*, n°303 678.

59 Le juge national fait application de l'effet direct (CJCE, 5 février 1963, *Van Gend en Loos*) et de primauté du droit de l'Union européenne (CJCE, 15 juillet 1964, *Costa c/ Enel*).

européennes et internationales selon le juge national (**1**) ou de divergences d'application du droit européen (**2**).

1. L'applicabilité des normes européennes et internationales selon le juge national

333. Avant de s'intéresser au fond des possibles divergences, il faut aborder l'applicabilité même du droit européen et conventionnel, alors que les deux ordres n'ont pas la même conception ou n'ont pas connu la même évolution jurisprudentielle. L'article 55 de la Constitution prévoit une application directe du droit européen aux juridictions nationales. Dès lors, le juge national devra s'y conformer sous peine de voir la France condamnée sur le fondement de l'action en manquement[60]. Le droit européen ayant pour fonction d'harmoniser le droit applicable dans les États membres, son applicabilité harmonieuse ne paraît pas causer de désagrément au contribuable. La CJUE et la CEDH produiront ainsi des jurisprudences qui devront trouver une application directe par le juge national.

334. En matière d'applicabilité du droit international, le principe de subsidiarité des conventions fiscales internationales incarne une divergence entre le Conseil d'État et la Cour de cassation, montrant que la procédure fiscale n'est pas harmonisée au regard de cet instrument multilatéral connaissant une croissance constante. Le Conseil d'État a indiqué par l'arrêt *Schneider Electric*[61] de quelle façon il entendait appliquer les conventions fiscales internationales, destinées à éviter la double imposition ou la non-imposition en vertu de l'article 55 de la Constitution. Le juge suprême de l'ordre administratif considère qu'il faut d'abord se placer sous l'angle de la loi nationale avant d'appliquer au contribuable le régime prévu par la convention. La Cour de cassation aurait dû, par esprit d'harmonisation se ranger derrière la position de son homologue. Pourtant, l'« impertinence » du juge civil[62] l'a conduit à ne pas aligner sa position, laissant planer une divergence de jurisprudence ou du moins une différence de méthode entre

---

[60] J.-L. Clergerie, A. Gruber, P. Rambaud, *L'Union européenne*, 11e édition, Paris, Dalloz, coll. Précis, 2016, p. 198.

[61] CE, Ass. 28 juin 2002, *Sté Schneider Electric*, n°232276, *Rec. Lebon* p. 234, *RJF* 10/2002, n°1080, chron. Olléon ; voir : CE, 28 mars 2008, n°271366, *Aznavour*, *Droit Fiscal*, 2009, n°17, comm. 293.

[62] B. Castagnède, « Fiscalité internationale : chronique de l'année 2010 », *Droit Fiscal*, 2011, n°9, Étude 235.

les deux ordres de juridiction compétents en matière fiscale. Faisant application de la jurisprudence *Sté Cafés Jacques Vabre*[63], les conventions fiscales internationales comme tous traités internationaux sont de valeur supérieure aux lois. La Cour de cassation n'a, par là, pas produit la même interprétation du rôle respectif de la loi et du traité au regard de l'impôt et n'applique pas le principe de subsidiarité[64]. La Cour se placera ainsi directement sous l'angle de la Convention sans passer en amont par le droit interne[65]. Selon qu'il sera devant le juge administratif ou civil, le contribuable ne se trouvera pas face à une identité de méthode jurisprudentielle.

2. Des divergences entre les deux ordres en matière d'application du droit européen

335. L'intégration dans l'ordre juridique européen produit un effet en matière de dualisme juridictionnel. Par la multitude de juges nationaux face au juge européen, le risque de divergences d'interprétations et d'application augmente. La CEDH a pointé ce risque dans un arrêt *Guillemin c/ France*[66], rendu en matière d'expropriation. Le juge a indiqué que le dualisme juridictionnel portant sur la même matière présentait un « risque d'une contrariété de décision » et jugeait que « les retards causés par ces difficultés structurelles » violaient l'article 6§1 de la Conv.EDH protégeant le délai raisonnable d'un procès.

336. L'application des normes européennes par le juge national n'a pas toujours été marquée par l'harmonie pourtant nécessaire à un droit fracturé. Face au droit européen, la Cour de cassation a reconnu que dès lors que les conditions pour soulever d'office une règle de droit sont remplies, il agira face à une norme européenne de la même façon que face à une norme nationale. Par cette position, le juge civil « s'est plié plus facilement et plus rapidement à l'arrivée de ces normes » que le juge administratif[67]. En effet,

---

63 Cass. ch. mixte, 24 mai 1975, n°73-13.556, *Sté Cafés Jacques Vabre*, *Bull. civ.* n°4, *Dalloz*, 1975, p. 497.

64 Voir en ce sens : Cass., Ass., 2 octobre 2015, n°14-14.256, *DGFiP C/ Eshagh et a.* : « attendu que l'arrêt rappelle qu'en vertu de la hiérarchie des normes, il convient de se référer, d'abord, aux conventions fiscales internationales ».

65 M. SADOWSKY, « Le principe de subsidiarité des conventions fiscales internationales », *Droit Fiscal*, 2018, n°45, Étude 436.

66 CEDH, 21 février 1997, *Guillemin c/ France*, *AJDA*, 1997, p. 399, note HOSTIOU.

67 C. VIESSANT, *La pénétration du droit communautaire en droit fiscal français*, Thèse dactyl., Aix-Marseille III, 1999, p. 435.

le juge administratif s'est, sur ce point, distingué en ne reconnaissant pas, comme étant d'ordre public, les moyens tirés de la méconnaissance de la Conv.EDH[68] ou des directives communautaires. Ainsi, il interdit aux requérants de l'invoquer pour la première fois devant lui[69]. Cette divergence entre les deux juges compétents en matière fiscale montre le risque d'une dualité d'interlocuteurs lors de la réception d'un droit européen de plus en plus présent.

337. L'exemple de l'invocabilité du volet civil de l'article 6§1 de la Conv.EDH garantissant le droit au procès équitable illustre cette réception différente du droit européen par les deux ordres nationaux. Le Conseil d'État avait reconnu, dès 1989, que « le juge de l'impôt ne statue pas en matière pénale et ne tranche pas de contestations sur des droits et obligations de caractère civil ; que, dès lors, les dispositions précitées de l'article 6§1 de la convention européenne susvisée ne sont pas applicables aux procédures relatives aux taxations fiscales »[70]. La CEDH avait la même position depuis 1999[71], rappelée par la décision rendue en Grande chambre *Ferrazzini c/ Italie*[72]. Fidèle à l'image traditionnelle du juge civil, la Cour de cassation avait dès 1990 une position inverse en reconnaissant la possibilité pour un contribuable de contester l'impôt sur le fondement du volet civil de l'article 6§1 de la Conv.EDH[73]. Pendant 14 ans, une divergence de jurisprudence entre les deux ordres et entre la Cour de cassation et la CEDH a marqué le contentieux fiscal. Invocable devant le juge civil considérant que l'imposition était une obligation de nature civile, l'article 6§1 de la Conv.EDH ne l'était pas devant son homologue administratif. La garantie offerte par le texte européen au contribuable était donc réservée au contentieux tranché par le juge civil uniquement. Certainement dans une démarche d'unification des positions jurisprudentielles et en témoignage

---

[68] CE, Sect., 6 décembre 1995, n°90.914, *A. Navon, Lebon.*

[69] CE, 11 janvier 1991, n°90995, *SA Morgane, Lebon.*

[70] CE, 8e et 7e SSR, 2 juin 1989, n°66604, *Saint Pern*, inédit au *recueil Lebon.*

[71] CEDH, 20 avril 1999, *Vidacar SA*, *RJF*, 11/1999, n°1487.

[72] CEDH, grande ch., 12 juillet 2001, *Ferrazzini c/ Italie*, *RJF* 1/2002, n°128, *AJDA*, 2001, p. 1061, *Droit Fiscal*, 2001, n°42, p.1473, *LPA*, 2005, n°19, p. 9., comm. Th. LAMBERT et *Droit Fiscal*, 2002, n°10, comm. 187, *rec. CEDH* 2001- VII, : « la matière fiscale ressortit encore au noyau dur des prérogatives de la puissance publique, le caractère public du rapport entre le contribuable et la collectivité restant prédominant ». Confirmé par CEDH, 3e sect., 10 novembre 2020, n°49812/09, *Vegotex International SA c/ Belgique.*

[73] Cass. com., 20 novembre 1990, *Donsimoni*, *RJF*, 1991, n°123, *Bull. civ.* IV, n°288.

d'une ascendance croissante du juge européen[74], le juge civil a fini par s'aligner sur la position de son homologue en rendant la décision *Consorts Pelat* en 2004[75]. L'harmonisation naturelle peut nécessiter de nombreuses années à l'image des 14 ans de divergences entre les deux ordres en matière de protection de l'article 6§1 de la Conv.EDH. Le recours à la question préjudicielle permet une harmonisation plus rapide et plus précise entre les deux ordres.

B – La question préjudicielle, outil d'harmonisation de l'application des normes européennes

338. Conformément à l'article 267 du TFUE[76], lorsqu'il est face à une question posant une difficulté sérieuse, concernant l'application du droit européen, le juge national saisi au principal doit surseoir à statuer et renvoyer la question au juge européen. Cette simple faculté pour les juges du fond se mue en obligation pour les juges de cassation, sauf à ce que « l'application du droit [de l'Union] s'impose avec une évidence telle qu'elle ne laisse place à aucun doute raisonnable sur la manière de résoudre la question posée »[77].

339. Cette procédure perçue comme un outil d'harmonisation protégeant la décision rendue par le juge national, mais aussi comme un

---

[74] E. MIGNON, « L'apport des juridictions communautaire et européenne au droit fiscal français », *LPA*, 2002, n°97, p. 61.

[75] Cass. com. 12 juillet 2004, n°01-11.403, *Consorts Pelat*, *Bulletin* 2004, IV, n°153 p. 167, L. AYRAULT, « Le volet civil de l'article 6, 1 et le droit fiscal au lendemain de l'arrêt Com. 12 juill. 2004, *Cts Pelat* », *L'Année fiscale*, 2005, pp. 195-210. Confirmé par Cass. com., 16 décembre 2020, n°18-16.801 et n°18-26.243, *JurisData* n°2020-020632, *Droit Fiscal*, 2021, n°3, Act. 45.

[76] L'article 267 du TFUE dispose « La Cour de justice de l'Union européenne est compétente pour statuer, à titre préjudiciel :
a) sur l'interprétation des traités,
b) sur la validité et l'interprétation des actes pris par les institutions, organes ou organismes de l'Union.
Lorsqu'une telle question est soulevée devant une juridiction d'un des États membres, cette juridiction peut, si elle estime qu'une décision sur ce point est nécessaire pour rendre son jugement, demander à la Cour de statuer sur cette question.
Lorsqu'une telle question est soulevée dans une affaire pendante devant une juridiction nationale dont les décisions ne sont pas susceptibles d'un recours juridictionnel de droit interne, cette juridiction est tenue de saisir la Cour.
Si une telle question est soulevée dans une affaire pendante devant une juridiction nationale concernant une personne détenue, la Cour statue dans les plus brefs délais ».

[77] CJCE, 6 octobre 1982, *Société CILFIT*, aff. 283/81, *Rec.* p. I-3415.

moyen permettant l'intrusion du juge européen dans l'office du juge national a connu un certain succès. La CJUE sera sollicitée sur le fondement de l'article 21 du TFUE relatif à la citoyenneté européenne, de l'article 45 assurant la libre circulation des travailleurs, de l'article 49 assurant la liberté d'établissement, de l'article 56 qui assure la libre prestation des services ou encore des articles 63 et 65 qui établissent la libre circulation des capitaux.

340. La CJUE est garante de l'application harmonieuse du droit européen par les pays membres. Elle fournit ainsi une interprétation uniforme des questions portant sur des dispositions européennes à l'usage des juges des États membres[78]. Si en présence d'une question portant sur l'interprétation du droit de l'Union, la France s'abstient de saisir le juge européen dans le cadre d'une affaire tranchée en dernier ressort, elle peut être condamnée en manquement[79]. Le mécanisme de la question préjudicielle permet ainsi d'assurer l'effectivité et l'uniformité de l'application concrète du droit de l'Union par l'ensemble des États membres[80]. Si le juge européen parvient, par ce mécanisme, à exercer une influence sur le juge national, l'intérêt pour ce dernier paraît être plus ténu. Pourtant, cette collaboration imposée permet un élargissement de son office en tant que juge de droit commun de l'Union et de fait co-constructeur de son ordre juridique. Le juge national conserve un rôle important dans la transmission de la question préjudicielle, notamment lorsqu'il s'agit du juge du fond qui agit comme un juge du filtre et décide s'il convient de saisir le juge européen.

341. En matière fiscale, le juge administratif a recours plus fréquemment à la question préjudicielle[81] que son homologue civil[82], reflétant l'étendue de ses compétences en la matière, mais aussi le lien étroit

---

[78] E. RAINGEARD DE LA BLÉTIÈRE, « Droit de l'Union européenne : chronique de l'année 2018 », *Droit Fiscal*, 2019, n°10, Étude 188.

[79] Comme par exemple dans la décision CJUE, 1ère ch., 15 septembre 2011, aff. C-310/09, *min. c/ Accor SA*, *Droit Fiscal*, 2012, n°3, comm. 67, note J.-L. PIERRE ; P. DIBOUT, « Le précompte : incompatibilité avec le droit communautaire ? Éclairage sur le renvoi préjudiciel à la Cour de justice », *Droit Fiscal*, 2009, n°30, Étude 430 – E. MEIER, R. TORLET, « Le fabuleux destin des retenues à la source... », *Droit Fiscal*, 2009, n°26, Étude 382.

[80] S. ADALID, « Trajet préjudiciel. Étude concrète d'une relation ambiguë », *in* J.-S. BERGÉ et G. CANIVET, *La pratique du droit de l'Union européenne par le juge judiciaire*, Paris, Dalloz, 2016, p. 31.

[81] En moyenne une douzaine par an. Source : www.conseil-etat.fr.

[82] En moyenne moins de cinq par an. Source : www.legifrance.fr.

entretenu entre les garanties du contribuable et les droits protégés par le juge de la CJUE[83]. Le juge administratif devra, par exemple, saisir le juge européen pour trancher la compatibilité d'une directive avec le CGI sur un « dispositif destiné à supprimer la double imposition économique des dividendes, un prélèvement lors de la redistribution par une société mère de bénéfices qui lui ont été distribués par des filiales établies dans un autre État membre de l'Union européenne »[84] ou encore en matière de droit de propriété et de liberté d'entreprise[85].

342. Les deux têtes du juge de l'impôt ont ainsi pour interlocuteur commun le juge européen fournissant aux questions préjudicielles une unité d'interprétation. Outil d'harmonisation entre les deux ordres, ce mécanisme permet au juge européen par une procédure lourde pour le contribuable d'infuser une unité parmi le dualisme juridictionnel. Le juge européen à travers la procédure de la question préjudicielle participe à l'harmonisation du contentieux fiscal en proposant un référentiel commun, à un contentieux fracturé.

343. Ainsi, malgré l'effort du juge pour harmoniser son office en matière fiscale, certaines divergences mineures persistent alors que certains juges conservent leur propre position. En droit interne, les divergences « relativisables » identifiées par le professeur Alexandre MAITROT DE LA MOTTE[86] ne peuvent être éludées. Anciennes, elles incarnent une faille originelle du contentieux fiscal. Plus récentes, elles montrent que le dualisme n'est pas neutre pour le contribuable. L'exemple de l'applicabilité des conventions fiscales internationales en droit interne illustre une différence de conception entre le juge administratif et le juge judiciaire. Malgré l'existence de mécanisme d'harmonisation comme la question préjudicielle, le dualisme n'est pas, en matière de relation entre droit interne et droit européen, une plus-value pour le droit fiscal. Pour le contribuable, le dualisme ne présente pas non plus un apport alors qu'en fonction du juge

---

[83] Ph. MARTIN, « La jurisprudence fiscale de la CJUE du point de vue du Conseil d'État (France) », *Droit Fiscal*, 2009, n°12-13, Étude 247.

[84] CE, 23 octobre 2020, 8e-3e ch. réunies, n°442224, mentionné aux tables du *recueil Lebon*.

[85] CE, 10 mai 2017, 1e-6e ch. réunies, n°401536, mentionné aux tables du *recueil Lebon*.

[86] A. MAITROT DE LA MOTTE, « Les divergences de jurisprudence entre juge administratif et juge judiciaire de l'impôt », *op. cit.*

saisi la procédure notamment à l'égard des conventions fiscales internationales n'est pas harmonisée entre les deux ordres.

344. Si nous considérons comme la majorité de la doctrine que les divergences sont limitées, il faut reconnaître que l'apport du dualisme l'est aussi. Le mimétisme, facteur d'harmonisation d'un contentieux fracturé remet en question le dualisme juridictionnel dans son ensemble[87] et en matière fiscale particulièrement. L'enrichissement, comme justificatif du dualisme, est ainsi remis en question alors qu'une production jurisprudentielle à deux vitesses creuse une différence de traitement factuelle entre les contribuables soumis à l'office du juge administratif partiellement spécialisé et le juge civil, épisodiquement saisi.

Section 2 – Une création jurisprudentielle à deux vitesses

345. Aborder la production jurisprudentielle en matière fiscale, nous renvoie nécessairement à une vision quantitative. 95 % du contentieux fiscal est tranché par le juge administratif, spécialisé dans les rapports entre le citoyen et la puissance publique[88]. Les 5 % restant, comme un strapontin conservé depuis l'époque révolutionnaire, laisse une place étroite au juge civil. Pourtant, il faut tenter de dépasser le rapport quantitatif pour aborder l'aspect qualitatif, en l'espèce l'apport des jurisprudences des deux ordres au contentieux fiscal. Les juges disposent en effet d'un outil redoutable pour faire évoluer un droit : la jurisprudence, ouvrant la possibilité à travers un cas d'espèce de produire des « parcelles de droit » comblant les lacunes du cadre légal.

346. Alors que le juge administratif détiendrait une compétence de principe et le juge judiciaire une compétence d'exception en matière fiscale[89], force est de reconnaître que l'apport des juges est en matière fiscale proportionnelle à la fréquence de son office. Le juge civil, minoritaire en matière fiscale a été vivement critiqué pour son investissement *a minima* en

[87] A. VAN LANG, « Le dualisme juridictionnel en France : une question toujours d'actualité », *AJDA*, 2005, p. 1760.

[88] DIRECTION GÉNÉRALE DES FINANCES PUBLIQUES, *Rapport d'activité 2020*, 66 p.

[89] J. COURTIAL, « Le juge administratif de l'impôt », *Droit Fiscal*, 2016, n°38, Étude 491.

matière fiscale (**§1**). Face à lui, le juge administratif que certains appellent le « juge de l'impôt » s'est accaparé la matière en produisant à travers ses juridictions partiellement spécialisées une jurisprudence conséquente (**§2**).

§1 – Le faible apport de la juridiction civile en matière de protection des garanties du contribuable

347. Il faut reconnaître que le juge civil a produit des jurisprudences protégeant le contribuable ou obligeant le législateur à modifier ses textes. En matière d'impôt sur la fortune, le juge de la Cour de cassation est venu apporter une protection à l'assujetti à l'époque de l'IGF. Alors qu'en l'absence de déclaration, l'administration considérait qu'il fallait mettre en œuvre la procédure de taxation d'office[90], après envoi d'une mise en demeure[91] le juge civil a apporté une exigence supplémentaire, protégeant le contribuable face à une procédure autoritaire. Par l'ajout d'une l'exigence de procédure contradictoire précédant la mise en demeure, le juge civil a imposé que soit déterminé à l'issue d'un échange avec le contribuable, si le patrimoine du redevable excédait effectivement le seuil d'imposition ou seuil d'entrée de l'ISF[92].

348. Malgré quelques créations jurisprudentielles, souvent anciennes, le juge judiciaire peine à trouver sa place face à un juge administratif hégémonique. *De facto,* il apporte peu à la matière fiscale s'éloignant du prestige dont il jouit en tant que « gardien des libertés ». Pour le droit fiscal, la jurisprudence du juge civil est une source telle que décrite dans l'œuvre de Marcel PAGNOL[93], mystérieuse, rare et recherchée, tant en matière d'assiette (**A**), de contrôle (**B**), que de recouvrement (**C**).

[90] Article L. 66 4° al. 1er du LPF.
[91] Article L. 67 du LPF.
[92] Cass. com., 8 février 1986, n°84-12.864, *Cabanié, Droit Fiscal,* 1986, n°18, comm. 939, cité par J. LAMARQUE, O. NÉGRIN, L. AYRAULT, *Droit fiscal général, op. cit.*, p. 1489.
[93] M. PAGNOL, *L'eau des collines : Manon des sources*, Paris, éditions de Fallois, 2004, 285 p.

A – Un apport juridictionnel limité en matière d'assiette

349. Au-delà de l'aspect quantitatif, l'apport jurisprudentiel du juge civil est parfois ténu malgré son image de juge empreint de « réalisme combiné au pragmatisme »[94]. Sous le feu de critiques de teneur variée, le juge civil, minoritaire en matière fiscale semble l'être aussi dans sa réflexion sur la matière. Adepte de décisions quasi automatiques, peu enclin à la motivation de ses jugements, le juge civil semble traiter ce contentieux marginal pour sa juridiction avec un détachement à la hauteur de son caractère épisodique. Néanmoins, le juge judiciaire comme son homologue administratif est juge de plein contentieux et peut ainsi réformer les décisions de l'administration fiscale. Ce contentieux objectif de la légalité implique qu'il peut réformer un acte pris par l'administration sur le fondement des textes en vigueur à la date du fait générateur de l'impôt litigieux. La place de juge judiciaire pourrait ainsi être plus large dans le champ du contentieux fiscal. Les questions relevant de la propriété privée, des libertés fondamentales, de la solidarité ou encore les différents renvois du CGI vers le Code civil permettraient au juge civil d'occuper une place sinon centrale, au moins conséquente. En réalité, le juge civil semble avoir perdu la bataille face à un juge administratif omniprésent, écrasant tant par sa quantité de contentieux que par sa spécialisation.

350. L'exemple du contentieux de l'assiette de l'IFI, compétence du juge civil est une illustration de l'ampleur réduite de ses décisions. L'article L. 199 du LPF prévoit en outre que le juge du Tribunal judiciaire peut se prononcer sur le contentieux de l'impôt sur la fortune immobilière, taxe de publicité foncière, droits d'enregistrement, de timbre, contributions indirectes et taxes assimilées à ces droits. En vertu des articles 761 du CGI et L. 17 du LPF, les droits d'enregistrement, conséquences d'une mutation à titre gratuit ou à titre onéreux sont assis sur l'évaluation des biens meubles ou immeubles. L'impôt sur la fortune immobilière (IFI) est assis de la même façon[95]. Cette attribution contentieuse est pour le juge l'occasion de se prononcer, dans la majorité des affaires, sur une différence d'évaluation de la valeur vénale des biens mobiliers et immobiliers entre celle présentée par

---

[94] X. VALLI, *Le juge fiscal judiciaire et le droit privé*, Thèse dactyl., Aix-en-Provence, 2014, p. 372.
[95] Article 965 du CGI. Voir *supra* §219. L'IFI assimilable aux droits de mutation à titre gratuit : voir la jurisprudence CE, 7e et 8e ss-sect., 13 octobre 1986, n°72113, *Vergne* : *JurisData* n°1986-606210, *Droit Fiscal*, 1987, n°5, comm. 172 ; *RJF* 1986, n°1126.

le contribuable et celle de l'administration[96]. Dans ce cadre, il sera porté à la connaissance du juge des informations relevant de la qualité du bien émanant du contribuable. L'administration utilisera une méthode dite « par comparaison »[97] pour évaluer la valeur vénale retenue, établissant une moyenne fondée sur des transactions similaires[98]. Pour contester cette moyenne, le contribuable remettra en cause les éléments intrinsèques des biens retenus. Dans ce cadre, le juge ne dispose pas de moyen pour contester l'évaluation basée sur une moyenne. Seule la bonne application de la méthode reconnue par la jurisprudence pourra être l'objet du débat. L'apport du juge sera ici limité à un contrôle formel, s'assurant qu'un nombre suffisant de biens ont été utilisés pour le calcul. Il ne disposera pas de moyens nécessaires pour proposer un autre calcul de l'évaluation.

351. L'impôt sur la fortune immobilière (IFI) donnera lieu à d'autres litiges comme la détermination des personnes imposables, sur la base d'éléments factuels ne permettant pas non plus de produire une jurisprudence fournie[99]. Au-delà d'un apport limité en matière d'assiette, le juge civil pourrait dans le cadre d'autres attributions, incarner l'image de « gardien des libertés fondamentales » comme en matière de contrôle ou de recouvrement forcé.

B – Un apport juridictionnel limité en matière d'investigations

352. La place vacante du juge civil face à l'atteinte au domicile et à la vie privée dans l'exercice des pouvoirs d'investigation de l'administration semble être en décalage avec l'image du juge protecteur du contribuable. Les pouvoirs de l'administration fiscale sont unanimement reconnus comme étant étendus, à tel point qu'ils pourraient se révéler potentiellement attentatoires à de nombreux droits et libertés. Parmi eux, l'inviolabilité du domicile est, dans le cadre de l'exercice d'un contrôle sur place, une garantie

---

96 Cass. com., 12 mai 2004, n°01-13.697, *Poirel*, *Bull civ.* IV, n°90 ; Cass. com., 3 mars 2016, n°14-26.629, *M. Dumas* : JurisData n°2016-004337.

97 Question n°35028 de M. Jacques REMILLER au Ministre du Budget, des comptes publics et de la fonction publique, *JO* du 17 février 2009, p. 1569.

98 La méthode dite de comparaison est retenue par l'administration pour établir une valeur vénale correspondant « au prix que le jeu normal de l'offre et de la demande permettrait de retirer de la vente du bien, abstraction faite de toute valeur de convenance ». La notice administrative 2042-IFI-NOT n°52210#02 énonce les différentes méthodes d'évaluation.

99 Article 964 du CGI.

laissant la place à l'impérieuse nécessité de contrôler pour recouvrer l'impôt. Le domicile est une notion définie par le droit civil à l'article 102 du « Code napoléonien » comme étant le « lieu où (tout Français) a son principal établissement ». En tant que « gardien de la propriété privée » depuis la Loi du 8 mars 1810[100] rappelé par la décision du Conseil constitutionnel du 29 décembre 1983[101], le juge civil semble trouver une place naturelle dans la phase de contrôle de l'administration portant atteinte au domicile[102].

353. Cette procédure potentiellement intrusive est placée sous le regard du juge civil, saisi par l'administration. Par une ordonnance du juge des libertés et de la détention (JLD) du Tribunal judiciaire dans le ressort duquel sont situés les lieux à visiter, un officier de police judiciaire viendra assister le vérificateur dans l'exercice de ce qu'il convient d'appeler une perquisition fiscale[103]. Pour délivrer cette ordonnance, le juge doit s'assurer « de manière concrète (du) bien-fondé de la demande qui lui est faite par l'administration fiscale »[104]. La Cour de cassation[105] a longtemps été vigilante sur la motivation explicite de la décision du juge semblant être synonyme

---

[100] La Loi du 8 mars 1810, portant sur l'expropriation et les indemnités prévues vient protéger le citoyen face à la politique de grand travaux napoléonienne. Par cette loi, le juge civil devient le gardien de la propriété privée.

[101] CC, 29 décembre 1983, décision n°83-164 DC, énonce que « les perquisitions qu'il prévoit à la discrétion de fonctionnaires qui peuvent y procéder alors même qu'il n'existe aucun indice d'infraction ; qu'en conséquence ils estiment ces dispositions contraires à la liberté individuelle dont l'article 66 de la Constitution confie la garde à l'autorité judiciaire » – CC, 25 juillet 1989, décision n°89-256 DC, énonce « le principe fondamental reconnu par les lois de la République, selon lequel l'autorité judiciaire est garante de la propriété ».

[102] Voir *supra* §130.

[103] La perquisition est définie par les articles 56 et s. et 94 et s. du CPP.

[104] La doctrine administrative (BOI-CF-COM-20-20-20120912) prévoit que « L'ordonnance de visite doit comporter : - l'adresse des lieux à visiter ; - le nom et la qualité du fonctionnaire habilité qui a sollicité et obtenu l'autorisation de procéder aux opérations de visite ; - l'autorisation donnée au fonctionnaire qui procède aux opérations de visite de recueillir sur place, dans les conditions prévues au III bis de l'article L. 16 B du LPF, des renseignements et justifications auprès de l'occupant des lieux ou de son représentant et, s'il est présent, du contribuable mentionné au I-B ainsi que l'autorisation de demander à ceux-ci de justifier pendant la visite de leur identité et de leur adresse, dans les mêmes conditions ; - le délai et les voies de recours contre l'ordonnance ; - la mention de la faculté pour le contribuable de faire appel à un conseil de son choix. Par ailleurs, le juge doit motiver sa décision par l'indication des éléments de fait et de droit qu'il retient et qui laissent présumer, en l'espèce, l'existence des agissements frauduleux dont la preuve est recherchée ».

[105] Cass. Ch. Mixte, 15 décembre 1988, *Droit Fiscal,* 1989, n°9, comm. 412, note P. DIBOUT – Cass. com. 7 mars 2001, *SA Trading, RJF* 6/01, n°800.

d'examen au cas par cas des situations présentées[106]. Lors d'un jugement rendu par la chambre commerciale de la Cour de cassation en 2000 sur la recevabilité de sept pourvois attaquant la même ordonnance fondée sur l'article L. 16 B du LPF, une lacune du juge en matière d'investigations est apparue[107].

354. Au sein de l'arrêt, il est rappelé que le JEX du TGI de Paris, signataire de l'ordonnance, est réputé avoir rédigé l'acte. Les preuves sont dès lors suffisantes pour, considérer que les ordonnances attaquées étaient rédigées par l'administration fiscale et non par le juge civil et ainsi en conclure que « l'obligation d'impartialité objective qui s'imposait à lui ainsi que les exigences de l'indépendance de l'autorité judiciaire par rapport à l'administration fiscale » ne sont pas respectées.

355. Malgré ces éléments factuels, la Cour de cassation n'a pas considéré qu'il y avait lieu à reconnaître la violation des garanties du contribuable lorsque le juge se prête à la pratique des ordonnances prérédigées et il l'a rappelé à plusieurs reprises[108]. Le « gardien des libertés fondamentales » ne semble pas voir la contradiction entre cette pratique et la protection du domicile et considère que « les motifs et le dispositif de l'ordonnance rendue en vertu de l'article L. 16 B du LPF sont réputés avoir été établis par le juge qui l'a rendue et signé »[109]. La Haute cour considérant que « l'apposition d'une signature, au pied d'un texte, vaut appropriation par le juge de ce texte et celui-ci doit être regardé comme étant son œuvre ». La précision n'est sans doute pas le fruit d'une situation totalement assumée par le juge. L'office du juge civil paraît faible en matière de protection d'un contribuable subissant une mesure d'investigation de l'administration fiscale.

---

[106] J. GROSCLAUDE, Ph. MARCHESSOU, B. TRESCHER, *Procédures fiscales*, *op. cit.*, p. 182.
[107] Cass. com. 22 juillet 2000, n°98-30-366.
[108] Cass. com., 25 sept. 2012, n°11-24.536, F-P+B, *Sté BRM – Conseil et a.*, *Droit Fiscal*, 2012, n°40, Act. 383.
[109] Cass. com. 14 décembre 2010, n°10-13.601, *Droit Fiscal*, 2011/4, comm. 135, note F. MARTINET ; Cass. com., 29 octobre 1991, n°90-13.368, FOUQUET et PELFANIAN : JurisData n°1991-003367 ; *Bull. civ.* 1991, IV, n°322 ; *Droit Fiscal*, 1992, n°12, comm. 625 ; *JCP E* 1992, II, n°36 ; *RJF*, 1/1992, n°80. – Cass. crim., 22 mars 2001, n°99-30.197, F-D, *Sté Trigone Conseil Littoral* : *JCP G* 2001, n°23, p. 1137 ; *RJF*, 10/2001, n°1252 – Cass. com., 15 décembre 2009, n°09-12.734, F-P+B, *Sté Agence maritime africaine (AMA)* : JurisData n°2009-050881 ; *Droit Fiscal*, 2010, n°15, Étude 269, A. ANGOTTI et M. RODRIGUE.

356. La vie privée est un autre droit du contribuable protégé traditionnellement par le juge civil. En effet, sa définition émane du Code civil, norme de référence du juge judiciaire en ces termes : « Chacun a droit au respect de sa vie privée »[110]. Le juge civil semble discret sur le sujet et seuls quelques rares exemples parsèment la jurisprudence en matière fiscale. Cette rareté peut être identifiée par exemple dans une affaire jugée en 2014 où le requérant demandait qu'une disposition du CGI soit transmise par le juge devant le Conseil Constitutionnel pour « atteinte au respect de sa vie privée et familiale »[111].

357. La jurisprudence du Conseil d'État du 24 avril 2011[112] porte un coup au monopole détenu jusqu'alors par le juge civil en la matière en considérant que « la protection de la vie privée ne relève pas, par nature, de la compétence exclusive des juridictions judiciaires ». Avec cette décision, le juge judiciaire perd une compétence traditionnelle dont il conservait un prestige et un monopole, mais qu'il ne protégeait pas de façon régulière. Le contribuable soumis à un contrôle sur place ne sera ainsi pas davantage protégé devant le juge civil que devant le juge administratif en matière de vie privée ou de protection du domicile. Face à l'administration exerçant ses pouvoirs d'investigations le contribuable semble peu protégé par un juge civil exerçant un office peu efficient. Au-delà de cette protection parcellaire, le juge civil est compétent en matière de protection du contribuable face aux procédures de recouvrement de la dette fiscale.

C – La compétence du juge judiciaire en matière de recouvrement forcé

358. Le juge civil et plus précisément le juge de l'exécution (JEX) dispose d'une compétence en matière de recouvrement, qui le distingue d'une attribution de juge statuant en matière fiscale. Il jouit de cette prérogative depuis 1818, date à laquelle le juge judiciaire est reconnu compétent pour s'assurer de la régularité en la forme des actes de poursuite[113]. Dans ce cadre, ce n'est pas la quotité de la dette du contribuable

---

110 Article 9 alinéa 1er du Code civil.

111 Cass. com., 6 mai 2014, n°13-13.301 et n°13-13.302, Inédit *Recueil Lebon* ; voir aussi : Cass. com. 26 avril 2017, n°15-26.158, Inédit *Recueil Lebon.*

112 CE, 9e et 10e ss-sections réunies, 24 avril 2011, n°314577.

113 J.-J. BIENVENU, « Variations sur les difficultés de fonder le partage des compétences juridictionnelles », *RFFP,* n°17, 1987, p. 32.

à l'égard du Trésor qui est mise en cause, mais la procédure pour la recouvrer.

359. L'article L. 281 du LPF énonce une compétence générale du JEX en matière de recouvrement. Les 3e et 4e alinéas de l'article prévoient que : « Les contestations relatives au recouvrement ne peuvent pas remettre en cause le bien-fondé de la créance. Elles peuvent porter : 1° Sur la régularité en la forme de l'acte. (…) Les recours contre les décisions prises par l'administration sur ces contestations sont portés dans le cas prévu au 1° devant le juge de l'exécution ».

360. La place du juge civil, incarné par le juge de l'exécution (JEX)[114], est limitée dans le cadre du contrôle de « régularité formelle des actes de recouvrement ». Par ce contrôle, le juge se limitera à contrôler si matériellement la procédure de recouvrement n'a pas été entachée d'illégalité. Un commandement de payer ou un acte de saisie de l'administration pourra faire l'objet d'une analyse par le JEX[115]. En principe, il s'agit du président du tribunal judiciaire ou d'un magistrat qu'il aura délégué à cette fonction. Dans le cadre de l'opposition aux actes de poursuite, la compétence du JEX est d'ordre public et exclusive[116]. Le JEX ne pourra être saisi sur le fondement d'une contestation du montant de l'impôt, nous retrouvons ici le dualisme juridictionnel prévu à l'article L. 199 du LPF. Parfois, la frontière peut être mince entre une contestation qui relève de la forme ou de l'obligation de s'acquitter de la dette fiscale. Le Tribunal des conflits interviendra dans ce cadre pour identifier la séparation, et attribuer au JEX ou au juge de l'assiette compétent le litige pendant[117]. La place du juge civil est cantonnée au contrôle en la forme. Par conséquent, son apport est limité, mais néanmoins nécessaire. Ce contrôle formel, ne

---

[114] Le « JEX » est une juridiction particulière du droit civil. Il est principalement compétent en matière d'exécution forcée d'une décision juridictionnelle. Cette juridiction est créée par la Loi n°91-650 du 9 juillet 1991 portant réforme des procédures civiles d'exécution.

[115] V. par ex. : CA Rennes, 2e ch., 17 novembre 2011, n°10/00361 ; CA Angers, 1re ch. A, 8 septembre 2009, n°08/01384 ; Cass. com., 25 mars 2014, n°12-27.612.

[116] Article R. 121-1 du CPCE - Voir Cass. com., 25 juin 2013, n°12-23.693.

[117] TC, 13 décembre 2004, n°04-03.421, *Bull civ.* n°24 : Le JEX est compétent en matière de contrôle des notifications des titres exécutoires administratifs et des envois des notifications d'actes préalables de poursuites.

nécessitant pas d'investigation particulière, est assuré correctement par le juge civil spécialisé[118].

361. L'alinéa 7 de l'article L. 281 du LPF rejoint le dualisme de l'article L. 199 du LPF et prévoit une place plus large au juge civil[119]. Lorsqu'il devient ici juge de l'opposition à contrainte et juge de l'opposition à poursuite, le juge civil coiffe une double casquette. Compétent en matière de contestation reposant sur les actes de recouvrement (avis de mise en recouvrement[120], avis à tiers détenteur[121]), il devient également compétent pour trancher un litige reposant sur l'obligation de payer. Le JEX conservera une compétence exclusive pour trancher un litige relatif aux irrégularités d'un acte d'exécution émanant de l'administration[122].

362. Là encore le dualisme juridictionnel en matière fiscale est source de difficultés. Au-delà du dualisme en matière d'assiette, nous retrouvons au sein même de la compétence du juge civil une seconde ramification entre d'une part le juge civil du Tribunal judiciaire, et d'autre part le JEX compétent exclusif en matière d'actes de recouvrement. Unité d'ordre juridictionnel ne rime pas avec unité de juge[123]. En matière de recouvrement, le contribuable est ainsi soumis à une dualité de procédure scindée entre

---

118 Cass. 2e civ., 19 octobre 2017, n°16-21.939, F-D, comm. Ch. LAPORTE, *Procédures* n°12, 2017, comm. 302.

119 Les impôts concernés ici sont : les droits d'enregistrement, l'IFI, les droits de timbre, de contributions indirectes et de taxes assimilées à ces droits, taxes ou contributions.

120 J. DEFLINE, « Avis de mise en recouvrement (AMR) », *in* G. ORSONI (dir.) *Finances publiques. Dictionnaire encyclopédique*, 2e édition, Paris, Economica, 2017, p. 79 : « Titre exécutoire (article L. 252 A du Livre des procédures fiscales) qui authentifie une créance fiscale en cas de défaut de paiement à l'échéance, devant indiquer clairement et distinctement les impositions et leurs montants respectifs. Les dispositions relatives à l'avis de mise en recouvrement ressortent des articles L. 256 et suivants du Livre des procédures fiscales. L'AMR contient l'affirmation de la créance, c'est-à-dire l'identité du redevable et la description de la créance, ainsi que l'indication des effets du titre ».

121 M. ABDULGHANI, « Avis à tiers détenteur », *in* G. ORSONI (dir.), *Finances publiques. Dictionnaire encyclopédique*, 2e édition, Paris, Economica, 2017, p. 79 : « Acte de procédure ayant pour objectif la mise en recouvrement forcé d'impôts, de pénalités et de frais accessoires dont le recouvrement est garanti par le privilège du Trésor ».

122 Article L. 281 du LPF.

123 Th. GAUTHIER, « Le juge judiciaire de l'impôt », *in Actes du colloque : Juge pénal et juge de l'impôt, RJF*, 2016, n°38, Étude 492.

l'éventuelle contestation de l'obligation de payer[124] et la contestation de l'acte de poursuite.

363. Face à un juge saisi de manière épisodique en matière fiscale, produisant un apport limité, parfois même associé à des pratiques reflétant un faible intérêt pour la matière, le juge administratif occupe la majorité de la scène.

§2 – La production constante de la juridiction administrative

364. Certes, pour le juge administratif, « la fiscalité est une compétence parmi d'autres »[125], mais force est de constater que parmi ses attributions, elle occupe une place de choix. BERNANOS comparait la justice française à une cathédrale modifiée, transformée par les siècles[126], la justice administrative ne fait pas exception. Son évolution progressive a permis d'installer le juge administratif à la table des juges indépendants alors que la création des Cours administratives d'appel constitua un alignement juridictionnel avec son homologue. Le juge administratif aujourd'hui hégémonique en matière fiscale occupe une place quantitative et qualitative importante, de sorte qu'il est partiellement spécialisé en matière fiscale (**A**) et qu'il produit une jurisprudence importante (**B**).

A – Un juge partiellement spécialisé

365. Avec plus de 24 000 jugements rendus par an en matière fiscale, le juge administratif est quantitativement le juge le plus actif[127]. Juge de plein contentieux, il dispose comme son homologue judiciaire d'un pouvoir étendu lorsqu'il est amené à trancher un litige opposant l'administration fiscale au contribuable. Juge « naturel » en matière de contentieux opposant l'État et le citoyen, la matière fiscale incarnant une attribution régalienne et

---

[124] Cass. com., 11 mars 2003, n°00-20.737, *Bull. civ.* 2003, IV, n°39.

[125] Ph. MARTIN, « La jurisprudence fiscale de la CJCE du point de vue du Conseil d'État (France) », *op. cit.*

[126] R. BADINTER, « Une si longue défiance », *Pouvoirs*, 1995, n°74 *Les juges*, p. 7.

[127] Source : DIRECTION GÉNÉRALE DES FINANCES PUBLIQUES, *Rapport d'activité de l'année 2019*, p. 56.

imprégnée de prérogative de puissance publique semble être familière pour le juge administratif.

366. L'importance du contentieux fiscal pour le juge administratif se retrouve à travers la structure de ses juridictions. Dès la première instance[128], le contribuable s'adressera à une chambre partiellement spécialisée en matière fiscale. Souvent, les Tribunaux administratifs répartissent la matière fiscale en deux chambres, par ailleurs compétentes sur d'autres sujets[129]. À la différence du juge civil qui n'attribue pas officiellement la matière fiscale à une chambre, le Tribunal administratif réserve une place aux questions fiscales, permettant aux magistrats de se spécialiser au moins grâce à la récurrence des affaires.

367. La même répartition sur deux chambres se retrouve dans l'organisation des Cours administratives d'appel. Les 8 Cours d'appel créées en 1987 permettent ainsi aux contribuables d'être rejugés par des magistrats eux aussi en partie spécialisés. Devant le Conseil d'État, les 3e, 8e, 9e et 10e chambres de la section du contentieux se voient attribuer des litiges opposant l'administration fiscale aux contribuables[130].

368. Devant le Conseil d'État comme devant les Cours administratives d'appel, le domaine fiscal est le deuxième motif de saisine, il n'a pourtant pas été jugé opportun de lui affecter une chambre dédiée[131]. Les juges administratifs siégeant dans ces chambres partiellement fiscales, confrontés quotidiennement au contentieux fiscal pourront sans doute développer une expertise en la matière. Néanmoins, cette spécialisation d'un juge que par raccourcis certains appellent « juge de l'impôt » doit être nuancée alors

---

128 15 187 affaires tranchées par les TA en 2019. Source : DIRECTION GÉNÉRALE DES FINANCES PUBLIQUES, *Rapport d'activité de l'année 2019*, p. 56.

129 Par exemple, le Tribunal administratif de Paris réparti le contentieux fiscal sur les deux premières sections de sa juridiction, parmi les contentieux des collectivités territoriale, des étrangers, transports, fonctionnaires et agents publics, éducation-recherche… Celui de Marseille réparti le contentieux fiscal sur les 6e et 7e chambres, par ailleurs compétentes en matière de droits des personnes et libertés publiques, dommage de travaux publics, permis de conduire, éducation et recherche.

130 E. JEULAND, L. VEYRE, *Institutions juridictionnelles*, Paris, PUF, coll. Thémis droit, 2021, p. 447.

131 En 2018, 14,6% des affaires enregistrées devant les CAA et 17,95% devant le Conseil d'État étaient de nature fiscale. Source : CONSEIL D'ÉTAT, *Rapport d'activité 2019*, p. 33.

qu'elle est troublée par une répartition du contentieux mêlant la fiscalité au contentieux des agents publics ou des transports.

369. Le profil du juge administratif est également partiellement spécialisé alors, qu'à la différence du juge civil suivant une période de formation à l'École nationale de la magistrature, il est intégré directement après un concours[132]. Même si conformément à l'article L. 232-2 du CJA, certains magistrats sont issus des rangs de l'ENA, une formation spécifique à la matière fiscale semble discrète dans la grande école dédiée à la formation des hauts fonctionnaires[133]. Seuls les magistrats recrutés au tour extérieur, déjà fonctionnaires éventuellement en provenance de la DGFiP et suivant une formation de 6 mois au Centre de formation de la juridiction administrative située à Montreuil sont susceptibles d'être formés à la matière fiscale. Au-delà d'une existence matérielle en partie reconnue par l'ordre administratif, la production prétorienne illustre la place conséquente qu'occupe la matière fiscale dans son office.

B – Une jurisprudence foisonnante

370. La jurisprudence administrative en matière fiscale est assurément dense et régulière. L'affectation légale du contentieux fiscal en est sans doute la raison première. L'apport jurisprudentiel à la discipline, comblant les lacunes des textes, est une réalité se reflétant notamment par la fréquence de décisions publiées au *recueil Lebon* en matière fiscale[134]. Régulier, l'apport du juge administratif n'en demeure pas moins inégal en volume et en valeur en ce qui concerne les dispositions légales en vigueur[135].

371. Le président de la Cour administrative d'appel de Paris affirme sans ambages que la cour « se trouve souvent en première ligne pour dégager

---

[132] « Les fiches pratiques de la juridiction administrative », www.conseil-etat.fr.

[133] L'École Nationale d'Administration a réformé son offre de formation à la suite de la Loi du 6 août 2019 portant transformation de la fonction publique autour de trois compétences : 1- concevoir, mettre en œuvre et évaluer les politiques publiques, 2- piloter la transformation de l'action publique, 3- exercer les missions essentielles de l'État. La matière fiscale semble absente de la formation.

[134] Approximativement 140 décisions de nature fiscale publiées au *recueil Lebon* en 2020. Source : Légifrance.fr.

[135] M.-A. LATOURNERIE, « L'apport de la jurisprudence administrative au droit fiscal » *in* R. HERTZOG, *Le juge fiscal, op. cit.*, pp. 239-250.

les "nouvelles tendances" fortes du contentieux fiscal »[136]. Ce constat montre l'hégémonie du juge administratif sur une matière pourtant répartie sur les deux ordres. Il faut reconnaître que la production de décisions émanant du juge administratif en matière fiscale a permis sur de nombreux points de combler les lacunes des textes, voire de préciser des notions sibyllines. Plusieurs exemples ont montré l'apport majeur de la jurisprudence du juge administratif en matière fiscale, renfonçant sa place de juge de droit commun en matière fiscale.

372. Citons notamment la définition de l'acte anormal de gestion, notion considérée comme une théorie prétorienne. Elle permet d'apprécier la régularité de la comptabilisation des produits et la déduction des charges effectuées par l'entreprise vis-à-vis de l'intérêt de l'entreprise[137]. Selon la formule du président RACINE, « l'acte anormal de gestion est le fruit de l'acclimatation ou de la transplantation en droit fiscal du concept commercial d'acte non conforme à l'intérêt social »[138]. Cette notion non définie par les textes légaux est cruciale lorsque l'administration exercera son pouvoir de contrôle à l'égard d'entreprises subissant un anéantissement de sa raison sociale par un dirigeant désireux d'éluder l'impôt. L'article 39 du CGI relatif au bénéfice net de l'entreprise est en effet bien insuffisant. Grâce à deux conditions édictées par la jurisprudence administrative, la condition objective et l'intention délibérée, le juge pourra circonscrire cette situation frauduleuse[139]. La décision de principe rendue en plénière fiscale *Société Croë Suisse* du 21 décembre 2018[140] contenant cette définition vise à mettre fin à des variations jurisprudentielles.

---

136 P. FRYDMAN, « Avant-propos, Jurisprudence fiscale de la cour administrative d'appel de Paris », *Droit Fiscal*, 2015, n°50, Chron. 722.

137 O. DEBAT, *Droit fiscal des affaires*, 20e édition, Paris, Dalloz, Collection Précis, 2021, pp. 70 et s. ; Th. LAMBERT, *Procédures fiscales, op cit.*, p. 378.

138 CE, plèn., 27 juillet 1984, n°34588, conclusions P.-F. RACINE, *RJF*, 10/84, n°563.

139 E. JOANNARD-LARDANT, F. LERAT, V. VILLETTE, « La preuve de l'acte anormal de gestion : le droit et la pratique », *Droit Fiscal*, 2019, n°41, Étude 394. Voir : N. LABRUNE, « Retour à la normale de l'acte anormal de gestion : l'abandon du risque manifestement excessif », *RJF*, 2016, n°11, p. 1245.

140 CE, plèn., 21 décembre 2018, n°402006, *Sté Croë Suisse, Lebon.* Le juge définit l'acte anormal de gestion comme « l'acte par lequel une entreprise décide de s'appauvrir à des fins étrangères à son intérêt ». Cette définition a été déclinée et précisée dans sa portée par la décision CE, 4 juin 2019, n°418357, *Sté d'investissements maritimes et fonciers*, mentionné aux tables du *recueil Lebon.*

373. Autre exemple de l'apport du juge administratif à des notions-clefs du droit fiscal, l'examen de situation fiscale personnelle (ESFP) a également bénéficié de l'apport prétorien. L'article L. 12 du LPF énonce la méthode de cet examen dirigé à l'égard des particuliers, mais est largement insuffisant. Le juge est venu ainsi affiner ce terme en indiquant notamment les indicateurs permettant de distinguer l'ESFP d'autres contrôles comme le contrôle sur pièce ou la vérification de comptabilité[141].

374. La disparité rencontrée sous l'angle quantitatif se retrouve ainsi sous l'angle qualitatif où le juge administratif à la différence de son homologue judiciaire apporte à la matière fiscale, définitions et précisions nécessaires. Par l'apport régulier de parcelles de droit comblant les lacunes des textes, le juge administratif s'est imposé en matière fiscale. Cette hégémonie alimente la vision de « juge de l'impôt » attribuée à un juge spécialisé en matière de contentieux entre le détenteur de la puissance publique, mû par l'intérêt général et le citoyen. Cette conception certes en partie réaliste ne doit pas cacher des failles à l'image d'une spécialisation partielle et d'une reconnaissance insuffisante de la matière fiscale parmi les attributions du juge administratif.

---

[141] CE, 11 juillet 1988, n°73303, *Lebon*. Voir J. TUROT, « Vers une articulation cohérente des différentes procédures de contrôle de l'impôt sur le revenu », *RJF*, 1988, n°10, pp. 574-577.

Conclusion du Chapitre 2

375. Pour TROTABAS, quelles que soient les justifications de la fracture du contentieux fiscal, ces justifications « méconnaissent le statut du contribuable qui est identique en matière d'impôt direct et d'impôt indirect »[142]. Plus largement, le dualisme du contentieux fiscal ne coïncide pas avec l'unité de la situation fiscale du contribuable disposant d'un seul foyer fiscal et d'un seul patrimoine. Il apparaît comme un inconvénient pour le contribuable qui sera placé devant potentiellement deux juges différents en fonction de l'impôt litigieux. Cette complexité ne correspond pas à la réalité du contribuable qui s'acquitte de l'impôt en fonction de ses capacités contributives, de son patrimoine, auprès d'une seule administration. Le dualisme ne se réalise ainsi qu'en matière de contentieux, au moment où les divergences entre les parties pourraient se passer d'une complexité supplémentaire.

376. À la différence du professeur Christian ATIAS qui écrivait que « les divergences d'analyse, les variantes de la signification des arrêts n'ont rien de pathologique ou de reprochable ; elles sont normales car elles enrichissent le droit et constituent un instrument privilégié pour la rectification des erreurs que l'expérience révèle »[143], nous considérons qu'elles constituent, *a fortiori* sur une même matière, un risque non négligeable. Le dualisme n'est à l'évidence pas plus un facteur d'unité de la jurisprudence fiscale qu'un facteur d'enrichissement d'une matière qui pourrait s'enrichir par le perfectionnement d'une juridiction unique plutôt que par un mouvement de submersion alternatif de deux ordres de juridiction. Peut-on souscrire à la thèse du professeur Alexandre MAITROT DE LA MOTTE défendant l'idée que certaines divergences sont « relativisables »[144] ? Nous ne le croyons pas. Tout risque de divergence,

---

142 L. TROTABAS, *Précis de science et législation financières*, 11e édition, Paris, Dalloz, coll. Petites précis Dalloz, 1953, p. 323.

143 Ch. ATIAS, « La Cour de cassation, gardienne de l'unité du droit », *in* LABORATOIRE D'ÉPISTÉMOLOGIE JURIDIQUE (coll.), *L'image doctrinale de la Cour de cassation*, Paris, la Documentation française, 1994, p. 81.

144 A. MAITROT DE LA MOTTE, *op. cit.*

chaque interprétation hétérogène entre les deux ordres de juridiction marquent une potentielle inégalité voire un affaiblissement de la lisibilité des règles fiscales.

377. Au terme de l'analyse des rapports entre les deux ordres de juridiction, de leur interprétation des textes, de leurs rapports avec le juge européen, il faut reconnaître que le dualisme n'apporte guère plus que de la complexité en matière fiscale. S'il faut prendre en compte les mécanismes d'harmonisation comme la question préjudicielle ou le mouvement naturel des « juges suprêmes », le constat n'est pas à placer au bénéfice du droit ou du contribuable lui-même. La production jurisprudentielle de deux ordres de juridictions, constitue un facteur d'inégalité de traitement du contribuable, que tend à se réduire, mais qui demeure comme une faille dans laquelle chacun des juges comme le contribuable peut sombrer.

378. *In fine,* étudier le dualisme dans son apport jurisprudentiel nous conduit à deux conclusions possibles. Si nous considérons le dualisme comme un facteur d'apport à la matière fiscale, un vecteur d'amélioration des garanties du contribuable, il faudra conclure que les deux ordres n'ont pas le même apport et que, dès lors, le contribuable ne sera pas protégé de la même façon lorsqu'il est placé devant un juge partiellement spécialisé ou devant un juge épisodiquement saisi. Si nous considérons que les dissonances sont réduites et que de fait, les positions des deux ordres sont harmonisées, l'apport du dualisme dans un environnement standardisé perd son intérêt. Dans les deux cas, le dualisme n'emporte plus à notre époque de justifications suffisantes pour compenser la complexité de la procédure et le risque de fracture d'une même matière, de trouble de la procédure pour le contribuable. Cette plaie suturée qu'est le contentieux fiscal ne saigne plus, mais demeure présente. À l'apposition de divers pansements nous préférons la cicatrisation définitive, permettant à la matière de se réunir, sans tension et à la création d'un espace durablement uniforme.

Conclusion du Titre 2

379. Incontestablement, le dualisme juridictionnel incarne une complexité de la procédure fiscale. Cette complexité pourrait trouver une contrepartie permise par une expertise particulière en fonction de l'impôt litigieux ou par une protection performante développée au terme de « dialogue des juges ». Deux ordres de juridiction, penchés sur le berceau du contentieux fiscal, auraient pu produire une attention salutaire pour une matière complexe. Le contribuable aurait pu tirer avantage de cette submersion successive de deux ordres accompagnés de leurs textes de référence. Au-delà du citoyen, la discipline aurait pu en sortir renforcée tant les apports successifs l'auraient enrichie. Un alliage puissant aurait pu se créer comme le carbone et le fer forment un acier flexible et résistant.

380. En réalité, le rapport coût/avantage, est nettement négatif pour le contribuable qui subit un trouble au moment de saisir le juge, un risque de divergence de jurisprudence ou une inégalité de qualité de la justice rendue en fonction de l'ordre juridictionnel mobilisé. Subissant des textes obscurs, mal rédigés, mal codifiés, il doit de surcroît déterminer le juge compétent et les textes applicables. La matière, fracturée, est affaiblie par une complexité qui la sclérose, qui affecte ses atouts, sa clarté, son accessibilité et sa perception par le citoyen.

CONCLUSION DE LA PARTIE 1

381. La complexité du dualisme juridictionnel en matière fiscale a été, pour les agnostiques de ce sujet, clarifiée. Son existence est indiscutable, ses effets négatifs nombreux, ses justifications caduques.

382. Ce dualisme entrave un contentieux sensible, subissant une phase administrative préalable et décourage potentiellement le citoyen de gravir la montagne du contentieux fiscal. Le faible recours au juge en proportion des réclamations administratives peut incarner une réussite d'une phase de dialogue entre l'administration et le contribuable. D'aucuns se féliciteront d'éviter un contentieux long, coûteux et incertain. Mais cette réticence du citoyen à se présenter devant le juge rendant la justice au nom du peuple français est-elle un signal positif ? Craindre de gravir les marches d'un tribunal pour se voir rendre justice et préférer un accord est-il un signal de bonne santé de la justice en matière fiscale ?

383. Le dualisme incarne cette complexité ubuesque qui n'emporte plus guère davantage, mais nombre de reproches. En tant que malformation originaire, il convient de proposer une réponse à la position indélicate dans laquelle est placé le contribuable. Mettre fin à un ordre établi depuis la Révolution devient une nécessité pour rapprocher le contribuable de l'impôt et de son juge. Les tensions sociales passées, souvent nées d'une incompréhension, d'un sentiment d'injustice fiscale montrent combien cette réforme est nécessaire. Mettre fin au dualisme juridictionnel du contentieux fiscal emporte une simplification en cascade nécessaire à une matière aux enjeux majeurs, mais dépourvue d'une vision d'ensemble.

PARTIE II – UN MONISME JURIDICTIONNEL VERTUEUX

384. « La vertu est le juste milieu entre deux vices » pour ARISTOTE[1]. Si le monisme est la vertu, ses dérives pourraient ainsi être le simplisme et la démagogie. En l'espèce, le simplisme sera écarté par une réforme aux effets unificateurs, mais respectueux des enjeux du contentieux fiscal et des exigences d'une justice de qualité. La démagogie de simplifier à tout prix des sujets complexes, quitte à produite plus d'inégalités que de progrès, est écartée par l'exigence de simplifier pour renforcer la protection du contribuable. L'unification devenant une exigence démocratique se pare de vertu et devient absolument nécessaire et éloignée de considérations politiques ou populistes. Pour atteindre cette vertu, des réformes matérielles et organiques sont nécessaires.

385. Le monisme organique verra apparaître un juge spécialisé chargé de produire une jurisprudence harmonisée et une protection efficace et égale, quel que soit l'impôt litigieux. L'hypothèse de confier la compétence à un juge existant est une première étape qui interroge. Le juge civil, épisodiquement saisi ne pourrait incarner ce juge unique en matière fiscale tant la puissance publique irrigue ce contentieux. L'hypothèse d'attribuer au juge administratif la compétence de trancher les litiges entre l'administration fiscale et le contribuable pourrait être séduisante, mais emporte des inconvénients insurmontables qui nous conduiront à envisager une troisième voie, celle d'un juge spécialisé (**Titre 1**).

386. Si depuis l'Antiquité, l'interprétation extensive de la loi fiscale est perçue comme « une source intolérable d'abus et d'arbitraire »[2], en matière fiscale, elle est largement concurrencée par d'autres sources ajoutant au traditionnel millefeuille des strates écrasant l'ensemble. Cette superposition

---

[1] ARISTOTE, *Éthique à Nicomaque,* Partie II - La vertu, Paris, Flammarion, 2004, p. 128.

[2] J.-P. MAUBLANC, *L'interprétation de la loi fiscale par le juge de l'impôt*, Thèse dactyl., Bordeaux I, 1984, p. 10.

de normes produites par l'administration ou par l'ensemble des juges exerçant leur office en matière fiscale affecte la clarté et la cohérence du contentieux fiscal. Le monisme unificateur apportera, tant à la structure juridictionnelle qu'à la base normative du contentieux fiscal, une nécessaire simplification. Cette simplification s'inscrit dans un objectif de meilleur accès au juge, de respect du principe du procès équitable, mais aussi de réconciliation entre le contribuable, l'impôt et son juge. Par ses enjeux particuliers, le droit fiscal, conciliant l'exigence de fournir à l'État des ressources nécessaires avec les droits et libertés assurés au contribuable, exige une procédure contentieuse strictement respectueuse des principes fondamentaux (**Titre 2**).

TITRE 1 – LE MONISME ORGANIQUE : LA CRÉATION D'UN JUGE DE L'IMPÔT

387. Mettre définitivement un terme à l'atomisation du contentieux fiscal exige une réforme de fond, structurelle, devenant nécessaire si réellement, une volonté de simplifier cette branche du droit est confirmée. Créer un juge de l'impôt unique et spécialisé est l'étape permettant une simplification globale, par ruissellement du juge jusqu'au contribuable en passant par les normes applicables. Dans cette perspective, plusieurs chemins pourraient nous conduire au monisme vertueux.

388. L'évidence conduirait en direction du juge actuellement le plus proche de l'incarnation du juge de l'impôt. Parmi le dualisme que nous connaissons, le juge administratif a largement supplanté le juge civil en matière fiscale. Tant en termes de quantité de décisions rendues que de jurisprudences à remarquer, le juge administratif est actuellement hégémonique en la matière. Incarnant, le juge des litiges opposant le détenteur de la puissance publique au citoyen, il trouverait une place naturelle en matière d'impôt. Il faudra ainsi envisager l'hypothèse paraissant la plus accessible et la moins coûteuse, l'attribution du contentieux fiscal au juge administratif (**Chapitre 1**).

389. Bien que séduisante par sa facilité, la réforme en faveur de l'attribution de l'ensemble du contentieux fiscal au juge administratif emporte des inconvénients, des entraves et *in fine* des obstacles insurmontables. Bien que plus ambitieuse à mettre en œuvre, une seconde voie s'ouvre devant le réformateur. Pour mettre fin à cette complexité néfaste, confier le contentieux fiscal à un juge dédié et spécialisé apparaît comme le choix le plus efficient. Il faudra alors envisager un ordre de juridiction détenant le monopole du contentieux fiscal, offrant au contribuable une justice rapide, spécialisée, proche et compréhensible (**Chapitre 2**).

CHAPITRE 1 – L'unification du contentieux fiscal autour du juge administratif, une alternative peu satisfaisante

390. Le juge administratif tranche la quasi-intégralité du contentieux fiscal. À l'image du plus célèbre personnage de Bram STOKER, le juge administratif s'est nourri du contentieux fiscal jusqu'à ne laisser que quelques gouttes à son homologue judiciaire. Comme lui, ce métamorphe sait changer son apparence pour incarner tantôt le juge de la fonction publique, le juge de l'excès de pouvoir ou encore le juge de l'impôt. Fruit d'une attribution croissante, cette hégémonie en la matière est aujourd'hui acquise. Alors que notre thèse défend les vertus du monisme juridictionnel au détriment d'un dualisme complexe et obsolète, l'hypothèse de confier à un juge existant l'intégralité du contentieux fiscal doit être posée. Naturellement notre regard se porte sur le juge administratif actuellement le plus spécialisé en la matière et parfois abusivement appelé « juge de l'impôt ». Il faudra ainsi envisager les éléments favorables à cette attribution exclusive, mais également les entraves empêchant la réalisation de la fusion autour de lui.

391. « Le contentieux administratif, contentieux de la puissance publique » écrivait René CHAPUS, fait appel à « la compétence de la juridiction administrative (qui) est avant tout liée à la mise en œuvre des procédés de la puissance publique »[1]. Incarnation de la souveraineté nationale, la levée de l'impôt est fondamentalement attachée aux pouvoirs régaliens de l'État. Pour certains auteurs, le droit fiscal est considéré comme « une branche du droit public »[2]. L'article 13 de la Déclaration y voit le moyen d'entretenir la force publique et d'assurer les dépenses d'administration. Quelle plus belle illustration de la puissance publique que l'établissement et le recouvrement de l'impôt ? L'impôt est également

---

[1] P. AMSELEK, *Études de droit public*, Paris, éditions Panthéon-Assas, coll. Les introuvables, 2009, p. 185.

[2] P. BELTRAME, L. MEHL, *Techniques, politiques et institutions fiscales comparées*, 2e édition refondue, Paris, PUF, coll. Thémis Droit public, 1997, p. 596.

imprégné des notions de service public, d'intérêt général[3], étant destiné à couvrir le financement des charges publiques et donc le financement de l'État.

392. Au niveau de sa création et de sa modification, l'article 34 de la Constitution impose la compétence du Parlement, incarnation de la souveraineté nationale. Issu de la loi, l'impôt est aussi le fruit d'une politique financière élaborée par le pouvoir exécutif. Subordonné au Premier ministre et parfois au chef de l'État, le ministre des Finances[4] incarne la « cheville ouvrière » de la loi fiscale. Enfin, au moment de son établissement, de sa liquidation, et de son recouvrement, l'administration fiscale assure l'exécution matérielle des dispositions fiscales contenues dans la loi.

393. Naturellement, le contentieux concernant un acte aussi imprégné de puissance publique semble échoir au juge administratif spécialement compétent pour trancher les litiges entre le détenteur de la puissance publique et le citoyen. La réalité n'est toutefois pas aussi harmonieuse, puisqu'en matière fiscale le juge civil assure une partie du contentieux. Si la vision moniste du contentieux fiscal guide notre réflexion, il faut reconnaître que le juge administratif est aux portes du monopole en la matière. À un tel point que, par abus de langage, lorsque certains auteurs parlent de « juge de l'impôt », ils font référence implicitement au juge administratif.

394. Confier l'intégralité du contentieux fiscal à un juge spécialisé dans les relations entre l'État et le citoyen, traitant l'immense majorité du contentieux fiscal semble être une hypothèse sérieuse. Défendre la spécialisation apparaît comme une évidence face à un contentieux particulièrement technique et complexe. Cette notion de spécialisation du juge en matière fiscale correspond à une vision de précision, de domaine de compétence restreint au profit d'un approfondissement des connaissances, et une application plus perfectionnée des règles fiscales[5]. Cette précision sera

---

[3] S. DARAGON, *Service public et droit fiscal*, Paris, LGDJ, Bibliothèque de finances publiques et fiscalité, Tome 68, 2019, p. 4.

[4] J. DEFLINE, *Le ministre des Finances sous la Ve République. Contribution à l'étude du désenchantement d'une toute-puissance*, Paris, LGDJ, Bibliothèque de science financière, 2021, p. 227.

[5] Pour la lexicographie du CNRTL, la définition du verbe « spécialiser » correspond à « rendre quelqu'un ou quelque chose apte à un emploi précis déterminé, restreint » ou encore « restreindre par souci d'approfondissement un domaine de connaissance et ses applications ».

à placer au bénéfice du contribuable qui sera traité par un juge dédié, qui rendrait une jurisprudence harmonieuse et de qualité.

395. Les droits d'enregistrement, l'IFI, les droits de timbre et de publicité foncière seraient dans cette hypothèse affectés au ressort du juge administratif, devenu pleinement le juge de l'impôt. D'autant qu'il est déjà partiellement spécialisé par la récurrence des affaires fiscales traitées permettant au juge de se spécialiser, mais aussi, par la structure de l'ordre administratif qui offre une place au contentieux fiscal au sein de chambres spécialisées.

396. Malgré les nombreux arguments en faveur de cette hypothèse, il conviendra d'identifier les obstacles, parfois insurmontables s'opposant à cette unification du contentieux fiscal au profit du juge administratif.

397. Pour trancher en faveur ou en défaveur de l'unification du contentieux fiscal autour du juge administratif, il faudra d'abord identifier l'élément clé lorsqu'on s'intéresse à la compétence du juge administratif : la puissance publique. La présence de prérogatives de puissance publique en droit fiscal sera mise en lumière à travers les diverses procédures applicables aux relations entre le contribuable et l'administration (**Section 1**). Ils constituent les arguments en faveur d'un juge administratif, potentiellement juge unique en matière fiscale. Il faudra ensuite envisager les éléments à ce jour étrangers à l'office du juge administratif pour estimer s'ils pourraient, aux yeux d'un monisme juridictionnel, être intégrés à l'office du juge administratif devenu le seul juge de l'impôt (**Section 2**).

Section 1 – Le juge administratif un potentiel « juge de l'impôt » unique

398. Le juge administratif est spécialisé dans le contentieux opposant le détenteur de puissance publique et le citoyen[6]. La puissance publique peut être définie comme « les modes opératoires conférés par la Constitution ou la loi à tous ceux à qui est confié le bon accomplissement de l'action administrative, de ses fins d'intérêt général et de ses missions de service public, et dont la mise en œuvre leur est réservée en exclusivité afin qu'ils

[6] Voir : R. CHAPUS, *L'administration et son juge*, Paris, PUF, 1999, 426 p.

disposent précisément des moyens de leur action ». Elle « est à l'administration ce que la souveraineté est à l'État : (…) une caractéristique de son être »[7]. Comme les administrations en charge de l'exercice de pouvoirs régaliens, l'administration fiscale bénéficie de cette puissance publique pour exercer sa mission : calculer, contrôler et recouvrer l'impôt.

399. La jurisprudence constitutionnelle a reconnu l'existence de la justice administrative et a énoncé un principe selon lequel, relève de la juridiction administrative « l'annulation et la réformation des décisions prises dans l'exercice des prérogatives de puissance publique »[8]. La notion de prérogative de puissance publique semble fondamentalement liée à l'office du juge administratif. De cette identité originelle découle une proximité naturelle avec la matière fiscale, fondamentalement imprégnée de puissance publique (§**1**). Matériellement, l'ordre administratif est aussi le plus spécialisé puisqu'il dispose de chambres partiellement spécialisées en matière fiscale (§**2**). Tant par la nature du contentieux fiscal que par la structure de son ordre, le juge administratif apparaît comme le plus proche de l'incarnation de « juge de l'impôt ».

§1 – Le contentieux fiscal marqué par une présence forte de la puissance publique

400. Pour aborder l'imprégnation de la puissance publique en matière fiscale, il faut revenir à l'origine de la notion, étroitement liée au droit administratif, alors que pour certains auteurs le droit fiscal, « droit d'inégalité entre le fisc et les contribuables »[9], est même « plus imprégné de puissance publique que le droit administratif ». En tant que moyen du droit administratif et de droit fiscal les prérogatives de puissance publique se développent notamment à travers le privilège du préalable (**A**) ou en matière d'exécution matérielle directe (**B**)[10].

---

[7] B. PLESSIX, *op cit.*, p. 633.
[8] CC, 23 janvier 1987, *Conseil de la concurrence*, note J. CHEVALLIER, *Dalloz*, 1988, p. 177, note F. LUCHAIRE, *Gaz. Pal.*, 18 mars 1987, note Y. GAUDEMET, *RJDA*, 1987, p. 287. Voir en matière fiscale : M. COLLET, « La recevabilité du recours en annulation contre les instructions fiscales », *Droit Fiscal*, 2005, n°25, Étude 23.
[9] J. LAMARQUE, O. NÉGRIN, L. AYRAULT, *op. cit.*, p. 18.
[10] Selon la classification utilisée par le professeur Benoit PLESSIX, *op. cit.*, pp. 634-636.

A – Prérogative d'exécution : le privilège du préalable de l'administration fiscale

401. En droit administratif, le privilège du préalable permet à l'autorité compétente d'exercer une prérogative exorbitante du droit commun conférant unilatéralement à ses actes un caractère intrinsèquement exécutable, s'affranchissant de l'intervention préalable d'un juge[11]. Dès lors, l'administration détient le pouvoir de se délivrer à elle-même un titre directement exécutoire. Si la loi n'attribue pas à l'administration une toute-puissance en matière de privilège du préalable, elle l'affranchit de faire appel au juge dans le but de donner un caractère exécutoire à l'action administrative. Néanmoins, conformément à l'image d'un État de droit, cette unilatéralité est limitée puisque le juge reviendra dans la danse *a posteriori*, si le justiciable conteste l'acte administratif dont il subit les effets.

402. En droit fiscal, cette prérogative de puissance publique se déploie fréquemment à travers plusieurs situations. Le Conseil d'État l'a reconnu en définissant dès 1935 le caractère exorbitant du privilège du préalable[12] et a énoncé le principe selon lequel les organismes habilités à émettre un titre exécutoire ne peuvent saisir le juge d'une demande tendant au recouvrement des créances publiques[13]. La Loi de finances rectificative pour 1992 dispose que « constituent des titres exécutoires les arrêtés, états, rôles, avis de mise en recouvrement, titres de perception ou de recettes que l'État, les collectivités territoriales ou les établissements publics dotés d'un comptable public délivrent pour le recouvrement des recettes de toute nature qu'ils sont habilités à recevoir »[14]. L'article L. 252 A du LPF reprend cette définition et prévoit que les actes émis par l'administration fiscale sont des titres exécutoires à l'image du « rôle », dont seul un extrait est individuel est adressé sous forme d'avis d'imposition. L'article 1658 du CGI dispose que les impôts directs et taxes assimilés, comme l'impôt sur le revenu et les impôts directs locaux, sont recouvrés en vertu « soit de rôles rendus exécutoires par arrêté du directeur général des finances publiques ou du

---

[11] C. HAUUY, « La pérennité du privilège du préalable », *AJDA*, 2015, p. 2363.

[12] CE, sect., 13 décembre 1935, *Min. des Colonies c/ Compagnie des messageries fluviale de Cochinchine*, *Rec. Lebon*, 1935, p. 1186.

[13] CE, 2 juillet 2007, n°294393, *Commune de Lattes*, *tables rec. Lebon* - CE, 3 février 2016, n°388643, *Hôpital de Prades*, *tables rec. Lebon*, *JCP* A, 2016, 2225, note M. KERNEIS-CARDINET.

[14] Loi n°92-1476 du 31 décembre 1992 de finances rectificative pour 1992, *JORF* n°0003 du 4 janvier 1993.

préfet, soit d'avis de mise en recouvrement ». Par conséquent, le contribuable destinataire d'un avis d'imposition est placé face à un extrait de titre exécutoire, mais aussi confronté à l'expression du privilège du préalable. Cet avis, émis dans un but d'information du contribuable de la somme à acquitter matérialise le pouvoir de l'administration, qui dans le cadre de ses prérogatives d'exécution émet un titre exécutoire entraînant le recouvrement de l'impôt. Cet acte administratif de liquidation de l'impôt, imprégné de puissance publique, mais purement informatif ne pourra faire l'objet de recours direct[15].

403. En matière d'impôts indirects, d'impôts sur les sociétés, d'IFI et de TVA, l'administration assoit, liquide et perçoit l'impôt directement et simultanément[16]. Ce second régime de recouvrement de l'impôt correspond aux impôts normalement acquittés spontanément. La liquidation et le recouvrement de l'impôt font dans ce cas suite à une déclaration du contribuable. Dans une telle situation, lorsque le contribuable s'acquitte de l'impôt, il n'y a pas d'émission de titre exécutoire. Toutefois, à l'expiration des délais légaux, le contribuable qui ne s'est pas acquitté de l'impôt dû, recevra un titre exécutoire émis sous la forme d'un avis de mise en recouvrement. Cet acte administratif a pour fonction d'identifier la dette fiscale[17] et de provoquer son recouvrement avant une mise en demeure[18] et d'éventuelles poursuites. Face à cet acte administratif, le contribuable pourra contester la validité de l'avis de mise en recouvrement devant le juge administratif ou devant le juge civil en fonction de la nature de la créance[19].

404. En s'affranchissant du juge lorsqu'elle émet un acte dans le but de recouvrer l'impôt, l'administration fiscale montre qu'elle possède des prérogatives de puissance publique exercées dans l'exercice de sa mission. Ce marqueur montre aussi que la relation bipartite créée avec le contribuable n'est pas assimilable à une relation entre un débiteur et un créancier de droit commun. Le juge administratif « spécialisé » dans les rapports opposant la puissance publique au citoyen trouve ici une justification naturelle de son office. Comme le juge civil trouve sa place en matière de protection des libertés individuelles, le juge administratif, spécialement créé pour les relations opposant « le pot de terre » au « pot de fer » trouve ici toute sa

[15] M. MASCLET DE BARBARIN, *op. cit.*, p. 27.
[16] Article L. 256 du LPF.
[17] CE, 30 octobre 1989, n°78822, *Sofrac, Droit Fiscal*, 1990, n°12, comm. 698.
[18] Article L. 257-0 A du LPF.
[19] Article L. 281 du LPF.

place. Cette relation opposant deux parties aux forces inégales se matérialise encore lorsque l'exécution matérielle du recouvrement se déroule.

B – Prérogatives de coercition : l'exécution matérielle directe

405. Conférer à un acte le caractère exécutoire n'induit pas nécessairement que l'organe qui l'a émis détient le pouvoir de le faire exécuter lui-même, directement. L'administration fiscale bénéficie de cette prérogative à travers l'exécution matérielle directe des actes qu'elle émet. Cette prérogative, permettant de mettre en œuvre des procédures assurant directement l'exécution matérielle d'un acte administratif, emporte des risques. Au regard des droits et libertés reconnus au justiciable, de telles procédures peuvent constituer des violations notamment en cas de manque de diligence de l'administration qui, par exemple, ne serait pas assurée du refus délibéré du justiciable de se conformer à ses obligations. À la différence du privilège du préalable, l'exécution matérielle directe ne constitue pas une prérogative générale octroyée à tout détenteur de prérogatives de puissance publique. L'attribution d'une telle prérogative doit être vue comme une exception concédée par le droit administratif au droit fiscal. Au titre de ces exceptions compte celle prévoyant par la loi d'autoriser l'administration à exécuter directement ses actes sans avoir à recourir au juge.

406. L'administration fiscale bénéficie de cette exception montrant, si besoin était, le caractère particulier de l'action de cette administration dont le but premier est d'établir et de recouvrer l'impôt. Elle lui permet d'ajouter aux actes de recouvrement de l'impôt un caractère directement exécutoire par l'administration elle-même. Le recouvrement entre dans ce champ à travers les procédures de recouvrement forcé d'impôts non acquittés par des contribuables récalcitrants. La procédure de l'avis à tiers détenteur ou le privilège du Trésor illustrent cette compétence exorbitante du droit commun dont dispose l'administration fiscale pour parvenir à recouvrer l'impôt. Les articles 1920 et suivants du CGI octroient à l'administration un privilège sur l'ensemble des biens meubles et immeubles du contribuable, lui permettant d'être payée avant tous les autres créanciers.

407. La procédure de la « saisie administrative à tiers détenteur » (SATD) est une procédure spéciale offerte à l'administration fiscale. Relevant des articles L. 262 et suivants du LPF, elle permet à l'administration d'exercer une saisie auprès d'une personne détenant une somme appartenant au contribuable ayant refusé d'acquitter l'impôt. Elle constitue une mesure de recouvrement forcé[20] particulièrement efficace pour l'administration fiscale qui l'utilise abondamment[21]. Héritée de l'Empire, l'avis à tiers détenteur aujourd'hui SATD n'a pas été fondamentalement réformé, car justifié par l'idée qu'une « nécessité de faire rentrer les impôts peut s'accommoder de quelques libertés avec les garanties données aux citoyens contre les abus possibles des agents de l'État »[22]. Cette vision pour le moins curieuse d'une procédure de recouvrement de la dette fiscale montre néanmoins l'impérieuse nécessité de recouvrer l'impôt même si le cadre légal semblait insuffisant pour protéger les garanties du contribuable. Il demeure que cet acte de recouvrement forcé n'est soumis à aucun formalisme[23]. La puissance de l'administration semble ici exulter, mise en mouvement par une force similaire à une avalanche recouvrant sur son passage les dettes fiscales détenues à l'égard d'un contribuable, ne pouvant échapper à la matérialisation de la puissance publique.

408. L'exercice de l'exécution matérielle directe de l'administration rejoint la conception classique de l'impôt à travers plusieurs éléments. Le caractère obligatoire de l'impôt se retrouve ici, découlant du principe de consentement à l'impôt. Issu directement de la loi, l'impôt est établi unilatéralement et le contribuable ne pourra s'y soustraire. Le caractère de prélèvement effectué en vertu de prérogatives de puissance publique se retrouve aussi à travers la mise en œuvre de ces procédures de recouvrement particulièrement redoutables pour le contribuable récalcitrant.

409. La réception d'un tel acte a pour conséquence directe d'affecter la somme demandée au paiement de l'impôt conformément aux dispositions du CPCE[24]. Comme un créancier aux prérogatives étendues, les services fiscaux pourront grâce à cette procédure, appréhender des sommes détenues par un tiers-détenteur au profit d'un débiteur de l'administration. Le recouvrement est ainsi assuré grâce à une procédure dont le contentieux

---

[20] Cass. com., 16 juin 1998, n°1303 P, *Receveur principal des impôts du Havre Bassins*, *RJF*, n°8-9, 1998, n°1023.

[21] Chaque année, près de 5 millions d'ATD sont émis. Source : DIRECTION GÉNÉRALE DES FINANCES PUBLIQUES, *Rapport d'activité de l'année 2020*, p. 52.

[22] B. POULLAIN, « Avis à tiers détenteur, un acte mettant œuvre une voie d'exécution, non signée par son auteur est… inexistant », *RJF*, 1998, n°4, p. 254.

[23] Cass. mixte, 26 janvier 2007, n°04-10422.

[24] Article L. 211-2 du CPCE.

relève de l'article L. 281 du LPF, donc de l'office du JEX ou du « juge de l'impôt ». Malgré la présence de puissance publique, le contribuable peut actuellement présenter sa requête devant le juge civil ou administratif en fonction de l'impôt litigieux.

410. Le droit fiscal reste ainsi « plus imprégné de puissance publique que le droit administratif »[25], le plaçant naturellement dans l'office du juge administratif. Cette proximité juridique, ouvrant la voie à une affectation du contentieux fiscal au juge administratif à titre principal, se retrouve aussi à travers la structure des juridictions administratives, partiellement spécialisées.

§2 – Existence de chambres « spécialisées » au sein de la juridiction administrative

411. Au terme de l'article L. 190 du LPF, le juge administratif saisi d'un litige fiscal dispose d'un office relevant du plein contentieux[26]. En tant que juge de « pleine juridiction » le juge administratif pourra réformer ou annuler l'acte litigieux en se substituant à l'administration fiscale. Ce pouvoir étendu emporte une nécessité de spécialisation face à une matière unanimement considérée comme technique et complexe. Sous un angle organique, l'ordre administratif reconnaît une place au contentieux fiscal, il est de fait l'ordre le plus proche d'une spécialisation en la matière. En effet, dans les trois juridictions administratives, le contentieux fiscal apparaît dans l'organigramme répartissant les matières par chambre. Cette reconnaissance par le juge est à placer au crédit du juge administratif qui offre une spécialisation partielle en la matière devant le Tribunal administratif (**A**), devant la Cour administrative d'appel (**B**) ou devant le Conseil d'État (**C**). Hélas cette reconnaissance est à relativiser. Loin de présenter des « chambres fiscales », les chambres traitant du contentieux fiscal détiennent aussi de nombreuses autres compétences.

---

[25] J. LAMARQUE, O. NÉGRIN, L. AYRAULT, *op. cit.*, p. 18.
[26] CE, Sect., 29 juin 1962, *Société des aciéries de Pompey*, *Lebon*, p. 438 ; *RO* 1962, p. 132 ; *Droit Fiscal*, 1962, n°31, comm. 861 ; *JCP* G 1963, II, 13026, concl. M. POUSSIÈRE.

A – Une part de spécialisation au sein des Tribunaux administratifs

412. En tant que juge de première instance, juge de droit commun en premier ressort en matière de contentieux relatif aux impôts directs, taxes sur le chiffre d'affaires et assimilées, le juge du Tribunal administratif s'est organisé pour répartir ses compétences et accueillir le contentieux fiscal. Organisés en chambres (de trois pour la juridiction de Nancy, à dix-huit pour celle de Paris), les Tribunaux administratifs incarnent la première étape juridictionnelle d'un contribuable ouvrant une bataille contentieuse avec l'administration. Hormis au sein des plus petites juridictions, le contentieux fiscal est en général présent sur deux chambres, trouvant une place parmi d'autres contentieux opposant l'administration et le justiciable. L'article R. 222-13 du CJA prévoit par ailleurs que les litiges relatifs aux impôts locaux et à la contribution à l'audiovisuel public, ne présentant pas de difficultés particulières, relèvent en principe de la compétence d'un juge unique. Les formations collégiales pourront être mobilisées pour trancher les litiges fiscaux plus complexes.

413. Chaque année, près de 12 000 litiges[27] sont tranchés par une des chambres dédiées au contentieux fiscal au sein des 42 tribunaux répartis sur le territoire. Affecter le contentieux fiscal à des subdivisions de jugement partiellement dédiées permet aux magistrats membres de la chambre de se spécialiser. Cette spécialisation en matière fiscale est toutefois imparfaite, car incomplète. Les chambres ou sections des Tribunaux administratifs ne sont en effet pas consacrées uniquement à la matière fiscale et regroupent d'autres champs. Ainsi, au Tribunal administratif de Paris, le contentieux fiscal est réparti sur deux sections, chacune divisée en trois chambres. Le contentieux fiscal est alors dissout parmi d'autres champs tels que « éducation-recherche ; élections universitaires ; étrangers » pour la première section, ou encore parmi les contentieux des « collectivités territoriales ; économie ; fonctionnaires et agents publics : collectivités territoriales ; établissements hospitaliers ; transports ; étrangers »[28]. Bien que reconnu par la juridiction, le contentieux fiscal réparti sur deux sections parmi d'autres compétences ne peut être considéré comme jouissant d'un traitement spécial devant le juge administratif de première instance. La spécialisation devant le juge administratif de première instance n'est ainsi

---

[27] DIRECTION GÉNÉRALE DES FINANCES PUBLIQUES, *Rapport d'activité de l'année 2020*, p. 55.

[28] Source : http://paris.tribunal-administratif.fr/Le-tribunal-administratif/Organisation.

que partielle. En matière d'appel, la structure juridictionnelle, plus récente demeure proche de la première instance.

B – Une spécialisation partielle de la Cour administrative d'appel

414. Compétente en matière d'appel des recours formés contre les jugements rendus par les Tribunaux administratifs en premier ressort, les Cours administratives d'appel sont les plus récentes parmi les juridictions administratives. La création des Cours administratives d'appel a constitué une innovation majeure du contentieux opposant le citoyen au détenteur de la puissance publique. En instituant à compter du 1er janvier 1989[29] une juridiction d'appel au sein de la juridiction administrative, le législateur a aligné sur l'ordre judiciaire l'organisation organique de l'ordre administratif[30]. La loi a également prévu la création de « chambres » constituant une pluralité de formes de jugement et d'instruction[31]. Jusqu'en 2010, les textes prévoyaient le nombre de chambres par Cour[32]. Actuellement, selon le Décret du 5 mai 2020[33], il revient au vice-président du Conseil d'État de déterminer le nombre de chambres dans chaque Cour. Cette organisation camérale a ainsi participé à reconnaître une place au contentieux fiscal à travers l'affectation de ce contentieux à une formation partiellement spécialisée. En créant une chambre en partie dédiée dans chaque Cour, le contentieux fiscal apparaît comme formellement reconnu par le juge administratif. De cette affectation découlera une part de spécialisation pour un juge qui traitera régulièrement de questions fiscales[34].

415. Cette spécialisation reste néanmoins lacunaire alors que comme en première instance la compétence fiscale est diluée parmi d'autres champs. Par exemple, la Cour administrative d'appel de Paris répartit le contentieux fiscal entre les 2e, 5e et 7e chambres. Outre le contentieux fiscal, les 2e et 5e chambres traitent du contentieux de la fonction publique et des étrangers. La 7e chambre est compétente également en matière de communication des

[29] Loi n°87-1127 du 31 décembre 1987, portant réforme du contentieux administratif.

[30] J. FOURRÉ, « Le contentieux fiscal devant la juridiction administrative après le 1er janvier 1989 », *Droit Fiscal*, 1988, n°49, pp. 1393 et s.

[31] Article R. 611-19 du CJA.

[32] Article R. 221-8 du CJA.

[33] Décret du 5 mai 2020, n°2020-516, Art. 1er.

[34] La composition des formations de jugement est déterminée par les articles R. 222-25 et s. du CJA.

données informatiques. Le juge administratif ne peut en matière d'appel que développer une spécialisation partielle, n'étant pas totalement spécialisé en matière fiscale. Cette spécialisation partielle se retrouve en matière de cassation à travers la répartition par sections du Conseil d'État.

C – Une spécialisation plus importante au Conseil d'État

416. Le Conseil d'État assure en matière fiscale (à l'exception des impôts directs locaux), un rôle de cassation des décisions rendues par les Cours administratives d'appel[35]. Le Conseil d'État possède une part de dualité à travers sa mission de conseil d'une part et de contentieux d'autre part. Comme les Tribunaux administratifs et Cours administratives d'appel, le Conseil d'État abrite des « chambres » partiellement spécialisées en matière fiscale[36]. Depuis 2016, seul le Tribunal de Paris, par sa dimension conserve une division en sections puis en « chambres ». Multiplié par 500 entre 1806 et aujourd'hui, le nombre d'affaires portées devant le Conseil d'État a été en constante augmentation[37] et la matière fiscale n'y a pas fait exception.

417. Historiquement, le Conseil d'État est passé en deux siècles d'une seule formation délibérante à vingt-quatre aujourd'hui. La matière fiscale a bénéficié au sein du Conseil d'État d'un traitement particulier. L'article 24 de la Loi de finances du 13 avril 1900 procédait à la première division de la section du contentieux en « sous-sections ». Parmi elles, une sous-section fiscale devait préparer les jugements rendus par l'Assemblée. L'article 66 du Décret de 1963 a conservé les 7e, 8e et 9e sous-sections « spécialisées » en matière fiscale et a offert la possibilité de juger les affaires les plus complexes en réunissant les trois sous-sections fiscales, créant ainsi la formation de « plénière fiscale » que nous connaissons encore aujourd'hui.

---

[35] Voir : J. MASSOT, O. FOUQUET et *alii.*, *Le Conseil d'État : juge de cassation*, 6e édition, Paris, Berger-Levrault, Les indispensables, 2018, 431 p.

[36] L'appellation de « chambre » a remplacé celle de « sous-section » dans un but d'harmonisation depuis la Loi n°2016-483 du 20 avril 2016.

[37] J.-H. STAHL, « De la commission du contentieux aux chambres de la section du contentieux (1806-2016), deux siècles d'organisation contentieuse au Conseil d'État », *RFDA*, 2018, p. 301.

418. La spécialisation aurait pu aller plus loin lorsqu'en 1985, la création de trois « chambres adjointes » a été proposée afin de supprimer l'engorgement du Conseil d'État statuant en tant que juge d'appel en l'absence de Cour administrative d'appel. Le projet avorté devait assurer une mission d'appel contre les jugements individuels rendus par les juges de première instance[38]. Parmi ces chambres, une spécialement dédiée à la matière fiscale devait être créée. Présidées par le président de la section du contentieux ou par un des présidents adjoints, composées de membres du Conseil d'État et des Tribunaux administratifs, ces chambres spécialisées auraient rendu leurs jugements au nom du Conseil d'État avec possibilité de renvoyer au Conseil les affaires les plus sensibles au regard de l'unité de la jurisprudence. La défiance de l'institution face à une inflation de la section du contentieux et la création de « chapelles » aux potentielles visées indépendantistes a fait avorter le projet. Au gré d'une alternance politique, le projet resta mort-né. À cette réforme du Conseil d'État, sera préférée la création *ex nihilo* des Cours administratives d'appel, créant ainsi un deuxième degré de juridiction sans risquer un déséquilibre interne au Palais Royal.

419. Demeurera une répartition autour de dix chambres[39], dont quatre sont partiellement spécialisées en matière fiscale. Les 3e, 8e, 9e et 10e chambres se répartissent en effet la totalité du contentieux fiscal, créant une spécialisation partielle du juge du Conseil d'État en matière fiscale. Une formation *ad hoc* au Conseil d'État permet en outre de réunir les quatre chambres spécialisées, pour trancher des questions complexes et techniques en matière fiscale. La formation « plénière fiscale » incarne alors la formation la plus spécialisée réunissant des juges aguerris à la matière fiscale.

420. Le juge administratif présente ainsi de nombreux arguments pouvant irriguer la piste d'une unification du contentieux fiscal autour de lui. Néanmoins, certaines entraves semblent insurmontables, au regard du « noyau dur » des compétences du juge civil.

---

[38] R. CHAPUS, *Droit du contentieux administratif*, *op. cit.*, p. 95.
[39] Article R. 122-1 du CJA.

Section 2 – Les compétences du juge civil non miscibles dans l'office du juge administratif

421. Il semble communément admis que le juge administratif détienne une compétence générale en matière de protection « des personnes publiques et privées en face de l'exercice des prérogatives de la puissance publique »[40]. Le juge administratif en matière fiscale jouit d'une plénitude de juridiction. Il peut ainsi apprécier une situation de droit privé permettant la résolution d'un contentieux fiscal ouvert devant lui[41]. Seules les considérations en matière d'état civil[42], de vie privée[43], de nationalité[44], d'interprétation des contrats de droit privé[45] ou d'atteinte au domicile[46] constituent le « noyau dur » des compétences du juge civil. Le commissaire du gouvernement ROMIEU indiquait de façon lapidaire sous un arrêt rendu en 1904 qu'« aucun doute n'est possible : les questions de propriété et de possession relèvent de l'autorité judiciaire »[47]. Le Conseil constitutionnel a mentionné cette attribution en lui conférant un rang constitutionnel par une décision du 23 janvier 1987, *Conseil de la concurrence*[48]. Compétence « par nature » ou « matières dévolues à l'autorité judiciaire par des règles ou principes à valeur constitutionnelle », la compétence du juge civil en matière fiscale semble établie autour de plusieurs contentieux comme celui de la visite domiciliaire ou du recouvrement.

422. En matière de contentieux du recouvrement, correspondant au contentieux des voies d'exécution[49], il faudra distinguer le contentieux de

---

[40] J.-M. AUBY, « L'autorité judiciaire gardienne du corps humain ? », *in L'unité du droit. Mélanges en hommage à Roland DRAGO*, Paris, Economica, 1996, p. 353.

[41] L. VAPAILLE, « Les limites de la mission du tribunal des conflits en matière de contentieux fiscal », *in* Th. LAMBERT (dir.), *Le contentieux fiscal en débats, op. cit.*, p. 107.

[42] Articles 34 à 101-2 du Code civil.

[43] Article 9 du Code civil.

[44] Articles 17 à 33-2 du Code civil.

[45] Articles 1101 à 1231-7 du Code civil.

[46] Articles 102 à 111 du Code civil.

[47] TC, 24 décembre 1904, n°581, *Lebon*, pp. 888-891. Voir : G. BLANLUET, *Essai sur la notion de propriété économique en droit français : recherche au confluent du droit fiscal et du droit civil*, Paris, LGDJ, Bibliothèque de droit privé, 1999, 493 p.

[48] CC, 23 janvier 1987, décision n°86-224 DC, *Conseil de la concurrence*, *Rec. C. constit.*, p. 8.

[49] G. COUCHEZ, D. LEBEAU, *Voies d'exécution*, 12e édition, Paris, Sirey, coll. Sirey université, série droit privé, 2017, 344 p.

l'obligation de payer relevant du « juge de l'impôt » de celui de la contestation en la forme de l'acte de poursuite relevant exclusivement du juge de l'exécution. Potentiellement attentatoire aux libertés fondamentales, l'exécution du recouvrement forcé de l'impôt est par conséquent plus proche du juge civil.

423. Le juge administratif est sans doute le plus proche de la spécialisation en matière fiscale, paraissant être la démarche la plus adéquate face à un contentieux particulièrement complexe et technique. Cette spécialisation n'est toutefois que partielle alors que 5 % du contentieux de l'assiette et que les contentieux du recouvrement échappent à l'office du juge majoritaire. L'unification autour du juge administratif connaît plusieurs embûches incarnées par des « clauses fiscales de compétences juridictionnelles »[50] attribuant de façon irréfragable des compétences aux « deux têtes » du juge de l'impôt. Parmi ces attributions, le contrôle de l'atteinte au domicile (§**1**) et les litiges portant sur les voies d'exécution en matière fiscale (§**2**) constituent deux éléments non miscibles avec la compétence traditionnelle du juge administratif.

§1 – Le juge administratif impuissant face au « noyau dur » des compétences du juge civil

424. Le juge administratif a été créé pour permettre à un juge spécialisé de trancher des litiges « occasionnés par l'exercice d'activités administratives singulières au moyen de procédés exorbitants et le pouvoir de les résoudre sur le fondement des règles dérogatoires au droit privé »[51]. L'activité de l'administration fiscale entre pleinement dans ce champ, et la compétence du juge administratif est largement répandue en la matière. Néanmoins, l'attribution de compétence au profit du juge administratif ne conduit pas à un monopole, mais plutôt à un partage de compétences. En droit administratif, il existe ainsi, comme en droit fiscal, un dualisme de juridiction ayant pour conséquence une répartition (certes inégale) entre les deux ordres de juridiction. Si la Loi des 16-24 août 1789 interdit au juge judiciaire de « troubler les opérations des corps administratifs » ou de « connaître les opérations des corps administratifs », le juge judiciaire devrait être exclu de toute compétence en matière fiscale puisque toute action de contrôle,

---

[50] B. CASTAGNÈDE, *op. cit.*, p. 13.
[51] B. PLESSIX, *op. cit.*, p. 415.

d'établissement ou de recouvrement de l'impôt émane de l'action de l'administration fiscale. En réalité, une part de compétence lui est dévolue, et un noyau irréductible semble justifier sa pérennité en matière fiscale.

425. L'autorité judiciaire est en effet non seulement « gardienne de la liberté individuelle » selon l'article 66 de la Constitution, mais par extension jurisprudentielle gardienne « de la propriété privée et des libertés fondamentales »[52]. Jouissant d'une image et d'un prestige ancien en la matière, le juge civil conserve des compétences en matière de contentieux du recouvrement et de protection du domicile notamment.

426. En rappelant que l'autorité judiciaire incarne le « rempart naturel contre les graves atteintes portées aux personnes et aux biens », le Conseil constitutionnel[53] a réaffirmé la place particulière du juge civil en matière de protection des libertés fondamentales et par extension des garanties du contribuable[54].

427. Bien que présentant une spécialisation la plus aboutie en matière fiscale, la compétence du juge administratif connaît des limites. Parmi elles, les protections contre l'atteinte au domicile ou à la vie privée constituent des « noyaux durs » de la compétence du juge civil (**A**). Néanmoins, le juge administratif n'est pas totalement étranger dans le cadre de ce type de protection alors qu'il exerce une compétence en la matière dans certains domaines (**B**).

A – Le juge administratif incompétent en matière de protection des droits réels et personnels du contribuable

428. Le juge civil dispose de compétences réservées « par nature » à son office. Parmi elles, l'inviolabilité du domicile incarne un « noyau dur » de

[52] TC, 4 juin 1940, *Sté Schneider et Cie*, *Rec.* p. 248 ; TC 18 décembre 1947, *Hilaire et Dame Cortesi*, *Dalloz*, 1948, p. 62 ; P. BRETTON, « L'autorité judiciaire gardienne des libertés essentielles et de la propriété privée », *Revue internationale de droit comparé*, 1965, pp. 967-969. Voir : L. FAVOREU, « La Cour de cassation, le Conseil constitutionnel et l'article 66 de la Constitution », *Recueil Dalloz*, 1986, p. 169.

[53] CC, 23 janvier 1987, décision n°86-224 DC, *Conseil de la concurrence*, *Rec. Conseil constit.*, p. 8.

[54] Voir sur les garanties du contribuable : D. RICHER, *Les droits du contribuable dans le contentieux fiscal*, Paris, LGDJ, Systèmes, 1997, 431 p.

compétence détenue par le juge civil constituant une entrave à une unification autour du juge administratif.

429. Lieu de vie familiale habituel, le domicile possède un lien étroit avec la vie privée. L'inviolabilité du domicile a été proclamée par la Constitution de 1791, reprise par celles de l'an III, de l'an VIII, puis par celle de 1848[55]. Le Conseil constitutionnel a élevé, par une décision du 29 décembre 1983, l'inviolabilité du domicile au rang de principe constitutionnel confiant au juge judiciaire la « sauvegarde de la liberté individuelle sous tous ces aspects, et notamment celui de l'inviolabilité du domicile »[56]. Au niveau communautaire, l'article 8 de la Conv. EDH affirme à son tour ce principe[57]. Il constitue en outre une part du « noyau dur » des compétences reconnues au juge civil par le gardien de la Constitution.

430. Le domicile en matière fiscale doit être entendu au sens large, au-delà de la définition du Code civil[58] et de la conception de siège du principal établissement de l'individu[59]. L'article 544 du Code civil détermine le droit de propriété comme étant « le droit de jouir et de disposer des choses de la manière la plus absolue ». Le respect du domicile est par ailleurs lié à la vie privée, définie à l'article 9 du Code civil, étant par nature, une notion de droit privé[60]. Cette protection a été rappelée par le Conseil constitutionnel sur le fondement de l'article 2 de la DDHC de 1789. Hérité du droit romain le domicile est ainsi protégé contre toute atteinte par les textes européens[61], pénaux[62], civils ou fiscaux. La notion a par ailleurs été étendue aux résidences secondaires, protégées contre les interventions de l'administration[63]. Cette notion a été élargie par la jurisprudence européenne

---

55 P. KAYSER, *La protection de la vie privée*, 2e édition, Paris, Economica - PUAM, 1990, p. 268.

56 CC, 29 décembre 1983, décision n°83-164 DC.

57 L'article 8 de la Conv.EDH dispose : « 1. Toute personne a droit au respect (...) de son domicile (...). 2. Il ne peut y avoir d'ingérence d'une autorité publique dans l'exercice de ce droit que pour autant que cette ingérence est prévue par la loi et qu'elle constitue une mesure qui, dans une société démocratique, est nécessaire à la sécurité nationale, à la sûreté publique, au bien-être économique du pays, à la défense de l'ordre et à la prévention des infractions pénales, à la protection de la santé ou de la morale, ou à la protection des droits et libertés d'autrui ».

58 Articles 102 et 103 du Code civil.

59 D. ALLAND, S. RIALS, *Dictionnaire de la culture juridique*, *op. cit.*, p. 411.

60 P. KAYSER, *op. cit.*, p.189.

61 Article 8 de la Conv.EDH.

62 Articles 226-4 et 432-8 du Code pénal.

63 Cass. crim., 4 janvier 1977, *Bull. crim.* n°6, p. 17, Cass. crim., 24 juin 1987, *Bull.* n°267.

qui considère comme relevant du domicile : le siège social d'une société, des locaux de production ou des bureaux[64]. Qu'il soit de conception restreinte ou élargie, le domicile est protégé par le juge judiciaire qui, selon l'article 66 de la Constitution, demeure l'autorité « gardienne de la liberté individuelle » au titre de laquelle s'inscrit le respect du domicile.

431. Détentrice de pouvoirs étendus en matière de lutte contre la fraude fiscale, l'administration porte potentiellement atteinte à la vie privée du contribuable notamment lors de la phase de contrôle. Face à l'objectif de lutte contre la fraude fiscale, s'oppose alors la protection de la vie privée définie à l'article 9 alinéa 1er du Code civil qui dispose que « Chacun a droit au respect de sa vie privée ». Dès lors le juge civil, traditionnellement compétent en la matière, devra assurer l'équilibre entre un objectif supérieur de lutte contre la fraude et une protection légale ancienne et nécessaire de la vie privée.

432. En matière fiscale, les articles L. 16 B et L. 38 du LPF permettent aux agents de l'administration de pénétrer dans les locaux professionnels et personnels du contribuable dans le cadre d'un « droit de visite et de saisie ». Cette procédure d'investigation, assimilable à une perquisition, permettant aux agents vérificateurs de constater la réalité de stock ou de train de vie du contribuable est par nature attentatoire au droit à l'inviolabilité du domicile. Elle est par conséquent strictement encadrée par la loi et par le juge. Le Conseil Constitutionnel a rappelé l'exigence d'un contrôle du juge judiciaire[65] en la matière, devant autoriser la visite[66]. Même si nous avons déjà remis en cause l'effectivité de cette protection, l'attribution de cette compétence au juge des libertés et de la détention en la matière paraît cohérente. Elle correspond aux attributions d'un magistrat du siège spécialement compétent pour statuer de la détention provisoire d'une

---

[64] CEDH, 21 février 2008, *Ravon et a. c/ France*, n°18497/03, *Droit Fiscal*, 2008 n°12, comm. 227, note D. RAVON et Ch. LOUIT ; *RJF*, 2008 n°571, Étude B. HATOUX 454 et 552 - CEDH, 16 octobre 2008, *Maschin c/France*, n°10747/03, *Droit Fiscal*, 2008, n°49, comm. 611, note Ch. LOUIT. Voir sur le droit fiscal et l'Union européenne : A. MAITROT DE LA MOTTE, *Droit fiscal de l'Union européenne*, 2e édition, Bruxelles, Bruylant, 2016, 867 p. ; J.-S. BERGÉ, G. CANIVET (dir.), *La pratique du droit de l'Union européenne par le juge judiciaire*, Actes du colloque organisé à Lyon les 11 et 12 juin 2015, Paris, Dalloz, 2016, 227 p. ; CENTRE D'ÉTUDES FISCALES ET FINANCIÈRES (dir.), *Le système fiscal français et la construction européenne*, Table ronde, 21 janvier 1988, Aix-en-Provence, PUAM, 1989, 169 p.

[65] Le juge des libertés et de la détention.

[66] CC, 29 décembre 1983, décision n°83-164 DC, *Droit Fiscal*, 1984, nos 2-3, comm. 49.

personne ou sur les éventuelles demandes de remise en liberté. La proximité entre l'atteinte au domicile et les libertés individuelles se concrétise ici.

433. En matière de protection du domicile, le juge civil détient, par tradition, mais aussi au regard des textes constitutionnels et légaux, une longueur d'avance sur le juge administratif moins reconnu en la matière. La notion de domicile étant proche de notions de droit privé, et de la propriété privée, il paraît difficile de confier le contrôle de l'atteinte du domicile au juge administratif. D'autres éléments de ce « noyau dur » en matière fiscale se retrouvent également à travers la protection de la vie privée, autre domaine traditionnellement attribué au juge civil.

B – Une incompétence à relativiser

434. Mise en œuvre dans le cadre d'un droit de visite et de saisie ou d'un droit d'enquête, la procédure de flagrance fiscale prévue aux articles L. 16-0 BA du LPF[67], permet à l'administration de prendre des mesures au titre d'une période d'imposition pour laquelle l'obligation déclarative n'est pas encore échue[68]. Sont ainsi visés : les activités occultes, les irrégularités de facturation et le travail dissimulé, ainsi que les activités illicites. La loi exige par ailleurs « des circonstances susceptibles de menacer le recouvrement d'une créance fiscale ». Lorsque les éléments sont réunis, l'administration a ainsi le pouvoir de dresser un procès-verbal de flagrance habilitant les comptables publics à procéder aux saisies conservatoires prévues à l'article L. 252 du LPF. Par dérogation au régime de droit commun des procédures civiles d'exécution, la procédure de flagrance n'est pas soumise à l'accord du juge civil et pourra déboucher sur des saisies conservatoires et des amendes.

435. Le contribuable disposera néanmoins d'un moyen de contester la procédure par la saisine d'un conseiller du Tribunal administratif, désigné par le président de ce tribunal comme juge du référé administratif, jugeant de la régularité de la saisie conservatoire[69]. Le contribuable pourra ainsi remettre en cause « le constat de flagrance, l'existence des faits constitutifs de flagrance fiscale ; leur constat sur la période en cours à la date du procès-

---

[67] Afin de renforcer les moyens de lutte contre la fraude fiscale, l'article 15 de la Loi n°2007-1824 du 25 décembre 2007 portant loi de finances rectificative pour 2007 a institué une nouvelle procédure dite de « flagrance fiscale », régie par les dispositions de l'article L. 16-0 AB du LPF *(Droit Fiscal*, 2008, n°6, comm. 159).

[68] CE, 3 octobre 2016, n°401383, *Sté Special Bannow Bay Schellfisch Ltd*, concl. E. CORTOT-BOUCHER, *Droit Fiscal*, 2017, n°46, comm. 596.

[69] Article L. 16-0 BA V du LPF.

verbal ; le risque réel de non-recouvrement de la créance fiscale ; la régularité formelle du procès-verbal ou de sa notification ». La procédure du référé donne le pouvoir au juge administratif de se prononcer sur le bien-fondé et la régularité de la saisie conservatoire. Le juge examinera ainsi si l'existence d'une créance parait fondée en son principe, si le calcul de la somme visée par la saisie est régulier, l'existence d'un préjudice irréparable causé à l'entreprise en cas de maintien de la saisie, et la régularité formelle du procès-verbal servant de base à la saisie[70]. Le juge administratif n'est toutefois pas compétent pour apprécier la forme de la saisie et la nullité de celle-ci pour violation des règles de la procédure civile. Sur ce point, le JEX demeure compétent[71].

436. Dans un délai de huit jours, le juge des référés mentionné à l'article L. 279 du LPF pourra suspendre les mesures de saisie conservatoire et obtenir la mainlevée de celle-ci. En l'espèce, le juge administratif assume un office proche de celui du juge civil en tant que gardien de la propriété privée. En tant que juge des référés, le juge administratif va en effet pouvoir ordonner une mainlevée de mesures conservatoires diligentées par le comptable public et protéger ainsi l'atteinte réalisée par l'administration au patrimoine du contribuable. Le juge administratif exerce ici un rôle de gardien de la propriété en ce qu'il s'assure du bien-fondé d'une saisie conservatoire partant sur les biens du contribuable. La frontière entre les compétences des deux ordres de juridiction paraît ici poreuse. Au-delà des compétences traditionnellement attribuées au juge civil, le juge administratif s'immisce dans des sphères qui ne lui sont pas spontanément réservées.

§2 – Le juge administratif incompétent pour trancher le contentieux des mesures de recouvrement

437. Les premières traces de l'exécution forcée remontent au droit romain qui, par la procédure de la *venditio bonorum,* permettait au créancier

[70] BOI-CTX-ADM-10-110.

[71] Voir sur ce thème : J. GROSCLAUDE, « La flagrance fiscale à l'aune de la flagrance pénale », *in Réformes des finances publiques & modernisation de l'administration : Mélanges en l'honneur de Robert* HERTZOG*, Paris, Economica, 2010,* pp. 253-262 - Th. LAMBERT, « Une procédure superfétatoire : la flagrance fiscale », *Gestion et finances publiques*, 2012, n°2, pp. 106-108.

de vendre les biens de son débiteur[72]. En droit français, il faut revenir au XIIIe siècle pour trouver les traces de procédures de saisie. L'Ordonnance sur la procédure civile de COLBERT en 1667 codifia l'ensemble des coutumes en la matière. Le Code de procédure civile de 1806 a ensuite repris les saisies connues depuis l'Ancien-Régime. Le Conseil d'État a considéré pour sa part, dès le XIXe siècle que le contentieux des actes de recouvrement forcé, par analogie à la procédure civile revenait à la compétence du juge civil[73]. Cette affectation découle également de l'image traditionnelle du juge civil investi d'une mission de protecteur des libertés individuelles et de la propriété, ainsi que de la nature du droit applicable en matière de recouvrement[74]. Les voies d'exécution sont considérées comme « le prolongement du droit civil »[75] et demeurent par conséquent proches de la compétence naturelle du juge civil.

438. En matière fiscale, le recouvrement se déroule sans encombre dans la grande majorité des cas. Toutefois, il peut arriver que le contribuable ne s'acquitte pas amiablement de sa dette fiscale. Lorsque « le débiteur refuse de s'exécuter volontairement et de se soumettre au régime découlant normalement de l'acte juridique (…) qui l'a rendu sujet passif de l'obligation »[76], l'administration fiscale pourra mettre en œuvre certaines voies d'exécutions permettant de recouvrer la créance fiscale. Parmi ces procédures, la marque du droit civil est forte, car elle correspond à l'exécution d'une obligation civile, mécanisme repris par les procédures fiscales. La doctrine administrative reconnaît elle-même que les opérations de recouvrement, à l'image des opérations d'assiette et de contrôle participent au respect du principe d'égalité devant l'impôt énoncé par l'article 13 de la DDHC[77]. Le contentieux du recouvrement correspond ainsi au contentieux ouvert à l'encontre « des poursuites exercées par le comptable public en vue d'obtenir son exécution forcée »[78]. Le recouvrement entrerait ainsi pleinement dans les prérogatives de puissance publique détenues par l'administration. Cette prérogative devrait par conséquent être le marqueur d'une compétence naturelle du juge

---

[72] M. DONNIER, J.-B. DONNIER, *Voies d'exécution et procédures de distribution*, 10e édition, Paris, LexisNexis, 2020, p. 15.
[73] CE, 19 décembre 1861, *Fruitet*, *Dalloz*, 1862, III, p. 75.
[74] G. GEST, « Dualité de juridiction et unité du droit fiscal », *RFDA*, 1990, n°5, p. 822.
[75] M. DONNIER, J.-B. DONNIER, *op. cit.*, p. 35.
[76] *Ibid.*, p. 1.
[77] BOI-REC.
[78] J. LAMARQUE, O. NÉGRIN, L. AYRAULT, *op. cit.*, 2e édition (la partie relevant du contentieux n'apparaît plus dans les éditions suivantes), p. 1369.

administratif, comme c'est le cas en matière de contentieux administratif. Pourtant, en la matière, le juge civil conserve deux branches sur trois.

439. En matière de recouvrement forcé, le juge civil détient en effet une double compétence. En matière de contestation de la régularité « en la forme » de l'acte de poursuite, le juge de l'exécution détient un monopole[79]. En ce qui concerne la « quotité ou l'exigibilité de l'impôt », le dualisme du contentieux est retrouvé et l'article L. 199 du LPF renverra tantôt au juge civil, tantôt au juge administratif. En matière de contentieux du recouvrement, le juge administratif semble particulièrement exclu, constituant un obstacle à l'unification du contentieux fiscal autour de lui.

440. La professeure Marie MASCLET DE BARBARIN, défendant la thèse d'une réécriture de l'article L. 281 du LPF[80] pour plus de clarté, ne propose pas de fusion de l'arborescence présentée par la loi autour d'un juge unique. À cette unification est proposée d'affecter au juge de l'impôt, dual dans le système actuel, l'ensemble des contestations du recouvrement, ne coupant qu'une branche sur trois développées. Il nous paraît opportun de se placer aux côtés de l'auteur pour rappeler les limites de l'unification, se heurtant à des éléments « incompressibles » empêchant l'affectation du contentieux du recouvrement à un des deux « juges de l'impôt » (**A**). Plusieurs raisons peuvent être soulevées pour empêcher l'affectation des voies d'exécution mises en œuvre en matière fiscale au juge administratif. En matière de garanties légales protégeant le recouvrement, il faut constater la provenance quasi totale de règles émanant du CPCE (**B**).

A – Le juge administratif partiellement incompétent en matière de contentieux du recouvrement forcé de nature fiscale

441. En matière de recouvrement forcé, la contestation porte principalement sur la procédure de saisie administrative à tiers détenteur (SATD)[81]. Héritée d'une procédure ancienne dont les fondements remontent à l'Empire, cette procédure permet à l'administration fiscale d'appréhender des sommes d'argent détenues par des tiers au bénéfice du contribuable récalcitrant. La réforme introduisant la SATD a pour but

[79] Article L. 281 du LPF.

[80] M. MASCLET DE BARBARIN, *op. cit.*, p. 482.

[81] Instituée par la Loi de finances rectificative pour 2017, n°2017-1775 du 28 décembre 2017, art. 73, la SATD remplace l'Avis à tiers détenteur mais conserve le même régime.

principal de fusionner les diverses procédures permettant le recouvrement des créances fiscales et non fiscales autour d'une seule procédure. Cette simplification, bienvenue dans un domaine particulièrement complexe, ouvre la possibilité d'un contentieux devant le « juge de l'impôt » pour les contestations relevant de la « quotité » ou « l'exigibilité » de l'impôt. Cette procédure propre à l'administration fiscale ouvre de possibles recours, sur le fondement de l'article L. 281 du LPF. L'attribution intégrale de ce contentieux au juge administratif se heurterait à plusieurs obstacles, malgré l'imprégnation de puissance publique d'une telle procédure. Il faut alors se placer sur la nature de l'acte contesté, intrinsèquement une voie d'exécution. Est-il de nature fiscale ou de nature civile ?

442. Concernant la régularité en la forme de l'acte, le JEX est actuellement exclusivement compétent. L'article L. 258 du LPF précise que les poursuites sont effectuées selon les formes prévues par le CPCE, renforçant la légitimité du juge civil en la matière. Le juge civil pourra également être saisi afin de délivrer un titre exécutoire, lorsque le tiers saisi s'abstient de respecter son « obligation de paiement »[82]. Cette procédure extrêmement efficace, pratiquée régulièrement par l'administration permet un « effet translatif immédiat » de la créance fiscale à l'image d'une saisie-attribution[83]. La place du juge civil trouve sa justification par la nature de cette procédure de recouvrement puisque sa nature fiscale est écartée par la jurisprudence[84]. En matière de contentieux des poursuites, le juge civil doit être ainsi considéré comme le juge de droit commun. Attribuer au juge administratif la compétence de cette branche de l'article L. 281 du LPF paraît difficilement envisageable. Il n'y a en effet que peu de trace de puissance publique eu profit d'une compétence relevant du contrôle formel d'un acte émis par un créancier à l'égard de son débiteur.

443. Pour la seconde branche de l'article L. 281 du LPF, la compétence du « juge de l'impôt » demeure. La professeure Marie MASCLET DE BARBARIN rappelle dans sa thèse que certains auteurs omettent la compétence du juge civil en matière de contestation de l'exigibilité de l'impôt. Elle est pourtant réelle et ancienne. Le juge administratif sera dans

---

[82] Cass. ch. mixte, 26 janvier 2007, n°04-10.422, Publié au *bulletin*, *RTD civ.*, 2007, p. 389, obs. R. PERROT, *JCP*, 2007, IV, n°1449.

[83] M. DONNIER, J.-B. DONNIER, *op. cit.*, p. 412.

[84] M. MASCLET DE BARBARIN, *op. cit.*, p. 370.

ce cas incompétent en matière de contestation portant sur le recouvrement des impôts attribué au juge civil selon l'article L. 199 du LPF.

444. Le contribuable pourra ainsi contester la régularité « en la forme de l'acte » ou l'obligation de payer l'impôt[85]. En matière de contestation de la validité en la forme de l'acte, l'attribution au juge administratif conduirait à déposséder le juge civil d'une compétence actuellement exclusive. Ce contentieux ne peut s'effectuer qu'au regard de règles de nature extrafiscale, propres au contentieux des voies d'exécution. L'article L. 311-12-1 du Code de l'organisation judiciaire dispose en effet que « Le juge de l'exécution connaît des difficultés relatives aux titres exécutoires et des contestations qui s'élèvent à l'occasion de l'exécution forcée, même si elles portent sur le fond du droit à moins qu'elles n'échappent à la compétence des juridictions de l'ordre judiciaire ». Le tiers saisi pourra également contester l'obligation civile qu'il détient à l'égard de son débiteur, par ailleurs contribuable.

445. En modifiant l'attribution duale du contentieux du recouvrement, on porterait atteinte à ce que le professeur Bernard CASTAGNÈDE appelle « la clause fiscale » de compétence juridictionnelle, fondant le dualisme juridictionnel[86]. Ce dualisme, à l'image de celle trouvée en matière de contentieux de l'assiette, héritée de la Révolution a été rappelé par la jurisprudence du Tribunal des conflits[87]. Ces contestations du recouvrement forcé de la dette fiscale au regard du CPCE ne s'analysent pas comme une contestation de l'obligation fiscale[88]. Elles conservent une nature de contestation de voie d'exécution dont l'attribution est liée à la compétence civile. Juge spécialisé en matière de contentieux opposant le détenteur de la puissance publique au justiciable, le juge administratif ne semble pas avoir sa place dans la contestation de la validité en la forme d'un acte de poursuite, fut-ce-t-il pour recouvrer une créance fiscale. Cet éloignement des compétences du juge administratif avec le recouvrement de l'impôt se retrouve également lorsque des mécanismes relevant du droit civil sont mis en œuvre pour « sécuriser » la créance.

---

[85] M. DOUAY, *Le recouvrement de l'impôt*, Paris, LGDJ, coll. Systèmes, 2005, p. 113.
[86] B. CASTAGNEDE, *op. cit.*, pp. 12 et s.
[87] TC, 30 avril, 1898, *Préfet de Vaucluse c/ Courtet*, *Lebon*, p. 344.
[88] M. MASCLET DE BARBARIN, *op. cit.*, p. 478.

B – Le juge administratif incompétent face aux mécanismes importés du droit civil

446. Les procédures de recouvrement forcé octroyées à l'Administration dépendent principalement de textes émanant du CPCE prévoyant des mécanismes de droit commun comme la saisie-vente ou la saisie attribution. Au-delà du recouvrement forcé de la créance fiscale, plusieurs mécanismes viennent « sécuriser » la dette. Ces procédures sont essentiellement importées du droit civil. Parmi elles, l'action en responsabilité pécuniaire civile des dirigeants met en œuvre une solidarité dont les fondements émanent directement du droit civil (**2**). Les diverses mesures conservatoires mises en œuvre à l'égard du contribuable constituent également des procédures provenant du droit civil (**1**). Dans le cadre de ces mécanismes, attribuer la compétence au juge administratif semble difficilement envisageable à moins de remettre en cause l'existence même d'un dualisme juridictionnel en France, au-delà de sa remise en cause concernant le contentieux fiscal, ce qui n'est pas l'objet de notre thèse.

1. Les mesures conservatoires

447. « Les mesures conservatoires sont des mesures destinées à conserver un droit ou un bien afin de protéger le créancier en évitant que son débiteur n'en dispose ou ne s'en dessaisisse »[89]. Les comptables publics, à l'image de tout créancier, peuvent ordonner une saisie conservatoire et des sûretés judiciaires[90]. Ces mesures, qui constituent les prémices d'une potentielle saisie, ont pour effet de rendre indisponibles les biens et les droits qui en sont l'objet. Qu'elles soient des sûretés judiciaires ou des saisies conservatoires[91], ces mesures de droit commun régies par le CPCE[92], mises à la disposition du comptable public pour assurer le recouvrement de l'impôt peuvent faire l'objet d'un recours par le débiteur.

448. Le comptable public, lorsqu'il dispose d'un titre exécutoire ou d'une décision de justice qui n'a pas encore force exécutoire, peut mettre en

---

[89] M. DONNIER, J.-B. DONNIER, *op. cit.*, p. 183.

[90] Procédures régies par la Loi n°91-650 du 9 juillet 1991 et par le Décret n°92-755 du 31 juillet 1992.

[91] Article L. 511-1 al. 2 du CPCE.

[92] Les dispositions communes à l'ensemble des mesures conservatoires sont contenues aux articles L. 511-1 à L. 512-2 du CPCE.

œuvre des saisies à titre conservatoire ne nécessitant pas l'autorisation préalable du juge de l'exécution. Lorsqu'il entend prendre une mesure conservatoire avant la notification du titre exécutoire et la mise en demeure de payer, il doit néanmoins solliciter le juge de l'exécution qui lui délivrera l'autorisation de mettre en place une mesure conservatoire[93]. Lorsque le comptable public ne dispose pas de titre exécutoire, il doit en effet demander au juge de l'exécution l'autorisation de pratiquer une mesure conservatoire. Il statuera ensuite par voie d'ordonnance dans laquelle il accepte ou rejette la demande du comptable.

449. Le contribuable subissant une mesure conservatoire a la possibilité d'ouvrir un recours devant le juge. Ce recours ouvert devant le juge de l'exécution pourra entraîner une mainlevée de ces mesures portant atteinte au droit de propriété du contribuable. La demande de mainlevée est portée devant le juge qui a autorisé la mesure, ou si elle a été prise sans autorisation préalable, devant le juge du lieu du domicile du débiteur[94].

450. Cette procédure, bien que contenue dans les textes de nature fiscale, ne relève pas d'un mécanisme propre, mais plutôt d'une « importation » du droit civil. La relation entre le créancier et le débiteur est ici dépourvue de particularisme, au profit d'une relation traditionnellement envisagée par le droit civil[95]. Confier le contentieux des mesures de sûreté au juge administratif paraît difficilement envisageable, tant ces procédures sont imprégnées de droit civil.

2. La solidarité fiscale des dirigeants

451. La solidarité des débiteurs appliquée à la matière fiscale est également un exemple de marqueur du droit civil sur les mesures de recouvrement. Le mécanisme de solidarité entre débiteurs est énoncé par le Code civil, à l'article 1313 disposant que « La solidarité entre les débiteurs oblige chacun d'eux à toute la dette. Le paiement fait par l'un d'eux les libère tous envers le créancier. Le créancier peut demander le paiement au débiteur solidaire de son choix. Les poursuites exercées contre l'un des débiteurs solidaires n'empêchent pas le créancier d'en exercer de pareilles contre les

---

[93] Article 67 de la Loi n°91-650 du 9 juillet 1991.

[94] Article R. 512-2 du CPCE.

[95] Ph. MALAURIE, L. AYNÈS, Ph. STOFFEL-MUNCK, *Droit des obligations*, 11e édition, Paris, LGDJ, 2020, p. 660.

autres »[96]. Prévue à l'article L. 267 du LPF, l'action en responsabilité pécuniaire civile des dirigeants reprend le principe ancien du droit civil, et permet à l'administration d'assurer le recouvrement des dettes fiscales de sociétés ou de groupements. Elle ouvre la voie à la condamnation du dirigeant de la société qui serait reconnu coupable de comportement fautif dans l'exercice de ses fonctions. Devenue solidairement responsable du paiement de la dette fiscale comme un époux le serait de son épouse, l'administration va pouvoir se retourner contre le dirigeant afin de recouvrer sur ses biens personnels la dette fiscale assortie de pénalités. Importée *in extenso* du droit civil, la procédure de solidarité pourra être contestée devant le juge civil, la compétence du juge administratif est alors exclue, tant elle incarne une compétence « par nature » du juge civil. Les mesures conservatoires, comme la solidarité des dirigeants en tant que mécanismes de sécurisation de la dette fiscale, sont directement importées du droit civil. La compétence du juge civil paraît ainsi naturelle alors que les références au CPCE et que les procédures sont fortement imprégnées de droit civil. Le contentieux de ces procédures attribué au juge civil constitue une entrave supplémentaire à l'unification du contentieux fiscal autour du juge administratif.

[96] Article 1313 du Code civil, modifié par l'Ordonnance n°2016-131 du 10 février 2016, art. 3.

Conclusion du Chapitre 1

452. L'unification du contentieux fiscal autour du juge administratif, hypothèse d'une unification du contentieux fiscal autour d'un juge unique, présente des arguments séduisants. Le contentieux fiscal oppose le contribuable à l'administration détentrice de prérogatives de puissance publique. Cette prérogative se justifie par l'intérêt supérieur de recouvrer l'impôt dans le but de financer les charges publiques. Quel juge autre que le juge administratif peut être davantage spécialisé pour trancher des litiges opposant des parties à ce point déséquilibrées ? Le juge administratif pourrait ainsi sur ce point remplir son office et trancher les différends nés de l'action de l'administration fiscale. Cette unification autour du juge administratif parait organiquement la plus réaliste également au regard de la structure des juridictions administratives. Chaque degré de juridiction reconnaît en effet la compétence en matière de contentieux fiscal, à la différence des juridictions civiles qui n'abritent pas de chambres dédiées.

453. L'unification autour du juge le plus proche de l'incarnation du « juge de l'impôt » emporte néanmoins plusieurs entraves. Ces obstacles sont constitués par des procédures fondamentalement proches du droit civil et *de facto* de leurs juges. Qu'elles relèvent du « noyau dur » ou des mesures de recouvrement, la compétence du juge civil apparaît comme naturelle. La protection du domicile, les procédures de recouvrement n'entrent pas naturellement dans l'office d'un « juge de l'impôt », parce qu'elles ne sont pas des procédures de nature fiscale. Protéger le domicile contre l'atteinte de l'administration, contester une mesure conservatoire ne peut être analysé comme des procédures de nature fiscale, mais plutôt comme des procédures de droit commun empruntées par les procédures fiscales. Comme l'huile et l'eau, les procédures importées *in extenso* du droit civil ne sont pas miscibles avec les procédures fiscales. Par conséquent, il paraît perdu d'avance de vouloir, au regard du prisme de la fiscalité abolir des différences qui fondent plus largement le dualisme juridictionnel du droit français.

454. Par conséquent, bien que le juge administratif présente des atouts indéniables en tant que potentiel « juge de l'impôt », des entraves irréductibles forment un rempart insurmontable, sauf à remettre en cause l'architecture globale des juridictions nationales, ce qui n'est pas l'objet de notre étude. Face à l'échec de cette tentative, fictive, de fusion des deux branches du contentieux autour du juge administratif et convaincus de la nécessité d'unifier le contentieux fiscal autour d'un juge unique, deux voies nous sont ouvertes. La première piste serait d'envisager de confier l'ensemble du contentieux fiscal au juge civil. Actuellement, cette première option ne peut être retenue. D'abord, parce que comme nous l'avons indiqué la matière fiscale est fortement imprégnée de prérogatives de puissance publique, ce qui n'est pas le champ du juge civil. Ensuite, parce que le juge civil épisodiquement saisi en la matière ne serait pas prêt à accueillir ce contentieux qui n'apparaît même pas dans la répartition de ses attributions au sein des juridictions.

455. Face à cette affectation peu satisfaisante, il faut par conséquent aborder une seconde voie. Si aucune des « deux têtes du juge de l'impôt » ne peut en l'état accueillir l'intégralité du contentieux fiscal, nous sommes conduits à envisager la création d'une juridiction spécialisée, compétente pour trancher l'ensemble du contentieux fiscal afin d'assurer au contribuable une égalité de traitement, quel que soit l'impôt litigieux. Ce juge dédié devra être spécialisé face à une matière technique pour rendre une justice efficiente et harmonisée.

CHAPITRE 2 – Une réforme juridictionnelle : la création d'une juridiction spécialisée

456. « Les premières qualités d'une justice qui fonctionne bien est d'être notamment une justice accessible et une justice cohérente » écrivait la professeure Marie-Christine ESCLASSAN en 2007[1]. En réponse à la question posée en titre de cette contribution, nous affirmons que l'organisation du contentieux fiscal n'est plus d'actualité. Il faut refonder un modèle nouveau, rompant avec l'« émiettement » de la matière, recentré sur des critères d'efficacité, de clarté et de protection du contribuable. Dans quel domaine la division est-elle un facteur de renforcement et de qualité ?

457. Le dualisme juridictionnel a montré son inadéquation avec les enjeux actuels. Près de la moitié des Français ne font pas confiance à la Justice. Plus des deux tiers considèrent que la Justice fonctionne mal et moins d'un français sur deux considère que les juges sont neutres et impartiaux[2], le constat est accablant. La complexité de cette architecture juridictionnelle ajoutée à la technicité des règles fiscales participent à ériger devant le contribuable une forteresse paraissant imprenable qu'il ne comprend pas et qui incarne une entrave, une sphère opaque. Face à ce dualisme, le monisme juridictionnel paraît être la solution et même une « exigence démocratique » de simplification[3]. Affecter l'intégralité du contentieux au juge actuellement le plus spécialisé n'est pas réalisable au regard des entraves que nous avons développé. Le confier au juge civil, épisodiquement saisi en matière fiscale paraît, tant matériellement que juridiquement, ne pas être une option satisfaisante. Les questions de cette complexité en matière fiscale et de la réforme de la répartition juridictionnelle du contentieux de l'impôt se posent depuis longtemps. À la

---

[1] M.-C. ESCLASSAN, « L'organisation du contentieux fiscal est-elle toujours actuelle ?», *RFFP*, n°100, 2007, pp. 59-68.

[2] Sondage IFOP, 2019. Source : www.ifop.com.

[3] Th. LAMBERT, « Simplifier le droit fiscal : une exigence démocratique », *in* J.-L. PISSALOUX, M. FRANGI (dir.), *La simplification normative et administrative : état des lieux enjeux et perspectives*, Paris, Institut francophone pour la Justice et la Démocratie, coll. Colloques & Essais, 2020, pp. 137-153.

suite de Maxime CHRÉTIEN[4], de Jean-Claude MAESTRE[5], de Philippe BERN[6], et des professeurs Bernard CASTAGNÈDE[7] et Robert HERTZOG[8], peu de travaux ont remis en cause la complexité ou proposé une réforme de la répartition juridictionnelle du contentieux fiscal[9]. Seuls les constats de la complexité de la discipline, dressés au sein des facultés de droit, établis par les contribuables et les praticiens ont survécu.

458. Créer une juridiction *ex nihilo* permet de dépasser les entraves que nous avons identifiées, parmi lesquelles des éléments de prérogatives de puissance publique ou de droit civil impossibles à dissoudre au sein des ordres juridictionnels existants. Seul un réel juge de l'impôt, aux prérogatives définies en lien avec la nature du litige, pourra se voir attribuer l'ensemble d'un contentieux actuellement protéiforme, mais qui tendra à une unification. L'atout principal de la création d'une juridiction demeure en effet une attribution affranchie des classifications actuelles inhérentes à la structure, à l'histoire, et aux compétences juridictionnelles existantes.

459. La voie de la création d'une juridiction spécialisée présenterait plusieurs avantages. D'une part, l'atout le plus prégnant, serait celui de la clarté. Un juge unique pour tous les contentieux fiscaux, présente l'avantage de proposer au contribuable un interlocuteur unique pour ouvrir la voie contentieuse, évitant les erreurs de saisine. D'autre part, créer un juge spécialisé aurait pour conséquence une harmonisation de la matière. En incarnant le juge unique du contentieux fiscal, le nouveau juge de l'impôt produirait une jurisprudence harmonisée, quel que soit l'impôt litigieux ou le statut du contribuable. Le dialogue des juges entre les juridictions internes, les juridictions européennes et le juge de l'impôt en serait renforcé.

---

[4] M. CHRÉTIEN, « Réflexion sur la dualité juridictionnelle en matière fiscale », *in Mélanges offerts à Marcel WALINE, Le juge et le droit public*, Tome I, Paris, LGDJ, 1974, pp. 115-125.

[5] J.-C. MAESTRE, « La loi du 27 décembre 1963 portant unification ou harmonisation des procédures, délais et pénalités en matière fiscale. Étape ou aboutissement ? », *Revue de science financière*, 1964, n°3, pp. 537-609.

[6] Ph. BERN, *La nature juridique du contentieux de l'imposition*, *op. cit.*

[7] B . CASTAGNÈDE, *op. cit.*

[8] R. HERTZOG, « Le juge fiscal en crise ? », *in* R. HERTZOG (dir.), *op. cit.*, pp. 5-41.

[9] Notons la contribution du professeur Th. LAMBERT, « Le contentieux fiscal à la recherche de son juge », *in* U. NGAMPIO-OBÉLÉ-BÉLÉ (dir.), *La répartition des compétences juridictionnelles*, Paris, Institut universitaire Varenne, coll. Colloques & essais, 2019, pp. 73-88.

460. Cette création, inspirée d'exemples étrangers, ne peut se faire qu'à travers une structure dédiée, assurant au contribuable une instance en trois temps. Au regard des principes du procès équitable, protégé par les textes européens[10], le procès fiscal devra proposer au contribuable la possibilité d'interjeter appel puis de se pourvoir en cassation. Il s'agira ainsi de considérer les trois étapes du procès fiscal, placé entre les mains de juges spécialisés, réparti de façon harmonieuse sur le territoire.

461. En Europe, l'Autriche, l'Allemagne, le Portugal et l'Italie reconnaissent à travers leur structure juridictionnelle la place du contentieux fiscal. Ils serviront de base à notre réflexion afin de proposer une juridiction spécialisée, adaptée aux enjeux fiscaux actuels et nationaux. Il faudra mettre en perspective les exemples étrangers, les traditions juridictionnelles françaises et l'exigence d'apporter une meilleure qualité de justice en matière fiscale.

462. L'Allemagne reconnaît la place du contentieux fiscal à travers les tribunaux financiers[11]. Depuis une loi de 1966, les litiges fiscaux sont soumis à un double degré de juridictions dédiées. La juridiction financière est ainsi compétente pour trancher les litiges entre l'administration fiscale et le contribuable[12]. Les *Länder* accueillent les 18 *Finanzgericht,*[13] juridictions du premier degré spécialisées en matière de contentieux fiscal, pour tous les impôts sur le territoire du *Land.* 600 juges professionnels assurent leur office en première instance[14].

463. Incarnant la juridiction unique en matière fiscale en région, le *Finanzgericht* détient le monopole en la matière sur le territoire. Les recours contre ses décisions ne pourront faire l'objet que d'un recours devant le *Bundesfinanzhof*[5], qui siège à Munich et qui pourra se réunir en Grande chambre pour trancher le litige. Considérée comme une instance de révision et non un degré d'appel, la Cour fédérale des Finances de Munich jugera

---

[10] Article 6§1 de la Conv.EDH.

[11] Seules deux juridictions spéciales sont reconnues en Allemagne, en marge des juridictions judiciaires et administratives. Il s'agit des juridictions sociales et des juridictions financières.

[12] Ch. AUTEXIER, « La dualité du droit applicable à l'administration et la pluralité de juridictions en matière administrative en Allemagne », *RFDA*, 1990, n°5, p. 863.

[13] En français « Tribunal des finances ».

[14] Source : www.bundesfinanzhof.de.

[15] En français « Cour fédérale des finances ». Créé en 1950, le *Bundesfinanzhof* est l'une des cinq juridictions suprêmes allemandes.

uniquement en droit[16]. Le contribuable allemand ne bénéficie pas d'un triple degré de juridiction, comme pour d'autres contentieux tels que celui relevant du droit du travail ou du droit administratif. En matière fiscale, la procédure allemande est ainsi moins favorable que pour d'autres types de litiges.

464. L'Autriche, comme l'Allemagne est un État fédéral. De l'État fédéral émanent toutes les juridictions de droit commun[17]. La compétence des juges en matière fiscale se répartit ainsi entre les régions et l'État central. Le contentieux fiscal est confié à l'ordre administratif qui se divise en plusieurs juridictions de première instance. En première instance, le Tribunal fiscal fédéral : le *Bundesfinanzgericht* détient le monopole du recours en matière de contentieux fiscal. À travers ses six succursales en région[18], la juridiction spécialisée tranche l'intégralité des litiges ouverts entre l'administration fiscale et les contribuables. Un recours est possible devant la Cour administrative, la *Verwaltungsgerichtshof,* assurant une harmonie de la jurisprudence administrative.

465. Au Portugal, l'organisation juridictionnelle opère une interpénétration entre le contentieux administratif et le contentieux fiscal. Articulée autour de trois degrés de juridiction, l'ordre administratif et fiscal accueille en première instance les seize *Tribunais administrativo e fiscais*[19] répartis au sein des grandes villes du pays. En appel, les deux *Tribunais centrais administrativos* assurent le deuxième degré de juridiction[20]. Au sommet de la hiérarchie des juridictions administratives et fiscales se trouve le *Supremo tribunal admininstrativo*, divisé en deux chambres, une dédiée au contentieux administratif, l'autre au contentieux fiscal. Au Portugal, le contentieux fiscal est ainsi assimilé au contentieux administratif avec qui il

---

[16] F. FERRAND, *Droit privé allemand*, Paris, Dalloz, 1997, p. 91.

[17] European justice : www.e-justice.europa.eu.

[18] Le Tribunal fiscal fédéral se déconcentre en région à travers des juridictions présentes dans six villes : Feldkirch, Graz, Innsbruck, Klagenfurt, Linz et Salzbourg.

[19] Selon le Code du Contentieux Administratif (*Código de Processo nos Tribunais Administrativos*), approuvé par la Loi 15/2002, du 22 février 2002, et modifié par la Loi 4-A/2003, du 19 février 2003, « les tribunaux administratifs statuent sur le respect par l'administration des normes et principes juridiques qui la lient et non sur la convenance ou l'opportunité de son action » (article 3). Il s'agit donc d'apprécier le respect du droit et de la loi (contrôle de légalité). Source : aca-europe.eu.

[20] Deux Cours administratives d'appel sont réparties sur le territoire. Une au nord du pays, le « TCA sul » ayant son siège à Lisbonne, une au sud, le « TCA sur » à Porto.

partage le même juge, tout en étant reconnu comme un contentieux particulier à travers l'existence de sections dédiées[21].

466. En Italie, depuis une réforme de 1992[22] mise en œuvre au 1er janvier 1996, une justice fiscale autonome a été mise en place. Dans chaque capitale provinciale, les Commissions fiscales provinciales ou *Comissioni tributarie provinciali* assurent le premier degré de juridiction en matière fiscale. Elles sont compétentes pour trancher tous les litiges fiscaux ouverts entre l'État et les contribuables. En appel, les Commissions fiscales régionales (*Commissioni tributarie regionali*) sont exclusivement dédiées au contentieux fiscal. Chaque commission fiscale est composée d'une ou de plusieurs sections, chacune composée d'un président et d'au moins trois juges. Un conseil de la présidence de la justice fiscale (*Consiglio di Presidenza della Giustizia Tributaria*) assure une fonction de représentation et d'unité de la justice fiscale. La voie de la cassation est ouverte devant la *Corte di cassazione* qui permet un réexamen en droit de l'affaire.

467. Avec près de 21 000 affaires fiscales par an en première instance, 4 000 en appel et 500 en cassation pour les deux ordres de juridiction confondus[23], l'activité d'un ordre de juridiction dédié à la matière fiscale paraît quantitativement réaliste et juridiquement nécessaire. La création en France d'un véritable juge de l'impôt spécialisé en matière fiscale présente des atouts, principalement celui de proposer au contribuable un juge unique et formé (**Section 1**). La juridiction fiscale nouvellement créée devra, à l'image des exemples étrangers, présenter outre la cassation, un double degré de juridiction, participant au respect du droit à un procès équitable (**Section 2**).

---

21 « Les juges de la juridiction administrative peuvent être des juges des tribunaux judiciaires détachés auprès de la juridiction administrative ou bien des juges recrutés directement par cette dernière. Leur statut correspond à celui des juges de la carrière des tribunaux judiciaires. Le recrutement des juges pour les tribunaux du premier degré de juridiction se fait normalement sur concours. Le recrutement des juges pour les tribunaux supérieurs suppose une sélection professionnelle ». Source : *La justice administrative en Europe – Portugal*, aca-europe.eu.

22 Decreto legislativo 31 dicembre 1992, n°545.

23 Source : DIRECTION GÉNÉRALE DES FINANCES PUBLIQUES, *Rapport d'activité, Cahier statistiques 2020*, p. 55.

Section 1 – Un juge de l'impôt spécialisé en matière de contentieux fiscal

468. Paul Marie GAUDEMET dressait en 1974 un constat cinglant sur la situation du juge en matière fiscale en écrivant que « le partage du contentieux fiscal entre deux ordres de tribunaux entrave la constitution d'un corps de magistrats spécialisés dans les affaires fiscales. Sans doute dans les tribunaux judiciaires comme dans les tribunaux administratifs, il existe des magistrats hautement qualifiés en matière fiscale. Ils sont rares »[24]. Si la sévérité du constat peut être discutée, l'analyse semble, près d'un demi-siècle plus tard, pertinente. La spécialisation, dans toutes les disciplines, de la médecine à l'organisation universitaire, rime avec performance, expertise, et compétence sur une matière précise. Les vertus de la spécialisation ne sont pas remises en question dans de nombreuses disciplines scientifiques ou techniques. Son intégration en matière de droit fiscal, reconnu comme une discipline complexe présente des avantages non négligeables.

469. L'exemple de plusieurs pays étrangers montre les avantages et le réalisme de la proposition d'une juridiction fiscale spécialisée en France. Reconnaître que la matière mêle à la fois des enjeux particuliers, dont celui de recouvrer l'impôt dans le but de financer les charges publiques, des pouvoirs exorbitants reconnus à l'administration fiscale et de potentielles atteintes aux droits et libertés du contribuable doit emporter plusieurs conséquences. Parmi elles, la nécessité d'un juge spécialisé répond au besoin d'une compétence particulière pour rendre la justice dans le cadre d'un litige opposant des intérêts aussi majeurs[25]. D'autant que la complexité de la discipline relève d'une superposition de compétences allant du droit fiscal à la comptabilité en passant par le droit constitutionnel ou européen.

470. Une juridiction fiscale hétérogène correspondant à la diversité des situations proposées par le contentieux fiscal (**§1**), structurée en chambre autour de « temps » fiscaux (**§2**) semble nécessaire pour une justice fiscale efficiente et harmonisée sur tout le territoire.

---

[24] P.-M. GAUDEMET, « Réflexions sur les rapports du juge et du fisc », *in Mélanges offerts à Marcel WALINE, Le juge et le droit public*, Paris, LGDJ, 1974, p. 132.

[25] Ce constat est partagé par des juristes étrangers comme : A. MARCHESELLI, « Le procès fiscal équitable en Italie. Actualité et perspectives », *RFFP*, n°83, 2003, p. 61.

§1 – Une juridiction fiscale hétérogène

471. La nouvelle juridiction dédiée à la matière fiscale doit être spécialisée et apte à répondre à la variété des contentieux fiscaux ayant pour point commun la contestation de l'action de l'administration fiscale à l'égard du contribuable. Par ailleurs, à la différence de l'Italie où les juges de l'impôt, qui sont recrutés « sur titre en fonction de leurs compétences techniques présumées, ne sont pas des juges professionnels »[26], il sera préféré la professionnalisation. Outre ce dénominateur commun, le contentieux fiscal, parfois qualifié de « droit de superposition » se place au carrefour de droits variés, relevant tant du droit privé que du droit public. Pour correspondre à cette exigence de compétences multiples au sein d'un ordre de juridiction unique, il faut envisager deux périodes. La première devra amorcer une transition, poser les bases d'un nouvel ordre de juridiction. Cette période, comme un préliminaire à la spécialisation aboutie est indispensable pour plusieurs raisons. D'une part, elle permet une mise en œuvre rapide, fondée sur des magistrats d'expérience aptes à mettre en mouvement une telle réforme. Ensuite, parce qu'en choisissant cette création en deux temps basée sur l'expérience, on prépare une transition, on limite les erreurs dans la mise en œuvre et dans la formation d'une juridiction *ex nihilo*.

472. Deux périodes dans la création seront ainsi retenues. D'abord, une période transitoire est nécessaire pour mettre en œuvre une juridiction nouvelle, avec le concours de magistrats actuellement en charge du contentieux fiscal et dont les compétences s'additionneront en fonction du litige ouvert (**A**). Ensuite, il faudra envisager une solution pérenne, les magistrats détachés pourront ainsi continuer de siéger au sein du Tribunal fiscal, former les futurs juges de l'impôt au sein de l'organe de formation créé ou retourner dans leur juridiction d'origine. La formation dédiée au juge de l'impôt viendra à la suite de cette période transitoire, pérenniser le recrutement des juges de l'impôt (**B**).

---

26 P. BELTRAME, Ch. LOUIT, « Le procès fiscal équitable : l'affirmation d'une norme européenne ? », *RFFP*, n°83, 2003, p. 126.

A – Des juges de l'impôt aux profils variés à titre transitoire

473. Seule une formation dédiée pourra répondre à l'exigence de spécialisation correspondant à la mise en place d'une juridiction fiscale. Mais la mise en place d'une formation sur-mesure peut être longue. Pour permettre la mise en place d'une juridiction dédiée, le concours de divers juges pourrait combler cette carence. En effet, le contentieux de l'impôt, disséminé sur les deux ordres de juridictions correspond à une variété de situations juridiques relevant d'une nécessité d'épouser la réalité, de concilier les libertés fondamentales et de recouvrer l'impôt. Pour correspondre à un contentieux davantage multicolore que monochromatique, le juge de l'impôt devra être capable de couvrir un spectre particulièrement large. Cette nouvelle juridiction fiscale devra être capable de trancher des litiges portant sur l'assiette de l'impôt, sur les méthodes du contrôle fiscal, sur les modes de recouvrement ou sur des affaires relevant du droit pénal fiscal. Sans compétences variées, point de juridiction unique.

474. Naturellement, cette variété de compétences des juges de l'impôt ne peut être exigée d'un seul individu. La juridiction fiscale devra ainsi nécessairement être aussi hétérogène que le contentieux fiscal lui-même. Le juge de l'impôt devra, outre sa formation dédiée, maîtriser toutes les facettes du contentieux fiscal échu intégralement à la juridiction dédiée. Pour répondre à cette diversité de problèmes juridiques, la composition de la nouvelle juridiction spécialisée doit accueillir des juges issus d'horizons divers. À titre transitoire, avant qu'elle soit composée de juges spécialisés et formés, la juridiction fiscale pourra accueillir les magistrats qui jusqu'alors rendaient une parcelle de justice fiscale.

475. Un juge civil apportera son expertise en matière de contentieux des voies d'exécution, de protection de la propriété individuelle, d'autorisation du droit de visite et de saisie ou d'évaluation de la valeur vénale des biens, sujets actuellement réservés à son office. Actuellement compétent en matière de « droits d'enregistrement, d'impôt sur la fortune immobilière, de taxe de publicité foncière, de droits de timbre, de contributions indirectes et de taxes assimilées à ces droits, taxes ou contributions » selon l'article L. 199 du LPF, le juge civil détient une partie de la compétence juridictionnelle en matière fiscale. Par sa présence au sein de la juridiction spécialisée, la partie du contentieux jadis confiée à « une des deux têtes » du juge de l'impôt est alors intégrée.

476. La présence d'un juge administratif au sein de la formation de jugement apportera sa compétence en matière de contentieux opposant le détenteur de la puissance publique au contribuable. Actuellement, le juge administratif est compétent en matière de contentieux de l'assiette « des d'impôts directs et de taxes sur le chiffre d'affaires ou de taxes assimilées »[27], de contentieux de la responsabilité et de REP en matière fiscale[28]. Intégrée à la nouvelle juridiction, la seconde tête du juge de l'impôt associe ses compétences et couvre un large champ du contentieux fiscal. En matière de contentieux d'assiette et de recouvrement, l'espace est ainsi totalement occupé. Reste la question des contestations relevant du contentieux pénal fiscal.

477. L'apport d'un juge pénal en matière de contentieux issu de fraudes fiscales relevant du droit pénal permettra de compléter les compétences au sein de la juridiction fiscale. Parfois considéré comme étranger au champ fiscal par l'application de règles de nature pénale par le juge pénal, le contentieux pénal fiscal n'en demeure pas moins de nature à réprimer la fraude fiscale. La pénalisation du droit fiscal connaît par ailleurs une croissance certaine[29] et devra intégrer cette démarche d'unification du contentieux fiscal au-delà de la question traditionnelle du dualisme.

478. Indépendante, détachée de l'administration fiscale, aux compétences plurielles, la nouvelle juridiction fiscale pourra ainsi appréhender l'ensemble des questions fiscales, quelle que soit la nature de la contestation. Néanmoins, cette solution ne peut être que transitoire tant elle requiert une organisation multicanale complexe. À terme, un juge spécialisé en matière fiscale et formé à cette discipline devra remplacer la composition initiale.

B – Des juges formés au contentieux fiscal

479. La formation est la clé d'une meilleure qualité de la justice en matière fiscale. Actuellement, les juges administratifs et civils suivent une formation généraliste, irriguée par l'expérience de terrain ce qui pour une

---

[27] Article L. 199 du LPF, modifié par l'Ordonnance n°2019-964 du 18 septembre 2019, art. 35.

[28] Ch. DE LA MARDIÈRE, *Recours pour excès de pouvoir et contentieux administratif de l'impôt, op. cit.* Voir également : J. MARTINEZ MEHLINGER, *Le recours pour excès de pouvoir en matière fiscale*, Paris, L'Harmattan, coll. Logiques juridiques, 2002, 830 p.

[29] Ch. DE LA MARDIÈRE, « Introduction et décision du Conseil constitutionnel », *Droit Fiscal*, 2013, n°51, comm. 563.

matière technique comme le contentieux fiscal peut être périlleux (**1**). L'unification des offices en matière fiscale, outre la clarté, pourra permettre à un juge d'être spécialement formé par une école dédiée (**2**).

1. Un constat : des juges statuant en matière fiscale peu formés à la matière

480. Même si établir la sociologie des juges statuant en matière fiscale est difficile, on peut estimer qu'actuellement les juges statuant en matière fiscale sont soit issus de l'École nationale de la magistrature pour les juges civils, soit directement issus d'un concours administratif pour les juges administratifs après une formation universitaire classique ou une formation au sein des Grandes écoles[30]. Quatre voies d'entrée sont actuellement ouvertes pour devenir magistrat administratif : l'ENA, recrutement de droit commun de la juridiction administrative[31] (11,2 %), les concours externes et interne, devenu majoritaires (48,4 %), le tour extérieur (16,1 %) et le détachement civil (22,3 %) ou militaire (2 %)[32].

481. Les juges civils, formés à l'École nationale de la magistrature (ENM), suivent une formation initiale et continue articulée autour de huit pôles[33], correspondant aux compétences essentielles du magistrat civil. Cette formation correspond aux attentes de deux déclarations de principes internationales. La « Déclaration européenne des principes fondamentaux

---

[30] D. CHABANOL, « Sociologie du juge fiscal », *in* R. HERTZOG, *Le juge fiscal*, *op. cit.*, pp. 46-50.

[31] Article L. 233-2 du CJA.

[32] Répartition des entrées dans le corps selon la voie de recrutement depuis 10 ans. Rapport du Syndicat de la juridiction administrative, 2021. Source : www.lesja.fr.

[33] Les huit pôles de formation proposés par l'ENM sont « Humanités judiciaires », « processus de décision et de formalisation de la justice civile », « processus de décision et de formalisation de la justice pénale », « communication judicaire », « administration de la justice, dimension internationale de la justice », « environnement judiciaire » et « pôle économique, social et environnemental ».

sur la formation judiciaire », signée le 10 juin 2016[34], incite les 28 États membres à organiser la formation des juges autour de neuf principes fondamentaux. La « Déclaration des principes de la formation judiciaire », adoptée le 8 novembre 2017, rappelle la nécessité d'une formation initiale et continue. L'article 7 indique que, « Quelle que soit l'expérience professionnelle des magistrats récemment nommés ou des futurs magistrats, il est nécessaire de les former à ces compétences essentielles, qui ne peuvent pas toutes avoir été acquises au cours de leurs études universitaires ou de leurs expériences précédentes. C'est pour cela que le Principe 7 reconnaît la nécessité d'une formation initiale pour tous les magistrats ». Ce n'est actuellement pas le cas pour les juges statuant en matière fiscale qui ne suivent aucune formation spécifique.

482. Le juge civil, formé à l'ENM, reçoit ainsi, au-delà d'une formation universitaire au cours de laquelle le droit fiscal est parfois peu enseigné, une formation générale et universelle devant lui permettre d'être un magistrat respectueux des valeurs de son ordre. Cette formation générale ne permet

[34] Les 9 principes fondamentaux sur la formation judicaire en Europe ont été adoptés par les membres du réseau européen de formation judiciaire (REJF) le 10 juin 2016 (Source : www.ejtn.eu) :
- La formation judiciaire est une formation pratique et pluridisciplinaire visant essentiellement la transmission de valeurs et de techniques professionnelles complémentaires à celles enseignées durant la formation juridique.
- Chaque juge et procureur doit suivre une formation initiale avant ou au moment de sa nomination.
- Tous les juges et procureurs ont le droit de bénéficier d'une formation continue régulière après leur nomination et tout au long de leur carrière. Il est de leur responsabilité d'entreprendre une telle formation. Chaque État membre doit mettre en place des systèmes permettant de veiller à ce que les juges et les procureurs soient en mesure d'exercer ce droit et cette responsabilité.
- La formation fait partie de la vie professionnelle normale d'un juge et d'un procureur. Tous les juges et procureurs devraient pouvoir suivre une formation dans le cadre de leur temps de travail habituel, sauf dans le cas exceptionnel où cela nuirait à la bonne administration de la justice.
- Conformément aux principes de l'indépendance judiciaire, la forme, le contenu et le mode de transmission de la formation judiciaire sont déterminés exclusivement par les institutions nationales compétentes.
- La formation doit idéalement être dispensée par des juges et des procureurs préalablement formés à cette fin.
- La priorité doit être accordée à des techniques pédagogiques actives et modernes.
- Les États membres doivent mettre à la disposition des institutions nationales responsables de la formation judiciaire suffisamment de ressources financières et autres pour leur permettre d'atteindre leurs priorités et leurs objectifs.
- Les plus hautes autorités judiciaires doivent soutenir la formation judiciaire.

pas à un magistrat nouvellement installé d'envisager tous les aspects d'un contentieux particulièrement technique, faisant appel à des enjeux divers comme les droits et libertés fondamentaux, mais aussi l'évaluation de la valeur vénale ou la pertinence d'une visite domiciliaire mêlés aux règles fiscales et civiles.

483. Le juge administratif, recruté en grande partie à l'issue d'un diplôme universitaire du niveau Master ou de grandes écoles comme l'ENA, exerce directement des fonctions juridictionnelles. En tant que Conseiller de Tribunal administratif, le magistrat administratif n'est pas formé dans une école dédiée comme son homologue judiciaire. La compétence en matière fiscale évoluera par la pratique en juridiction par l'échange et l'expérience. Comme en matière de travaux publics ou de fonction publique, le contentieux fiscal, domaine complexe, souffre d'un manque de formation. Cette méthode pratique de « faire le chemin en marchant » peut s'avérer long et périlleux en matière fiscale, discipline technique requérant une formation de base solide.

2. Une réforme : la création d'une école dédiée

484. Pour plus d'efficacité, une structure de formation spéciale pourrait être créée sous le nom d'« École nationale des juridictions fiscales ». Accessible à un niveau de Master, elle aurait pour fonction de former les juges de l'impôt qui auront à trancher des litiges reposant sur un droit à la fois technique et changeant. En complément d'une formation, souvent sommaire en droit fiscal et en procédures fiscales[35] d'autres compétences devront être abordées au cours d'un cycle de formation complet.

485. Abolissant la *summa divisio* droit public-droit privé, la formation du juge de l'impôt devra se concentrer sur les enjeux de la discipline. Le contentieux fiscal, fortement imprégné de droit public, embrasse, nous l'avons vu, de nombreuses considérations relevant du droit privé[36]. La formation proposée doit ainsi proposer une vision globale du droit. Elle devra ainsi considérer que le juge de l'impôt n'est pas tout à fait « un juriste

---

[35] Th. LAMBERT, « Le fiscaliste, un juriste comme les autres », *Gestion et finances publiques*, 2014, n°3/4, p. 12.

[36] E. PICARD, « Pourquoi certaines branches du droit échappent-elles à la *summa divisio* ? », *in* B. BONNET, P. DEUMIER, *De l'intérêt de la summa divisio droit public-droit privé ?*, Paris, Dalloz, coll. Thèmes et commentaires, 2010, p. 72.

comme les autres »[37], mais un juriste ouvert sur la diversité des enjeux en matière fiscale. La comptabilité, le droit des affaires trouveront par exemple une place de choix parmi les compétences requises.

486. Assurés par des universitaires, des magistrats, des membres de l'administration fiscale, les enseignements s'axeront autour de pôles de compétences. Le contentieux de l'assiette de l'ensemble des impôts directs et indirects des particuliers et des professionnels occupera un pôle. Il devra fournir une formation transversale, permettant par exemple au juge d'appréhender les enjeux d'une société commerciale.

487. Un deuxième axe de formation devra former le futur juge de l'impôt sur le contentieux du recouvrement, un contentieux particulièrement complexe qui requiert de solides connaissances en matière fiscale, mais aussi en droit civil. Un autre pôle formera au contentieux relevant du pénal fiscal, obéissant à des règles importées du droit pénal.

488. Actuellement, le recrutement des greffiers est assuré par l'École nationale des greffes de Dijon pour les juridictions judiciaires. Les greffiers de l'ordre administratif sont aussi recrutés parmi les membres du corps interministériel des attachés d'administration de l'État pour les catégories A ou nommés parmi les fonctionnaires des corps de l'intérieur ou de l'outremer[38]. La formation des greffiers et greffiers en chef sera également assurée par l'École nationale des juridictions fiscales. Seront intégrées à leur formation les spécificités de la procédure fiscale et les compétences des juridictions et chambres spécialisées.

489. Cette formation permettra la mise en place d'un ordre de juridiction spécial, formé, unique et organisé de façon à privilégier la spécialisation, l'efficacité, et la performance de la décision de justice en matière fiscale. Cette performance se traduira par des délais raisonnables, des décisions harmonisées, rendues par des spécialistes face à des conseils de plus en plus spécialisés et une administration exclusivement dédiée à la matière.

---

[37] Th. LAMBERT, « Le fiscaliste, un juriste comme les autres », *op. cit.*, p. 12.

[38] Article R. 226-1 du CJA.

§2 – Une juridiction structurée autour des « temps » fiscaux

490. La spécialisation[39] d'un nouvel ordre réservé à la matière fiscale exige une formation spéciale, mais aussi une organisation correspondant aux problématiques du contentieux fiscal. Considéré au sens large, le contentieux fiscal inclut le contentieux de l'assiette et du recouvrement, mais aussi celui de la légalité[40] et de la répression[41]. Fusionner un contentieux épars nécessite d'unifier, mais également de cloisonner pour tirer profit de la spécialisation qui se réalisera sur deux plans, développant des compétences dans un objectif de performance.

491. Une spécialisation et un monopole du juge de l'impôt parmi les autres juridictions d'une part, mais aussi une spécialisation interne pour permettre de trancher au mieux un contentieux tant complexe qu'hétérogène seront requis. Des chambres spécialisées seront nécessaires pour trancher des litiges parfois très variés, ayant pour seul point commun une question fiscale. La réduction des questions préjudicielles, du nombre de recours à des experts[42], la rapidité des jugements rendus par des juges aussi spécialisés que les avocats fiscalistes et l'administration fiscale sont autant d'objectifs rendus possibles par la mise en place d'un ordre de juridiction dédié.

492. Chaque juridiction de la première instance à la cassation pourra conserver une structure identique, articulée autour des « temps fiscaux », chacun gouverné par des principes hétérogènes. Une chambre compétente en matière du contentieux de l'établissement de l'impôt (**A**), une autre spécialisée en matière de recouvrement (**B**), enfin une dernière chambre dédiée au contentieux fiscal pénal (**C**) permettront de cibler les grandes problématiques fiscales.

---

[39] Le terme de spécialisation découle du verbe « spécialiser » : « Rendre quelqu'un compétent dans un domaine, apte à un métier, à un travail spécial », mais aussi « Restreindre le domaine d'action d'une activité, d'une entreprise tout en les rendant plus performantes dans la voie choisie » (Dictionnaire *Larousse*, version numérique).

[40] J.-L. ALBERT, *Finances publiques*, 11e édition, Paris, Dalloz, coll. Cours, 2019, p. 76.

[41] P. BELTRAME, *L'impôt*, Paris, MA éditions, coll. Le monde de…, 1987, p. 51.

[42] Th. LAMBERT, *Procédures fiscales*, *op. cit.*, p. 636.

A – Une chambre spécialisée en matière de contentieux de l'établissement de l'impôt

493. La première étape des « temps » fiscaux est naturellement de définir le fait générateur de l'impôt, son assiette pour permettre son recouvrement. Nous retiendrons ce terme de « contentieux de l'établissement de l'impôt » utilisé par le LPF[43] au sens large, englobant non seulement les opérations d'assiettes, mais aussi de contrôle et de liquidation. Ce « temps » fiscal correspond ainsi pour le juge à « déterminer le montant de l'impôt légalement dû »[44], face à un contribuable qui estime que sa dette fiscale n'a pas été légalement établie. Cette étape de détermination du montant de l'impôt peut ouvrir un contentieux entre l'administration et le contribuable qu'il faudra trancher au regard de règles variées.

494. Actuellement, le contentieux de l'assiette, mais aussi du contrôle fiscal destiné à établir le montant de l'impôt, est réparti sur les deux ordres de juridictions en fonction de la répartition légale[45]. Il constitue le volume le plus important de contentieux, et de fait, génère plusieurs difficultés. Parmi elles, peuvent être retenus les risques de divergences entre les ordres de juridiction ou encore les errances du contribuable dans le choix de la juridiction à saisir.

495. La chambre de « l'établissement de l'impôt » créée sera compétente pour connaître de tous litiges issus d'opérations destinées à établir l'impôt qu'il soit direct ou indirect. Il faudra inclure les procédures de contrôle sur pièces et sur place, la détermination du fait générateur[46], l'évaluation de la matière imposable, mais aussi l'autorisation du droit de visite et de saisies. Le juge de l'impôt sera par ailleurs compétent pour statuer sur un recours pour excès de pouvoir permettant de mettre fin à un acte administratif portant atteinte au contribuable ou à tout contribuable placé dans cette situation[47]. Palliatif aux lenteurs du contentieux de l'imposition,

---

43 Terme repris par plusieurs manuels comme celui de MM. M. Collet, P. Collin, *Procédures fiscales*, *op. cit.*, p. 241.

44 CE, Avis, 1er avril 2010, n°334.465, *SAS Marsadis, Droit Fiscal*, 2010, n°17/18, comm. 299, conclusions P. Collin.

45 Article L. 199 du LPF.

46 Voir sur ce thème : C. Bas, *Le fait générateur de l'impôt*, Paris, L'Harmattan, coll. Finances publiques, 2007, 500 p.

47 Voir sur ce thème : Ch. de la Mardière, *Recours pour excès de pouvoir et contentieux administratif de l'impôt*, *op. cit.*, 340 p.

en permettant d'annuler la doctrine administrative ou un décret, le REP a connu une croissance certaine[48]. Le contentieux de l'annulation actuellement intégralement placé auprès du juge administratif, trouvera sa place ici à travers son objet : l'établissement de l'impôt.

496. Toutes ces procédures connaissant aujourd'hui des régimes différents[49] feront l'objet d'un regroupement rationnel. L'ordonnance autorisant la « perquisition fiscale » sera rendue par un juge spécialisé, analysant les éléments fournis par l'administration et s'assurant du bien-fondé d'une procédure particulièrement intrusive. Cette attribution, notamment en première instance, permettra de mettre un terme à la pratique des ordonnances prérédigées, néfaste à la justice en matière fiscale.

497. Grâce à cette attribution, le contribuable identifiera clairement le juge compétent pour déterminer le montant de son impôt, qu'il soit issu d'un contrôle ou pas. Le juge spécialisé rendra son office dans le cadre d'une compétence de plein contentieux, conservant les prérogatives nécessaires pour réformer ou annuler l'acte d'imposition, ou d'une simple compétence d'annulation dans le cadre du REP. Cette même division du contentieux fiscal, pour plus de lisibilité et de performance se poursuivra pour le contentieux du recouvrement étape ultime des procédures fiscales.

B – Une chambre dédiée au contentieux du recouvrement

498. Le contentieux du recouvrement est unanimement considéré comme complexe et obscur[50], mais « ne peut légitimement être écarté du contentieux fiscal »[51]. Pour sortir de ce labyrinthe[52], la création d'une chambre dédiée à ce contentieux peu fréquent, mais technique apporterait une simplification bienvenue. Nombreux ont été les constats de la complexité du contentieux du recouvrement, mais rares ont été les

---

[48] J.GROSCLAUDE, Ph. MARCHESSOU, B. TRESCHER, *Procédures fiscales, op. cit.*, p. 362.
[49] Article L. 190 du LPF.
[50] M. MASCLET DE BARBARIN, « Contentieux du recouvrement : comment sortir enfin du labyrinthe ? », *in* Th. LAMBERT (dir.), *Le contentieux fiscal en débats, op. cit.*, pp. 257-279 ; V. DAUMAS, « Compétence juridictionnelle en contentieux du recouvrement et procédures collectives : ménage à trois au cœur du labyrinthe », *RJF*, 2010, n°1, pp. 3 et s.
[51] R. HERTZOG, « Le juge fiscal en crise ? », *in* R. HERTZOG (dir.), *Le juge fiscal, op. cit.*, p. 12.
[52] V. HAÏM, « Les labyrinthes du contentieux du recouvrement », *Dalloz*, 1995, pp. 150 et s.

propositions de simplification. La création d'une chambre dédiée, présente dans chaque juridiction fiscale semble apporter une lisibilité nécessaire.

499. Actuellement, le dualisme fractionne le contentieux du recouvrement qui est scindé en trois branches. Le JEX pour la régularité en la forme de l'acte et les juges civil et administratif sont compétents pour trancher les litiges confiés par l'article L. 281 du LPF. En fonction de la nature de la contestation et de l'impôt litigieux, le contentieux est attribué à un des deux ordres de juridiction créant une complexité certaine.

500. La compétence de la chambre dédiée au contentieux du recouvrement sera ici entendue au sens large. Nous retiendrons le terme englobant toutes les procédures conduisant à un transfert de patrimoine d'un contribuable vers l'État. Au-delà des litiges nés du recouvrement, forcé ou ordinaire, il faut aussi intégrer les procédures de référé pour conserver l'unité du contentieux de mécanismes ayant pour point commun l'acte de paiement de l'impôt. Il faudra en outre intégrer le contentieux des opérations de « sécurisation » de la créance fiscale comme les sûretés et mesures conservatoires.

501. La nouvelle chambre compétente en matière de contentieux du recouvrement devra assurer un contentieux fortement imprégné de droit civil à l'image des procédures de SATD ou de sûretés, importées du droit civil. Le juge siégeant au sein de la chambre du contentieux du recouvrement tranchera tout litige entre l'administration et le contribuable, pour toutes les contestations actuellement contenues au sein de l'article L. 281 du LPF. La fusion des trois branches du contentieux du recouvrement participera à une simplification, à une meilleure lisibilité et à une qualité de la décision rendue en la matière. Cette simplification devra aussi s'attacher à intégrer un contentieux que certains auteurs estiment sortir du contentieux fiscal : le contentieux pénal fiscal.

C – Une chambre dédiée au contentieux pénal fiscal

502. « La fraude fiscale est un délit pénal » écrivait Christian LOPEZ[53]. C'est en partie pour cette raison que le contentieux pénal en matière fiscale n'entre pas dans l'étude du dualisme du contentieux fiscal, mais fait appel à une « trinité » juridictionnelle[54]. Le contentieux de la répression obéissant

---

[53] Ch. LOPEZ, *Droit pénal fiscal*, Paris, LGDJ, coll. Systèmes fiscalité, 2012, p. 11.

[54] Th. LAMBERT, « Le contentieux fiscal à la recherche de son juge », *op. cit.*

actuellement à des règles si éloignées du droit fiscal, nous l'avons jusqu'à présent écarté de notre démonstration. Pourtant, dans une démarche d'unification du contentieux mettant fin au dualisme, il peut s'avérer opportun de compléter le nouvel ordre de juridiction par une branche jusqu'alors peu intégrée. Cette réunification basée sur le fond du litige éviterait certaines incohérences entre la décision du juge de l'impôt et celle du juge pénal. Une dissonance pourrait en effet se produire lorsque le juge pénal condamne le contribuable pour fraude, mais qu'en parallèle, le juge de l'impôt décharge le contribuable de l'impôt[55].

503. Jusqu'à une réforme récente, l'administration fiscale détenait le monopole de la poursuite pénale. Ces affaires émanaient uniquement de l'administration fiscale avant la réforme de 2018[56]. Elles sont aujourd'hui issues de dénonciations obligatoires du Parquet, de plaintes pour fraude après avis de la Commission des infractions fiscales, mais aussi de plaintes pour escroqueries ou issues de dossiers transmis par la « police fiscale »[57]. Environ 2 000 procédures par an sont transmises au juge pénal, soit une inflation de près de 100 % en 10 ans.

504. La répression pénale de la fraude fiscale s'attaque aux violations les plus graves des règles fiscales. Cette ramification ne fait que scinder un contentieux déjà fortement fracturé par le dualisme et faire sortir du champ du contentieux fiscal un contentieux placé au carrefour de deux branches du droit : le droit pénal et le droit fiscal. Au-delà de la compétence du juge pénal en la matière, les juges administratif et civil ont pour fonction de réprimer certaines infractions par exemple en matière de droit de communication[58] ou d'opposition à contrôle fiscal[59]. L'office du juge pénal

---

[55] Cass. crim., 4 novembre 2010, 10-81.233, *RJF*, n°4/11, com. 513.

[56] Jusqu'en 2018, l'administration détenait le monopole des poursuites appelé « verrou de Bercy », la Loi du 23 octobre 2018, n°2018-898, *JO* du 24 octobre 2018, dite *Loi relative à la lutte contre la fraude* a ouvert les modes de saisine du juge pénal. L'article L. 228 du LPF prévoit à présent 3 modes d'engagement des poursuites.

[57] DIRECTION GÉNÉRALE DES FINANCES PUBLIQUES, *Rapport d'activité, Cahier statistiques 2020*, p. 53.

[58] Article 1734 du CGI.

[59] Article 1746 du CGI.

est alors proche de celui du « juge de l'impôt » qui a le pouvoir de prononcer des pénalités et plus précisément des amendes[60].

505. Actuellement, le juge pénal détient une compétence en matière fiscale, mais est considéré comme relevant du droit pénal à titre principal malgré la coloration fiscale importante. Le contentieux fiscal relevant du juge pénal est en effet à la fois de nature pénale, donc judiciaire, et fiscale. Cette attribution au juge pénal fondée sur la nature du litige, la fraude fiscale, se justifie par l'application de normes essentiellement pénales[61].

506. Il faudra en la matière créer une formation de jugement apte à trancher des infractions caractérisées par un délit destiné à éluder l'impôt, sanctionné par l'échelle des peines ouverte en matière pénale. Cette assimilation s'apparente alors à d'autres crimes et délits commis contre l'État comme les abus de biens sociaux ou les faux en écriture publique[62]. Il faudra néanmoins se limiter au contentieux des sanctions fiscales entendues au sens de l'article 6§1 de la Conv.EDH des jurisprudences *Engel*[63], *Bendenoun*[64] et de l'avis de Conseil d'État *SARL Auto industries Méric*[65], constituant des accusations en matière pénale[66]. Ces critères ont été largement repris par les juridictions nationales en assimilant les sanctions fiscales aux sanctions pénales[67].

507. La dernière chambre présentée accueillera une partie significative de ce contentieux hybride emportant des enjeux majeurs en matière de

---

60 M. BETCH, B. NEEL, « Juge pénal et juge fiscal », *in* R. HERTZOG (dir .), *Le juge fiscal*, *op. cit.*, pp. 85-118.

61 S. DETRAZ, R. SALOMON, *Précis de droit pénal fiscal*, Paris, LexisNexis, coll. Précis fiscal, 2021, p. 5.

62 G. TIXIER, Ph. DEROUIN, *Droit pénal de la fiscalité*, Paris, Dalloz, coll. Droit usuel, 1989, p. 14.

63 CEDH, 8 juin 1976, n°5100/71, *Engel et a. c/ Pays-Bas.*

64 CEDH, 24 février 1994, n°00012547/86, *Bendenoun c/ France.*

65 CE, avis, 31 mars 1995, n°164008, *SARL Auto-industrie Meric.*

66 P.-F. RACINE, « Les sanctions fiscales et la CEDH », *in Regards critiques et perspectives sur le droit et la fiscalité, Liber amicorum Cyrille DAVID*, Paris, LGDJ, 2005, p. 63. Voir : R. SALOMON, *Les grandes conclusions du parquet général de la Cour de cassation en procédure civile*, Paris, Éditions Panthéon-Assas, Hors collection, 2017, 1315 p. ; A. ILJIC « Proportionnalité des sanctions fiscales : que retenir de la décision Edenred », *RJF*, 2018, n°3, pp. 331 et s. ; M. JAZANI, « Sanctions fiscales et pouvoir de modération du juge de l'impôt », *Bulletin fiscal Francis Lefebvre*, 1999, n°6, pp. 270-278.

67 Voir sur ce sujet : L. GIRONDEAU, *Contribution à l'étude de la pénalisation du droit fiscal*, Paris, L'Harmattan, coll. Finances publiques, 2021, 513 p.

protection des droits et libertés du contribuable. Le contentieux de la répression pénale de la fraude fiscale ne trouvant actuellement pas sa place parmi les grandes branches du contentieux fiscal, il convient de lui dédier une chambre spécialisée au regard de la particularité des règles applicables. L'ouverture du « verrou de Bercy », assortie d'une reconnaissance de la spécificité de ce contentieux participera à unifier la matière, réunie au regard de la nature du contentieux, tous ayant en commun un litige fiscal. La réponse à la gravité des faits traités en matière pénale sera la spécialisation d'un juge dédié au sein d'une chambre intégrée aux trois niveaux de juridiction.

Section 2 – Trois degrés de juridiction en matière fiscale

508. Proposer la création d'une juridiction spéciale, tâche ambitieuse, ne peut se faire qu'en conformité avec les principes fondamentaux de notre droit. Parmi eux, l'indépendance du juge protégé par la Constitution[68] ou le droit au procès équitable sont des piliers. Plusieurs exemples étrangers qui reconnaissent le contentieux fiscal au sein de leurs compétences juridictionnelles présentent des schémas différents. Le Canada qui ne connaît qu'un seul ordre de juridiction[69] réserve au contentieux fiscal un quadruple degré de juridiction, mais une seule est spécialement dédiée à la matière. Le contribuable a en effet la possibilité de saisir un Tribunal administratif fédéral, puis la Cour canadienne de l'impôt, puis la Cour fédérale d'appel et enfin la Cour suprême du Canada. Il s'agit de l'exemple le plus dense en termes de degrés de recours. D'autres pays ont opté pour une structure plus légère, en trois degrés comme l'Italie, l'Allemagne ou l'Autriche. Chacun présente une structure similaire avec un Tribunal fiscal, une Cour d'appel et l'accès à une juridiction de cassation. Cette organisation

[68] Article 66 de la Constitution.

[69] P. GARANT, « L'unité de juridiction : bien ancrée au Canada », *RFDA*, 1990, n°5, p. 872.

semble correspondre aux exigences du droit au procès équitable[70] et à la structure juridictionnelle que nous connaissons en France[71].

509. La répartition juridique et territoriale de la juridiction fiscale correspondra en partie à la carte judiciaire actuelle, mais sera aussi inspirée d'exemples étrangers. Les compétences des trois juridictions correspondront aux enjeux fiscaux (**§1**) alors que la répartition territoriale devra concilier proximité avec les justiciables et contraintes économiques pesant sur la justice (**§2**).

§1 – La compétence matérielle des juridictions fiscales spécialisées

510. Les juridictions fiscales seront réparties en trois degrés à l'image des ordres de juridiction existants. Le Tribunal fiscal (**A**) incarnera la juridiction du premier degré, la Cour d'appel fiscale, assurera un second examen en droit et en fait (**B**), tandis que la Cour de cassation fiscale jugera en droit (**C**).

A – Le Tribunal fiscal

511. Le Tribunal fiscal incarne l'unique porte d'entrée du contentieux fiscal. La procédure d'introduction d'instance (**1**) comme ses compétences (**2**) devront remplir une exigence de lisibilité pour le contribuable et de cohérence juridique.

1. L'introduction de l'instance devant le juge de l'impôt

512. La création d'un tribunal spécial pour connaître des affaires fiscales a fait l'objet de plusieurs actes manqués[72], laissant sans soins une fracture ouverte depuis plus de deux siècles. En créant une juridiction

---

[70] Article 6§1 de la Conv.EDH.

[71] E. JEULAND, L. VEYRE, *Institutions juridictionnelles*, Paris, PUF, coll. Thémis droit, 2021, p. 121 ; S. GUINCHARD, A. VARINARD, Th. DEBARD, *Institutions juridictionnelles*, 13e édition, Paris, Dalloz, 2015, 1318 p.

[72] Le Député Jacques-Guillaume THOURET membre du Comité de constitution du 22 décembre 1789 – 2 février 1790 avait proposé à l'Assemblée nationale la création d'un tribunal spécial pour trancher les litiges administratifs et fiscaux. Le projet fut mort-né.

spéciale, le contentieux fiscal s'unifie, se renforce et devient clairement identifié par les citoyens à qui l'État doit proposer un accès au juge le plus fluide possible.

513. La saisine du tribunal pourra se faire à l'issue d'une réclamation préalable prévue par les articles R* 196-1 à R* 197-5 du LPF qu'il convient de conserver afin de ne pas engorger les juridictions. La procédure de réclamation préalable en tant que filtre permet à l'administration d'éviter le contentieux sur des affaires qui ne nécessitent pas la présence d'un juge[73]. L'instance sera introduite par mémoire écrit déposé auprès des greffes qui transmettra à la chambre compétente.

514. Les saisines du Tribunal des conflits disparaîtront de fait en matière fiscale puisqu'un seul ordre de juridiction en matière fiscale sera créé. Aucun risque d'erreur de saisine ne sera possible alors que la juridiction unique assurera l'intégralité du contentieux fiscal.[74]Le bénéfice de cette saisine unique est multiple, elle facilite l'accès au juge pour les contribuables, permet à l'administration fiscale d'unifier ses services contentieux et simplifie les procédures fiscales. Cette saisine unique s'accompagnera d'une compétence unifiée, articulée autour des chambres spécialisées.

2. La compétence du Tribunal fiscal

515. Le Tribunal fiscal sera la première étape du contentieux juridictionnel en matière fiscale. Interlocuteur unique pour les contribuables en situation de litige avec l'administration, le Tribunal fiscal sera clairement identifié par le contribuable. Comme en Allemagne, en Italie, en Autriche, le Tribunal fiscal incarnera le premier degré de juridiction en matière fiscale. Pour faciliter l'accès au juge, le ministère d'avocat en première instance ne sera pas obligatoire pour permettre aux contribuables de pouvoir présenter leurs observations sans frais de procédure.

516. La juridiction de première instance accueillera les trois chambres spécialisées, permettant de trancher les litiges par des juges spécialisés. La chambre du contentieux de l'assiette, celle du contentieux du recouvrement ou la chambre du contentieux pénal fiscal trancheront les affaires opposant

---

[73] Th. LAMBERT, « Le contentieux fiscal à la recherche de son juge », *in* U. NGAMPIO-BELE-BELE (dir.), *op. cit.*, p. 74.

[74] L. VAPAILLE, « Les limites de la mission du tribunal des conflits en matière de contentieux fiscal », *in* Th. LAMBERT (dir.), *Le contentieux fiscal en débats*, *op. cit.*, pp. 99-122.

le contribuable à l'administration. Cette double spécialisation, infrajuridictionnelle et interne, permettra de rendre l'accès au contentieux fiscal plus clair et de rendre une justice plus performante.

517. Nous le savons depuis fort longtemps[75], le contentieux fiscal relève par nature du plein contentieux[76], même si le contentieux de l'annulation par la voie du REP est à relever. Le juge de l'impôt doit demeurer, comme le sont actuellement le juge administratif et le juge civil en matière fiscale, juge du plein contentieux, capable de réformer ou d'annuler les actes administratifs. Ce contentieux de pleine juridiction sera réparti entre les chambres spécialisées par la présidence du Tribunal fiscal. Le juge sera alors majoritairement un juge de plein contentieux, et épisodiquement un juge de l'excès de pouvoir. La formation de jugement variera en fonction des droits litigieux. Pour les litiges, dont le montant reste à définir, le juge de l'impôt pourra rendre sa décision seul. Au-delà, une formation collégiale de trois juges sera requise.

518. Un juge désigné par le Président du Tribunal fiscal aura pour fonction d'assurer les jugements en matière de référés et de dresser les ordonnances de visites et de saisie. Le « juge de l'urgence » est nécessaire en matière fiscale afin d'éviter des dommages « graves ou irréversibles »[77]. Spécialisé en matière fiscale, il rendra des décisions au fond en ce qui concerne les référés fiscaux[78], mais aussi en matière de référés plus généraux comme le référé suspension, le référé provision ou le référé liberté. Lorsque le contribuable n'est pas satisfait du jugement de première instance, la voie de l'appel lui sera ouverte.

B – La Cour d'appel fiscale

519. Le système juridictionnel français trouve sa source en droit romain qui proposait un recours contre un jugement de première instance devant une juridiction supérieure. Des formes d'appel existaient déjà sous

---

[75] CE, Sect., 29 juin 1962, *Société des aciéries de Pompey*, *JCP*, 1963, II, 13026, conclusions POUSSIÈRE.

[76] Voir B. CASTAGNÈDE, « Remarques sur la nature juridique du contentieux fiscal », *Revue de science financière*, 1970, n°1-2, pp. 5-29 - Ph. BERN, *La nature juridique du contentieux de l'imposition*, Paris, LGDJ, coll. Bibliothèque de droit public, 1972, p. 5.

[77] Ch. LOUIT, « Les procédures d'urgence : les référés en matière fiscale », *in* Th. LAMBERT (dir.) *Le contentieux fiscal en débats*, *op. cit.*, p. 51.

[78] Articles L. 279 et L. 279 A du LPF.

l'Antiquité et nous avons hérité de ce principe[79]. Il a pour avantage de pallier la défaillance éventuelle d'un juge de première instance et de proposer un réexamen intégral de l'affaire au justiciable. L'appel permet de renforcer le sentiment de justice rendue et d'éloigner toute accusation d'arbitraire. Nous choisissons de conserver ce degré de juridiction au sein de la juridiction fiscale.

520. La Cour d'appel fiscale aura pour fonction de juger en deuxième instance les affaires jugées par le Tribunal fiscal. Le juge de l'impôt jugera ainsi en fait et en droit afin de déterminer si les premiers juges ont correctement qualifié la situation et ont respecté les textes applicables. Pour saisir la Cour d'appel fiscale, le contribuable et l'administration devront se conformer aux modalités de saisine (**1**). En vertu des compétences qui lui sont attribuées, la juridiction du second degré rendra un jugement après un réexamen du jugement rendu par le Tribunal fiscal (**2**).

1. Les modalités de saisine de la Cour d'appel fiscale

521. Actuellement, il existe une différence factuelle entre le contribuable et l'administration en matière d'appel ainsi qu'en fonction de l'ordre de juridiction saisi. Le délai pour interjeter appel est en effet différent en fonction de la qualité de l'appelant devant le juge administratif[80]. Fixé à deux mois pour le contribuable[81], il est doublé pour l'administration[82]. Le Conseil d'État n'a pourtant pas identifié d'inégalité entre les parties, ne reconnaissant pas de « privilège » au bénéfice de l'administration[83], estimant que cette dissymétrie ne violait pas les articles 6§1, 13 et 14 de la Conv.EDH. Le droit au procès équitable, le droit au recours effectif ne sont pas violés selon le juge. Pourtant un droit différent en fonction de la qualité de la partie ne peut être considéré comme respectueux du principe d'égalité et participe à complexifier les procédures fiscales. Devant le juge civil, le délai est d'un mois[84], apportant une inégalité supplémentaire en fonction de l'impôt litigieux.

---

[79] E. JEULAND, L. VEYRE, *op. cit.*, p. 123.
[80] Voir *supra* §113.
[81] Article R. 811-2 du CJA.
[82] Article R. 200-18 du LPF.
[83] CE, 2 juillet 1990, *Mercier*, *Droit Fiscal*, 1990, n°40, comm. 1783, conclusions N. CHAHID-NOURAÏ – CE, 26 juillet 2007, *Sté Agostini*, n°267594, *Droit Fiscal*, 2007, n°51, comm. 1070, note J.-L. PIERRE.
[84] Article 538 du CPC.

522. Cette inégalité injustifiée trouvera son terme par un délai unique, quelle que soit la partie appelante. Harmonisé, le délai d'appel sera ouvert aux parties s'estimant lésées dans les 2 mois à compter de la notification du jugement du Tribunal fiscal. Cette harmonisation facilitant la lisibilité de la procédure en matière d'appel s'accompagnera d'une unification de la compétence d'appel.

2. La compétence de la Cour d'appel fiscale

523. Le double degré de juridiction en matière de contentieux fiscal est relativement récent. Créées en 1987[85], les Cours administratives d'appel ont permis aux contribuables d'ouvrir un recours en appel lorsque le jugement du Tribunal administratif ne leur a pas donné satisfaction. Devant l'ordre judiciaire, il aura fallu 1998[86] pour que les portes de la Cour d'appel soient ouvertes aux litiges fiscaux. Harmonisée sur un plan juridictionnel, la situation n'en demeure pas moins fracturée entre la Cour d'appel et son homologue de l'ordre administratif, chacune obéissant à des textes différents.

524. Au sein de la nouvelle juridiction spécialisée, un degré d'appel est indispensable afin d'assurer au contentieux fiscal un réexamen et d'offrir un recours devant un juge spécialisé. Cette architecture juridictionnelle correspond aux exemples européens développés précédemment. Cette exigence répond par ailleurs au droit à un recours effectif découlant des articles 16 de la DDHC et 13 de la Conv.EDH.

525. Les Cours d'appel fiscales jugeront ainsi en droit et en fait, rôle assuré actuellement par les Cours administratives d'appel et par les Cours d'appel en fonction de l'impôt litigieux et de la nature de la demande. Néanmoins, pour conserver une spécialisation tout au long de la procédure, la Cour sera organisée en chambres spécialisées comme le Tribunal fiscal. Comme un miroir de la juridiction de première instance, la juridiction d'appel statuera en juge unique ou en collégialité au terme d'un second examen. Chacune des trois chambres rendra un arrêt confirmant la décision

---

[85] Loi n°87-1127 du 31 décembre 1987 portant réforme du contentieux administratif.

[86] La Loi de finances rectificative pour 1996, du 30 décembre 1996, n°96-1182, a instauré la possibilité pour les contribuables d'interjeter appel à compter du 1er mars 1998 devant la Cour d'appel territorialement compétente.

de première instance ou réformant le jugement en matière de contentieux de l'assiette, du recouvrement ou de contentieux pénal fiscal.

526. En matière d'appel, la collégialité pourra être généralisée afin d'évacuer le plus efficacement un litige qui peut être complexe. Une formation de trois magistrats pourra trancher tous les litiges présentés devant la Cour. Face à eux, le ministère d'avocat obligatoire permettra des échanges plus fluides. Pour les litiges les plus complexes, la Cour d'appel pourra se réunir sur décision du président de la Cour en plénière, réunissant des juges de chaque chambre. L'arrêt rendu par la Cour d'appel fiscale pourra donner lieu à un recours en cassation devant la Cour de cassation fiscale qui assurera un réexamen en droit uniquement.

C – La Cour de cassation fiscale

527. Après avoir eu recours à des juridictions spéciales en première instance et en appel, il n'est pas concevable de confier à une juridiction de cassation existante le contentieux fiscal. Le Conseil d'État comme la Cour de cassation ne sauraient en effet se voir affecter l'ultime recours d'un ordre de juridiction spécialisé. Dès lors, une Cour de cassation fiscale devra, dans la droite ligne de la vision développée, incarner l'ultime recours à l'échelle nationale.

528. Elle devra aussi s'intégrer parmi les juridictions suprêmes de chaque ordre. Trouver sa place comme un *alter ego* à la Cour de cassation et au Conseil d'État emporte plusieurs conséquences. En s'appuyant sur leurs jurisprudences, le juge de l'impôt assimilera certaines de leurs positions. Des questions préjudicielles pourront être posées exceptionnellement, lorsque la solution du litige reposera sur une question ne relevant pas du droit fiscal. L'ensemble conservera un lien direct avec le Conseil constitutionnel auprès de qui il posera les QPC soulevées en cours d'instance.

529. Les modes de saisine (**1**) comme les compétences de la Cour devront être clairement identifiables par les acteurs du contentieux fiscal (**2**).

1. Le mode de saisine de la Cour de cassation fiscale

530. À l'issue de l'arrêt rendu par la Cour d'appel fiscale, le contribuable comme l'administration fiscale disposeront d'une possibilité de recours devant la Cour de cassation fiscale. L'objectif d'accessibilité doit à ce stade prévaloir en proposant un délai unique de saisine et un dépôt de mémoire simplifié. Dans un délai de deux mois à compter de la décision d'appel[87], il sera ainsi possible de saisir la juridiction suprême de l'ordre fiscal. À l'image des recours ouverts devant le Conseil d'État et la Cour de cassation, le délai sera commun quelle que soit la partie.

531. La partie introduisant un recours en cassation pourra le faire par l'intermédiaire de son avocat, par le dépôt d'une requête auprès des greffes de la juridiction. L'office du juge de l'impôt pourra ensuite s'exercer en fonction de la chambre compétente.

2. La compétence de la Cour de cassation fiscale

532. Actuellement, moins de 500 affaires par an font l'objet d'un pourvoi en cassation, notamment grâce à la procédure d'admission préalable prévue devant les deux juridictions de cassation[88]. En la matière, le Conseil d'État et la Cour de cassation assurent un réexamen uniquement en droit des affaires portées à leur connaissance.

533. Parce que libérer l'accès au juge en matière fiscale est un objectif, plusieurs mesures viendront modifier les règles régissant la procédure de cassation en matière fiscale. L'exigence d'un avocat au Conseil sera supprimée. Un avocat « ordinaire » a la possibilité de plaider devant toutes les juridictions y compris devant le Conseil constitutionnel, il devra avoir la possibilité de poursuivre sa défense devant la Cour de cassation fiscale. Le filtrage exercé par la procédure d'admission préalable sera supprimé. Le contribuable doit en effet traverser l'étape de la réclamation contentieuse préalable avant de saisir le juge, exercer encore un filtrage pour entraver le contribuable devant l'accès à la juridiction de cassation semble être abusif. L'accès au juge doit être facilité, de surcroît alors qu'à la différence des autres contentieux, la saisine du juge n'est pas immédiate et que l'administration filtre les contentieux de façon très efficace[89].

534. Une fois saisie, la Cour de cassation fiscale se réunira en fonction de la nature du contentieux autour d'une des trois chambres spécialisées.

---

[87] Comme le délai prévu actuellement par l'article 612 du CPC pour la saisine de la Cour de cassation et R. 834-2 du CJA pour la saisine du Conseil d'État.

[88] Article L. 822-1 du CJA pour le Conseil d'État.

[89] Moins de 0,5 % des réclamations préalables sont déposées devant le juge. Source : DIRECTION GÉNÉRALE DES FINANCES PUBLIQUES, *Rapport annuel de l'année 2020*.

Statuant en collégialité, autour de trois à cinq juges, la Cour pourra rendre une décision de non-lieu si le dégrèvement d'office a été déclaré par l'administration. Elle pourra rejeter le pourvoi si elle estime que le jugement de la Cour d'appel a été rendu à bon droit. Elle pourra enfin renvoyer l'affaire devant la Cour d'appel autrement composée qui jugera en dernier ressort. Pour les affaires les plus complexes, la Cour pourra se réunir en plénière, réunissant des juges de chaque chambre pour trancher.

535. La juridiction suprême de l'ordre fiscal aura également la tâche de transmettre une demande de QPC soulevée en cours d'instance, dont le juge du fond aura vérifié son caractère sérieux. Il faudra ainsi modifier l'article 61-1 de la Constitution pour ajouter à « le Conseil constitutionnel peut être saisi de cette question sur renvoi du Conseil d'État ou de la Cour de cassation », l'indication « ou de la Cour de cassation fiscale ». Le rôle de filtrage de la QPC sera ainsi étendu au juge de l'impôt dans le cadre du contrôle *a posteriori* de la loi.

536. Au-delà d'un ordre de juridiction techniquement spécialisé, il doit également être matériellement proche des contribuables. La répartition territoriale des trois niveaux de juridiction fait partie de l'exigence d'accès au juge.

§2 – La compétence territoriale des juridictions fiscales

537. La répartition et la compétence territoriales des juges sont des enjeux importants, alliant les contraintes budgétaires pesant sur la justice et l'accès au juge. À l'image d'autres juridictions spécialisées comme les juridictions prud'homales ou consulaires présentées comme des juridictions de proximité[90], les Tribunaux fiscaux devront être proches des contribuables. Cette proximité est avec la rapidité de jugement, un indicateur fort de la performance de la justice. Si la justice est perçue comme opaque, l'instance fiscale est de surcroît complexe. En proposant, à l'image de pays étrangers une juridiction spéciale, équitablement répartie sur le territoire, on peut espérer céder la place à la transparence et à l'accès au juge.

---

[90] E. JEULAND, Ch. BOILLOT, (dir.), *La qualité dans la performance judiciaire : une notion objective et relationnelle ?*, Paris, IRJS Éditions, coll. Bibliothèque de l'IRJS-André Tunc, Tome 66, 2015, p. 123.

538. Le Tribunal fiscal, juridiction de première instance, devra être proche des contribuables (**A**). La Cour d'appel fiscale, moins souvent saisie, pourra être placée sur une échelle plus large (**B**). Enfin, la Cour de cassation fiscale unique sur tout le territoire devra être positionnée (**C**).

A – La territorialité du Tribunal fiscal

539. Le Tribunal fiscal, en tant que juridiction fiscale de premier ressort, premier interlocuteur du contentieux fiscal, doit être au plus proche des contribuables[91] d'autant qu'il a déjà passé l'épreuve de la réclamation préalable. Actuellement, lorsque le contribuable souhaite saisir le juge, il se tournera vers le Tribunal judiciaire[92] ou le Tribunal administratif compétent[93]. Le contribuable peut potentiellement se tourner vers un des Tribunaux administratifs ou Tribunaux judiciaires présents au sein de son département. Le Tribunal administratif compétent est actuellement celui dans le ressort duquel a légalement son siège l'autorité qui a pris la décision attaquée[94]. Le Tribunal judiciaire compétent est celui dans lequel le ressort duquel se trouve le service de l'administration fiscale en charge du recouvrement[95]. Le lieu du domicile du contribuable n'est ici pas pris en compte, à la différence du droit commun prévoyant que le tribunal compétent est celui du domicile du défendeur[96]. Cette règle pose le problème des droits dus auprès de services fiscaux différents. Dans ce cas, le contribuable devra introduire une instance auprès de chaque Tribunal judiciaire du ressort de chaque service de recouvrement. Autre complexité actuelle, le contentieux portant sur la valeur vénale d'immeuble, de fonds de commerce, et de droit au bail. Dans ces cas, le Tribunal judiciaire compétent

---

91 B. BASTARD, P. GUIBENTIF, « Présentation - Justice de proximité : la bonne distance, enjeu de politique judiciaire », *Droit et société*, 2007, n°66, pp. 267-274.

92 Depuis la fusion des TGI et des TI au 1er janvier 2020, l'Ordonnance n°2019-964 du 18 septembre 2019 prise en application de la Loi n°2019-222 du 23 mars 2019 de programmation 2018-2022 et de réforme pour la justice. 164 tribunaux judiciaires ont été créés. Cette fusion a été mise en place dans le but de « renforcer l'accessibilité de la justice pour les citoyens. Les justiciables n'auront plus à s'interroger sur le tribunal qu'ils doivent saisir », c'est dans le même esprit que la fusion des ordres de juridictions en matière fiscale est proposée. Source : Compte rendu du Conseil des ministres du 6 janvier 2020, www.gouvernement.fr.

93 On dénombre 42 Tribunaux administratifs en France, 31 en métropole, 11 en outre-mer. Source : www.conseil-etat.fr.

94 Article R. 312-1 du CJA.

95 Article R* 202-1 du LPF.

96 Article 42 du CPC.

sera celui du lieu de situation des biens[97]. Déterminer le tribunal compétent en matière fiscale relève d'une étude parfois approfondie, ne participant pas à la fluidité de l'accès au juge.

540. La création d'une juridiction spéciale ne peut s'accompagner d'un éloignement géographique entravant l'accès au juge pour certains justiciables. À l'image des tribunaux fiscaux allemands, placés au niveau des *Länder*, des tribunaux italiens ou autrichiens placés au niveau des provinces, le Tribunal fiscal français doit trouver sa place au niveau local. Notre pays n'étant pas découpé en régions autonomes, le département incarne depuis l'Empire le premier échelon territorial dès lors qu'on dépasse la commune. L'échelle du département du domicile du contribuable semble correspondre à cette exigence de proximité. Plutôt que de baser la compétence *ratione loci* sur le siège de l'administration compétente, il sera préféré le lieu du domicile du contribuable ou du siège de l'entreprise. Le maillage juridictionnel correspondra ainsi à l'organisation administrative de la DGFiP qui est présente à l'échelle du département à travers les Directions départementales des finances publiques (DDFiP).

541. Pour traiter un volume moyen actuel de 21 000 affaires, 94 Tribunaux fiscaux seraient créés en métropole, abritant chacun 3 chambres spécialisées. Ce volume d'affaires pourrait sans doute croître, alors que la saisine du juge de l'impôt serait plus aisée. Chaque chef-lieu de département accueillerait une juridiction spéciale pour conserver une proximité géographique nécessaire avec les contribuables. La simplification des compétences territoriales sera réalisée puisqu'un régime unique remplacera une répartition actuellement variable en fonction de l'impôt litigieux[98].

542. Une fois le jugement de première instance rendu, le contribuable aura la possibilité de soumettre son dossier à un deuxième examen, auprès de la Cour d'appel fiscale répartie à un échelon territorial supérieur.

---

[97] Article R* 202-1 du LPF.

[98] Actuellement le Tribunal administratif compétent est celui dans le ressort duquel est situé l'établissement faisant l'objet de la réclamation en matière de cotisation foncière des entreprises, de taxe foncière. Pour les impôts mis en recouvrement par un service territorial ou acquitté spontanément c'est le tribunal administratif du ressort duquel est situé le service territorial. Pour les impôts mis en recouvrement ou acquittés spontanément auprès de la DGE, le Tribunal administratif de Montreuil est compétent. Source : BOI-CTX-ADM-10-10-20.

B – La territorialité de la Cour d'appel fiscale

543. Par sa compétence et le volume des affaires traitées, la Cour d'appel fiscale trouverait sa place à l'échelon régional. Actuellement, chaque tribunal est placé dans le ressort d'une Cour d'appel ou d'une Cour administrative d'appel[99]. Le contribuable peut interjeter appel auprès d'une des 8 Cours administratives d'appel ou auprès d'une des 36 Cours d'appel, dont 6 en outremer. La Cour d'appel pourra, au titre d'un moyen soulevé d'office, soulever son incompétence au profit de la juridiction administrative[100]. Cette situation pourra ajouter une complexité et une lourdeur au procès fiscal. Avec l'unification des recours en matière fiscale, l'appel relèvera d'une Cour unique de laquelle relève la juridiction de première instance.

544. La France étant divisée en 13 régions métropolitaines, 13 Cours d'appel fiscales pourront voir le jour. Elles accueilleront le deuxième examen des décisions rendues par les Tribunaux fiscaux de leur région. En passant de 42 Cours d'appel potentiellement saisies en matière fiscale à 13, le maillage territorial pourrait, dans le cadre de ce contentieux, paraître comme distendu. Pourtant, en proposant une juridiction d'appel par région, le juste équilibre entre proximité et contraintes budgétaires semble être trouvé. La ville capitale de la région pourra accueillir cette juridiction d'appel.

C – La territorialité de la Cour de cassation fiscale

545. En tant que pays centralisé, les plus hautes juridictions sont actuellement concentrées à Paris. La juridiction de cassation incarne le degré ultime d'un ordre de juridiction. Chaque année, près de 500 affaires fiscales font l'objet d'un pourvoi en cassation[101] après avoir passé la procédure d'admission préalable.

546. Actuellement, le contribuable pourra se pourvoir en cassation soit devant le Conseil d'État soit devant la Cour de cassation. Ces deux juridictions sont géographiquement centralisées, ayant leur siège à Paris. Dans les autres pays utilisés en exemple, la cassation est assurée soit par une

---

99 Article R* 221-7 du CJA.

100 Article 92 du CPC.

101 Source : DIRECTION GÉNÉRALE DES FINANCES PUBLIQUES, *Rapport d'activité annuel de l'année 2020*, p. 55.

Cour de cassation soit par une cour suprême, toutes centralisées dans la capitale du pays.

547. La Cour de cassation fiscale n'aura à traiter qu'un petit nombre d'affaires, sans doute plus de 500, au regard de l'ouverture proposée par la réforme, et ne jugera qu'en droit. L'exigence de proximité avec le contribuable est ici moindre puisque l'accès au juge a été assuré à l'échelle des premières instances. La nature du recours, basé sur une application du droit par les juges inférieurs requiert la présence d'un conseil, mais pas nécessairement d'un contribuable, à l'image d'une QPC plaidée devant le Conseil constitutionnel. La création d'une Cour de cassation unique, centralisée à Paris ne présente pas de difficulté et n'instaure pas une entrave à l'accès au juge.

Conclusion du Chapitre 2

548. Le professeur Bernard CASTAGNÈDE dressait dès 1972 le constat de la complexité du contentieux fiscal, constat que nous rejoignons. Toutefois, il paraissait réservé sur l'effet de l'institution d'un juge unique de l'impôt qui, selon lui, n'atténuerait que très sensiblement cette complexité[102]. Sur ce point, nous ne retrouverons pas l'éminent universitaire développant sa démonstration autour de « blocs de compétences ». Pour une unité réelle et une simplification des procédures et du contentieux fiscal, seule une vision moniste peut correspondre à cet objectif. Seules les vertus d'une juridiction unique, spécialisée, harmonisée et identifiée par les contribuables, pourront résoudre une malformation congénitale dont souffre le contentieux fiscal depuis la période révolutionnaire.

549. Si en matière fiscale, et ailleurs[103], la fusion des juridictions peut être qualifiée d'illusoire, la création d'un ordre juridictionnel dédié semble ambitieuse, mais « l'histoire nous montre que les grandes réformes ont toujours été rapides, et que le tout est de les entreprendre »[104]. Il faut admettre que le projet et vaste et les contraintes matérielles nombreuses. Mais n'est-il pas temps de « passer du bricolage à la reconstruction »[105] ? La situation actuelle relevant davantage de la « sédimentation historique » que d'une attribution cartésienne connaît plusieurs inconvénients pouvant être supprimés par une juridiction spécialisée.

550. Pour que « la simplicité » ne soit plus une « qualité largement étrangère à notre contentieux fiscal »[106], il faut repenser l'organisation juridictionnelle du contentieux, mais aussi l'architecture des normes

---

[102] B. CASTAGNÈDE, *op. cit.*, p. 4.

[103] D. TRUCHET, « Fusionner les juridictions administratives et judiciaires ? », *in Études offertes à J.-M. AUBY*, Paris, Dalloz, 1992, pp. 335-345.

[104] F. PIÉTRI, *Justice et injustice fiscale*, 2e édition, Paris, Éditions Tallandier, coll. Du temps présent, 1933, p. 194.

[105] M. TERRÉ, « Perspectives et avenir du dualisme juridictionnel », *AJDA*, 1990, p. 595.

[106] M.-C. ESCLASSAN, « L'organisation du contentieux fiscal est-elle toujours actuelle ? », *op. cit.*, p. 68.

applicables en la matière. Renforcé par un juge unique et spécialisé le contentieux fiscal devra aussi se reposer sur un corpus normatif unifié et complet permettant au contribuable (et à leurs conseils) d'identifier les règles applicables au procès fiscal sans avoir à se référer à de nombreux codes, applicables à titre subsidiaire. La simplification organique et normative participera à l'émergence d'une « nouvelle génération de garanties pour le contribuable »[107] devenue nécessaire.

551. Pour réaliser une « renaissance » des garanties du contribuable, nous avons proposé une simplification juridictionnelle du contentieux fiscal, passant par l'unité, mais aussi par la mise en œuvre d'une procédure épurée, basée sur les problématiques fiscales à travers les « temps » du contentieux. Cette unification que certains trouveront inutile, inefficace voire néfaste pour la qualité de la justice fiscale, aura un impact direct sur le droit, sur les contribuables et sur les praticiens. La division, l'éparpillement n'a jamais eu comme vertu de renforcer ou d'approfondir un sujet qu'il soit une discipline ou une bataille. Face à une complexification du contentieux fiscal, à l'essor des juridictions communautaires, et aux exigences des justiciables, le contentieux fiscal doit être fondamentalement refondé pour être plus efficace et plus accessible.

552. Une fois cette architecture juridictionnelle posée, il faut s'intéresser aux textes, à la base du contentieux dans un pays de tradition latine, donc écrite. Si nous croyons au monisme en matière d'architecture juridictionnelle, comme une simplification, cette vertu sera étendue à la base normative du contentieux fiscal, aujourd'hui atomisée.

---

[107] P.-F. RACINE, « Vers une nouvelle génération de garanties pour le contribuable », *in* Th. LAMBERT, *Le contentieux fiscal en débats, op. cit.*, pp. 369-379.

Conclusion du Titre 1

553. Créer un véritable juge de l'impôt relève dans l'esprit de chacun d'un espoir, d'une incongruité, d'une ambition trop grande, mais aussi d'une nécessité, d'une urgence voire d'une exigence démocratique. Quelle que soit l'opinion du bretteur réuni autour de ce sujet, un constat peut être partagé : le contentieux fiscal est malade de sa complexité et le remède peut se trouver dans le monisme.

554. Proposer d'unifier une branche du droit inutilement ramifiée, emporte de multiples vertus. Alors que 53 % des Français déclarent ne pas faire confiance à la Justice, renforcer la confiance en la Justice en matière fiscale passe par une clarté de la compétence du juge et par les règles applicables. Réformer la justice fiscale participerait à rendre une Justice plus rapidement alors que plus des deux tiers des citoyens la trouvent trop lente et renoncent souvent à la saisir[1]. Le contribuable comme tout justiciable veut connaître le juge compétent, être assuré d'être traité équitablement, avec impartialité et célérité.

555. Pour créer une justice fiscale moderne et adaptée aux enjeux actuels, la spécialisation face à un droit complexe au carrefour de multiples champs, mêlant droit et autres disciplines comme la comptabilité. Certes cette ambition nécessite une volonté, notamment politique, des moyens matériels et bien sûr une vision globale du litige ouvert entre l'administration fiscale et le contribuable. Cette réforme dépasse les limites du droit fiscal en incarnant une lutte contre le sentiment d'injustice et pour un renforcement des liens entre l'État et le citoyen. Renforcer la démocratie mise à mal par

[1] Sondage « Le rapport des Français avec la justice » commandé par la commission des lois du Sénat dans le cadre de l'Agora de la justice, 27 septembre 2020. Source : www.senat.fr.

divers mouvements sociaux est une nécessité. Le rapport à l'impôt et à son juge souvent perçu comme clivant, anxiogène, incarnant un arbitraire pesant sur le patrimoine, peut devenir un moyen de rapprochement. En ce sens, l'ambitieuse réforme devient adaptée, voire urgente. Le monisme vertueux rejaillira ainsi sur le rapport du citoyen à la Cité, renforcé par un juge rendant la justice au nom du peuple français.

TITRE 2 – LE MONISME MATÉRIEL : UNE UNITÉ EN FAVEUR DU CONTRIBUABLE

556. Comme un dommage collatéral, les normes propres à chaque juge exerçant une compétence en matière fiscale sont importées au sein d'un contentieux fiscal lacunaire. Finalement, le contentieux est irrigué de toutes parts, ayant pour conséquence de complexifier la matière par une juxtaposition de normes de provenances diverses. Si nous voulons mettre un terme au dualisme de juges, il faut par conséquent proposer un corpus normatif uni et complet. Les « lacunes du droit fiscal » devront être limitées, voire supprimées.

557. Le monisme juridictionnel ne peut se réaliser totalement qu'avec la mise en place d'un monisme normatif parallèlement à la réforme organique. La jurisprudence sera *de facto* harmonisée grâce à une unité d'ordre juridictionnel et une base normative commune. *In fine* le droit fiscal sera renforcé, plus lisible, le contribuable mieux protégé par une jurisprudence harmonisée et un juge accessible et spécialisé (**Chapitre 1**).

558. La question des codes trop épais est récurrente dans le débat juridique ou politique. Parfois justifiée, souvent démagogique, la question de la simplification normative est à double lecture. Il faut alors allier simplification et protection, lisibilité et complétude. En matière fiscale, la base normative semble être lisible : le Code général des impôts et le Livre des procédures fiscales, sont identifiés comme les textes de références. Bien que fournis et mouvants, ils ne présentent pas de particularité au regard des autres branches du droit. La particularité relève davantage de la complexité des textes, lacunaires de surcroît.

559. Le monisme, vertueux pour le contentieux fiscal, dépasse les frontières de cette branche du droit. Par ces effets simplificateurs, l'unité du monisme atteint une complexité érigée en rempart faisant obstacle jusqu'alors à la mise en œuvre de garanties liées à la démocratie comme le procès équitable ou l'égalité. Le monisme, au-delà d'une fluidification des relations entre le contribuable, l'impôt et son juge, participe à renforcer une démocratie mise à mal par des révoltes dont la fiscalité est le ferment (**Chapitre 2**).

CHAPITRE 1 – Le monisme juridictionnel, facteur d'harmonie de la jurisprudence fiscale

560. Pour Philippe BERN, « on a longtemps professé que le pouvoir d'interprétation des juges, tant administratifs que judiciaires, serait plus réduit en matière fiscale qu'en matière ordinaire. La loi fiscale, assurait-on est "d'interprétation littérale" »[1]. Pourtant, le foisonnement de la jurisprudence fiscale montre que le juge n'est pas qu'une « bouche de la loi ». Il est amené à produire des interprétations[2] voire des créations jurisprudentielles, face à un texte obscur ou, pire encore, face à une absence de texte[3]. Interpréter, c'est « établir la signification d'une norme et en poser la portée, c'est-à-dire en déduire toutes les conséquences pour le statut des espèces régies par cette norme »[4]. Comme le fait l'administration fiscale à travers l'édiction de la doctrine opposable, le juge interprète les textes, pour appliquer une disposition légale à une situation de fait.

561. Spontanément, il peut paraître curieux de s'interroger sur l'impact de la jurisprudence dans une matière au sein de laquelle la légalité a une place centrale et où la loi est censée détenir le monopole normatif[5]. La légalité du droit fiscal prévoyant, conformément aux articles 14 de la Déclaration et 34

---

[1] Ph. BERN, *op. cit.,* p. 133.
[2] Pour le dictionnaire LITTRÉ, le terme « interprétation » découle du latin « inter » et de « pre », de pretium, le prix. *Interpres* serait un terme de la langue du négoce, désignant celui qui achète ou vend, celui qui est entre les prix.
[3] Ch. DE LA MARDIÈRE, « Histoire de l'interprétation de la loi fiscale », *REIDF*, 2019, n°2, pp. 263-268.
[4] Ph. MARCHESSOU, *L'interprétation des textes fiscaux*, Paris, Economica, coll. Droit des affaires et de l'entreprise, série Études et recherches, 1980, p. 5. Voir : P. AMSELEK (dir.), *Interprétation et droit*, Bruxelles, PUAM-Bruylant, 1995, 245 p.
[5] M.-C. BERGERES, « Les normes jurisprudentielles en droit fiscal », *Droit Fiscal*, 2000, n°13, Étude 100109.

de la Constitution[6], que le législateur détient le monopole de l'édiction de la norme en la matière, la totalité des règles applicables devrait être contenue dans la loi. La réalité est toute autre. Les textes parfois lacunaires ne permettent pas de couvrir l'ensemble des situations que le droit fiscal doit appréhender. Si l'interprétation, à l'intérieur d'un cadre normatif, est naturelle pour le juge encore faut-il que ce cadre existe. En créant un juge spécialisé, il n'est pas cohérent de conserver une importation aussi récurrente de dispositions absentes des textes fiscaux. Il est aussi contraire au principe de légalité fiscale comme à l'exigence d'harmonie de la jurisprudence que certaines dispositions créées par la jurisprudence ne soient pas codifiées.

562. L'office du juge serait alors devenu bien plus que l'incarnation de la « bouche de la loi », il devient un co-constructeur de la norme fiscale, pour certains un « rival du législateur »[7]. Conséquence de la technicité de la matière, le rôle du juge s'est étendu en devenant un créateur de droit[8], basant son office sur des textes variés, en provenance de la loi fiscale, mais aussi des textes étrangers à la matière. Se retrouve alors l'influence du dualisme juridictionnel qui n'a pas pour seul inconvénient de troubler le contribuable, mais a aussi pour effet d'alourdir les procédures, de saturer le corpus normatif de ses propres règles d'origine.

563. « Celui qui ne connaît que la fiscalité ne sera jamais un bon fiscaliste » indiquaient les auteurs d'un célèbre *Précis de fiscalité des entreprises*[9]. Nous rejoignons l'avis des auteurs tout en complétant par la nécessité de posséder, en droit fiscal comme ailleurs, une base textuelle solide, n'interdisant pas la porosité avec d'autres droits qui pourront enrichir la discipline[10].

---

[6] Ce principe s'étend à l'article 72-2 de la Constitution, permettant au législateur d'autoriser les collectivités territoriales à fixer l'assiette et le taux des impositions de toutes natures qui leur sont affectées dans la limite déterminée par la loi. CC, 9 juillet 2004, décision n°2004-500 DC.

[7] J.-L. BERGEL, « Introduction générale », *in* G. DARCY, V. LABROT, M. DOAT (dir.), *L'office du juge*, Paris, Sénat, Colloque, p. 13.

[8] M.-C. CLEMENCE, « L'office du juge en matière de fiscalité locale », *Droit Fiscal*, 2015, n°36, p. 529.

[9] M. COZIAN, F. DEBOISSY, M. CHADEFAUX, *Précis de fiscalité des entreprises 2020/2021*, 45e édition, Paris, LexisNexis, coll. Précis fiscal, 2020, p. IX.

[10] J.-J. BIENVENU, Th. LAMBERT, L. VAPAILLE, *Droit fiscal*, 5e édition, *op. cit.*, p. 96.

564. Plusieurs réformes, anciennes ont tenté de simplifier, d'unifier les procédures en matière fiscale devant « les juges de l'impôt ». Louis TROTABAS se réjouissait en 1937 de la simplification opérée quatre ans plus tôt mettant en œuvre une codification générale et créant huit codes[11]. La complexité fiscale est décidément ancienne et envisager de contenir les règles fiscales dans deux Codes paraît tantôt moderne, tantôt ambitieux. La loi du 28 décembre 1959[12], la loi du 15 mars 1963[13], mais aussi la réforme créant la distinction entre le CGI et du LPF ont participé à cette clarification normative nécessaire, mais à ce jour incomplète.

565. Le monisme n'a pas pour seule vertu d'améliorer l'accès au juge pour le contribuable. L'unification, c'est aussi la simplification normative, objectif invoqué de façon récurrente par le Conseil d'État et par la doctrine[14]. Mettre fin à un ésotérisme fiscal, réservé à quelques initiés est un objectif lointain, mais qui peut guider une réflexion globale.

566. La dualité des juges se retrouve dans la dualité des normes applicables à la matière fiscale à titre subsidiaire. Chaque juge statuant en matière fiscale importe ses textes de référence. Le dualisme a ainsi un effet direct sur la base normative applicable en matière fiscale. Le monisme permet aussi d'inciter le renforcement des textes fiscaux, alors que les juges

---

[11] À l'issue de la réforme de 1934 sont créés huit Codes réunissant les textes relatifs aux : Impôts directs et taxes assimilées ; Enregistrement ; Timbre ; Valeurs mobilières ; Chiffre d'affaires et taxes uniques ; Douane ; Contributions indirectes ; Impôts directs et taxes assimilées applicables dans les départements du Bas-Rhin, du Haut-Rhin et de la Moselle. Source : L. TROTABAS, *Les finances publiques et les impôts de la France*, Paris, Armand Colin, 1937, p. 136.

[12] Loi n°59-1472 du 28 décembre 1959, portant réforme du contentieux fiscal et divers aménagements fiscaux.

[13] Loi n°63-254 du 15 mars 1963, portant réforme de l'enregistrement, du timbre et de la fiscalité immobilière.

[14] Le Conseil d'État a invoqué ce principe de simplification des normes à trois reprises au sein de ses rapports annuels. Voir : H. OBERDORFF, « L'émergence d'un droit de comprendre », *in* CONSEIL D'ÉTAT, *Rapport public annuel 1991*, Paris, La documentation française, 1991, pp. 217-233 ; CONSEIL D'ÉTAT, *Rapport public annuel 2006 : « II- Sécurité juridique et complexité du droit »*, Paris, La documentation française, 2006, pp. 228 et s. ; CONSEIL D'ÉTAT, *Étude annuelle 2016, Simplification et qualité du droit*, Paris, La documentation française, 2017, 249 p.

n'auront plus de textes « familiers » comme pourraient l'être ceux d'un juge appartenant à un ordre civil ou administratif[15].

567. Une fois la fusion organique réalisée, il faudra naturellement envisager comme conséquence la fusion des textes applicables (**Section 1**). Unifier n'est pas isoler, il faudra ainsi reconnaître la perméabilité d'autres textes nationaux ou internationaux qui continueront à irriguer un droit renforcé, mais ouvert, permettant de correspondre au réalisme qui caractérise la discipline (**Section 2**).

Section 1 – L'unification de la procédure autour de textes fiscaux, conséquence d'un monisme juridictionnel

568. Le doyen CARBONNIER écrivait « heureux ceux qui sauraient se contenter de la loi qui leur a été donnée en dix articles, ou même – puisque déjà c'était trop pour leur faiblesse - du sommaire qui leur a été proposé en deux commandements ! »[16]. En indiquant que les auteurs chrétiens à Rome opposaient l'unité de la loi de Dieu à l'inutile multiplicité des lois païennes, l'illustre universitaire rejoint les vertus d'un monisme que nous appelons de nos vœux en matière fiscale. L'étude que nous allons mener sur les normes à intégrer et celles qui devront rester au seuil des Codes fiscaux ne prétend pas à l'exhaustivité. Il faudra s'en tenir à des exemples nécessaires à la démonstration des vertus d'un monisme normatif.

569. Actuellement, le CGI et le LPF incarnent la base des textes applicables en matière fiscale. Une base seulement, puisqu'ils ne permettent au juge de trouver qu'une partie des outils nécessaires pour trancher le conflit. À ce corpus s'ajouteront la doctrine administrative, publiée au BOFiP, les sources conventionnelles internes et internationales, et les actes réglementaires. Les procédures des deux ordres de juridictions s'appliquent à la matière à titre subsidiaire, « en comblement des lacunes du droit fiscal ».

---

[15] Voir pour les rapports entre droit administratif et juge judiciaire : A. VAN LANG, *Juge judiciaire et droit administratif*, Paris, LGDJ, Bibliothèque de droit public, 1996, 360 p. ; ASSOCIATION FRANÇAISE DE RECHERCHE EN DROIT ADMINISTRATIF (dir.), *Le juge judiciaire*, Paris, Dalloz, Thèmes et commentaires, 2016, 255 p.

[16] J. CARBONNIER, *Essais sur les lois*, Paris, Répertoire du notariat Defrénois, 1979, p. 271.

Cette grande diversité de textes participe directement à la complexité du contentieux fiscal, nous opposant à la vision du conseiller d'État Jérôme MICHEL écrivant : « Cet éclatement des compétences n'a ainsi que peu de conséquences procédurales, l'essentiel des règles sont aisément accessibles dans le Livre des procédures fiscales (commun aux deux ordres de juridictions) »[17].

570. Nous proposons de mettre un terme à cette lacune, conduisant à la résignation des acteurs du contentieux fiscal, devenus familiers de cette situation. Elle demeure pourtant un dommage collatéral d'un dualisme, dénoncée il a plus de trente ans par Jean PUJOL[18]. Pour un « droit plus simple et plus clair »[19] en matière fiscale, il faut guider une refonte de la codification en suivant le principe du monisme. Cette refonte s'inscrit directement dans le cadre de l'objectif à valeur constitutionnelle d'accessibilité et d'intelligibilité de la loi[20].

571. À travers le développement d'un corps de textes harmonisé, il faut reconnaître que la théorie de l'autonomie du droit fiscal est renforcée, rejoignant la position de TROTABAS[21], à défaut de rejoindre celle d'un particularisme du droit fiscal parmi le droit public défendu par le doyen GÉNY[22]. Issue d'un débat ancien, l'autonomie du droit fiscal est fondée sur l'idée que les règles en la matière sont spéciales et indépendantes des autres branches du droit. Le doyen TROTABAS résumait cette idée ainsi : « la loi fiscale possède une indépendance qui lui permet d'établir ses propres règles ; le droit fiscal, comme charbonnier, est maître chez lui »[23]. Maurice COZIAN

---

17 J. MICHEL, « L'expérience française de justice fiscale », *RFFP*, n°124, 2013, p. 123.

18 J. PUJOL, *op. cit.*

19 B. CAZENEUVE, « Propos introductifs : Rendre le droit plus simple, plus clair et aisément accessible à tous », *in* P. DE MONTALIVET (dir.), *Changer de culture normative : améliorer la qualité du droit par la généralisation de bonnes pratiques,* Actes du E-colloque du 26 novembre 2020, Paris, LexisNexis, supplément n°3 à : *La Semaine juridique, édition générale*, 2021, p. 11.

20 M. Ch. BERGERES, « Un principe à valeur constitutionnelle paradoxalement ignoré du droit fiscal : l'intelligibilité de la loi », *Droit Fiscal*, 2003, n°24, chron. 24 ; Ph. MALAURIE, « L'intelligibilité des lois », *Pouvoirs*, 2005/3, n°114, p. 131.

21 L. TROTABAS, « Essai sur le droit fiscal », *RSLF*, 1928, p. 201.

22 F. GÉNY, « Le particularisme du droit fiscal », *RTD civ.*, 1931, pp. 797 et s.

23 L. TROTABAS, « Essai sur le droit fiscal », *RSLF*, 1928, p. 216.

y avait porté un coup qui aurait pu être fatal à la théorie du Maître d'Aix-en-Provence[24].

572. En défendant une forme d'autonomie, nous rejoignons la position du professeur Philippe MARCHESSOU qui définissait le terme ainsi : « l'autonomie signifie que le doit fiscal ne dépend pas des autres branches, du système juridique français pour définir ses propres concepts, ni pour déterminer le champ d'application de l'impôt »[25]. Certes, « le droit fiscal doit d'autant moins être autonome et réaliste qu'il constitue une matière de superposition. Il se situe au-dessus des activités humaines pour en extraire ce qui l'intéresse : l'argent. En somme, il n'est qu'un vernis »[26]. Mais un vernis efficace n'est pas nécessairement un mélange de nombreuses substances pour protéger le contribuable contre toutes atteintes. Si le réalisme concerne toutes les branches du droit, l'émiettement touche seulement le droit fiscal.

573. Doté d'un juge spécialisé, cette tutelle d'autres branches du droit ne se justifie plus. Par conséquent, en proposant la création d'un ordre dédié assorti d'une base normative unifiée, l'émancipation du droit fiscal qui semble à portée de main ne pourra s'affranchir d'une base normative réunifiée.

574. Paradoxalement, nous proposons une réforme duale. Pour plus de clarté, il semble en effet opportun de conserver d'une part, un code renfermant l'intégralité des règles de procédure et d'autre part les règles en matière d'assiette, de contrôle, de recouvrement de l'impôt. En proposant une unification des textes ou plutôt un comblement de lacunes, assorti d'une unité de juridiction, l'harmonie souhaitable au sein du contentieux fiscal est assurée.

575. Il faudra ainsi replacer les textes fiscaux au centre de la procédure contentieuse qui sera régie par un code retraçant les règles procédurales et un code enfermant les règles de l'impôt (**§1**). Néanmoins, par réalisme il faut reconnaître que la nature de la matière fiscale est telle, que l'intégralité des

[24] M. COZIAN, « Propos désobligeant sur une "tarte à la crème" : l'autonomie et le réalisme du droit fiscal », *in* M. COZIAN (dir.), *Les grands principes de la fiscalité des entreprises*, 4e édition, Paris, Litec, 1999, p. 3.

[25] Ph. MARCHESSOU, *L'interprétation des textes fiscaux*, Paris, Economica, 1980, p. 224.

[26] Ch. DE LA MARDIÈRE, « Pour tenter d'en finir avec l'autonomie et le réalisme du droit fiscal », *in Écrits de fiscalité des entreprises. Études à la mémoire du professeur Maurice COZIAN*, Paris, Litec, 2009, p. 142.

règles applicables ne pourra faire l'objet d'une intégration totale et immédiate. Les textes nécessaires à la résolution de litiges en la matière encore étrangère à cet effort d'unification viendront, à titre exceptionnel et transitoire, combler les lacunes des textes fiscaux (**§2**).

§1 – Les textes fiscaux au centre de la procédure fiscale

576. La pratique du contentieux fiscal conduit actuellement, à faire usage de divers codes autres que le LPF et le CGI, pour toutes les - nombreuses - situations dans lesquelles, les textes fiscaux n'ont pas prévu de règles[27]. Les canaux provenant des juges administratifs et civils incarnés par leurs textes de référence seront, *de facto*, taris à l'issue de la réforme juridictionnelle proposée. Il faut alors envisager, conséquemment à la création d'un ordre de juridiction dédié, le comblement des « lacunes de droit fiscal » en complétant au sein des textes fiscaux les éléments jusqu'alors exogènes. Le Code de procédure fiscale doit devenir l'instrument unique en matière de procédure contentieuse (**A**) et le CGI doit être complété pour contenir l'ensemble des règles de l'impôt (**B**).

A – Un Code de procédure fiscale complet en matière de procédure

577. Les Décrets du 15 septembre 1981 créèrent le « livre des procédures fiscales du nouveau code des impôts »[28] pour alléger le Code général des impôts. Semblant prendre son émancipation vis-à-vis du traditionnel Code, il devait incarner la partie relative à la procédure et au contrôle fiscal. Sans doute parce qu'à l'image d'Ève engendrée à partir de la côte d'Adam, le LPF est le fruit du CGI. Il a conservé de cette genèse, le terme de « Livre » comme s'il n'était qu'une partie d'un Code, comme si l'émancipation n'avait été que partielle. Cet intitulé, que le célèbre éditeur DALLOZ a déjà supprimé au profit de « Code de procédure fiscale »[29] insère

[27] L'article R. 200-1 du LPF dispose : « Les dispositions du code de justice administrative sont applicables aux affaires portées devant le tribunal administratif ou devant la cour administrative d'appel, sous réserve des dispositions particulières prévues par le présent livre ».

[28] Décrets n°81-859 et n°81-860 du 15 septembre 1981 portant codification des textes législatifs concernant les procédures fiscales.

[29] *Code de procédure fiscale*, 28e édition, Paris, Dalloz, 2021, 1896 p.

une originalité inutile en droit fiscal[30]. En avant-propos du LPF on peut lire : « Le Livre des procédures fiscales élaboré par le Service de la législation fiscale, en lien avec la Direction générale des impôts et la Direction de la comptabilité publique », a pour objectif de « clarifier et améliorer la présentation des dispositions relatives à la procédure »[31].

578. Pour plus de clarté, pour une harmonisation et un alignement vis-à-vis d'autres codes de procédures, le LPF gagnerait à devenir le « Code de procédure fiscale ». À travers ce changement d'intitulé, le Code de procédure fiscale incarnera l'outil regroupant l'intégralité de la procédure fiscale - au singulier - unifiée. Actuellement, une partie de la doctrine à l'image des professeurs Jacques GROSCLAUDE et Philippe MARCHESSOU défendent l'idée que les procédures fiscales regroupent deux séries de règles : d'abord, « celles qui gouvernent les prérogatives de l'administration et les garanties du contribuable tout au long du processus d'imposition », englobant les phases de détermination de l'assiette, des règles de liquidation et de recouvrement, ensuite « les techniques précontentieuses et contentieuses instituées pour résoudre les conflits ». Ils en concluent que les procédures fiscales codifient les relations entre l'administration fiscale et les contribuables[32]. Scinder les types de procédures ne semble pas avoir de sens, alors que l'ensemble de ces règles ont pour objet de régir les relations entre l'administration et le contribuable.

579. Les professeurs Martin COLLET et Pierre COLLIN expliquent ce pluriel par l'assimilation des règles de contrôle de l'impôt aux règles de procédures contentieuses[33]. Or, bien que non contentieuses, les opérations de détermination de l'assiette de l'impôt, de liquidation, de recouvrement peuvent être codifiées aux côtés de la procédure contentieuse, toutes ayant l'impôt comme dénominateur commun, les rapports entre l'administration et le contribuable en numérateur. Assortir le pluriel à la procédure fiscale ne semble pas correspondre à une réelle classification ou variété des procédures contentieuses.

---

[30] L'éditeur LexisNexis a une vision encore plus unificatrice des normes du droit fiscal en proposant en un seul volume le Code général des impôts et le Livre des procédures fiscales : *Code général des impôts et Livre des procédures fiscales*, 14e édition, Paris, LexisNexis, 2021, 2375 p.

[31] « Avant-propos », *Code de procédure fiscale*, *op. cit.*, p. V.

[32] J. GROSCLAUDE, Ph. MARCHESSOU, B. TRESCHER, *Procédures fiscales*, *op. cit.*, p. 1.

[33] M. COLLET, P. COLLIN, *Procédures fiscales*, *op. cit.*, pp. 1-2.

580. *A contrario*, Philippe BERN[34], comme les professeurs GOUR, MOLINIÉ et TOURNIÉ ont opté pour le singulier, choisissant de « rattacher toutes les procédures fiscales au rapport juridique fondamental qui les sous-tend : l'obligation fiscale, définie comme le lien de droit à caractère pécuniaire qui unit le redevable de l'impôt au Trésor public »[35]. À leur suite, nous abandonnerons ainsi l'expression de « procédures fiscales » laissant penser à une pluralité de procédures au profit d'une seule procédure fiscale unifiée correspondant au choix opéré également par le Code DALLOZ.

581. Pour renforcer cette unité, il faut envisager de rendre la procédure fiscale, si non exhaustive et imperméable aux autres branches du droit, au moins complète au regard de la procédure courante. Actuellement, les juges statuant en matière fiscale utilisent à titre subsidiaire, mais récurent, des articles applicables à la procédure contenus au sein du Code de procédure civile et du Code de procédure civile d'exécution pour le juge civil. Le juge administratif utilisera notamment, comme le lui permet le LPF[36], le Code de justice administrative en comblement des lacunes des textes de la procédure fiscale. Si notre ambition n'est pas de présenter l'intégralité des textes « empruntés » à d'autres Codes en matière fiscale, il convient d'envisager l'intégration au sein du Code de procédure fiscale des textes utilisés fréquemment, parfois systématiquement en matière de contentieux fiscal. Cette intégration participerait à compléter le Code qui doit être un outil complet en la matière, participant à son unité normative et à sa clarté. Deux thématiques peuvent illustrer cette nécessité de renforcement. En matière processuelle, de nombreuses dispositions fréquemment utilisées par le juge, mais non codifiées en droit fiscal, pourraient être intégrées (**1**). De même, en matière de garanties du recouvrement, mécanismes proches du droit civil, plusieurs dispositions pourraient être assimilées au Code (**2**).

1. En matière processuelle

582. Plusieurs exemples peuvent illustrer cette intégration de règles exogènes au sein du Code de procédure fiscale. En matière de condamnation aux dépens d'abord, le plus évident à intégrer sont les

[34] Ph. BERN, *op. cit.*, p. 19.

[35] C. GOUR, J. MOLINIER, G. TOURNIÉ, *Procédure fiscale*, Paris, PUF, 1982, p. 17.

[36] L'article R. 200-1 du LPF.

dispositions, sur le fond communes, de l'article 700 du CPC[37], de l'article R. 222 du Code des tribunaux administratifs et CAA et de l'article L. 761-1 du CJA[38]. Mobilisé par plus de 500 décisions de nature fiscale en 2020[39], l'article 700 du CPC, permet au juge de condamner aux dépens la partie succombant. Aucune entrave ne peut être invoquée pour intégrer le fond de cette disposition au sein du Code, par exemple au sein de la section IV « Conséquences des décisions prises sur les réclamations et décisions des cours et tribunaux ». Par-là, une disposition aussi fréquemment invoquée par le juge de l'impôt trouvera sa place au sein du Code de procédure fiscale.

583. Le principe du contradictoire, également mobilisé régulièrement par les juges statuant en matière fiscale n'existe pas dans le LPF et demeure pourtant essentiel à la bonne tenue du procès. Le nouveau Code de procédure fiscale pourrait intégrer cette disposition applicable au procès fiscal. Les dispositions communes des articles 16 du CPC et L. 5 du CJA feront leur entrée dans le Code permettant de compléter les règles applicables au contentieux fiscal.

584. Enfin, la motivation des jugements, principe partagé actuellement par les « deux têtes du juge de l'impôt » pourrait faire son entrée dans le Code de procédure. Les dispositions des articles L. 9 du CJA et 455 CPC pourraient trouver leur place dans le Code de procédure fiscale comme le

---

[37] L'article 700 du CPC dispose : « Le juge condamne la partie tenue aux dépens ou qui perd son procès à payer :
1° À l'autre partie la somme qu'il détermine, au titre des frais exposés et non compris dans les dépens ;
2° Et, le cas échéant, à l'avocat du bénéficiaire de l'aide juridictionnelle partielle ou totale une somme au titre des honoraires et frais, non compris dans les dépens, que le bénéficiaire de l'aide aurait exposés s'il n'avait pas eu cette aide. Dans ce cas, il est procédé comme il est dit aux alinéas 3 et 4 de l'article 37 de la loi n° 91-647 du 10 juillet 1991.
Dans tous les cas, le juge tient compte de l'équité ou de la situation économique de la partie condamnée. Il peut, même d'office, pour des raisons tirées des mêmes considérations, dire qu'il n'y a pas lieu à ces condamnations. Néanmoins, s'il alloue une somme au titre du 2° du présent article, celle-ci ne peut être inférieure à la part contributive de l'État ».

[38] L'article L. 761-1 du CJA dispose : « Dans toutes les instances, le juge condamne la partie tenue aux dépens ou, à défaut, la partie perdante, à payer à l'autre partie la somme qu'il détermine, au titre des frais exposés et non compris dans les dépens. Le juge tient compte de l'équité ou de la situation économique de la partie condamnée. Il peut, même d'office, pour des raisons tirées des mêmes considérations, dire qu'il n'y a pas lieu à cette condamnation ».

[39] Calcul effectué par l'auteur. Source : Légifrance.fr. Toutes les décisions en matière fiscale rendues par la Cour de cassation entre le 01/01/2020 et le 31/12/2020.

pourraient de nombreuses règles régissant le recouvrement de l'impôt. À la dispersion de règles applicables en matière de droit fiscal, il sera toujours préféré l'unité, il en va de même pour les règles régissant le recouvrement de l'impôt.

2. En matière de garanties du recouvrement

585. En matière de recouvrement, la majorité des règles applicables relèvent du rapport entre un débiteur et un créancier, naturellement contenues au sein du droit privé[40]. Qu'il s'agisse des mesures conservatoires, des mesures de sûreté, des méthodes de recouvrement forcé, le droit civil irrigue l'ensemble des procédures[41]. Appliquées au droit fiscal, ces mesures doivent faire l'objet d'une intégration afin de mettre un terme à une référence non justifiée aux normes externes.

586. S'il faut reconnaître cet héritage civiliste, l'ensemble de ces procédures reconnues en droit fiscal font l'objet d'une mise en œuvre régulière par l'administration et l'objet d'un contentieux régulier par l'intermédiaire de l'article L. 281 du LPF. Nombreuses dispositions actuellement contenues au sein du Code civil, du CPCE ou dans d'autres codes pourraient faire l'objet d'une transposition parmi les règles du Code de procédure fiscale. Faire appel au CPCE pour indiquer que les mesures conservatoires de droit commun peuvent être contestées conformément aux dispositions de l'article R. 512-1 du CPCE, de l'article R. 512-2 du CPCE et de l'article R. 512-3 CPCE, n'est pas justifié, et les dispositions de ces articles pourraient être intégrées en abandonnant la qualification juridique de créancier et de débiteur. Les termes de « comptable public » et de « contribuable » se substitueront aux termes généraux de « débiteur » et « créancier » du CPCE pour plus de clarté et de cohérence. Les conditions de mise en œuvre de mainlevée de mesures conservatoires[42], les conditions de contestation de la mesure conservatoire[43] ou encore la compétence du JEX[44] pourraient être intégrées au sein du Code de procédure fiscale, évitant les nombreux reports aux textes du droit civil.

---

[40] A. LE BARON, « Le recouvrement forcé de l'impôt : droit privé ou droit fiscal ? », *REIDF*, 2019, n°2, pp. 139-143.

[41] Le droit de gage général est garanti par l'article 2284 du Code civil.

[42] Article L. 512-1 du CPCE.

[43] Articles L. 511-1, R. 511-1 à R. 511-8 du CPCE.

[44] Article R. 512-2 du CPCE.

587. La doctrine administrative indique par ailleurs que « les contestations portant sur une sûreté judiciaire (prise sur un immeuble, un fonds de commerce, des actions ou des parts sociales et valeurs mobilières) relèvent des dispositions de l'article R. 512-1 du CPC exéc., de l'article R. 512-2 du CPC exéc., de l'article R. 512-3 du CPC exéc. et de l'article R. 532-6 du CPC exéc., c'est-à-dire que la demande de mainlevée est portée devant le juge qui a autorisé la mesure, ou si elle a été prise sans autorisation, devant le juge du lieu où demeure le débiteur, quel que soit le motif de contestation »[45]. L'usage quasi exclusif du droit civil en la matière appelle à s'interroger sur la complétude des règles de procédure fiscale. Intégrer ces normes participerait à clarifier le contentieux du recouvrement, unanimement considéré comme un contentieux complexe et obscur[46]. Cette carence normative en matière de procédure se retrouve également en matière de règles de l'impôt, contenues au sein d'un CGI censé accueillir les règles en la matière.

B – Un Code général des impôts complété en matière de règles de l'impôt

588. Si les textes de procédure doivent être complétés, les textes relatifs aux règles de l'impôt doivent l'être aussi, pour plus de clarté, créant ainsi une base textuelle la plus complète possible à l'usage des acteurs du contentieux fiscal. Cette réunification de règles éparses participera à l'accessibilité du contentieux fiscal et à l'harmonisation de son application. Cette réunification vertueuse devra participer à une meilleure protection d'un contribuable immergé dans les abysses des normes fiscales.

589. Le Code Général des Impôts (CGI), créé par décrets[47] et par arrêté[48] du 6 avril 1950, regroupe les matières jadis contenues dans le Code général des impôts directs, dans le Code fiscal des valeurs mobilières, dans

---

[45] BOI-REC-GAR-20-10-20.

[46] M. MASCLET DE BARBARIN, *op. cit.*, p. 1.

[47] Décret n°50-481 du 6 avril 1950 portant refonte et codification des décrets pris pour l'application des lois réunies dans le code général des impôts ; Décret n°50-479 du 6 avril 1950 portant refonte et codification des règlements d'administration publique pris pour l'application des lois réunies dans le code général des impôts ; Décret n°50-480 du 6 avril 1950 portant refonte et codification des décrets en conseil d'État pris pour l'application du code général des impôts.

[48] Arrêté du 6 avril 1950 portant refonte et codification des arrêtés pris pour l'application des lois réunies dans le code général des impôts, *JORF* n°0103 du 30 avril 1950.

le Code des taxes sur le chiffre d'affaires, dans le Code des impôts indirects, dans le Code de l'enregistrement et dans le Code du timbre[49]. Cette réforme apporta une meilleure lisibilité des règles fiscales et engageait une dynamique en faveur d'une unité normative.

590. Le ministère des Finances indique que « Le Code Général des Impôts (CGI) est la base légale opposable à tous. Il rassemble notamment les dispositions relatives à l'assiette et au recouvrement de l'impôt sur le revenu, de l'impôt sur les sociétés, la taxe sur la valeur ajoutée, les droits d'enregistrement, les impôts locaux et les autres impositions directes, et indirectes, perçues par l'État et les collectivités territoriales »[50]. S'il est opposable à tous, il est, en conséquence de la stratification du droit fiscal, incomplet. Bien que fourni, le CGI est lacunaire sur plusieurs points, imposant au juge comme au contribuable et à l'administration de se référer fréquemment à des textes extérieurs au droit fiscal.

591. Intégrer au Code un glossaire des notions fondamentales du droit fiscal constituerait un apport majeur pour les acteurs du droit fiscal. Le législateur pourrait ainsi préciser ce qu'il faut entendre par « revenu » ou comme « concubinage notoire » évitant *quiproquo* et appel à d'autres branches du droit.

592. L'article L. 190 du LPF permet au contribuable de saisir le juge et d'obtenir une décharge d'imposition s'il tranche en faveur d'un impôt infondé. Le contentieux portant sur la détermination de l'assiette et sur la liquidation de l'impôt est le premier motif de contentieux ouvert en matière fiscale. Ce contentieux de pleine juridiction, actuellement fracturé entre les deux ordres de juridictions fait appel au CGI, mais aussi à d'autres textes comme le Code civil. Plusieurs exemples illustrent cette importation en matière fiscale de dispositions fréquemment mobilisées et qui pourraient trouver leur place au sein du CGI. Parmi eux, deux illustrations reprises en référence aux développements précédents utilisés en matière d'importation de règles externes au droit fiscal peuvent être mobilisées. La détermination du revenu imposable à l'impôt sur le revenu (**1**) ou la notion de concubinage notoire (**2**), thèmes fréquemment mobilisés par le juge de l'impôt, que nous avons utilisés précédemment pourraient intégrer les codes fiscaux pour plus de lisibilité.

---

[49] LE MONDE, « Le code général des impôts », par M.S., 3 mai 1950.

[50] Sources : Impots.gouv.fr.

1. L'exemple de la détermination du revenu imposable à l'impôt sur le revenu

593. En matière de détermination des revenus imposables à l'impôt sur le revenu, les articles 205 à 211 du Code civil et les articles 367 et 767 du même Code définissent le principe de l'obligation alimentaire. Pour déterminer l'assiette de l'impôt sur le revenu, le juge devra en l'espèce se référer au Code civil[51] pour déterminer l'imposition ou la déduction accordée au contribuable. La résidence de l'enfant est également rattachée à la notion de « domicile » telle que définie à l'article 102 du Code civil, qui précise que le domicile de l'enfant est le lieu où l'enfant dispose de son « principal établissement » et où sont par conséquent engagées les dépenses nécessaires à son entretien et son éducation. Il y a donc pour la loi un lien entre charge d'entretien et d'éducation et lieu de résidence de l'enfant. Cette charge devra être prise en compte dans la détermination de l'assiette de l'impôt sur le revenu. Le CGI pourrait accueillir des dispositions aussi couramment utilisées, évitant ainsi la référence à des textes non fiscaux participant à la complexité de la matière.

594. Le revenu imposable à l'impôt sur revenu, deuxième recette fiscale après la TVA, doit faire l'objet d'une définition intégrale au sein du CGI correspondant à son régime unifié. Actuellement, certaines notions non définies par le CGI empêchent l'application directe du régime d'imposition, nécessitant l'intervention du juge. Par exemple, l'article 31-1 du CGI indique les charges déductibles pour la détermination du revenu net. Le I 1° b) de l'article (notons la numérotation obscure de la disposition), prévoit que les charges déductibles comprennent notamment « les dépenses d'amélioration afférentes aux locaux d'habitation, à l'exclusion des frais correspondant à des travaux de construction, de reconstruction ou d'agrandissement ». Les textes ne définissent pas les termes de « travaux de construction ou d'agrandissement », obligeant le juge administratif à préciser ce qu'il fallait comprendre[52]. Cette nécessité de faire appel au juge pour appliquer les textes porte indéniablement atteinte au principe fondamental de légalité du droit fiscal. Il paraît toutefois difficile de proposer une légalité intégrale, alors que le droit fiscal est intrinsèquement le droit du réalisme.

---

[51] Voir par exemple : Cass, civ. 1ère, 12 février 2020, n°18-25.359, Inédit.

[52] CE, 17 décembre 1976, n°92159, *Droit Fiscal*, 1977, n°7, concl. LOBRY, comm. 202.

2. L'exemple du concubinage notoire

595. Autre notion pouvant aisément être assimilée aux normes fiscales, le concubinage notoire, permettant de déterminer l'assiette de l'IFI. Actuellement, le juge doit se référer pour ce qui est du concubinage à l'article 515-8 du Code civil. Rappelons qu'en la matière, le concubinage doit être « notoire », ajoutant à la notion juridique une exigence de stabilité et une exigence de caractère public de la relation. Cette notion importée du droit civil et adaptée par le législateur en matière fiscale pourrait naturellement intégrer le CGI. Le concubinage notoire pourrait sans entrave devenir une notion autonome du droit fiscal, trouvant sa place dans le code de référence. Cette intégration permettrait de compléter le régime de l'IFI et de faciliter sa lisibilité par le contribuable comme par l'administration et le juge.

596. Le comblement de la base textuelle du droit fiscal, doit être opéré avec prudence tant elle est actuellement saturée. Il convient toutefois d'identifier les dispositions les plus indispensables à intégrer pour laisser au-dehors les secondaires. Cette unification des textes, fondamentalement bénéfique pour les acteurs du contentieux fiscal, recentrés sur deux codes, ne pourra être efficace que si en parallèle un effort de simplification de la codification est entamé. Parce que cette proposition n'est pas guidée par l'utopie, il faut reconnaître épisodiquement le nécessaire recours à des normes externes.

§2 – Les autres textes en comblement ponctuel des lacunes du droit fiscal

597. Le droit fiscal est empreint de réalisme, de telle sorte que la loi fiscale ne frappe pas des actes juridiques, mais des faits[53]. En ce sens, le droit fiscal n'est pas original. Quelle branche du droit ne serait pas de nature à appréhender un fait ? La spécificité réside sans doute dans la multitude de situations et dans la cohabitation de multiples branches du droit sur une

[53] Ch. DE LA MARDIÈRE, « Pour tenter d'en finir avec l'autonomie et le réalisme du droit fiscal », *in Écrits de fiscalité des entreprises, études à la mémoire du professeur Maurice* COZIAN, Paris, Litec, 2009, pp. 139-144.

même matière[54]. Le droit fiscal frappe les revenus, la livraison d'un bien, un service rendu, une succession… Il peut sembler utopiste d'imaginer embrasser légalement toutes les situations dans lesquelles l'impôt rencontre le fait. Pourtant, le droit pénal, contraint par la légalité des délits et des peines, y parvient. Sans doute parce que ses textes de référence font preuve de davantage de généralisation ou de conceptualisation permettant d'appréhender une grande variété de faits.

598. L'administration, comme la loi, est ainsi tenue de poser un regard réaliste afin de frapper la matière imposable, là où elle se situe réellement, s'affranchissant des branches du droit[55]. En ce sens, la non-autonomie du droit fiscal ressurgit. Le droit fiscal étant incapable d'appréhender toutes les situations imposables sans l'apport de textes « non fiscaux », il paraît difficile de ne pas rejoindre ceux qui considèrent le droit fiscal comme un droit placé au carrefour d'autres droits, mais aussi dépendant d'eux.

599. La complexité des normes fiscales relevant d'une exigence d'équité, imposant au législateur et au juge de prendre en compte toutes les situations des contribuables, ne peut être simplifiée à l'excès. Nous ne proposons pas une simplification démagogique, mais plutôt une démarche, sur un temps long, d'enrichissement des textes fiscaux plutôt que la résignation de l'emprunt quasi systématique. Toutefois, la simplification de la loi fiscale au profit d'une rédaction didactique, permettant d'intégrer les textes en provenance des autres branches du droit paraît salutaire et il faudra identifier les normes, les régimes, les mécanismes qui, en l'état actuel du droit, ne sauraient faire l'objet d'une codification intégrale. Cette démarche apparaît comme salutaire non seulement pour le droit fiscal, mais aussi pour la norme externe.

600. Jean-Michel LE BERRE relevait que les règles importées d'autres branches du droit « subissent dans bon nombre de cas des altérations qui témoignent d'exigences propres au droit fiscal »[56]. Dans l'intérêt du contentieux fiscal comme de l'intégrité des textes, il paraît souhaitable de privilégier l'assimilation de règles au sein des Codes fiscaux, en les adaptant éventuellement à la matière. Or, mis à part les textes de procédure

[54] Sur la spécificité du contentieux fiscal : J.-P. DARRIEUTORT, « Spécificité du contentieux fiscal : état des lieux », *Mélanges en l'honneur du Professeur Christian LOUIT*, Bruxelles, Bruylant, 2015, pp. 272-277.
[55] Ph. BERN, *op. cit.*, p. 171.
[56] J.-M. LE BERRE, *op. cit.*, p. 17.

juridictionnelle, pouvant être intégrés sans difficulté parmi les normes de procédure fiscale, la matière fiscale, traditionnellement droit de superposition, enferme des éléments d'extranéité à la discipline. Il se pourrait, qu'à vouloir trop simplifier, l'effet inverse se produise, et qu'à vouloir tout prévoir, on sature la base textuelle du contentieux fiscal. Le mieux étant l'ennemi du bien, souhaiter enrichir les Codes fiscaux ne pourra être bénéfique que si en parallèle, une simplification des textes se produit. Ce que le professeur Christophe DE LA MARDIÈRE nomme « le déclin particulier de la loi fiscale »[57] affecte son application, mais aussi ses chances de pouvoir accueillir l'ensemble des règles nécessaires à trancher les litiges fiscaux.

601. En l'état actuel de la codification, alors que le CGI renferme 3 661 pages[58] et le LPF, 1 896 pages[59] une intégration complète des règles nécessaires à déterminer les règles de l'impôt et sa procédure contentieuse conduirait à une inflation législative néfaste pour la clarté que nous défendons. Il s'agira de proposer dans un premier temps une intégration des règles les plus fréquemment utilisées en matière fiscale et d'envisager l'usage, à titre subsidiaire, de normes nécessaires à la résolution des litiges fiscaux. Plusieurs exemples pourront être mobilisés pour illustrer les limites actuelles de cette réunification normative.

602. D'abord, en matière de droit des personnes, la filiation est définie aux termes de l'article 310-1 du Code civil. Légalement établie, par l'effet de la loi, par la reconnaissance volontaire ou par la possession d'état constatée par un acte notarié, la filiation peut aussi être légalement établie par l'effet d'un jugement. L'article 311-1 du Code civil rappelle que « la possession d'état s'établit par une réunion suffisante de faits qui révèlent le lien de filiation et de parenté entre une personne et la famille à laquelle elle est dite appartenir ». La doctrine administrative indique alors qu'« À cet égard, un contribuable ne peut considérer un enfant naturel comme étant à sa charge que si la filiation est établie (notamment par la possession d'état) à la date du fait générateur de l'impôt, c'est-à-dire au 31 décembre de l'année d'imposition (CE, arrêt du 29 juin 1988, n°81881 et CE, arrêt du 30 mars 1987, n°52489) »[60]. L'établissement de la filiation est nécessaire dans la

---

[57] Ch. DE LA MARDIÈRE, « Le déclin particulier de la loi fiscale », *in* Ch. PUIGELIER (dir.), *La loi. Bilan et perspectives*, Paris, Economica, coll. Études juridiques, 2005, pp. 241-249.
[58] Code général des impôts, *op. cit.*
[59] Livre des procédures fiscales, *op. cit.*
[60] BOI-IR-LIQ-10-10-10-10.

détermination du quotient familial du foyer fiscal dans le cadre de l'impôt sur le revenu ou de l'établissement de droits d'enregistrement. Pourtant, intégrer les dispositions de près de trente articles du Code civil ne paraît pas participer à l'effort de simplification défendu à travers le monisme et la référence ponctuelle au Code paraît souhaitable pour l'instant.

603. L'exemple des régimes matrimoniaux peut également illustrer cette limite. Régissant les rapports pécuniaires des époux entre eux durant le mariage d'une part et entre les époux et les tiers d'autre part, les régimes matrimoniaux servent de référence au droit fiscal lorsqu'il appréhende notamment la solidarité fiscale. En reconnaissant aux époux la faculté de demander le prononcé de la séparation de bien, à la suite notamment « du désordre des affaires d'un époux », le Code civil[61] permet de faire sortir du patrimoine du couple certains biens échappant aux créanciers au titre desquels le Trésor public. Cette séparation de biens, prononcée dans un cadre de droit civil aura ainsi un impact direct sur le recouvrement de certaines impositions à l'image de l'impôt sur le revenu ou de la taxe d'habitation. L'administration aura alors la possibilité de remettre en cause ce renoncement à la solidarité des conjoints face à l'impôt ou même de poursuivre les époux sur l'ensemble de leur patrimoine, quel que soit leur régime matrimonial. Les contrats de mariage et régimes matrimoniaux, base des diverses impositions font l'objet de près de cent cinquante articles du Code civil. Il n'apparaît pas réaliste de les intégrer *in extenso* dans le CGI.

604. En matière de fiscalité des entreprises, les règles comptables sont nécessaires à l'établissement de l'assiette de l'impôt[62]. Ces règles sont indispensables pour permettre à la loi fiscale de frapper l'activité économique d'une société. Les notions d'amortissement, de bénéfice, de provision sont utilisées par le droit fiscal pour appréhender la matière imposable. Le CGI reconnaît cet emprunt du droit fiscal sous réserve qu'il ne soit pas incompatible avec les règles de l'impôt[63]. Ainsi, dans le silence de la loi fiscale, le juge pourra être amené à se conformer aux règles comptables[64]. La limite étant toutefois qu'une règle comptable ne puisse

---

[61] Article 1443 du Code civil.
[62] O. DEBAT, *Droit fiscal des affaires, op. cit.*, pp. 404 et s.
[63] Article 38 *quater* de l'annexe III du CGI.
[64] CE, 14 mars 1984, n°46770, *Droit Fiscal*, 1984, n°40, 1652, concl. M.-A. LATOURNERIE.

faire échec à l'application de la loi fiscale[65] et qu'elle ne saurait justifier à elle seule le bien-fondé d'une imposition[66]. En cas de rejet de la comptabilité par l'administration fiscale, en raison de toute valeur probante, le droit fiscal devient « la sanction naturelle des règles comptables qui en sont elles-mêmes le support »[67]. Si cette méthode est regrettable pour l'unité du droit fiscal, il paraît pour l'heure ardu de prétendre intégrer les normes comptables parmi les normes du CGI. Il sera alors préféré l'usage ponctuel du plan comptable général plutôt qu'un encombrement préjudiciable à la clarté du Code.

605. En matière d'emprunt au droit administratif, nous pouvons citer l'exemple de la délimitation du domaine public[68] permettant d'asseoir la taxe foncière. Dans ce cas, il serait complexe d'introduire dans le Code, aux côtés des dispositions relatives à la taxe foncière, la qualification de concessionnaire du domaine public ou les règles de domanialité publique. Il est en l'espèce préférable de poursuivre cet emprunt ponctuel au droit administratif.

606. Ces normes auront pour objectif d'intégrer les règles fiscales, à condition d'effectuer un « nettoyage » des règles actuellement contenues et de proposer une rédaction adaptée et synthétique de ces nouveaux textes. Elles participeront à l'unité de la matière fondée sur une base textuelle solide et unifiée permettant la mise en œuvre d'une jurisprudence harmonieuse.

Section 2 – L'unification de l'herméneutique fiscale quel que soit l'impôt litigieux

607. ROBESPIERRE affirmait devant la Constituante, avec l'aplomb qu'on lui connaît que « Le mot de jurisprudence doit être effacé de notre langue ; il ne signifie plus rien dans le nouveau régime. Dans un État qui a

---

65 CE, 5 novembre 1975, n°95015, *RJF*, 1976, n°1-2 ; O. DEBAT, *Droit fiscal des affaires, op. cit.*, 56 et s.

66 CE, 26 avril 1985, n° 30077, *RJF*, 1985, n°6, 423, concl. BISSARA, *GAJF*, 28.

67 A. DE BISSY, « La sanction de la comptabilité par la fiscalité », *Droit Fiscal*, 2007, n°44-45, pp. 9-15.

68 CE, 28 novembre 1979, n°4571, *Soc. Immobilières Bellecour-Guest*, *RJF*, 1980, n°2, 70 ; *RJF*, 2/80, n°123. – CE, 29 janvier 1993, n°62067, *Droit Fiscal*, 1993, n°25, comm. 1284, *RJF* 3/93, n°374.

une Constitution, une législation, la jurisprudence des tribunaux n'est autre chose que la loi ». Cette vision de la légalité au centre du système juridique fut constitutionnalisée en 1791 : « Il n'y a point en France d'autorité supérieure à celle de la loi »[69]. Dans cette lignée, la doctrine comme le juge ont considéré que la jurisprudence devait se cantonner à une interprétation stricte de la loi[70]. Pourtant cette vision rigide de l'interprétation de la loi ne correspond pas à la réalité ou du moins à l'intégralité des situations.

608. Le droit fiscal imprégné d'une doctrine quasi légicentriste n'est en effet pas exempt d'influence doctrinale ou jurisprudentielle. « À l'évidence le législateur ne peut pas tout prévoir et a confié au juge le soin de remplir les trous » relativisait le professeur Thierry LAMBERT[71]. Cette influence est naturellement basée sur des textes, plus ou moins clairs, incitant le juge à faire œuvre de création. Cette création, actuellement éclatée sur deux ordres de juridiction, est potentiellement hétérogène, mouvante, et obscure pour le contribuable. Pour une partie de la doctrine, la jurisprudence en matière fiscale est homogène. Le professeur Philippe MARCHESSOU considère que « Le juge fiscal est une institution qui transcende ses origines ambigües, car il tranche des litiges afférents à cette branche de droit avant que d'être un magistrat d'origine judiciaire ou administrative »[72]. Pourtant la réalité montre que même s'il n'existe pas de failles abyssales entre les deux ordres, certaines considérations varient. Pour rejoindre la vision du professeur MARCHESSOU, si les deux ordres de juridictions sont proches, mieux vaut les fusionner et proposer un corps normatif unique.

609. S'interroger sur le fond du contentieux fiscal peut aider à reconnaître la place évidente du monisme. À l'aide de ce prisme, il faut s'affranchir des innombrables classifications, qualifications, et divisions, pour regarder en face le fond du litige en matière fiscale. Comme une vision anatomique, les couches successives seront retirées pour apercevoir le transfert du patrimoine privé vers le Trésor public, comme cœur de la relation existante entre les organes du contentieux fiscal.

---

[69] B. LOUVEL, « Post-face », *Le rôle normatif de la Cour de cassation, Étude annuelle de la Cour de cassation, 2018*, Paris, La documentation française, 2019, p. 333.

[70] Voir : Concl. M. MARTIN sur CE, 9 décembre 1959, n°38710, *Droit Fiscal*, 1960, n°7 : « le droit fiscal étant un droit de prélèvement, c'est-à-dire d'exception, il doit être interprété dans le sens le plus strict, et on ne saurait tolérer aucune imposition qui ne soit exactement prescrite par le texte ». Cass. civ. 3e, 27 octobre 1975, *RJF*, 1976, p. 111.

[71] Th. LAMBERT, « Simplifier le droit fiscal : une exigence démocratique », *op. cit.*, p. 147.

[72] Ph. MARCHESSOU, *L'interprétation des textes fiscaux*, *op. cit.*, p. 130.

610. Quel que soit l'impôt litigieux, quel que soit le statut du contribuable, l'interprétation doit être harmonisée, autour d'un noyau normatif commun. Le contribuable et son patrimoine, incarnant une entité juridique unique, devront faire l'objet d'une interprétation unique de textes unifiés par un juge spécial (**§1**). Cette jurisprudence unifiée permettra d'assurer au contribuable une égalité de traitement, quelle que soit la juridiction saisie, sa qualité ou l'impôt litigieux. La production prétorienne doit néanmoins occuper la place qui lui est réservée dans une matière dominée par la loi. La jurisprudence permettant de lisser les aspérités de la loi ou de combler ses lacunes doit être placée en second plan à l'issue du processus du perfectionnement de la codification (**§2**).

§1 – L'unicité du patrimoine du contribuable, fondement de l'interprétation fiscale globale

611. Au début du XXe siècle, on pouvait lire : « Il appartient au contrôleur, dans une très large mesure, de faire ou de compléter l'éducation fiscale du public et de convaincre les sceptiques ou les opposants irréfléchis que les impôts qui les frappent, si lourds qu'ils leur paraissent, sont indispensables pour assurer la vie du Pays et le bon fonctionnement des services de l'État, dont tous les citoyens bénéficient directement ou indirectement ; que ces impôts, comme toutes les lois, sont établis conformément aux principes d'égalité et de justice ; que les accepter, en apportant à la bourse commune tout ce qu'il doit, sans chercher à en distraire une obole, c'est remplir son devoir, au même titre que le soldat fait le sacrifice, combien plus lourd, de son sang ou de sa vie »[73]. Ce sacrifice indispensable pour la vie du Pays mis en perspective avec le sacrifice humain montre le lien personnel entretenu entre le contribuable et l'impôt à l'image du soldat et de la guerre. Pour ce dernier, c'est le risque de se voir ôter la vie, pour l'assujetti, c'est de renoncer à une part d'un élément attaché à sa personnalité juridique, qu'est son patrimoine pour enrichir la « bourse commune ». La clef de voûte des rapports entre les acteurs du contentieux fiscal sera ainsi l'appauvrissement du patrimoine du contribuable au profit

[73] MINISTÈRE DES FINANCES, DIRECTION GÉNÉRALE DES CONTRIBUTIONS DIRECTES, *Notions élémentaires sur les impôts directs. Recueil de conférences faites aux surnuméraires de première année*, Imprimerie nationale, 1920, p. 578, cité par Th. LAMBERT (dir.), *Le contentieux fiscal en débats*, *op. cit.*, p. 61.

de l'enrichissement de l'État qui utilisera cette richesse pour faire fonctionner les services publics.

612. Cette invariabilité des acteurs du contentieux fiscal, penchés sur le même berceau est reprise par le doyen TROTABAS qui écrivait : « L'impôt va mettre en contact trois facteurs : le fisc, un contribuable, une richesse »[74]. Ces trois facteurs se décomposent en deux catégories d'acteurs, le créancier et le débiteur d'une part, la richesse d'autre part. La grande majorité des enjeux se retrouvent à travers la scène décrite par le doyen de Nice alors que le contentieux fiscal est nettement polymorphe.

613. L'objet premier du droit fiscal est, au-delà de régir les relations entre les contribuables et l'administration, de permettre à l'État de recouvrer l'impôt, conformément à l'article 13 de la DDHC. Le recouvrement comprend ainsi « l'ensemble des procédures par lesquelles l'impôt passe du patrimoine du contribuable dans les caisses du trésor public »[75]. Il faut alors, si on se place du point de vue du contribuable, considérer que le droit fiscal regroupe les règles permettant le transfert de richesses du patrimoine privé vers les caisses publiques. Ce transfert de richesses est le dénominateur commun de toutes les procédures en la matière. Au fond, il n'y a ainsi qu'un type de rapport en matière fiscale, celui d'un créancier, le Trésor public, et d'un débiteur, l'assujetti, dont le montant du transfert de richesse, la dette fiscale, est en jeu. Ce contentieux peut-être perçu comme étant objectif, opinion défendue par une grande partie de la doctrine du XXe siècle[76], c'est-à-dire que le contribuable est « soumis à un statut défini par les textes généraux (loi et règlements) intervenus en matière fiscale »[77]. Il peut être aussi considéré comme un contentieux subjectif, opposant les intérêts individuels du contribuable face à l'administration. Quelle que soit la classification retenue, et sous réserve qu'elle ait un intérêt majeur, le contentieux fiscal regroupe à titre principal les contestations « des redevables qui estiment avoir été imposés à tort (demande en décharge) ou

---

[74] L. TROTABAS, *Les finances publiques et les impôts de la France*, Paris, Armand Colin, 1937, p. 117.

[75] P. BELTRAME, *L'impôt*, Paris, MA éditions, coll. Le monde de…, 1987, p. 142.

[76] Voir sur ce point : A. DE LAUBADÈRE, *Traité élémentaire de droit administratif*, 3e édition, Paris, LGDJ, 1963, 2 vol., 662 et 464 p. ; P.-M. GAUDEMET, *Précis de finances publiques*, Paris, Montchrestien, 1970, Tome 2, p. 327.

[77] B. CASTAGNÈDE, « Remarque sur la nature juridique du contentieux fiscal », *Revue de science financière*, nos 1-2, 1970, p. 14.

surtaxés (demande en réduction), ou qui prétendent avoir effectué des versements indus (demande en restitution) »[78].

614. Chaque contribuable ne disposant que d'un seul patrimoine, l'ensemble des règles fiscales ayant pour objet d'appréhender ces richesses contenues au sein d'une seule enveloppe juridique, interprétées par un seul juge, la situation est par nature unifiée. Le prélèvement fiscal opère en effet « par voie de contrainte, un transfert de richesse de patrimoine privé vers le patrimoine d'une collectivité publique »[79]. La théorie du patrimoine des professeurs AUBRY et RAU[80] part en effet d'un postulat : chaque individu dispose d'un seul patrimoine, attaché à sa personnalité juridique. Trois conséquences en sont tirées : toute personne a un patrimoine ; seules les personnes physiques ou morales ont un patrimoine ; les personnes ne peuvent avoir qu'un seul patrimoine[81]. Cette universalité se composant de biens et de dettes est indivisible et se poursuit après la mort entre un *de cujus* et un ayant droit.

615. Il paraît alors inopportun, lorsque le contentieux vient troubler les relations bipartites établies autour de ce transfert de richesse légalement encadré, de faire intervenir une multitude d'éléments textuels et juridictionnels. Le dualisme juridictionnel et l'atomisation des normes applicables ne correspondent pas à l'unicité du litige opposant le contribuable à l'administration, dans lequel le transfert de richesse est le fond de la querelle. *A contrario*, le monisme correspond à cette vision recentrée sur l'enjeu principal du contentieux fiscal, théorisée de la manière la plus dépouillée.

616. Qu'il s'agisse d'un impôt sur le patrimoine comme l'IFI, d'un impôt sur le revenu, d'un impôt foncier, de l'impôt sur les sociétés ou même de la TVA, le contentieux fiscal n'a que pour objectif de frapper le patrimoine de l'assujetti. L'IFI frappe en effet la détention d'un patrimoine détenu au 1er janvier, « un peu comme si on liquidait la succession du contribuable à cette date »[82]. Cette estimation de la valeur vénale détenue servira d'assiette à un impôt acquitté en numéraire ou éventuellement par

---

78 Ph. BERN, *op. cit.*, p. 16.

79 J. GUEZ, *op. cit.*, p. 30.

80 Ch. AUBRY, Ch. RAU, *Cours de droit civil français d'après la méthode de Zachariae*, 5e édition, Paris, Marchal & Billard, 1920, Tome VI, 447 p.

81 M. MEKKI, « Le patrimoine aujourd'hui », *La semaine juridique notariale et immobilière*, n°51-52, 2011, 1317.

82 M. COZIAN, *Précis de fiscalité des entreprises*, 31e édition, *op. cit.*, p. 410.

une dation, venant appauvrir le patrimoine de l'assujetti. La TVA frappe la valeur ajoutée, portant sur le consommateur final au moment où il prend possession de l'objet ou qu'il bénéficie d'un service rendu. Lorsque le bien entre dans son patrimoine ou lorsqu'il s'acquitte de l'impôt, il s'agira du transfert d'une partie du patrimoine d'un débiteur vers celui d'un créancier. Le contentieux ouvert portera naturellement sur le montant du transfert de patrimoine de l'assujetti vers le Trésor public. La distinction actuelle, opérée initialement en fonction de la nature de l'impôt est en ce sens caduque. La classification opérée par l'article L. 199 du LPF fondant le dualisme juridictionnel repose sur une distinction artificielle qui, au-delà d'être anachronique ne correspond pas à la réalité du fond des contentieux, tous réunis autour des mêmes enjeux.

617. Ce rapport monolithique, commun à tous les impôts correspond à un monisme de fait qui ne se retrouve pas dans l'organisation actuelle du contentieux fiscal. Grâce à un seul ordre de juridiction, une base normative réunie, l'interprétation des textes par les juges sera harmonieuse face à un contribuable disposant d'un seul patrimoine. C'est cette atteinte au patrimoine, qu'il soit numéraire, mobilier ou immobilier qui constituera le fond du litige. Ce point commun est plus fort que la classification impôt direct/impôt indirect ou impôt sur le capital/impôt sur le patrimoine pour plusieurs raisons. D'abord parce que pour organiser le contentieux fiscal, il ne faut pas s'intéresser à la nature de l'acte juridique avant la nature du rapport opposant deux sujets de droit. En droit administratif, c'est la qualité des parties qui déterminera la compétence de l'ordre administratif. En droit pénal, c'est la nature de l'acte commis qui déterminera la compétence du juge pénal. En droit du travail, c'est le rapport existant entre un employeur et un salarié qui guide la compétence du juge des prud'hommes. En droit fiscal, la qualité des parties est toujours identique, il s'agira de l'administration et du contribuable. Le lien entre eux sera toujours identique : le paiement de l'impôt, pourtant le juge compétent ne sera pas toujours le même.

618. Pour une meilleure protection des garanties du contribuable, l'unité juridictionnelle s'intéressant fondamentalement à l'atteinte du patrimoine de l'assujetti par l'impôt correspondra davantage à la réalité de l'enjeu du contentieux fiscal. Il sera mis fin ainsi, en matière fiscale, à la traditionnelle compétence du juge civil en matière de protection de la propriété et des libertés fondamentales face à un juge administratif parfois considéré comme étranger à de tels enjeux[83].

619. La position du juge, à l'image de son unité organique doit correspondre à cette unité d'enjeux, dépassant ainsi les multiples classifications inutiles fréquemment proposées. Permise par le monisme que nous proposons, l'interprétation unifiée des textes correspondra au monisme des rapports entre les acteurs du contentieux fiscal. Quel que soit l'impôt litigieux, le contribuable sera assuré de bénéficier de la même protection. Cet alignement de la protection des garanties est dans les faits déjà acquis, alors que le juge administratif ne peut être considéré comme un juge partial, favorable à l'administration. Il s'agira d'entériner cet office en la matière uniformisé, mais qui, pour des raisons fantaisistes, demeure atomisée sur deux ordres. Cette parole unique, d'un juge spécialisé participera à renforcer la discipline et à faciliter son accès. La production prétorienne bénéficiera alors d'un monisme vertueux, dans l'intérêt des acteurs du contentieux fiscal. Ce renforcement devra s'accompagner d'une redéfinition du rôle et de la place de la jurisprudence parmi les sources d'un droit fiscal unifié.

§2 – Un ajustement de la place de la jurisprudence fiscale unifiée

620. La nécessité d'un pouvoir créateur du « juge de l'impôt » face à une loi lacunaire et obscure[84] se comprend, mais peut être regrettée tant la place du juge est devenue primordiale en matière fiscale. La jurisprudence en matière fiscale sera, à l'issue de notre démonstration, assise sur une base textuelle complétée et unifiée, rendue par un ordre de juridiction unique. Elle sera *de facto* harmonisée, quel que soit l'impôt litigieux ou la qualité du

---

[83] J.-G. SORBARA, « La relativité des principes du juge judiciaire garant de la liberté individuelle et de la propriété privée immobilière », *in* X. BIOY, E. DEBAETS, J. SCHMITZ (dir.), *La répartition des compétences juridictionnelles et la protection des libertés*, Paris, Institut francophone pour la justice et la démocratie, coll. Colloques et essais, 2021, pp. 161-174 ; J.-M. POISSON, *Les droits de l'Homme et les libertés fondamentales à l'épreuve de la dualité de juridictions*, Paris, L'Harmattan, coll. Logiques juridiques, 2003, 458 p. ; S. TSIKILITIRAS, *La protection effective des libertés publiques par le juge judiciaire en droit français*, Paris, LGDJ, 1991, 386 p.

[84] Ch. DE LA MARDIÈRE, « Le pouvoir créateur du juge de l'impôt », *Archives de philosophie du droit*, 2007, Tome 50, p. 229.

requérant. Pour le contribuable, cette unification assurera une égalité de traitement, quel que soit le juge saisi. La traditionnelle vision du juge civil plus protecteur que son homologue sera supprimée. Les écarts de conceptions, réduits, mais subsistants disparaîtront. Cette interprétation par le juge de l'impôt doit néanmoins être replacée dans son contexte et sa portée relativisée. Actuellement centrale en raison de nombreuses lacunes des textes codifiés, la jurisprudence pourrait à l'issue de la réforme proposée, retrouver une place moindre en matière de création de droits, mais importante au regard de l'application uniforme des normes.

621. Comme le droit administratif, le droit fiscal dispose de ses « grands arrêts ». Pour les grands auteurs du traditionnel « GAJA », réédité à vingt-deux reprises, les arrêts rendus par le juge constituent « l'essentiel du droit administratif, et même du droit public » voire même, « l'ossature de ce droit »[85]. Par des arrêts célèbres et connus par tout étudiant en droit, comme les arrêts *Blanco*[86], *Société des granits porphyroïdes des Vosges*[87], *Nicolo*[88] ou *Danthony*[89], le droit administratif s'est construit, devenant un droit fortement jurisprudentiel[90]. Chacun des cent dix-huit arrêts sélectionnés dans le célèbre recueil a participé à l'élaboration de principes innervant l'ensemble de la discipline et que la loi n'apportait pas. Les principes généraux du droit administratif, édictés par le Conseil d'État ont apporté de nombreuses règles s'imposant à l'administration et au citoyen. L'égalité devant les services publics, la non-rétroactivité des actes administratifs, le principe du *non bis in idem*, la garantie de traitement impartial, le caractère contradictoire de la

---

[85] M. LONG, P. WEIL, G. BRAIBANT, P. DELVOLVÉ, B. GENEVOIS, *Les grands arrêts de la jurisprudence administrative*, 22e édition, Paris, Dalloz, 2019, 4e de couverture, 819 p.

[86] TC, 8 février 1873, *Blanco*, *Rec. CE* 1873, 1er suplt, p. 61, concl. DAVID ; *GAJA* 2005, p. 1. Le juge pose ici la notion de service public en érigeant un concept fondateur du droit administratif.

[87] CE, 31 juillet 1912, *Société des granits porphyroïdes des Vosges*, *Lebon*, p. 909, concl. L. BLUM ; *RDP* 1916, 3, p. 35, concl. L. BLUM ; *RDP* 1914, p. 145, note G. JÈZE ; S. 1917, 3, p. 15, concl. L. BLUM. Le juge administratif reconnaît ici aux clauses exorbitantes du droit commun, le rôle de marqueur du contrat administratif.

[88] CE, Ass., 20 octobre 1989, n°108243, *Nicolo*, *JurisData* n°1989-645117 ; *Lebon*, p. 190, concl. P. FRYDMAN. Le juge administratif reconnaît la supériorité du droit international sur le droit interne.

[89] CE, Ass., 23 décembre 2011, n°335033, *Lebon*, p. 649 ; *JCP* A, 2011, 2089, note C. BROYELLE ; *JCP G*, 2012, comm. 558, note D. CONNIL ; *RDA*, 2012, comm. 22, note F. MELLERAY. Le juge a précisé les conséquences d'un vice entachant un acte administratif.

[90] B. PLESSIX, *op. cit.*, p. 45.

procédure contentieuse, etc. sont autant de principes dont le juge assure le respect et qu'il a lui-même soulevés.

622. En matière fiscale, la jurisprudence que, par souci d'harmonie et d'égalité de traitement, nous souhaitons unifier n'a pas la même portée, de sorte que le terme de « grands arrêts » paraît galvaudé. Il ne faut pourtant pas confondre les grands principes et les grands arrêts. Si les premiers constituent une minorité de décisions rendues et incarnent un apport à la matière, les seconds ne sont que des interprétations répondant aux besoins de cas d'espèce. C'est dans cette seconde catégorie que se place la majorité des décisions rendues en matière fiscale. Les auteurs des « grands arrêts de la jurisprudence fiscale », qui n'a connu à ce jour que cinq rééditions[91], ne donnent pas la même portée aux arrêts retenus que ceux du « GAJA ». La référence à des jurisprudences de principe, incarnant « l'ossature » de la discipline laisse place ici seulement à « une composante essentielle du droit fiscal », « interprétant une législation foisonnante, mouvante, et parfois imprécise ». Le recueil se veut alors « un outil de référence remarquable pour les praticiens qui souhaitent mieux utiliser la jurisprudence »[92]. Si la place de la jurisprudence n'est pas ici dévalorisée, elle n'incarne toutefois pas la « colonne vertébrale » que l'on peut identifier en droit administratif. Combien de grands arrêts rendus en matière fiscale peuvent être cités par un étudiant ? Bien peu marqueront les esprits. Dans une matière dominée par la légalité, la jurisprudence foisonnante n'a pas une place structurante, mais plutôt en palliatif des lacunes textuelles empêchant de rendre justice. Intervenant dans divers thèmes[93], la jurisprudence fiscale relève en majorité de la casuistique. La qualifier ainsi ne doit pas laisser penser à une dévalorisation. Permettre l'application des textes, affiner des qualifications légales, proposer des interprétations permettant de rendre la justice en matière fiscale sont des tâches essentielles, peut-être même illustrent-elles la place réelle du juge.

---

[91] C. DAVID, O. FOUQUET, B. PLAGNET, P.-F. RACINE, *Les grands arrêts de la jurisprudence fiscale*, Paris, Dalloz, 2009, 1135 p.

[92] *Ibid.*, 4e de couverture.

[93] Les auteurs des « Grands arrêts de la jurisprudence fiscale » classent les arrêts autour de six parties : « Principes généraux », « Fiscalité des personnes », « Fiscalité des entreprises », « Établissement de l'impôt, contrôle, redressement », « Contentieux de l'établissement de l'impôt », « Recouvrement ».

623. Pour KELSEN, « si un organe juridique doit appliquer le droit, il faut nécessairement qu'il établisse le sens des normes qu'il a mission d'appliquer, il faut nécessairement qu'il interprète ces normes… »[94]. En matière fiscale, les Oracles sont divers, chacun cherchant à révéler le véritable sens des textes. Rappelons par ailleurs que le législateur dispose de la possibilité d'édicter des textes « interprétatifs », encore faut-il qu'il conserve cette visée en s'abstenant d'introduire de nouvelles dispositions[95].

624. Les contribuables, l'administration, la doctrine ou encore le juge de l'impôt interprètent les normes fiscales souvent ambigües ou obscures. Si le rôle interprétatif de la doctrine ou du contribuable n'est pas remis en cause, celui du juge, éventuellement concurrencé par l'administration fiscale peut être assaini. La doctrine administrative opposable a pour objet d'appliquer le droit au mieux et n'emporte pas les mêmes enjeux que l'interprétation jurisprudentielle. La première pourra en effet subir la censure de la seconde, alors que le juge dispose de l'autorité de la chose jugée et le pouvoir de censurer toute interprétation. Le rôle du juge de l'impôt en matière d'interprétation de la loi est ainsi crucial.

625. Le juge en matière fiscale dispose de pouvoirs étendus. Vu dans une conception extensive, il se comporte comme le Parlement lorsqu'il devient une source du droit, et comme l'administration fiscale lorsqu'il réforme la décision administrative ou recalcule l'impôt. En présence d'un texte clair, le juge se conformera à la lettre du texte en adaptant au cas d'espèce les dispositions légales. Toutefois, la limpidité de cette situation n'est pas si fréquente en matière fiscale. Lorsque la qualification de la situation est complexe ou que le texte est obscur, le juge de l'impôt produit une interprétation lui permettant de trancher le litige et ainsi échapper à tout risque de déni de justice. Cette jurisprudence foisonnante est le reflet de la complexité normative et factuelle pesant sur le contentieux fiscal.

626. Si la matière n'est pas construite autour de sa jurisprudence, qui n'en constitue qu'une source[96], elle joue un rôle d'interprétation assurant l'application optimale de la norme fiscale au cas d'espèce. En cela, elle constitue un enjeu pour le contribuable qui bien qu'égal devant la loi pourra se voir appliquer un régime modulé par le juge. La théorie de l'interprétation

---

[94] H. KELSEN, *Théorie pure du Droit*, traduction française de la 2e édition de la « *Reine Rechtslehre* », par Ch. EISENMANN, Paris, Dalloz, coll. Philosophie du droit, 1989, p. 452.
[95] Ph. MARCHESSOU, *L'interprétation des textes fiscaux*, *op. cit.*, p. 18.
[96] J.-J. BIENVENU, Th. LAMBERT, L. VAPAILLE, *op . cit.*, p. 86.

stricte du droit fiscal doit limiter les marges de manœuvre d'un juge potentiellement créateur de droit. Monsieur Julien GUEZ avançait que « c'est précisément parce que le prélèvement fiscal fait l'objet d'une procédure démocratique assurant en principe le consentement de ceux qui paient la contribution publique, que l'interprétation doit être stricte »[97]. Cette interprétation stricte, épousant la volonté du législateur ne signifie pas qu'aucune création jurisprudentielle n'est possible, mais plutôt que le juge devra respecter « l'esprit de la loi », sinon sa lettre. Cette doctrine est aujourd'hui tombée en désuétude au profit d'une vision libérale de la production jurisprudentielle, le juge pouvait apparaître comme « un rempart plus efficace que ne l'est peut-être le législateur, contre les abus du fisc »[98]. À notre sens, si la production prétorienne peut être reconnue comme un palliatif aux lacunes de la loi, on ne saurait s'en contenter et l'amélioration de la loi semble préférable à une extension du domaine de la jurisprudence. Pour cela, il faut se référer à l'article 34 de la Constitution fondant la légalité fiscale.

627. L'exigence d'une application uniforme de la norme fiscale est par ailleurs rappelée par le commissaire du gouvernement Jacques ARRIGHI DE CASANOVA qui concluait en 1991 en ces termes : « l'égalité devant l'impôt serait gravement compromise, s'il appartenait aux juges du fond, par des appréciations divergentes, mais souveraines de situations identiques, d'y soustraire ou d'y soumettre arbitrairement tel ou tel contribuable. En d'autres termes, votre fonction de régulateur du droit doit pleinement s'exercer afin d'éviter que ce qui n'est pas taxable à Lyon ou Nancy le soit à Bordeaux, Paris ou Nantes… »[99]. Maxime CHRÉTIEN soulevait lui aussi cette nécessité d'unification jurisprudentielle en dénonçant des « contrariétés de décisions au fond »[100].

628. À une jurisprudence source du droit fiscal, il sera ainsi préféré une jurisprudence suivant une « interprétation littérale » face à un texte clair, c'est-à-dire le respect de la lettre du texte et une « interprétation stricte » face à un texte obscur ou incomplet. Ces deux positions rejoignent la légalité du

---

[97] J. GUEZ, *op. cit.*, p. 30.
[98] *Ibid.*, p. 92.
[99] J. ARRIGHI DE CASANOVA, concl. sur CE, 10 avril 1991, n°107710, *RJF*, n°868, 1991, p. 424.
[100] M. CHRÉTIEN, « Réflexions sur la dualité juridictionnelle en matière fiscale », *in Mélanges offerts à Marcel WALINE : le juge et le droit public, op. cit.*, p. 116.

droit fiscal, correspondant aux exigences démocratiques de la matière. Cette application soutenue par une base codifiée forte sera dans l'intérêt du contribuable, mais aussi du fisc qui pourra souffrir de l'adage *in dubio contra fiscum*[101].

629. Avec une unité de juridiction, une base textuelle unifiée, une interprétation basée sur l'essence du contentieux fiscal, la jurisprudence actuellement disséminée sur les deux ordres de juridiction est assurée de gagner en unité. Un monisme jurisprudentiel assurant au contribuable, une protection harmonieuse étroitement liée à la loi, assurant aux acteurs du contentieux fiscal des relations apaisées autour du transfert du patrimoine privé vers le « tribut » commun pourra être un objectif atteignable.

---

101 Dans le doute la loi doit être interprétée contre le fisc.

Conclusion du Chapitre 1

630. L'influence du monisme appliquée au contentieux fiscal a révélé ses vertus sous l'angle matériel, avec une simplification de la saisine et une identification du juge compétent. Comme une conséquence à cette réunification de la matière, de solides fondations deviennent nécessaires. Se satisfaire d'une atomisation des règles applicables en matière fiscale, d'une multitude de lacunes des textes et d'une jurisprudence potentiellement hétérogène ne correspond plus à l'objectif d'unité que nous poursuivons.

631. La complexité des normes fiscales semble faire partie de la matière et les projets de simplification ont cédé la place à la résignation. Pourtant, il faut sans nostalgie, rappeler que la TVA, première ressource fiscale française introduite en 1954, a été mise en place par une loi contenant 23 articles, appliquée par des décrets de mise en œuvre du nouvel impôt. Depuis, son régime a été nettement complexifié, son régime étant décliné sur près de trois cents articles.

632. Cette « symbiose » permanente entre le droit fiscal et le droit privé décrite par Monsieur Jean PUJOL[102], mais aussi avec le droit administratif est en réalité la rencontre de fleuves et d'une mer. Agitées seront les eaux pour le contribuable qui subit ces apports que le théoricien peut percevoir comme une source d'enrichissement, mais qui complexifie une situation déjà inconfortable. De surcroît, en proposant un ordre de juridiction dédié cette influence peut se révéler comme une anomalie dans une matière émancipée de la tutelle d'autres branches du droit.

633. Pour défendre notre vision moniste, dans l'intérêt du contribuable et du renforcement de la matière, il faut revenir à l'essence même de la querelle fiscale. La translation patrimoniale opérée par le droit fiscal peut incarner une dorsale de la réflexion unificatrice. Cet affranchissement des nombreuses classifications que le droit fiscal affectionne permet d'écorcer la matière pour revenir au fond du litige et proposer une vision épurée.

---

[102] J. PUJOL, *op. cit.*, p. 80.

634. Cette réforme ne pourra être aboutie que par l'amélioration du socle normatif du contentieux fiscal. Intégrer une quantité suffisante de normes actuellement extérieures au droit fiscal et utiles au contribuable et au juge de l'impôt ne pourra se faire qu'après un effort de simplification des normes existantes, passant notamment par une conceptualisation de diverses mesures. Assis sur ce socle normatif unifié, l'unique juge de l'impôt pourra rendre une jurisprudence harmonisée, quel que soit l'impôt litigieux, quel que soit le lieu du contentieux, quelle que soit la qualité du contribuable.

635. L'amélioration des textes fiscaux unifiés et clairs, que nous voulons replacer au centre de la procédure fiscale aura plusieurs effets induits. La doctrine administrative serait moins utile, puisque la place de l'interprétation serait moindre. Nécessaires, les nombreuses positions de l'administration devront retrouver une place auxiliaire, en complément des règles codifiées. Ici comme ailleurs, les interprètes ne peuvent se substituer à l'orateur. La jurisprudence comme la doctrine administrative, outils de fluidification des rapports entre les acteurs du contentieux fiscal et éléments indispensables à la bonne application de la règle doivent conserver une place secondaire à la loi. Ce noyau commun, produit par les représentants de la Nation, participe à l'unité de la matière qui devra se recentrer à titre principal autour de ses deux Codes de référence.

636. Ce monisme appliqué à la norme fiscale produira une harmonisation et une clarté à placer au bénéfice des acteurs du contentieux fiscal. Le travail de l'administration en sera facilité. L'accessibilité des règles fiscales sera améliorée, alors que le juge de l'impôt se prononcera sur la base d'un corps de normes réunifié et d'une jurisprudence, en conséquence harmonieuse. Cette agglomération textuelle engendrant une jurisprudence ordonnée constitue un atout permis par une vision moniste du contentieux fiscal qui doit, au regard des enjeux, proposer une protection efficace au contribuable.

CHAPITRE 2 – Le monisme juridictionnel, une réforme au cœur des préoccupations démocratiques actuelles

637. Proposer une simplification et une unification du contentieux fiscal dépasse le cadre des procédures fiscales. Avant d'être un contribuable, le justiciable est un citoyen, un sujet de droit, intégré à un système démocratique porteur de principes. Parmi eux, le consentement à l'impôt et l'égalité des citoyens demeurent centraux, dans une matière potentiellement attentatoire aux libertés. L'égalité est un fondement de la démocratie, l'égalité devant l'impôt du sang, c'est-à-dire le service militaire datant de 1872 étant aboli, l'égalité devant le droit de vote de 1848[1] étant acquis, l'égalité fiscale, survivante, doit être préservée. Alors qu'Alexis de TOCQUEVILLE considérait l'égalité comme le marqueur d'une démocratie, avant même la liberté[2], il convient de constater qu'en matière fiscale, le principe est largement affecté. Pourtant, les tensions sociales agitant le pays basées en partie sur des enjeux fiscaux doivent interpeller.

638. Le mouvement des « Bonnets rouges », nés en 2013 à l'issue de la création de l'écotaxe, a vu de nombreuses manifestations réunissant des milliers de personnes agiter le pays. Parmi leurs revendications, l'allègement des impôts et la diminution des contraintes administratives montrent le fossé creusé entre le contribuable et le pouvoir, matérialisé par l'impôt. Cette complexité marquant le contentieux fiscal incarne une partie de cette lassitude des citoyens face à une forteresse administrative et juridique.

639. Le mouvement des « Gilets jaunes », créé en 2018, a également pour ferment la fiscalité, alors que l'élément déclencheur était l'augmentation de la taxe intérieure de consommation sur les produits énergétiques (TICPE). Plus globalement, la mobilisation incarne un « ras-le-

---

1 L. TROTABAS, *Précis de science et législation financières*, 9e édition, Paris, Dalloz, coll. Petits précis Dalloz, 1947, p. 178.

2 E. KESLASSY, *Alexis de Tocqueville, De la démocratie en Amérique. Pour une sociologie de la démocratie*, Paris, Ellipses, 2012, p. 2.

bol fiscal », une atteinte au consentement à l'impôt et un sentiment d'inégalité[3]. Les failles du rapport entre le citoyen, l'impôt et son juge dépassent ainsi le cadre strict des procédures fiscales pour incarner une fragilisation du rapport à la démocratie.

640. Le dualisme juridictionnel est une entrave, une difficulté qui dessert le contribuable et le droit fiscal. Cette difficulté est minimisée voire oubliée par une partie de la doctrine, à l'image d'un colloque portant sur le dualisme juridictionnel mobilisant les exemples du droit de l'urbanisme, du droit de l'environnement, du droit de la santé, du droit des contrats ou de la responsabilité, mais ne traitant pas des enjeux du contentieux fiscal[4]. Cette fracture juridictionnelle, au-delà d'une complexité matérielle, produit une atteinte à des principes fondamentaux que l'Histoire ou l'habitude ne sauraient justifier.

641. La fin de l'ésotérisme du contentieux fiscal doit marquer une volonté de réintégrer la matière parmi les principes fondamentaux qu'un contribuable, un citoyen participant à « l'entretien de la force publique et des administrations », est en droit d'attendre. Derrière la complexité, le contribuable peut y voir l'arbitraire, l'inaccessible ou pire le totalitarisme. Les tensions sociales actuelles montrent l'importance de rapprocher le citoyen de l'État, et par conséquent d'apaiser les rapports opposant le contribuable et l'impôt. Les politiques l'ont compris, alors que depuis 1958, vingt lois, cinquante-six ordonnances et cent quarante-trois décrets ont porté dans leur titre le terme « simplification »[5]. Cette simplification que nous pensons liée au monisme serait même une « exigence démocratique »[6].

642. Comme un symbole fort aux effets vertueux, seul le monisme permettra de refermer cette plaie scindant le contentieux fiscal. Renforcer le droit fiscal, le juge, mais aussi la protection du contribuable sont des objectifs. Cimenter le contentieux fiscal, c'est retrouver le fonctionnement qu'une démocratie doit offrir au justiciable. Se résoudre à constater que la

---

[3] D. ALBERTINI, « Les "gilets jaunes" carburent au ras-le-bol fiscal », libération.fr, 14 novembre 2018, O. PASSET, « "Gilet jaune" la poudrière du ras-le-bol fiscal », latribune.fr, 3 décembre 2018, A. FABRE, « Gilets jaunes : Le ras-le-bol fiscal ne date pas d'hier », lemonde.fr, 14 décembre 2018.

[4] A. VAN LANG (dir.), *Le dualisme juridictionnel : limites et mérites,* Actes du colloque organisé à La Rochelle les 30 et 1er octobre 2005, Paris, Dalloz, 2007, 262 p.

[5] Source : legifrance.fr.

[6] Th. LAMBERT, « Simplifier le droit fiscal : une exigence démocratique », *op. cit.*

matière est technique, relativiser les difficultés ou les occulter ne permet pas de réparer les failles. Il faut alors ajouter aux nécessités procédurales une exigence supérieure, celle du rapprochement des contribuables, incarnant peut-être une « citoyenneté fiscale »[7] avec l'État, détenteur des pouvoirs régaliens.

643. Cet espoir est régulièrement réactivé à l'instar de la Loi de programmation 2018-2022 et de réforme pour la Justice présentant la simplification des procédures et de l'organisation de la Justice comme un des deux axes de la réforme. La fusion des Tribunaux d'instance et des Tribunaux de grande instance au 1er janvier 2020[8] est l'illustration de la volonté de simplifier l'accès à la justice. Cette simplification doit également être appliquée à la matière fiscale, grande oubliée de la réforme.

644. Le monisme vertueux permettra de renforcer le lien démocratique à travers la réaffirmation de principes correspondant aux préoccupations actuelles. D'une part, un héritage révolutionnaire, pierre angulaire du système fiscal dans une démocratie, le consentement à l'impôt sera réaffirmé (**Section 1**). D'autre part, le monisme renforce le principe fondamental d'égalité (**Section 2**). L'ensemble de ces effets apportera une protection uniforme et renforcée d'un contribuable replacé au centre des enjeux fiscaux.

Section 1 – Relégitimer le consentement de l'impôt par le monisme[9]

645. Par « légitimer », il faut entendre « reconnaître pour authentique, justifiable par l'équité ou par le droit naturel »[10]. En matière de consentement de l'impôt, la légitimité nécessaire dans un régime démocratique s'est érodée.

---

[7] E. de CROUY CHANEL, « La citoyenneté fiscale », *Archives de philosophie du droit, Tome 46 : L'impôt*, Paris, Dalloz, 2002, pp. 39-77.

[8] Loi n°2019-222 du 23 mars 2019 de programmation 2018-2022 et de réforme pour la justice, *JORF* n°0071 du 24 mars 2019.

[9] Le consentement de l'impôt se distingue du « consentement à l'impôt dont la nature est avant tout sociologique ». M. BOUVIER, *Introduction au droit fiscal général et à la théorie de l'impôt*, 14e édition, Paris, LGDJ, coll. Systèmes cours, 2020, p. 137.

[10] Dictionnaire numérique du CNRTL.

Parmi les vertus du monisme, relégitimer le consentement de l'impôt pour le rendre réellement accepté par le citoyen-contribuable est une nécessité.

646. « Dans l'esprit des citoyens, l'impôt existe avant tout comme un prélèvement obligatoire. Mais s'il est consenti, c'est-à-dire perçu comme juste et équitable, il est compris et accepté par le plus grand nombre et devient alors l'un des piliers de notre pacte républicain » peut-on lire dans le rapport du Médiateur de la République en 2010[11]. Par ces mots, il faut comprendre que l'impôt, s'il est compris, équitablement établi, et par extension si son contentieux est accessible, constitue un ciment démocratique. Considéré comme légitimement établi, il incarne une participation nécessaire aux charges de l'État. Sans consentement, il peut être perçu comme une spoliation, l'incarnation d'un pouvoir arbitraire, dénué de justice.

647. Le contentieux fiscal est particulier, car potentiellement attentatoire aux droits et libertés fondamentaux. Les forces des acteurs du contentieux fiscal sont déséquilibrées avec d'une part une administration spécialisée et d'autre part un contribuable englué dans les règles fiscales. Ce déséquilibre est permis dans une démocratie par le postulat de départ de l'existence du consentement de l'impôt et, à travers lui, la place du Parlement et de la loi. Louis TROTABAS et Jean-Marie COTTERET considèrent que « l'histoire enseigne que nos institutions politiques sont fondées sur le consentement de l'impôt, c'est-à-dire sur l'intervention pratiquement nécessaire du Parlement, représentant les contribuables pour établir l'impôt »[12]. Cela suppose que le Parlement occupe un rôle central dans le processus fiscal, ce qui au regard de la place de l'exécutif et de l'administration fiscale peut être mis en doute.

648. Le consentement de l'impôt suppose « que la levée du prélèvement soit explicitement acceptée par ceux sur qui en retombent les charges ou par leurs représentants »[13]. De nos jours, l'acceptation par le peuple de la levée du prélèvement se fait par l'intermédiaire de leurs représentants à travers le vote par le Parlement de la loi de finances. Ce consentement volontaire à un appauvrissement privé au profit de l'État est effectivement délégué à des

---

[11] LE MÉDIATEUR DE LA RÉPUBLIQUE, *Rapport annuel 2010*, p. 12.

[12] L. TROTABAS, J.-M. COTTERET, *Droit fiscal*, 8e édition, Paris, Dalloz, coll. Précis, 1996, p. 70.

[13] M. BOUVIER, *Introduction au droit fiscal général et à la théorie de l'impôt*, *op. cit.*, p. 137.

représentants. La légalité est ainsi une conséquence directe du principe de consentement de l'impôt. Initialement un moyen de lutte contre l'arbitraire et l'absolutisme[14], le principe du consentement de l'impôt ne s'inscrit plus dans une lutte entre pouvoir féodal et citoyens. Le poids des privilèges en matière fiscale n'est aujourd'hui plus incarné par des titres, mais par le poids des règles, la nécessité de connaissances spéciales, l'accès obscur du contentieux.

649. Consentir, c'est à la fois « tomber d'accord », « acquiescer », signification retenue par le célèbre adage « qui ne dit mot consent », et « faire courber sous un effort » en langage marin[15]. En droit fiscal, le consentement de l'impôt est à la fois une fiction et une base sur laquelle repose l'édifice. Découlant de l'article 13 de la Déclaration des droits de l'Homme et du citoyen, le consentement en matière fiscale est, au stade de l'élaboration de la loi : autoriser et déterminer la levée de l'impôt. C'est le rôle du Parlement, mais aussi l'exigence de pouvoir connaître les règles. « Nul n'est censé ignorer la loi » nous dit le célèbre adage. En l'espèce, on pourrait même considérer que « nul n'est censé ignorer la loi fiscale »[16]. Les acteurs du contentieux fiscal pourront confirmer qu'en la matière ce postulat relève de la fiction. Cette présomption irréfragable de connaissance est en effet impossible à défendre en la matière.

650. L'article 14 de la Déclaration dispose que « Tous les citoyens ont le droit de constater, par eux-mêmes ou par leurs représentants, la nécessité de la contribution publique, de la consentir librement, d'en suivre l'emploi, et d'en déterminer la quotité, l'assiette, le recouvrement et la durée ». Les normes en matière fiscale à l'image de cette contribution nécessaire sont alors l'« expression de la souveraineté de tous les citoyens »[17]. Il paraît difficile de considérer que les citoyens sont suffisamment armés pour consentir en connaissance de cause au paiement de l'impôt. Plus largement, et plus regrettable, les parlementaires disposent-ils des compétences nécessaires pour élaborer et contrôler la loi en matière fiscale ? En parallèle, l'exécutif disposant du monopole du projet de loi de finances, conseillé par

---

[14] B. JEAN-ANTOINE, « Le principe du consentement de l'impôt et la constitution de l'ancienne France », *RFFP*, n°108, 2009, p. 113.

[15] Dictionnaire LITTRÉ numérique.

[16] M. MESSI, *Nul n'est censé ignorer la loi fiscale*, Paris, L'Harmattan, 2007, 2 Tomes, 432 et 315 p.

[17] A. BARILARI, « Le consentement à l'impôt », *RFFP*, n°147, 2019, p. 191.

une administration fiscale toute puissante[18], empiète de plus en plus sur le domaine du Parlement. *In fine*, les normes fiscales, comme le fonctionnement du contentieux ne sont appréhendées que par l'administration de Bercy et par une minorité de parlementaires spécialisés réunis au sein des commissions des finances. Le poids des experts, incarnant une forme de « lobbying » doit également être signalé au sein du Parlement en matière d'élaboration de la norme fiscale[19].

651. Comme « le consentement à l'impôt et la constitution progressive des États parlementaires, démocratiques sont étroitement liés »[20], il faudra aborder les liens entre la légalité et la souveraineté (**§1**) pour montrer la place centrale que doit retrouver la loi dans le cadre du procès fiscal. La complexité n'étant pas anecdotique, elle constitue un obstacle au consentement de l'impôt et de fait à la démocratie (**§2**), alors que les citoyens ne pourront consentir et retrouver des relations apaisées avec l'impôt et son juge qu'après une simplification normative et juridictionnelle.

§1 – Renforcer la légalité pour plus de souveraineté

652. La légalité incarne une des trois conditions nécessaires à la démocratie avec l'égalité et la liberté[21]. Elle découle du consentement de l'impôt alors que dans le cadre d'une démocratie représentative, la souveraineté nationale est déléguée au Parlement. « La souveraineté est la puissance absolue et perpétuelle d'une République »[22], écrivait Jean BODIN. Le lien entre la loi et la souveraineté au sens de l'article 3 de la Constitution : « La souveraineté nationale appartient au peuple qui l'exerce par ses

---

[18] J. DEFLINE, *Le ministre des Finances sous la Ve République : contribution à l'étude du désenchantement d'une toute-puissance*, *op. cit.*, p. 96.

[19] Pour le député Jean-Paul CHARIÉ, Les lobbies permettent « d'éclairer le débat public et fournir au législateur des éléments essentiels sur les conséquences de la mise en application d'une loi. » en précisant que « Tout député ou rapporteur sait, cependant, garder son indépendance face aux avis qui lui sont soumis : c'est l'honneur du parlementaire d'être à l'écoute mais de privilégier en tout état de cause l'intérêt général », *in* ASSEMBLÉE NATIONALE, *Rapport d'information sur le lobbying*, 16 janvier 2008, p. 36.

[20] M. BOUVIER, *L'impôt sans le citoyen ?*, Paris, LGDJ, 2019, p. 43.

[21] E. OLIVA, S. GIUMMARRA, *Droit constitutionnel*, 9e édition, coll. Aide-mémoire, Paris, Sirey, 2017, p. 38.

[22] J. BODIN, *Les six livres de la République*, Chapitre 8, Livre I, Paris, Fayard, 1986, pp. 178-179.

représentants et par la voie du référendum »[23], se retrouve à travers la légalité du droit fiscal fondé par l'article 34 de la Constitution. « La souveraineté comme critère même de l'État et la somme de toutes les prérogatives exorbitantes dont il bénéficie »[24] est confiée au Parlement qui doit exercer pleinement cette délégation. Pourtant en matière fiscale, d'autres acteurs interviennent au motif de « compléter », « éclairer » ou simplement rendre applicable une loi lacunaire ou obscure. Depuis le début du XIXe siècle, la complexité du droit fiscal est telle que la loi fiscale a connu un déclin au profit de l'administration[25] éloignant encore davantage la place du citoyen.

653. L'impôt et la souveraineté sont étroitement liés tant l'un permet à l'autre d'exister. Sans impôt point d'État et par conséquent point d'exercice de souveraineté[26]. La définition même de l'impôt induit la présence d'une souveraineté, qu'il s'agisse de son élaboration, de la contrainte liée à son paiement, ou de sa fonction. La souveraineté fait appel à une supériorité sur toute autre entité, placée au sommet d'une hiérarchie, soumise à aucun contrôle. L'État souverain exercera la compétence de battre monnaie, de lever l'impôt ou de rendre justice. Dans une démocratie, cette « compétence de la compétence » n'est permise que parce que le peuple délègue sa souveraineté à des représentants. Or en matière fiscale, cette souveraineté correspond-elle à la citoyenneté fiscale[27] ? La souveraineté fiscale est-elle encore légitime ?

654. Le citoyen ressent l'impôt et son contentieux comme une montagne noire, dont les crêtes sont périlleuses et les versants abrupts. Cet éloignement avec la matière est le fruit d'une complexité ancienne dont le dualisme juridictionnel n'est pas étranger, alliée avec l'appréhension des richesses privées. Cette distance est aussi la conséquence d'une exclusion du

---

23 L'article 3 de la Constitution fait écho à l'article 3 de la DDHC de 1789 qui dispose : « Le principe de toute souveraineté réside essentiellement dans la nation. Nul corps, nul individu ne peut exercer d'autorité qui n'en émane expressément ».

24 B. PLESSIX, *op. cit.*, p. 247.

25 Ch. DE LA MARDIÈRE, « Le déclin particulier de la loi fiscale », *in* C. PUIGELIER (dir.), *La loi. Bilan et perspectives*, Paris, Economica, coll. Études juridiques, Tome 22, 2005, pp. 241-249 : « La loi a longtemps été la source presque exclusive du droit fiscal. Son déclin moderne est à l'origine des maux normatifs les plus graves dont souffre cette discipline ».

26 J. BUISSON, « Impôt et souveraineté », *Archives de philosophie du droit, Tome 46 : L'impôt*, Paris, Dalloz, 2002, pp. 25-31.

27 E. DE CROUY CHANEL, « La citoyenneté fiscale », *Archives de philosophie du droit, Tome 46 : L'impôt*, Paris, Dalloz, 2002, pp. 39-77.

citoyen dans l'élaboration de la norme fiscale. La loi de finances est déposée à l'initiative de l'exécutif, le Parlement n'y apportera que des modifications à la marge et la votera[28]. Le droit européen, dont on connaît la défiance du citoyen s'impose comme une norme supérieure à la loi et vient la contraindre. Enfin, la doctrine administrative, symbole d'une « technostructure » émise par l'administration fiscale, interprète, mais pourra aussi affecter l'application de la loi par le juge[29].

655. Dépourvue d'une vision juridique utopiste, la situation montre qu'en droit fiscal, le Parlement est absent[30] et que les normes applicables sont issues de canaux jouissant d'une légitimité et d'une souveraineté moindre, voire nulle. En replaçant la loi comme source première, la base normative unifiée du droit fiscal serait un facteur de renforcement de la souveraineté. Le citoyen-contribuable bénéficiant d'une simplification pourrait trouver une plus grande intégration et retrouver les fondements du consentement de l'impôt. Ce renforcement permis par le monisme et l'unification des normes fiscales autour d'une codification complète offrira une base solide et claire pour le juge (**A**), repoussant la doctrine administrative dans des sphères plus éloignées du cœur du droit fiscal (**B**) et plus proche de sa fonction première[31].

A – La légalité fiscale une base solide pour le juge

656. « La loi est l'expression de la volonté générale » écrivait Jean-Jacques ROUSSEAU, elle incarne la volonté générale, voire même la raison. La loi jouit d'une symbolique, d'une mythification, d'un « capital d'autorité »[32] inégalé dans une démocratie. La légalité en matière fiscale, héritée de la Révolution est le fondement de la légitimité politique de la fiscalité. Après avoir déclaré illégales et nulles les contributions de l'Ancien régime, les impôts seront désormais issus de la loi. De ce principe naîtra l'article 14 de la DDHC repris par la Constitution de 1958 qui a consacré le principe en indiquant à l'article 34 que : « la loi est votée par le Parlement et

---

[28] Ch. DE LA MARDIÈRE, « Pour tenter d'en finir avec l'autonomie et le réalisme du droit fiscal », *in Écrits de fiscalité des entreprises. Études à la mémoire du professeur Maurice COZIAN*, Paris, Lexisnexis, coll. Litec, pp. 140-141.

[29] Voir : L. VAPAILLE, *La doctrine administrative fiscale*, Paris, L'Harmattan, coll. Finances publiques, 1999, 488 p.

[30] Ch. GUÉNÉ, « Le parlement et le consentement à l'impôt », *RFFP,* n°155, 2021, p. 244.

[31] J.-P. DARRIEUTORT, « Le juge et la doctrine administrative », *RFFP*, n°75, 2001, p. 21.

[32] J. CHEVALLIER, « La dimension symbolique du principe de légalité », *RDP*, 1990, n°6, pp. 1652-1654.

fixe les règles concernant l'assiette, le taux, les modalités de recouvrement des impositions de toutes natures ». Ce principe démocratique assurant à la fiscalité une absence d'arbitraire n'est pas absolu aujourd'hui. Il est même parfois considéré comme passé de mode dans une époque mondialisée. De nombreuses sources irriguent la matière, certes complexe, mais qui doit conserver un lien fort avec la souveraineté populaire requise face à des procédures attentatoires aux droits et libertés.

657. Pour consentir au paiement de l'impôt, le citoyen doit être assuré que son régime fiscal est conforme à la volonté du Parlement, compétent pour autoriser le recouvrement de l'impôt nécessaire à couvrir les charges publiques. Ce n'est que sur le fondement d'une telle légitimité que le juge de l'impôt pourra légitimement rendre la Justice « au nom du peuple français ».

658. Lors de l'installation du Conseil des impôts, le 5 avril 1971, le ministre de l'Économie et des Finances de l'époque, Valéry GISCARD D'ESTAING, avait souhaité que cet organisme devienne l'instrument de la « réconciliation des Français avec leurs impôts »[33]. Derrière cette expression, une défiance ancienne à l'égard du consentement de l'impôt transparaît, rejaillissant sur son contentieux. Cette fracture peut s'expliquer notamment par le sentiment d'injustice en matière fiscale, de lourdeur, et de complexité. Replacer la loi au premier plan des normes fiscales est lié à la vision moniste du contentieux fiscal, s'appuyant sur un corps de normes unifié autour des Codes de référence. Elle pourrait incarner cette « réconciliation » espérée quarante ans plus tôt.

659. À la même époque, le professeur Bernard CASTAGNÈDE écrivait dans sa thèse que « Le sens profond du contentieux fiscal, en particulier, ne serait pas perçu si l'on devait négliger ce fait qu'il constitue un contentieux de la légalité »[34]. L'universitaire tirait de ce postulat deux conséquences. D'une part, la place de la loi protégeait le contribuable de l'arbitraire fiscal. D'autre part, le rôle du Parlement contiendrait les pouvoirs de l'administration particulièrement exorbitants. La place de la légalité en matière fiscale en tant que protection des contribuables, et l'unification du contentieux fiscal auprès d'un seul juge, a ainsi une vertu démocratique. Fondant la légitimité de la levée de l'impôt, la place de la loi doit conserver

---

33 CONSEIL DES IMPÔTS, *Les relations entre les contribuables et l'administration fiscale*, XXe rapport au Président de la république, p. 10.

34 B. CASTAGNÈDE, *op. cit.*, pp. 567-572.

son rôle central. Le contentieux fiscal serait alors un « contentieux objectif individualisé »[35] nécessitant à la fois la protection de la loi et l'adaptation de celle-ci par le juge.

660. Cette protection est attaquée de toutes parts, la loi serait lacunaire, obscure, mal écrite, inadaptée, et changeante. Largement justifiées, les critiques de la loi en matière fiscale ne doivent pas faire oublier les atouts de la norme votée par les représentants de la Nation. Dans une matière particulièrement impopulaire, la place d'une norme produite par des représentants de la Nation élus n'est pas négligeable. À travers cette délégation de souveraineté, chaque citoyen accorde le droit de lever l'impôt. Associée à la place centrale d'un juge unique, la matière fiscale est assurée contre tout arbitraire. Réunifiée autour des textes de loi codifiés dans le CGI et le Code de procédure fiscale, la norme fiscale votée par le Parlement participe à renforcer le consentement à l'impôt.

661. Afin de pallier le caractère parfois obscur de la loi fiscale pourquoi ne pas réinstaurer la procédure du référé législatif plutôt que de faire appel à la doctrine administrative ? Cette procédure ancienne, héritée de la Révolution[36] imposerait au législateur de préciser sa pensée plutôt que de faire intervenir des acteurs externes, non élus s'éloignant potentiellement de l'esprit originel. Ainsi, en cas de désaccord sur le fond de la disposition législative, le juge de cassation pourrait saisir le Parlement qui au moyen d'une loi interprétative donnerait les précisions nécessaires à l'application de la loi fiscale[37]. Le juge de l'impôt pourra alors trancher le litige sur le fondement d'une norme démocratiquement élaborée et interprétée. La doctrine administrative serait ainsi mise au second plan au profit d'un contentieux reposant sur la légalité du droit fiscal.

---

[35] *Ibid.*

[36] Issue d'une procédure de l'Ancien régime (Ordonnance civile du Parlement de Paris du 20 avril 1667), la procédure de référé législatif a été reprise par l'article 12 de la Loi des 16 et 24 août 1790 puis par la Constitution du 3 septembre 1791.

[37] Voir sur les lois interprétatives : O. DEBAT, *La rétroactivité et le droit fiscal*, Paris, Defrénois, coll. de Thèses, Tome 18, 2006, pp. 94-95.

B – Une légalité renforcée face à la doctrine administrative

662. Le professeur Christophe DE LA MARDIÈRE date le déclin de la loi fiscale au profit de la doctrine administrative à la Première Guerre mondiale, au moment de l'adoption de l'impôt sur le revenu. La crise de 1929 devait marquer la démission du Parlement en matière fiscale. L'avènement des décrets-lois en 1934 a entériné la chute de la légalité en matière fiscale[38]. Le pouvoir fiscal devait ainsi passer du Parlement, détenteur de la souveraineté nationale à l'administration. Ajoutée à la complexité du contentieux fiscal et à un dualisme juridictionnel obscur, une distance avec le contribuable se retrouve depuis près d'un siècle. Mais en a-t-il déjà été autrement ?

663. Cette vacance, laissée par la loi et comblée par la doctrine, est contraire à la vision moniste que nous défendons, mais aussi à l'exigence d'un corps de norme unifié, solide et démocratique, dans l'intérêt des acteurs du contentieux fiscal au premier rang desquels, le contribuable. Le consentement de l'impôt paraît éloigné lorsqu'*in fine,* la position de l'administration s'applique.

664. La place de la doctrine, « hautement dérogatoire sur le plan théorique »[39], est en réalité originale au regard de la hiérarchie des normes. Même si depuis KELSEN nous savons que les actes administratifs ont une valeur inférieure à la loi, la réalité est plus nuancée en matière fiscale et impose au juge de l'impôt un regard particulier sur les normes applicables. Le professeur Martin COLLET récuse toute concurrence entre la loi et la doctrine administrative sur le fondement du caractère subsidiaire de l'application de la doctrine devant le juge[40]. S'il est incontestable que la loi sera prioritairement examinée, la doctrine soutenue par l'article L. 80 A du LPF pourra affecter l'application de la norme de fond. *In fine*, si la loi conserve son caractère de fondement juridique de l'imposition, elle pourra être écartée si une doctrine administrative est reconnue. Cette valeur

---

38 Ch. DE LA MARDIÈRE, « La véritable nature de la doctrine administrative en droit fiscal », *in* J.-L. ALBERT (dir.), *Mélanges en l'honneur de Jean-Pierre LASSALE, Gabriel MONTAGNIER et Luc SAÏDJ, Figures lyonnaises des finances publiques*, Paris, L'Harmattan, coll. Finances publiques, 2012, pp. 85-86.

39 O. NÉGRIN, « Le juge et la doctrine administrative », *in* Th. LAMBERT (dir.) *Le contentieux fiscal en débats, op. cit.*, p. 167.

40 M. COLLET, *Droit fiscal*, 9e édition, Paris, PUF, coll. Thémis droit, 2021, p. 124.

législative affirmée par le professeur Christophe DE LA MARDIÈRE, participe à complexifier le corps normatif du droit fiscal et à montrer au contribuable qu'en dehors de la loi démocratiquement établie l'administration fiscale fait « sa loi »[41].

665. Certes, les articles L. 80 A et L. 80 B du LPF sont favorables au contribuable puisqu'ils lui permettent d'invoquer devant l'administration une doctrine qui pourrait lui être favorable. En reconnaissant depuis 1959[42] une garantie au contribuable face au changement de doctrine, le Parlement n'a fait que renforcer cette norme administrative[43]. Pourtant, cette interprétation officielle de la loi par l'administration fiscale participe à éloigner le citoyen de la loi fiscale et atteint le principe du consentement de l'impôt.

666. Face à une loi de plus en plus complexe et obscure, amplifiée par le dualisme juridictionnel du contentieux fiscal et des normes applicables, l'interprétation de la Direction de la législation fiscale de Bercy a effectivement pris racine. Lors d'une intervention, Monsieur Alain LAMBERT regrettait cette « place grandissante que prend la doctrine fiscale, développée par les administrations, qui fait office de loi aujourd'hui »[44]. À la suite, le député Romain GRAU dénonçait que « l'auteur d'une circulaire d'un des bureaux de la Direction de la législation fiscale a le pouvoir de contrecarrer le pouvoir du Parlement, réuni pour voter la loi de finances »[45]. Sous l'angle du contribuable, son opposant dans le cadre du contentieux fiscal a le pouvoir de modifier l'applicabilité d'une norme élaborée par les représentants de la Nation. Parfois favorable, plus tolérante, l'interprétation de l'administration n'en demeure pas moins éloignée des principes démocratiques dès lors qu'elle s'assimile à une norme affectant la loi. Face au juge, le contribuable devra mobiliser une interprétation de la loi émise par son adversaire afin de défendre ses intérêts. La doctrine, en principe

---

[41] Ch. DE LA MARDIÈRE, « La véritable nature de la doctrine administrative en droit fiscal », *op. cit.*, p. 92.

[42] Loi n°59-1472 du 28 décembre 1959, portant réforme du contentieux fiscal et divers aménagements fiscaux, article 100.

[43] Voir sur la doctrine comme source de droits à la contradiction : L. AYRAULT, *Le contrôle juridictionnel de la procédure d'imposition*, *op. cit.*, pp. 186 et s.

[44] A. LAMBERT, « La complexité fiscale, obstacle au consentement à l'impôt », *RFFP*, n°155, 2021, p. 227.

[45] R. GRAU, « Consentement à l'impôt et lutte contre la fraude fiscale », *RFFP*, n°155, 2021, p. 238.

simple commentaire de la loi devient alors une source supplémentaire du droit fiscal, non démocratique, rendue nécessaire par une loi fiscale de mauvaise qualité. Avec un monisme fort, permettant une concentration des textes sur deux codes et une meilleure qualité de rédaction, la doctrine reprendrait une place inférieure en renforçant la clarté des règles fiscales et la sécurité juridique du contribuable. Elle perdrait une bonne part de son influence qui non seulement agit sur l'office du juge, mais aussi sur le Parlement qui se trouve parfois contraint de confirmer une mesure soulevée par voie administrative à l'image de la réforme du régime de l'abattement pour durée de détention en matière de plus-value immobilière[46].

667. Le juge de l'impôt est affecté par la place de la doctrine. Il doit en effet composer avec la loi, mais s'assurer que l'administration n'a pas produit de doctrine opposable à la date du fait générateur de l'impôt, pouvant modifier l'application de la loi fiscale. En renforçant le juge de l'impôt et ses normes, la doctrine est affaiblie en renforçant les principes démocratiques nécessaires à la matière. Le rôle d'interprète de la loi reviendra, conformément à sa fonction, au juge de l'impôt qui, correctement formé, pourra appliquer la loi au litige. Ce haut niveau de compétence permet de limiter les interférences entre la loi et le contribuable. Cette mission technique n'est pas concevable face à deux ordres de juridiction et des juges mal formés. Ce lien direct entre le juge et la loi n'est permis que par l'existence d'un juge spécialisé, capable d'interpréter des lois fiscales complexes.

668. Replacer la loi au premier plan n'est pas le fruit d'un « fétichisme » de la norme émise par le Parlement, mais résulte de la vision moniste développée. Un juge usant d'une source principale participe à la réunification de la matière. Cette source principale jouissant d'un prestige ancien doit être le moyen de simplifier le corpus normatif. Elle doit être aussi l'occasion de réconcilier le contribuable avec l'impôt, avec son juge et de remettre la démocratie au cœur du fonctionnement du droit fiscal. Cette cristallisation des normes autour de la loi participe également à une limitation des sources du droit fiscal donc à sa simplification.

---

[46] La doctrine a été la première à apporter sa position par un complément d'instruction des 2 et 9 août 2013, BOI-RFPI-PVI-20-20, repris ensuite par l'article 27 de la Loi de finances pour 2014 du 23 décembre 2013.

§2 – Simplifier pour consentir réellement à l'impôt

669. Invoquer la simplification normative et administrative est récurrent dans le discours politique et juridique depuis déjà plusieurs décennies[47]. Simplifier l'accès des citoyens à l'administration, les démarches administratives, la rédaction de la loi auront été les objectifs de plusieurs projets politiques. Malgré les réformes et le « choc de simplification »[48], le droit fiscal demeure fortement inaccessible pour les contribuables. D'autant qu'en la matière, l'enjeu va au-delà de « renforcer la confiance » ou d'alléger le citoyen accablé par les lourdeurs administratives. En matière fiscale, il s'agit aussi d'une exigence constitutionnelle. Le consentement de l'impôt, la lisibilité et l'accessibilité de la loi, ou encore la liberté d'entreprendre sont autant de principes fondamentaux, écornés par la matière et dont nous proposons le respect.

670. Le dualisme juridictionnel et ses conséquences, à savoir la complexité normative et juridictionnelle, porte atteinte au principe du contentement de l'impôt et par-là aux principes démocratiques (**A**). Comme une exigence démocratique, la simplification en matière fiscale, permise par le monisme, répond à une exigence constitutionnelle et ancienne, qu'il convient de concrétiser (**B**).

A – La complexité, une entrave au consentement de l'impôt

671. Dans le dernier rapport du Médiateur de la République en 2010[49], on pouvait lire un constat édifiant sur la complexité affectant tant les citoyens que l'administration : « D'un côté, il y a les citoyens qui sont de plus en plus nombreux à se sentir démunis face à un empilement réglementaire opaque, ne bénéficiant ni de repères ni d'indicateurs pour savoir si ces textes

---

[47] La simplification fiscale est placée en intitulé de nombreux textes comme la Loi n°69-1168 du 26 décembre 1969 portant simplifications fiscales ou encore la Loi n°70-576 du 3 juillet 1970 portant simplifications fiscales.

[48] J.-L. PISSALOUX, « Réflexions sur la simplification administrative et normative dans la société française actuelle », *in* J.-L. PISSALOUX, M. FRANGI (dir.), *La simplification normative et administrative : état des lieux, enjeux et perspectives, op. cit.*, pp. 35 et s.

[49] À partir de 2011, le Médiateur de la République devient le Défenseur des droits (Loi organique n° 2011-333 du 29 mars 2011 relative au Défenseur des droits).

s'appliquent à leur situation particulière. De l'autre, il y a l'administration qui se sent parfois tout aussi impuissante. Confrontée à des difficultés à absorber cette inflation législative, à décrypter une réglementation de plus en plus foisonnante et complexe, elle peine parfois à apporter des réponses concrètes et compréhensibles aux usagers qui l'interpellent »[50]. La complexité affecterait ainsi non seulement l'usager, mais aussi une administration affectée dans son fonctionnement.

672. Cette complexité endommage directement le rapport entre le contribuable-citoyen et l'impôt comme les liens l'unissant à la démocratie. Le consentement suggère une connaissance, une compréhension de celui qui s'engage ou qui du moins acquiesce. En droit médical, « le consentement doit être "libre et éclairé". Cela signifie qu'il ne doit pas être obtenu sous la contrainte. Le patient doit donner son consentement après avoir reçu préalablement du médecin une information claire, complète, compréhensible et appropriée à sa situation »[51]. En droit civil, le consentement, critère de la validité d'un contrat requiert un esprit sain[52] et toute erreur, dol ou violence vicie l'accord[53]. Une vision éclairée par les connaissances nécessaires est alors une condition *sine qua non* de la validité du consentement.

673. En droit fiscal, l'information claire et complète et la compréhension des normes semblent être un mythe. La violence sociale et psychologique d'une incompréhension des règles applicables poussant à commettre des erreurs involontaires serait la réalité. « La complexité fiscale constitue indéniablement un obstacle au consentement à l'impôt », indiquait l'ancien ministre du Budget Alain LAMBERT[54]. Il faut reconnaître que face à la complexité de loi fiscale, à un dualisme juridictionnel obscur et à une multitude de normes applicables le contribuable ne peut être considéré comme « consentant » à l'impôt et à son contentieux. La multitude de textes applicables, une codification complexe, et une interprétation foisonnante conduisent à créer une entrave normative néfaste pour le contribuable.

---

50 LE MÉDIATEUR DE LA RÉPUBLIQUE, *Rapport annuel 2010*, p. 20.

51 Source : Conseil national de l'ordre des médecins, www.conseil-national.medecins.fr.

52 Article 1129 du Code civil.

53 Article 1130 du Code civil.

54 A. LAMBERT, « La complexité fiscale, un obstacle au consentement à l'impôt », *RFFP*, n°155, 2021, p. 227.

B – Les vertus démocratiques du monisme simplificateur

674. Simplifier pour consentir au paiement de l'impôt emporte pour conséquence d'assainir le contentieux et de réconcilier le citoyen-contribuable avec l'impôt et son juge. La complexité coûte au contribuable. À travers les frais de conseil, le temps passé dans l'entreprise, les rectifications, et parfois les pénalités, ces charges pèsent sur le contribuable. La simplification inhérente au monisme propose de renforcer le consentement de l'impôt grâce à une meilleure connaissance des enjeux et des obligations. Simplifier le contentieux fiscal engendre un renforcement de la démocratie en redonnant confiance dans les administrations étatiques. En érodant ce Rocher de Sisyphe, on réactive également le consentement de l'impôt, fondement de l'édifice fiscal.

675. Pour que le célèbre adage adapté à la matière, « Nul n'est censé ignorer la loi fiscale » soit une réalité, un effort de simplification est nécessaire. Au sens large, retenu par Monsieur Maximilien MESSI[55], la loi doit être ici entendue comme toutes les normes applicables au contentieux fiscal. Elle englobe alors actuellement, outre la production du Parlement, les conventions fiscales internationales[56], le droit européen, les textes réglementaires, la doctrine administrative et la jurisprudence des deux ordres de juridiction. La maxime est évidemment illusoire, mais l'administration fiscale considère pourtant son existence réelle. Certes, le droit à l'erreur introduit par la Loi ESSOC[57] de 2018 reconnaît implicitement que connaître la « loi fiscale » est une utopie. Toutefois, reconnaître l'erreur ne participe pas à simplifier le système, mais plutôt à apaiser des tensions produites par la complexité. Un tel palliatif n'est pas satisfaisant.

676. Le renforcement du rôle du Conseil national d'évaluation des normes (CNEN)[58] permettrait au Parlement de légiférer dans le sens de la simplification. À l'issue de concertations avec les acteurs du contentieux

---

[55] M. MESSI, *op cit.*, Tome 1, p. 14.

[56] Près de 3 000 conventions fiscales sont signées avec la France. Source : Th. LAMBERT, *L'impôt dans une économie mondialisée. Contribution à une théorie générale de l'impôt*, Bruxelles, Bruylant, coll. Droit et économie, 2021, p. 137.

[57] Loi n°2018-727 du 10 août 2018, pour un État au service d'une société de confiance (ESSOC).

[58] Le Conseil national d'évaluation des normes a été instauré par la Loi n°2013-921 du 17 octobre 2013.

fiscal, le Conseil pourrait proposer au Parlement diverses pistes de simplification de la norme fiscale permettant une application aisée et harmonieuse par le juge de l'impôt.

677. La simplification du droit fiscal, qui est davantage une nécessité qu'une amélioration facultative, rejoindrait un objectif à valeur constitutionnelle découlant des articles 4, 5, 6 et 16 de la Déclaration de 1789 et reconnu par la jurisprudence du Conseil constitutionnel depuis une décision du 16 décembre 1999[59]. Simplifier le droit fiscal et son contentieux est ainsi une exigence démocratique[60] qu'il convient de rendre effective. Le monisme devient alors l'incarnation d'un principe démocratique dont la mise en œuvre participe à rapprocher le contribuable de l'impôt et *in fine* de l'État.

678. Curieusement dans notre démocratie, il est proposé au citoyen de déclencher le contrôle de la loi, comme l'illustre la procédure de la QPC, mais pas de pouvoir la connaître. Pourtant, cette connaissance est indispensable à son respect alors qu'en réalité la complexité éloigne le contribuable de la règle applicable. La complexité entraînant de l'incompréhension conduit à des erreurs et à des contentieux. Simplifier, c'est épurer le contentieux des erreurs, c'est consentir au paiement de l'impôt en connaissance de cause et d'ouvrir une instance devant le juge de l'impôt sur un fondement clair.

679. Le consentement découlant d'une compréhension, effet du monisme, renforcera l'adhésion aux règles fiscales. À travers l'unité des règles contenues dans deux Codes à titre principal, par l'accès facilité à un juge unique, par une jurisprudence unifiée et publiée[61], le contribuable sera davantage en capacité de déclarer et payer l'impôt en connaissance de cause. En cas de litige, il pourra aisément saisir un juge selon une procédure accessible qu'il pourra connaître et identifier.

680. Il faut reconnaître que l'administration fiscale est en avance sur la structure juridictionnelle actuelle. En opérant la fusion de la Direction

---

59 CC, 16 décembre 1999, décision n°99-421 DC.

60 Th. LAMBERT, « Simplifier le doit fiscal : une exigence démocratique », *op. cit.*

61 L'open data des décisions de justice se déploiera jusqu'en 2025 : Arrêté du 28 avril 2021 pris en application de l'article 9 du Décret n°2020-797 du 29 juin 2020 relatif à la mise à la disposition du public des décisions des juridictions judiciaires et administratives.

générale des impôts et de la Direction de la comptabilité publique au profit de la Direction générale des finances publiques en 2008[62], le ministère du Budget a adopté une vision moniste de son organisation fiscale. En mettant en œuvre le BOFIP en ligne en 2012[63] regroupant les commentaires administratifs des dispositions législatives et réglementaires de portée fiscale, les rescrits de portée générale, les réponses ministérielles et certains commentaires de décisions de jurisprudence ayant une incidence sur la doctrine, la DGFiP a unifié « sa loi » incarnée par la doctrine administrative opposable et a constitué une base unique. Cette méthode de simplification doit être étendue à la phase juridictionnelle du contentieux fiscal, nécessitant le même effort de simplification.

681. Face à elle, le contentieux est resté épars avec deux ordres de juridiction et une multitude de textes enfermés dans une myriade de codes. Le monisme appliqué au contentieux est une nécessité, étroitement lié au consentement de l'impôt. En simplifiant les règles fiscales, on renforce le consentement, mais on facilite aussi le rapport au juge et à l'administration. Actuellement, les règles fiscales complexes, par conséquent non consenties, provoquent des erreurs qui débouchent sur des contrôles, sur de nombreuses réclamations, parfois sur un contentieux davantage subi que choisi. Psychologiquement, l'impôt et son contentieux sont perçus comme obscurs, n'installant pas un rapport de confiance avec les acteurs du droit fiscal. La peur de mal appliquer la règle peut même conduire à ne pas bénéficier d'un régime favorable. Avec une simplification, on rapproche le citoyen de la loi, on diminue les erreurs, les réclamations, les contentieux vécus comme injustes. Économiquement, la simplification aura également des effets vertueux alors que l'instabilité des normes, la complexité des règles applicables entravent l'activité économique[64]. À travers cette entrave, c'est

[62] Décret n°2008-310 du 3 avril 2008, *JORF* n°0080 du 4 avril 2008, article 1er.

[63] Créé par l'Arrêté du 10 septembre 2012 relatif à la mise à disposition des instructions et circulaires publiées au Bulletin officiel des finances publiques-impôts, *JORF* n°0211 du 11 septembre 2012.

[64] J.-L. PISSALOUX, « Réflexions sur la simplification administrative et normative dans la société française actuelle », *in* J.-L. PISSALOUX, M. FRANGI (dir.), *La simplification normative et administrative : état des lieux, enjeux et perspectives*, *op. cit.*, p. 25.

une forme d'atteinte à la liberté d'entreprendre, principe constitutionnellement garanti[65] qui se matérialise.

682. Avec la simplification apportée par le monisme, une part de démocratie infusera au sein d'un rapport jusqu'alors complexe entre le contribuable et l'impôt. Cette fluidification nécessaire viendra contredire le constat dressé par le médiateur de la République en 2001, qui indiquait que « se sentant isolé dans un maquis de procédures contraignantes et souvent incomprises, le citoyen ressent avec amertume la distance qui le sépare des centres de décision »[66]. Nécessaire, cet objectif de simplification globale du contentieux fiscale sera complété par un renforcement de l'égalité du contribuable face à l'impôt et à son juge dont l'accès facilité favorisera le respect des principes démocratiques.

683. Le citoyen ne redoute pas ce qu'il comprend, en revanche l'opacité de la procédure fiscale peut créer une distance, une méfiance liée à l'incompréhension. Placé au sein d'une société démocratique, le contentieux fiscal doit être accessible sans quoi la qualité de l'ensemble du système s'en trouve affectée. Il s'agit d'une exigence démocratique qui, combinée avec le renforcement de l'égalité entre les contribuables renforcera les liens entre le contribuable et l'impôt et au-delà entre le citoyen et l'État.

Section 2 – Renforcer l'égalité, une préoccupation actuelle

684. « Vive la loi ! »[67]. Telle était la proposition volontariste d'un colloque organisé au Sénat en 2004. Hélas en droit fiscal, la loi a largement perdu du terrain. Le principe d'égalité considéré parfois comme une utopie, une philosophie ou une valeur est en droit un principe à valeur

---

[65] Cette liberté fondamentale issue de la Loi des 2 et 17 mars 1791 (dit « Décret d'Allarde ») a été renforcée par la jurisprudence constitutionnelle : CC, 16 janvier 1982, décision n°81-132 DC, note L. HAMON, *Recueil Dalloz*, 1983, pp. 169-176.

[66] MÉDIATEUR DE LA RÉPUBLIQUE, *Rapport 2001 du Médiateur de la République au Président de la République et au Parlement*, Paris, La documentation française, 2002, p. 7.

[67] Ch. PONCELET (dir.), *Vive la loi !*, Actes du colloque du 25 mai 2004 au Palais du Luxembourg, Paris, Sénat, 2004, 137 p.

constitutionnelle. L'égalité qui est « sans aucun doute l'apport principal de la Révolution française »[68] est fréquemment mobilisée par le discours politique ou syndical comme un principe fondamental dans une démocratie. Le principe de l'égalité est consacré à de nombreuses reprises par le « bloc de constitutionnalité »[69] et même par la devise de notre République. Au-delà d'un droit proclamé, il est un principe fondamental, un « droit-tuteur »[70] dont découleront d'autres droits. Depuis sa consécration doctrinale de 1973 par la décision *Taxation d'office*[71], le principe d'égalité a été mainte fois réaffirmé.

685. En matière fiscale, le principe d'égalité trouve à s'appliquer dans des situations diverses. Il est utilisé dans plusieurs formules dans le débat public comme « égalité fiscale » ou « égalité devant l'impôt » notamment pour critiquer les « niches fiscales ». En droit fiscal, il peut se scinder en deux branches. D'abord, l'égalité devant les charges publiques trouve son origine dans l'article 13 de la Déclaration de 1789, et fonde une égale réparation de la contribution commune entre tous les citoyens en raison de leur faculté. Ensuite, le principe d'égalité devant la loi fiscale ajoutée par une décision de 1981[72] découle des articles 1er et 6 de la Déclaration proclamant l'égalité des hommes et l'égalité devant la loi[73]. Toutefois, l'exigence d'égalité va plus loin, notamment au regard du contentieux fiscal.

686. Selon une étude menée en 2017 sur la confiance dans les institutions étatiques, 50 % des citoyens enquêtés considéraient que l'administration fiscale « traitait de la même façon » tous les contribuables contre près de 55 % pour la Justice[74]. Visiblement la confiance ainsi que l'adhésion des citoyens ne semblent pas acquises, alors qu'ils considèrent

---

[68] D. YTIER, *Recherche sur la fiscalité locale au prisme de l'égalité*, Paris, Dalloz, coll. Bibliothèque parlementaire & constitutionnelle, 2021, p. 57.

[69] L'égalité est proclamée par : l'article 1er de la DDHC, le préambule de la Constitution du 27 octobre1946, l'article 1er de la Constitution de 1958.

[70] F. MÉLIN-SOUCRAMANIEN, *Le principe d'égalité dans la jurisprudence du Conseil constitutionnel*, Paris, Economica-PUAM, coll. Droit public positif, 1997, pp. 251 et s.

[71] CC, 27 décembre 1973, décision n°73-51 DC.

[72] CC, 31 décembre 1981, décision n°81-136 DC, *Troisième loi de finances rectificative pour 1981*, P. AVRIL, J. GICQUEL, « Note sous décision n°81-136 DC », *Pouvoirs*, mai 1982, n°21, p. 198 ; L. HAMON, « Note sous décision n°81-136 DC », *Recueil Dalloz*, 1982, p. 306 ; L. FAVOREU, « Note sous décision n°81-136 DC », *RDP*, avril 1983, n°2, p. 333.

[73] Ch. LEBEN, « Conseil constitutionnel et principe d'égalité », *RDP*, 1982, n°2, pp. 295-353.

[74] A. SPIRE, « La confiance dans l'État : une relation pratique et symbolique », *in* C. SERIK (dir.), *Crises de confiance ?*, Paris, La découverte, coll. Recherche, 2020, p. 41.

que l'inégalité est une réalité lorsqu'ils s'adressent à l'administration et au juge.

687. Renforcer l'égalité est alors une préoccupation majeure pour les démocraties, concourant à la pérennité du système fiscal. Cette exigence, placée au cœur des débats actuels se concrétisera devant le juge de l'impôt par un renforcement du droit au procès équitable. Alors que l'applicabilité de l'article 6§1 de la Conv.EDH est partielle en droit fiscal, ses principes parvenant à pénétrer l'office du juge doivent être renforcés (**§1**). L'égalité des contribuables devant le juge de l'impôt, considéré sous cet angle comme un « service public de la justice », participera à apaiser le sentiment d'inégalité affectant les relations entre le contribuable-citoyen et le juge (**§2**).

§1 – Renforcer le droit au procès équitable

688. En passant d'une époque du citoyen-contribuable à celle du citoyen-client[75], les enjeux des rapports fiscaux comme les attentes du citoyen ont évolué. Face à cette mutation, la volonté politique et administrative s'est manifestée à travers diverses mesures de rapprochement entre les acteurs et de « dédramatisation »[76] des relations. À la suite du rapport AICARDI de 1986, les procédures de contrôle et de rectification ont été concernées en premier lieu, alors que le gouvernement de l'époque était critiqué pour ne pas reprendre suffisamment les ambitieuses propositions de simplification proposées par la commission[77]. Si les rapports entre les citoyens et l'impôt ont fait l'objet de nombreuses améliorations, le contentieux fiscal reste perfectible[78].

---

75 M. BOUVIER, *L'impôt sans le citoyen ?, op. cit.*, pp. 49-50.

76 Selon l'expression de J. DUBERGÉ, *Dédramatiser l'impôt,* Aix-en-Provence, PUAM, 1994, 139 p.

77 LE MONDE, « Les suites du rapport AICARDI sur les procédures fiscales La commission des finances de l'Assemblée nationale regrette la prudence du gouvernement », 30 avril 1987.

78 M. COZIAN, P. DIBOUT, J.-L. PIERRE (dir.), *Droits et garanties du contribuable : évolutions er perspectives 20 ans après le rapport AICARDI : compte rendu et documentation*, Paris, Lexis Nexis, Colloques et débats, 2008, 656 p.

689. Le droit au procès équitable, liberté fondamentale[79], est fréquemment mobilisé par l'article 6§1 de la Conv.EDH[80], mais relève également des articles 6, 8, 13 et 16 de la Déclaration de 1789, de l'article 10 de la déclaration universelle des droits de l'Homme de 1948, et de l'article 14 du Pacte international relatif aux droits civils et politiques de 1966. Entrent ainsi au sein de cette protection protéiforme l'accès au juge, le respect du contradictoire, les droits de la défense, et les délais raisonnables de l'instance. Le contribuable devrait ainsi être assuré de cette protection lorsqu'il se trouve dans le cadre du procès fiscal.

690. L'effet du dualisme et de la complexité fiscale pèse directement sur le contribuable. L'inégalité est en effet aujourd'hui répandue sur le dualisme juridictionnel organisé selon la nature de l'impôt litigieux[81]. L'article 6§1 de la Conv.EDH protège le justiciable à travers plusieurs principes. Ces règles garantissent un procès équitable qui n'est pas un principe contenu dans la Constitution, mais affirmé par la jurisprudence du Conseil constitutionnel sur le fondement de dispositions de la Déclaration de 1789[82].

691. Une inégalité naîtra face à l'article 6§1 de la Conv.EDH entre justiciables, selon qu'il s'inscrive dans le cadre d'un procès pénal fiscal ou celui d'un autre litige. Au regard du texte européen, seul le contentieux de la répression bénéficie de cette protection. Pour analyser l'application de ce principe en droit fiscal, il faut nécessairement dépasser les controverses

---

[79] S. GUINCHARD, « Le droit à un procès équitable : droit fondamental ? », *AJDA*, juillet/août 1998, numéro spécial, p. 191.

[80] L'article 6§1 de la CEDH dispose que « Toute personne a droit à ce que sa cause soit entendue équitablement, publiquement et dans un délai raisonnable, par un tribunal indépendant et impartial, établi par la loi, qui décidera, soit des contestations sur ses droits et obligations de caractère civil, soit du bien-fondé de toute accusation en matière pénale dirigée contre elle. Le jugement doit être rendu publiquement, mais l'accès de la salle d'audience peut être interdit à la presse et au public pendant la totalité ou une partie du procès dans l'intérêt de la moralité, de l'ordre public ou de la sécurité nationale dans une société démocratique, lorsque les intérêts des mineurs ou la protection de la vie privée des parties au procès l'exigent, ou dans la mesure jugée strictement nécessaire par le tribunal, lorsque dans des circonstances spéciales la publicité serait de nature à porter atteinte aux intérêts de la justice ».

[81] Voir *supra* §26.

[82] L. PHILIP, « Le procès équitable dans la jurisprudence du Conseil constitutionnel », *RFFP*, n°83, 2003, p. 12.

portant sur l'étendue de l'application de l'article 6§1 de la Conv.EDH pour en voir la substance.

692. Le monisme juridictionnel et la simplification normative auront plusieurs effets vertueux sur l'égalité et sur la garantie du procès équitable. Actuellement troublée par une multitude de règles applicables et un dualisme juridictionnel, l'application du droit au procès équitable connaît plusieurs failles. Parmi les exigences liées au respect de ce principe, il faudra renforcer par le monisme l'exigence d'une cause entendue équitablement (**A**). Le monisme participera également à ce que la cause soit portée devant un juge impartial et indépendant (**C**) sans entrave et que le jugement soit rendu dans un délai raisonnable (**B**).

A – Une cause entendue équitablement

693. L'égalité des armes[83] entre l'administration et le contribuable est actuellement abstraite, alors qu'une administration spécialisée s'oppose au citoyen sur le fondement de règles particulièrement complexes. Grâce à la simplification du monisme, « le juste équilibre entre les parties » sera renforcé. L'équité[84] guidant le procès fiscal ne peut en effet être totale si la complexité des règles applicables est telle qu'elle constitue une entrave.

694. La procédure fiscale simplifiée sera également harmonisée quelle que soit la partie, au regard de l'alignement des délais d'appel[85], aujourd'hui différent pour l'administration ou pour le contribuable[86]. Même si le juge n'a pas entendu reconnaître de rupture d'égalité entre les parties sur ce point, cette différence incarne une inégalité pouvant être incomprise par le contribuable[87]. En permettant une meilleure compréhension des règles

---

[83] Voir par exemple : D. VILLEMOT, « ISF et égalité des armes : l'affaire Finaréa », *Droit Fiscal*, 2021, n°11, act. 153.

[84] Pour Didier TRUCHET : « L'équité est une référence morale ou politique, une source d'inspiration pour mettre en œuvre l'égalité », *in* D. TRUCHET, « La dualité égalité et équité dans le service public », *in* Th. LAMBERT (dir.), *Égalité et équité. Antagonisme ou complémentarité ?*, Paris Economica, 1999, p. 83.

[85] Article R* 200-18 du LPF : délai global de quatre moins pour faire appel reconnu au ministre des Finances alors que contribuable dispose d'un délai de deux mois. Voir sur ce sujet : J. TUROT, « Le délai d'appel reconnu à l'État méconnait-il l'égalité des armes ? », *Droit Fiscal*, 2008, n°47, comm. 591.

[86] Voir *supra* §525.

[87] J. TUROT, « Le délai d'appel reconnu à l'État reconnaît-il l'égalité des armes ? », *Droit Fiscal*, 2008, n°47, comm. 591.

fiscales, la cause pourra effectivement être entendue équitablement devant un juge spécialisé qui pourra trancher face à des parties placées dans la même situation. L'originalité de cette différence de délai, reconnue au ministre des Finances résulte sans doute d'une complexité des procédures et non pas d'une lenteur particulière de ses services. La simplification permise par le monisme rendra ainsi cette inégalité caduque et le droit au procès équitable sera renforcé.

B – Sans entrave et dans un délai raisonnable

695. Le monisme participe à faciliter l'accès au juge en ce qu'il sera identifiable par le contribuable (**1**). Le délai sera également réduit grâce à la mise en œuvre d'une juridiction spécialisée et répartie sur le territoire (**2**).

1. Un accès au juge facilité par le monisme

696. « Le justiciable doit pouvoir trouver son juge dans des conditions telles qu'il ne soit pas découragé d'agir en justice »[88]. C'est pourtant ce qui peut être avancé en matière fiscale. Le faible taux de procédure contentieuse par rapport à la phase administrative peut être interprété comme un bon moyen de trouver un compromis et éviter le contentieux. Une autre interprétation peut en être faite, celle du découragement du contribuable face à une procédure difficile d'accès, longue et coûteuse.

697. L'accès au juge n'est pas fluide au sein de cette procédure mêlant réclamation administrative préalable et complexité de la répartition juridictionnelle[89]. L'accès au prétoire est pourtant une liberté fondamentale et le droit au recours ne doit pas être entravé[90]. Avec l'unité du juge de l'impôt, le contribuable qui devra encore passer la phase administrative pourra clairement identifier le juge compétent.

698. Le monisme, en unifiant les juridictions, participe à clarifier la compétence du juge. Actuellement un facteur d'errance, le dualisme peut conduire à avoir recours au Tribunal des conflits pour déterminer quel juge

---

[88] G. BACHELIER, « Le Tribunal des conflits, juge administratif ou juge judiciaire ? », *in* A. VAN LANG (dir.), *Le dualisme juridictionnel : limites et mérites,* Actes du colloque organisé à La Rochelle les 30 et 1er octobre 2005, Paris, Dalloz, 2007, pp. 67-81.

[89] J. MICHEL, « L'expérience française de la justice fiscale », *RFFP*, n°124, 2013, p. 123.

[90] G. GONDOUIN, « Le dualisme juridictionnel, facteur d'émulation et d'amélioration des procédures », *Le dualisme juridictionnel. Limites et mérites*, *op. cit.,* pp. 35-53.

sera compétent et ainsi alourdir les délais de la procédure[91]. En créant un juge spécialisé, l'égalité est ainsi renforcée entre les contribuables les plus capables d'accéder à l'information et les autres, mais aussi entre les contribuables et les autres justiciables qui peuvent dans le cadre d'autres contentieux identifier aisément le juge compétent. Faciliter l'accès au juge en unifiant la compétence produit également des effets sur le délai de jugement.

2. Une réduction des délais de jugement

699. Les délais actuels, variables selon le juge saisi, seront réduits grâce à une juridiction dédiée qui pourrait rendre la Justice en deçà des délais actuels grâce à une spécialisation rendant la prise de décision plus rapide et plus efficace[92]. Cette vertu permise par une attribution de moyens suffisants permettrait de réduire les délais de jugement, le principe du procès équitable sera renforcé et la France évitera d'être condamnée sur ce fondement par la CEDH[93].

700. Les délais raccourcis seront aussi permis par une réduction significative des questions préjudicielles. Actuellement, conséquence d'un dualisme juridictionnel fracturant le contentieux, elles font peser sur le procès fiscal une menace de rallongement des délais[94]. Or, ces délais sont importants lorsque le juge, statuant en matière fiscale, requiert d'un homologue qu'il qualifie ou qu'il réponde à une question pour purger le contentieux. En unifiant le contentieux, le monisme défendu annihilera ce risque, participant alors à la brièveté des délais de jugement.

C – Un tribunal indépendant et impartial

701. L'égalité des parties en sera également renforcée par l'assurance d'être traité équitablement devant un tribunal indépendant et impartial. La

---

[91] Voir sur la place du Tribunal des conflits : P. GONOD, L. CADIET (dir.), *Le Tribunal des conflits. Bilan et perspectives*, Paris, Dalloz, Thèmes et commentaires, 2009, 121 p.

[92] Actuellement le délai de jugement moyen est de 10 mois devant les juridictions administratives et de 9 mois devant le juge judiciaire. Source : CONSEIL D'ÉTAT, *Rapport public 2020*, p. 34.

[93] La cour européenne fait commencer en matière d'imposition le « délai raisonnable » à la date de la réclamation préalable et non à la date de saisine du tribunal. Voir par exemple CEDH, 15 octobre 2003, n°52116/99, *Viezież c/ France, RJF*, n°1/03, comm. n°136.

[94] Voir *supra* §181.

réforme moniste érodera ainsi toute entrave à la saisine d'un juge par ailleurs impartial et indépendant[95]. Les deux valeurs déjà acquises pour les juges statuant en matière fiscale seront renforcées en mettant fin définitivement au soupçon du juge administratif proche de l'administration fiscale[96]. La différence de traitement existant entre un contentieux tranché par un juge civil épisodiquement saisi et un juge administratif ayant fréquemment à trancher des contentieux fiscaux disparaîtra au profit d'un traitement égal, quelle que soit la nature du litige.

702. En renforçant l'égalité et le principe du procès équitable, la qualité de la justice rendue en matière fiscale sera significativement améliorée. Assurant le contribuable d'un traitement égal, rapide et spécialisé, le juge de l'impôt renforce la place du contentieux juridictionnel en la matière, actuellement concurrencé par des modes alternatifs, évitant d'avoir recours au juge étatique. Ce fort développement des modes alternatifs de règlements des litiges montre que la justice « classique » ne répond pas aux attentes des justiciables et particulièrement des entreprises pour qui la sécurité juridique, la confidentialité et la rapidité du jugement sont des critères essentiels. L'arbitrage est un mode alternatif fréquemment utilisé dans le cadre des contentieux commerciaux entre personnes privées, qui s'étend à l'étranger en matière fiscale. Instaurée depuis 2011 au Portugal[97] qui connaît pourtant une juridiction partiellement spécialisée en matière fiscale, la procédure d'arbitrage, plus rapide que la procédure classique s'est développée[98]. Ce mode de résolution des litiges, cette justice rendue par des arbitres désignés par les parties, à propos de litiges opposant l'administration fiscale au contribuable est payante. Le développement d'une telle justice perçue par certains comme efficace cache les failles d'une justice étatique devenue incapable de rendre une justice rapide, de qualité et sécurisante. Se crée alors une justice à deux vitesses, l'une réservée aux plus fortunés et informés qui peuvent mobiliser un tribunal arbitral fiscal et l'autre, publique, plus lente et moins efficiente. L'égalité entre les contribuables s'en trouve alors affectée.

---

[95] La jurisprudence du Conseil constitutionnel considère que les principes d'indépendance et d'impartialité qui découlent de l'article 16 de la DDHC sont applicables à toutes les juridictions. CC, 24 octobre 2014, décision n°2014-423 QPC, *M. Stéphane R. et autres [Cour de discipline budgétaire et financière]*.

[96] Voir : J. CHEVALLIER, *L'élaboration historique du principe de séparation de la juridiction administrative et de l'administration active*, Paris, LGDJ, 2015, 317 p.

[97] Décret n°2011-82 du 20 janvier 2011.

[98] R. M. FERNANDES FERREIRA, « L'arbitrage fiscal (perspective d'un avocat portugais) », *REIDF*, 2020, n°2, pp. 225-230.

703. Renforcer la performance de la justice fiscale permet de répondre aux attentes du contribuable, tout en renforçant la place du juge et d'une justice gratuite et impartiale qu'il convient de conserver dans une démocratie. Le contentieux fiscal s'en trouvera renforcé, grâce à un monisme permettant un traitement égal des parties. Cette égalité dans le cadre de l'instance devra se retrouver également dans le rapport du contribuable à la loi fiscale et aux charges publiques pesant sur son patrimoine.

§2 – Renforcer l'égalité devant le service public de la justice

704. Selon la Constitution, la justice – judiciaire et par extension administrative – est une autorité dont l'objet principal est d'appliquer la loi pour trancher des litiges[99]. Mais la Justice est aussi une administration soumise aux mêmes exigences que tout service public, au-delà de la mission particulière qui l'anime parmi les institutions républicaines. Pour René CHAPUS, « une activité constitue un service public quand elle est assurée ou assumée par une personne publique en vue d'intérêt public »[100]. Comme le professeur Jacques CHEVALLIER, nous pouvons considérer que le service public est une fonction à remplir, puis une fonction à assumer[101]. Une juridiction peut ainsi être considérée comme un service public régalien ou constitutionnel[102] alors que rendre la justice est d'intérêt public.

705. En droit administratif, le service public est encadré par les principes énoncés par les *Lois de Rolland*[103]. Parmi les critères à respecter, le principe d'égalité et de neutralité implique que l'usager a le droit d'être traité de façon égale, quelle que soit sa situation personnelle. Si un service public se charge d'une mission plutôt que de laisser faire l'initiative privée, c'est

---

99 Titre VIII « De l'autorité judiciaire » de la Constitution du 4 octobre 1958.

100 R. CHAPUS, *Droit administratif général,* Tome 1, Paris Montchrestien, 2001, p. 579.

101 J. CHEVALLIER, *Le service public*, 11e édition, Paris, PUF, coll. Que sais-je ?, 2018, pp. 53-54.

102 S. BRACONNIER, *Droit des services publics*, 2e édition, Paris, PUF droit, coll. Thémis droit public, 2007, p. 171.

103 Les lois de Rolland « constituent la trinité du service public, gouverné par les lois du changement, de la continuité et de l'égalité ». B. PLESSIX, *Droit administratif général,* 3e édition, Paris, LexisNexis, 2020, p. 968.

« qu'une activité d'intérêt général devait être accomplie au profit de tous ceux en ayant besoin, de manière identique, universelle, sur l'ensemble du territoire et pour l'ensemble de la population, quelle que soit la situation géographique ou sociale des usagers »[104]. Ce principe ne fait pas obstacle à ce que le service public traite différemment des personnes placées dans des situations différentes[105].

706. Sous cet angle, le service public de la justice se détache alors de sa fonction juridictionnelle, au profit d'un rapport usager-service public. Parmi les exigences pesant sur une autorité-service public, l'accès et l'égalité de traitement constituent des exigences fondamentales. À cause d'un manque de moyens, de lois instables et peu claires, « le fossé se creuse entre la Justice et les citoyens, le service public de la Justice est fragilisé et l'un des piliers de notre démocratie ébranlé. Car une société démocratique se juge à la façon dont elle traite sa Justice » dénonçait l'ancienne Garde des Sceaux Élisabeth GUIGOU[106]. La justice en matière fiscale est originale parmi les branches du droit au regard de son dualisme et de la complexité de la procédure.

707. En matière fiscale, lorsque l'égalité est abordée, c'est pour lui adjoindre « devant l'impôt », « devant la loi » ou encore « devant les charges publiques », découlant des articles 6 et 13 de la Déclaration 1789. Ces considérations ont fait l'objet de nombreux développements par la doctrine. Nous savons que le Conseil constitutionnel reconnaît l'égalité devant la loi fiscale comme une exigence que les contribuables placés dans des situations identiques soient traités de la même façon par la loi[107], alors que le législateur peut régler de façon différente des situations différentes. L'égalité devant les charges devra mettre en balance les capacités contributives face au montant de l'impôt dû. L'égalité devant l'impôt n'interdit pas ainsi de traiter différemment les contribuables. Ces principes ne relèvent pas de l'effet du dualisme de juges en matière fiscale. Or l'exigence d'égalité en matière fiscale

---

[104] *Ibid.*, p. 985.

[105] G. DUMORTIER, « L'égalité », *in* J.-J. BIENVENU, J. PETIT, B. PLESSIX et B. SEILLER (dir.), *La constitution administrative de la France*, Paris, Dalloz, coll. « Thèmes et commentaires », 2012, p. 351.

[106] E. GUIGOU, « La Justice, service public », *Après-demain*, n°15, 2013, pp. 8-11.

[107] Sur le fondement de l'article 6 de la DDHC. Voir sur ce point : L. AYRAULT, « Le principe d'égalité en matière fiscale », Titre VII [en ligne], n°4, *Le principe d'égalité*, avril 2020, www.conseil-constitutionnel.fr.

va plus loin. Au spectre du dualisme juridictionnel, d'autres problématiques liées à l'égalité apparaissent.

708. L'égalité devant la loi et devant le juge de l'impôt est une condition *sine qua non* d'une justice fiscale de qualité. L'égalité devant la justice est selon le Conseil constitutionnel « inclus dans le principe d'égalité devant la loi proclamé par la Déclaration des droits de l'homme de 1789 »[108]. René CHAPUS écrivait que ce principe « impose que les justiciables bénéficient tant d'un égal accès à la justice que d'un traitement égal pendant le déroulement et à l'issue de la procédure, et cela dans la mesure où ils se trouvent dans des situations semblables »[109]. Hélas, en matière fiscale, des anomalies émaillent un contentieux fracturé.

709. Actuellement, le système ne peut être considéré comme arbitraire ou partial, en matière fiscale ou ailleurs. Toutefois, il est difficile d'assurer au contribuable une uniformité d'interprétation de la loi, quel que soit l'ordre juridictionnel compétent. Il n'est pas non plus possible d'affirmer que le contribuable sera traité comme tout justiciable, quels que soient l'impôt litigieux et le territoire de la juridiction. Pourtant en l'espèce, la nature de l'impôt importe peu et le fond du contentieux est unique, celui de l'établissement du montant de la dette fiscale et des modalités du recouvrement. Ce risque d'inégalité entre les contribuables résulte d'une répartition fortement inégale du contentieux. À la différence d'un justiciable ordinaire, un juge partiellement spécialisé ou un juge épisodiquement saisi, potentiellement moins efficace pourra rendre la justice en matière fiscale. La célérité et la qualité de la décision rendue en sont naturellement affectées. L'égalité devant le service public interdit au législateur d'instituer entre usagers des différences injustifiées[110]. Le monisme produira une juridiction unique et spécialisée assurant au contribuable une qualité égale sur l'ensemble du territoire pour l'ensemble des impôts.

710. La simplification proposée par le monisme a un objectif principal : améliorer le service de la Justice à travers un meilleur accès et une clarté des règles applicables. Cette unification vise à mettre un terme à un dualisme

---

108 CC, 23 juillet 1975, *Juge unique*, *AJ* 1976, p. 44, note J. RIVERO, *Dalloz*, 1977, p. 629, note L. HAMON et G. LEVASSEUR, *JCP*, 1977, n°18200, note C. FRANCK, *RDP*, 1975, p. 1313, obs. L. FAVOREU et L. PHILIP.

109 R. CHAPUS, *Droit du contentieux administratif*, 13e édition, Paris, Montchrestien, Lextenso, coll. Domat droit public, 2008, p. 187.

110 B. LIGNEREUX, *Précis de droit constitutionnel fiscal*, Paris, LexisNexis, coll. Précis fiscal, 2020, p. 498.

déséquilibré et complexe suspecté d'instaurer une inégalité entre les contribuables selon l'impôt litigieux et le recours à un conseil spécialisé. Cette conséquence d'une matière segmentée apporte encore davantage de troubles ou de méfiance à l'égard du juge. La multitude de textes applicables au contentieux fiscal est également une source de complexité pour l'ensemble des acteurs. En réunissant les règles régissant les relations contentieuses entre l'administration et le contribuable, une harmonisation se crée pour offrir à tout justiciable une protection égale, quel que soit l'impôt litigieux ou le juge saisi. Un seul corpus normatif applicable renforce l'idée d'égalité devant la loi. Il s'agit de l'égalité entre contribuables devant le même ordre, mais aussi entre les contribuables devant des ordres différents. Le monisme participe directement à l'harmonisation des règles applicables en droit fiscal donc à l'égalité d'application.

711. Proposer une juridiction unique mettra fin à une inégalité de fait entre des contribuables placés dans la même situation, celle d'un litige fiscal l'opposant à l'administration fiscale. L'effet vertueux du monisme rejaillira sur l'égalité qui demeure une préoccupation majeure de notre démocratie. En instaurant une procédure unique, une juridiction spécialisée identifiée, l'égalité des contribuables devant le juge sera assurée. Toute justification d'une distinction de juridiction en matière fiscale est en effet caduque. Considérer que le juge civil, plus protecteur de la propriété rendra un office plus juste qu'un autre juge relève en effet du mythe. Considérer aussi que le juge administratif est le seul compétent pour trancher des litiges opposant l'administration fiscale au contribuable est factuellement inexact.

712. Outil de simplification, l'unification du contentieux fiscal permettra une égale application et interprétation de la loi, simplifiée, quel que soit l'impôt litigieux. Un égal accès au juge quel que soit l'impôt. Cette vertu du monisme participe à rapprocher le citoyen de l'impôt et son juge, de renforcer un principe d'égalité devenu central dans une société démocratique fragilisée. Mettre fin à toute inégalité en matière fiscale, basée sur des justifications désuètes renforce et assainit un contentieux perçu avec méfiance par le contribuable. L'égalité devant le service public de la justice fiscale marque un retour de l'unité et de l'égalité entre les contribuables, mais aussi entre les contribuables et les autres justiciables. Il s'agit, *a fortiori* dans une société troublée par une défiance des citoyens à l'égard de l'État et de l'autorité régalienne, d'une exigence démocratique.

Conclusion du Chapitre 2

713. Le monisme juridictionnel et normatif est vertueux à plus d'un titre. Il incarne une simplification matérielle de l'accès et de l'appréhension du contentieux fiscal. Il apporte au contribuable une clarté bienvenue dans un rapport complexe avec l'administration. Mais ce processus d'harmonisation et de simplification dépasse les enjeux fiscaux. Cette dimension supérieure correspond à l'incarnation de l'impôt dans une société démocratique. À la différence d'un État totalitaire, il correspond à un pouvoir régalien, qu'il convient de limiter et de confier à la souveraineté nationale. En tant que démocratie représentative, la France délègue au Parlement le soin de fixer les règles en matière fiscale. Sur le fondement de cette norme démocratiquement élaborée, le juge rendra une justice davantage légitime, au nom du peuple français.

714. Parce qu'il occupe une place centrale dans une démocratie qu'il permet de faire fonctionner, l'impôt peut être à la fois un instrument d'affirmation d'un sentiment national comme l'incarnation d'une fracture sociale, économique politique, clivant la cohésion populaire. Dans un contexte troublé par divers mouvements sociaux dont l'impôt est le fait générateur, il convient d'entreprendre des réformes pour réconcilier le citoyen avec la contribution commune et son juge.

715. Proposer de réformer, de simplifier, et de clarifier le contentieux fiscal devient une exigence démocratique dans laquelle le citoyen-contribuable doit trouver sa place. Du point de vue de la norme applicable, renforcer la légalité au détriment de sources « technocratiques » comme la doctrine administrative renforce le consentement de l'impôt, pierre angulaire du système fiscal. Gageons que, replacé au centre de l'élaboration de la norme, le citoyen consente à l'impôt - si non volontiers - au moins sans un sentiment d'arbitraire s'abattant sur lui et sur son patrimoine. Encore faut-il que le Parlement incarne toujours cette représentation nationale qu'elle est censée faire vivre.

716. Pour que l'interprète ne devienne pas le compositeur, il faudra nécessairement que la doctrine regagne une place de simple précision pour ne pas s'immiscer entre un Parlement élu et un juge souverain spécialisé dont la fonction est d'interpréter les textes. Renforcer la qualité de la justice en matière fiscale pour plus de démocratie et plus d'égalité doit être un objectif, voire un outil pour resserrer les liens distendus entre le citoyen et l'État.

717. Cette ambition viendra contrer l'influence croissante des modes alternatifs de règlement des différends venant concurrencer une justice étatique peu efficiente. Ce mode de justice développé en matière de contentieux commerciaux, mais aussi en matière fiscale dans d'autres pays à l'instar du Portugal incarne la faillite d'une justice rendue « au nom du peuple » qui, dans une matière incarnant un pouvoir régalien et attentatoire aux libertés fondamentales, apparaît comme un danger.

718. Les vertus du monisme participent ainsi à renforcer une démocratie fragilisée. L'Histoire, ancienne et récente, montre que le rapport du citoyen à l'impôt peut être le détonateur de révoltes. Renforcer l'accès et la lisibilité d'un service public de la justice fiscale participent à apaiser les relations entre le citoyen et l'État dans une société où la méfiance née de l'absence de transparence. Le monisme proposé, vertueux pour le citoyen en ce qu'il fluidifie les relations, rejaillit sur notre système démocratique nécessitant des adaptations pour espérer renforcer une cohésion nationale.

Conclusion du Titre 2

719. Le monisme juridictionnel est vertueux à plusieurs égards, dépassant l'atout de la création d'un juge unique accessible et identifié. S'il est un facteur indéniable d'harmonie, il se décline sur plusieurs plans. D'abord, la vision moniste a pour conséquence évidente de créer une jurisprudence harmonisée produite par un ordre unique ayant au sommet une juridiction de cassation assurant l'unité comme la Cour de cassation ou le Conseil d'État le font pour leur ordre. Le monisme contribue également à renforcer une base textuelle actuellement lacunaire en imposant une vision unifiée du contentieux fiscal.

720. Appliquer une vision moniste au contentieux fiscal dépasse également les frontières du droit fiscal au regard de la place particulière qu'il occupe au sein du système démocratique. Incarnation du poids de l'arbitraire, de la spoliation ou d'un régime totalitaire par le passé, l'impôt incarne une partie de la puissance publique et des pouvoirs régaliens reconnus à un pouvoir souverain. Consentir librement à l'impôt devient ainsi le corollaire d'un procès équitable ne pouvant être assuré qu'en simplifiant radicalement des règles devenant un rempart au lieu d'une protection efficace du contribuable.

CONCLUSION DE LA PARTIE II

721. Pour réduire la fracture du contentieux fiscal souffrant d'un manque d'unité, une réforme moniste s'impose. Les vertus de cette réforme modifiant profondément les relations entre le juge et l'impôt irriguent l'ensemble du contentieux. Réformer la structure organique du contentieux fiscal n'est en effet pas le seul atout de cette réforme structurelle. Conséquence de la création d'un juge unique et spécialisé, une simplification en chaîne se produit au bénéfice du contribuable, mais plus largement de l'ensemble des acteurs du contentieux fiscal, qu'ils soient juges, administration fiscale ou parlementaire.

722. La création d'un ordre de juridiction dédié marque incontestablement un apport en matière d'accessibilité du juge et de clarté du contentieux fiscal. Proposer trois degrés de juridictions dédiées, réparties sur le territoire, composées de juges formés constitue une avancée nécessaire à un droit injustement complexe. L'avènement d'un ordre de juridiction entraînera une harmonie de la jurisprudence aujourd'hui fragile, basée sur des Codes complétés, assainis, proposant une base normative stable et claire.

723. Cette simplification n'est pas un confort offert gracieusement au contribuable dénonçant le poids de l'administration ou la quantité de démarches administratives. Cette simplification structurelle n'est pas mue par une démagogie de simplification à tout prix. Elle est une exigence démocratique. Le contentieux de l'impôt doit retrouver les voies de la clarté pour proposer un respect du droit au procès équitable. Les règles de l'impôt doivent être comprises pour réellement consentir à l'impôt. Le juge doit pouvoir rendre la Justice sur le fondement d'une légalité issue de la souveraineté nationale. Les multiples superpositions d'un droit devenu foisonnant ont éloigné l'impôt de la loi, malgré les efforts du juge pour contenir l'hémorragie causée par l'intervention de la « loi de l'administration ». Clarifier la loi et unifier sa codification est un avantage pour le contribuable, mais aussi pour le juge qui sous peine de déni de Justice est tenu de trancher sur le fondement de la loi, la complexité de la norme ne pourra être retenue[1].

---

[1] Sur le fondement de l'article 12 du CPC. Voir C. PUIGELIER, « La maxime "Nul n'est censé ignorer la loi" », *in* C. PUIGELIER (dir.), *La loi. Bilan et perspectives*, Paris, Economica, coll. Études juridiques, 2005, pp. 309-385.

Conclusion générale

724. À la question de savoir si le dualisme en matière fiscale est un inconvénient pour le contribuable et le monisme une solution, la réponse est positive. Si le dualisme juridictionnel s'explique et se comprend, ce n'est que par la sédimentation historique. S'il se justifiait par une protection assurée par l'ordre judiciaire face à un juge administratif créant la défiance, l'argument est aujourd'hui érodé. Le dualisme a été défendu sur le fondement d'une attribution fondée sur la nature de l'impôt qui conduira à la compétence du juge civil ou administratif. L'argument est lui aussi rejeté, ne correspondant plus à la nature des prélèvements actuels. L'article L. 199 du LPF assure en effet une répartition dénuée d'harmonie, peu précise, de sorte que le dualisme jadis argumenté n'est plus qu'une cartographie dépassée.

725. Le fondement du dualisme est éculé, mais il est aussi affecté par une mutation de son environnement qui voit germer de nouveaux impôts ainsi que des juges compétents en matière fiscale au-delà des deux ordres traditionnels. Confier à deux ordres de juridiction le contentieux fiscal relève alors tant d'un anachronisme que d'un danger pour cette branche du droit alliant ressource de l'État et libertés fondamentales. Cette répartition démodée affecte les relations entre le contribuable, l'impôt, le juge et *in fine* l'État. La complexité d'une telle structure à laquelle s'ajoute l'adjonction de multiples normes trouble dangereusement un contentieux fiscal déjà intrinsèquement complexe.

726. En droit, la cohabitation de deux ordres de juridictions peut donner lieu à un « dialogue des juges », enrichissant mutuellement un domaine. Depuis la Loi des 16-24 août 1790, les échanges ont été nombreux et les apports innombrables. Si, pour reprendre les mots du professeur Didier TRUCHET, « l'ancienneté force le respect, mais n'est pas nécessairement gage d'avenir »[1], en matière fiscale les apports semblent plus rares que les entraves.

727. Du dualisme, il ne reste aujourd'hui plus qu'une source de complexité, un morcellement de la compétence, un risque de divergence

---

[1] D. TRUCHET, « Fusionner les juridictions administrative et judiciaire ?, *in Études offertes à Jean-Marie AUBY*, Paris, Dalloz, 1992, p. 336.

jurisprudentielle. Le « bilan coût-avantage » est ainsi largement déficitaire et le contribuable peine à trouver son compte. De ce dualisme découle une complexité en cascade alors que les règles applicables, lacunaires et obscures sont complétées ou éclairées par la doctrine administrative, les textes de référence de chaque ordre, et les jurisprudences de nombreux juges nationaux et européens. Basé sur une classification désuète, le dualisme devient alors, sinon une « tarte à la crème », un millefeuille bien lourd à digérer pour le contribuable.

728. Contre cette superposition organique et normative néfaste pour le contribuable, mais aussi pour l'unité du contentieux fiscal et l'ensemble de ses acteurs il faut rompre radicalement avec l'organisation actuelle. Identifier spontanément le juge compétent, clarifier les normes applicables, supprimer la fracture d'un contentieux inutilement ouverte au sein d'une même branche du droit seront les objectifs d'une réforme nécessaire.

729. Changer de paradigme passera par un retour aux fondements de la querelle ouverte entre le contribuable et l'administration fiscale. Dépouillé de classifications et qualifications dont l'utilité interroge, le contentieux fiscal retrouve une clarté. Il oppose alors deux parties, le contribuable et l'administration, autour d'un différend unique : le calcul et/ou le recouvrement de l'impôt. Le fond du litige est ainsi homogène, il s'agira de régir l'appréhension du patrimoine du contribuable dans le but de financer les charges publiques. L'unicité de ce rapport commande l'unicité d'un contentieux pourtant aujourd'hui particulièrement épars. Un contribuable, un impôt, une administration doivent conduire à rencontrer un seul juge.

730. Le monisme adapté au contentieux fiscal incarne ainsi un espoir pour celui qui voudrait comprendre le contentieux de l'impôt. Cette vision unificatrice sera vertueuse à plusieurs égards et devra se traduire par une réforme de fond. Un juge spécialisé sera une réponse à ce besoin d'unité, alors que les deux ordres existants et en partie compétents actuellement en matière fiscale ne sont pas aptes à absorber l'intégralité du contentieux pour des raisons différentes.

731. Marceau LONG parlait en 1990 « d'une évolution commune aux plus grandes démocraties, qui veut faire des juges des "professionnels", des spécialistes des questions qui leur sont soumises », prenant en exemple le droit fiscal comme nécessitant une expertise particulière[2]. Envisager la création d'un

---

[2] M. LONG, « L'état actuel de la dualité de juridictions », *RFDA*, 1990, n°5, p. 692.

juge spécialisé est la seule réponse à un contentieux oublié des simplifications proposées par les réformes successives. De cette création découlera une cascade vertueuse en matière d'accessibilité et d'assainissement des normes applicables. Réunies autour du Code de procédure fiscale et du Code général des impôts, les normes applicables par le juge de l'impôt seront essentiellement contenues au sein des codes fiscaux.

732. Cette simplification ayant pour noyau un nouvel ordre de juridiction organisé en trois degrés incarnera une simplification aux vertus démocratiques. Rendre fluide l'accès au contentieux fiscal pour les citoyens participe en effet à réconcilier le contribuable avec l'impôt. Comme il emporte une symbolique et une fonction particulières, l'impôt dont la levée est un élément de souveraineté nationale incarne la puissance publique. En réparant la fracture du contentieux, un rapprochement entre le citoyen et l'État est espéré.

733. Gageons que la mise en œuvre de cette proposition de réforme, ambitieuse, mais nécessaire, apaise une partie des tensions entre le citoyen et l'État. Si payer l'impôt demeure un sacrifice[3], il doit, dans une société démocratique, emporter une lisibilité et une transparence[4], permettant de consentir à cette renonciation de richesse. Le contentieux de tels enjeux doit être irréprochable sur le plan des libertés fondamentales. La vision unifiée d'une nouvelle structure du contentieux fiscal incarne cet espoir.

---

[3] Voir sur ce thème : G. ARDANT, *op. cit.*, Livre 1, p. 65 ; M. BOUVIER, M.-C. ESCLASSAN, J.-P. LASSALLE, *op. cit.*, « L'impôt est un sacrifice fiscal », p. 691.

[4] E. GOGUEL-MAZET, *Recherche sur la transparence en droit des Finances publiques*, Thèse dactyl., Aix-Marseille Université, 2021, 479 p.

BIBLIOGRAPHIE

I – DICTIONNAIRES ET LEXIQUES

ALBERT J.-L., PIERRE J.-L., RICHER D. (dir.),

- *Dictionnaire de droit fiscal et douanier*, Paris, Ellipses, Dictionnaires de droit, 2007, 598 p.

ALLAND D., RIALS S. (dir.*),*

- *Dictionnaire de la culture juridique*, Paris, PUF, coll. Quadrige, 2003, 1649 p.

AUROUX S., JACOB A. (dir.),

- *Les notions philosophiques : dictionnaire*, Tome 2, Paris, PUF, 1990, 1778 p.

BLAY M. (dir.),

- *Grand dictionnaire de la philosophie*, Paris, Larousse, CNRS éditions, 2003, 1105 p.

CADIET L. (dir.),

- *Dictionnaire de la Justice*, Paris, PUF, 2004, 1362 p.

CORNU G.,

- *Vocabulaire juridique*, Paris, PUF, Droit fondamental, 2020, 1091 p.

GUINCHARD S., DEBARD Th.,

- *Lexique des termes juridiques 2020-2021*, Paris, Dalloz, 2020, 1120 p.

ORSONI G. (dir.),

- *Finances publiques : dictionnaire encyclopédique*, 2e édition, Paris, Economica-PUAM, 2017, 983 p.

II – OUVRAGES GÉNÉRAUX, TRAITÉS ET MANUELS

-A-

ALBERT J.-L.,

- *Finances publiques*, 11e édition, Paris, Dalloz, coll. Cours, 2019, 921 p.

AMRANI-MEKKI S., STRICKLER Y.,

- *Procédure civile*, Paris, PUF, coll. Thémis Droit, 2014, 907 p.

AUBRY Ch., RAU Ch.,

- *Cours de droit civil français d'après la méthode de Zachariae,* 5e édition, Paris, Marchal & Billard, 1920, Tome VI, 447 p.

AYRAULT L., et alii.,

- *Code de procédure fiscal : annoté et commenté*, 28e édition, Paris, Dalloz, 2021, 1896 p.

-B-

BELTRAME P.,

- *Les systèmes fiscaux*, 3e édition, Paris, PUF, Que sais-je ?, 1997, 125 p.
- *L'impôt*, Paris, MA éditions, coll. Le monde de…, 1987, 191 p.
- *La fiscalité en France*, 22e édition, Vanves, Hachette supérieur, coll. Les Fondamentaux, 2021, 165 p.

BELTRAME P., AIME C.,

- *Les droits d'enregistrement*, Paris, PUF, coll. Que sais-je ?, 1989, 127 p.

BELTRAME P., MEHL L.,

- *Le système fiscal français*, 5e édition, Paris, PUF, 1992, 127 p.

BERR C. J.,

- *Introduction au droit douanier*, Paris, Economica, 2008, 73 p.

BETCH M.,

- *Droit fiscal*, 4e édition, Paris, Vuibert, coll. Dyna'Sup Droit, 2012, 410 p.

BIENVENU J.-J., LAMBERT Th., VAPAILLE L.,

- *Droit fiscal*, 5e édition, Paris, PUF, 2021, 490 p.

BLUMANN C., DUBOUIS L.,

- *Droit institutionnel de l'Union européenne*, 7e édition, Paris, LexisNexis, coll. Manuel, 2019, 1039 p.

BOUVIER M.,

- *Introduction au droit fiscal et à la théorie de l'impôt*, 14e édition, Paris, LGDJ, coll. Systèmes, 2020, 268 p.

BRACONNIER S.,

- *Droit des services publics*, 2e édition, Paris, PUF droit, coll. Thémis droit public, 2007, 621 p.

-C-

CADIET L., JEULAND E.,

- *Droit judiciaire privé*, 9e édition, Paris, LexisNexis, 2016, 949 p.

CASIMIR J.-P.,

- *Contrôle fiscal : contentieux - recouvrement*, 12e édition, Paris, Groupe Revue Fiduciaire, coll. Les codes RF, 2013, 712 p.

CAYROL N.,

- *Droit de l'exécution*, 2e édition, Paris, LGDJ, coll. Droit privé, 2016, 488 p.

CHAPUS R.,

- *Droit administratif général,* Tome 1, 15e édition, Paris Montchrestien, 2001, 1427 p.
- *Droit du contentieux administratif*, 13e édition, Paris, Montchrestien, coll. Domat droit public, 2008, 1540 p.

CHEVALLIER J.,

- *Le service public*, 11e édition, Paris, PUF, coll. Que sais-je ?, 2018, 127 p.

CLAMAGERAN J.-J.,

- *Histoire de l'impôt en France*, Première partie, Paris, Librairie de Guillaumin, 1897, 519 p.

CLERGERIE J.-L., GRUBER A., RAMBAUD P.,

- L'*Union européenne*, 11e édition, Paris, Dalloz, coll. Précis, 2016, 1160 p.

COLLET M.,

- *Droit fiscal*, 9e édition, Paris, PUF, coll. Thémis Droit, 2021, 461 p.

COLLET M., COLLIN P.,

- *Procédures fiscales : contrôle, contentieux et recouvrement de l'impôt*, 3e édition, Paris, PUF, coll. Thémis Droit, 2017, 380 p.

COUCHEZ G., LAGARDE X.,

- *Procédure civile*, 17e édition, Paris, Sirey, coll. Sirey université, Série droit privé, 2014, 514 p.

COUCHEZ G., LEBEAU D.,

- *Voies d'exécution*, 12e édition, Paris, Sirey, coll. Sirey université, série droit privé, 2017, 344 p.

COZIAN M., DEBOISSY F., CHADEFAUX M.,

- *Précis de fiscalité des entreprises*, 26ème édition, Paris, LexisNexis, 2002, 736 p.
- *Précis de fiscalité des entreprises*, 45ème édition, Paris, LexisNexis, 2021, 1099 p.

-D-

DAVID C.,

- *Droit de l'enregistrement et taxe de publicité foncière*, Paris, Dalloz, coll. Mémentos, 1984, 208 p.

DAVID C., FOUQUET O., PLAGNET B., RACINE P.-F.,

- *Les grands arrêts de la jurisprudence fiscale*, Paris, Dalloz, 2009, 1135 p.

DEBAT O.,

- *Droit fiscal des affaires*, 20e édition, Paris, Dalloz, Collection Précis, 2021, 941 p.

DETRAZ S., SALOMON R.,

- *Précis de droit pénal fiscal*, Paris, LexisNexis, coll. Précis fiscal, 2021, 890 p.

DONNIER M., DONNIER J.-B.,

- *Voies d'exécution et procédures de distribution*, 10e édition, Paris, LexisNexis, 2020, 682 p.

DOUET F.,

- *Précis de droit fiscal de la famille*, 18e édition, Paris, LexisNexis, coll. Précis fiscal, 2019, 1066 p.
- *Fiscalité 2.0 fiscalité du numérique*, Paris, LexisNexis, coll. Précis fiscal, 2018, 305 p.

-E-F-G-

FERRAND F.,

- *Droit privé allemand*, Paris, Dalloz, 1997, 846 p.

GASPARINI E., GOJOSSO E.,

- *Cours d'introduction historique au droit et à l'histoire des institutions*, 8e édition, Paris, Gualino, 2018, 413 p.

GAUDEMET P.-M.,

- *Précis de finances publiques*, Paris, Montchrestien, 1970, 2 vol., 468 et 530 p.

GEFFROY J.-B.,

- *Grands problèmes fiscaux contemporains*, Paris, PUF, coll. Droit fondamental. Droit financier, 1993, 671 p.

GEST G., TIXIER G.,

- *Manuel de droit fiscal*, 4e édition, Paris, LGDJ, 1986, 684 p.

GOUR C., MOLINIER J., TOURNIÉ G.,

- *Procédure fiscale*, Paris, PUF, coll. Thémis Droit, 1982, 388 p.

GROSCLAUDE J., MARCHESSOU Ph., TRESCHER B.,

- *Procédures fiscales*, 10e édition, Paris, Dalloz, 2020, 467 p.
- *Droit fiscal général*, 13e édition, Paris, Dalloz, coll. « Cours Dalloz », 2021, 719 p.

GUINCHARD S., VARINARD A., DEBARD Th.,

- *Institutions juridictionnelles*, 13e édition, Paris, Dalloz, 2015, 1318 p.

GUINCHARD S., et *alii.*,

- *Procédure civile - Droit interne et droit de l'Union européenne*, Paris, Dalloz, coll. Précis, 2018, 1802 p.

-H-I-J-K-

HAÏ J.-L.,

- *L'imposition du capital*, 4e édition, Paris, PUF, coll. Que sais-je ?, 1986, 127 p.

JEULAND E.,

- *Droit processuel général*, 4e édition, Paris, LGDJ, coll. Domat droit privé, 2018, 874 p.

JEULAND E., VEYRE L.,

- *Institutions juridictionnelles*, Paris, PUF, coll. Thémis droit, 2021, 535 p.

KELSEN H.,

- *Théorie pure du droit*, Paris, LGDJ, 1999, 367 p.
- *Théorie pure du droit,* traduction de la 2e édition de la « Reine Rechtslehre » par Ch. EISENMANN, Paris, Dalloz, 1989, 496 p.

-L-

LAFERRIÈRE E.,

- *Traité de la juridiction administrative et des recours contentieux, Tome premier, Notions générales et législation comparée, histoire, organisation, compétence de la juridiction administrative,* Paris, Berger-Levrault, 1887, 670 p.
- *Traité de la juridiction administrative et des recours contentieux, Tome second, Compétence (suite), marchés et autres contrats, dommages, responsabilité de l'État, traitements et pensions, contributions directes, élections, recours pour excès de pouvoir, interprétation, contraventions de grande voirie*, Paris, Berger-Levrault, 1888, 675 p.

LAMARQUE J., NÉGRIN O., AYRAULT L.,

- *Droit fiscal général*, 2e édition, Paris, LexisNexis, 2011, 1463 p.
- *Droit fiscal général*, 4e édition, Paris, LexisNexis, 2016, 1642 p.

LAMBERT Th.,

- *Contentieux fiscal*, Paris, Hachette supérieur, 2011, 157 p.
- *Procédures fiscales*, 4e édition, Paris, LGDJ, coll. Domat droit public, 2019, 752 p.

LAMBERT Th. (dir.),

- *Contentieux fiscal*, Paris, STH, coll. Principes et pratiques, 1989, 228 p.

LAUBADÈRE A. (de),

- *Traité élémentaire de droit administratif*, 3e édition, Paris, LGDJ, 1963, 2 vol., 662 et 464 p.

LAUFENBURGER H.,

- *Traité d'économie et de législation financière, Tome II - Économie du système fiscal français national et local*, 5e édition, Paris, Recueil Sirey, 1954, 354 p.

LE BOT O.,

- *Contentieux administratif*, 8e édition, Bruxelles, Bruylant, coll. Paradigme, 2021, 390 p.

LEGRAND G., MARTIN H., LAGARDE P. (de),

- *Le recouvrement de l'impôt*, 2e édition, Paris, LexisNexis, coll. Précis fiscal, 2014, 430 p.

LEROY-BEAULIEU P.,

- *Traité de la science des finances*, Paris, Librairie Guillaumin, 1877, 2 vol., 746 et 607 p.

LIGNEREUX B.,

- *Précis de droit constitutionnel fiscal*, Paris, LexisNexis, coll. Précis fiscal, 2020, 860 p.

LONG M., WEIL P., BRAIBANT G., DELVOLVÉ P., GENEVOIS B.,

- *Les grands arrêts de la jurisprudence administrative*, 22e édition, Paris, Dalloz, 2019, 819 p.

LOPEZ Ch.,

- *Droit pénal fiscal*, Paris, LGDJ, coll. Systèmes fiscalité, 2012, 227 p.

-M-N-O-

MAITROT DE LA MOTTE A.,

- *Droit fiscal de l'Union européenne*, 2e édition, Bruxelles, Bruylant, 2016, 867 p.

MALAURIE Ph., AYNÈS L., STOFFEL-MUNCK Ph.,

- *Droit des obligations*, 11e édition, Paris, LGDJ, 2020, 895 p.

MARDIÈRE Ch. (de la),

- *Droit fiscal général*, 2e édition, Paris, Flammarion, coll. Champs université, 2015, 384 p.

NEURRISSE A.,

- *Histoire de la Fiscalité en France*, Paris, Economica, coll. Proche Finances publiques, 1996, 111 p.

OLIVA E., GIUMMARRA S.,

- *Droit constitutionnel*, 9e édition, coll. Aide-mémoire, Paris, Sirey, 2017, 411 p.

-P-Q-R-

PACTEAU B.,

- *Contentieux administratif*, 7ème éd., Paris, PUF, coll. Droit fondamental classiques, 2004, 530 p.
- *Manuel de contentieux administratif*, 3ème éd, Paris, PUF, coll. Droit fondamental, 2014, 308 p.

PACTET P.,

- *Les institutions françaises*, 11e édition, Paris, PUF, coll. Que sais-je ?, 2006, 127 p.

PETIT S.,

- *Le Tribunal des conflits*, Paris, PUF, coll. Que sais-je ?, 1994, 127 p.

PHILIP P.,

- *Procédures fiscales et garanties des contribuables*, 2e édition, Paris, Economica, coll. Pratique du droit, 2014, 169 p.

PLESSIX B.,

- *Droit administratif général*, 3e édition, Paris, LexisNexis, coll. Manuels, 2020, 1741 p.

-S-T-U-

SAINT BONNET F., SASSIER Y.,

- *Histoire des institutions avant 1789*, 5e édition, Issy-les-Moulineaux, LGDJ, coll. Domat Droit public, 2008, 495 p.

STAES O.,

- *Droit judiciaire privé*, Paris, Ellipses, coll. Université, Droit, 2006, 256 p.

STRICKLER Y.,

- *Procédure civile*, 11e édition, Bruxelles, Bruylant, coll. Paradigme – Manuels, 2021, 406 p.

TOCQUEVILLE A. (de),

- *L'ancien régime et la révolution*, Paris, Flammarion, 1988, 411 p.

TROTABAS L.,

- *Les finances publiques et les impôts de la France*, Paris, Armand Colin, 1937, 215 p.
- *Précis de science et de législation financières*, 9e édition, Paris, Dalloz, Petit précis, 1947, 462 p.
- *Science et technique fiscales*, Paris, Dalloz, coll. Précis, 1958, 419 p.

TROTABAS L., COTTERET J.-M.,

- *Droit fiscal*, 8e édition, Paris, Dalloz, coll. Précis, 1996, 434 p.

-V-W-X-Y-Z-

VINCENT J., GUINCHARD S.,

- *Institutions judiciaires : organisation, juridictions, gens de justice*, 8e édition, Paris, Dalloz, coll. Précis. Droit privé, 2005, 974 p.

WAHL A.,

- *Traité de droit fiscal*, Tome III, Paris, Chevalier-Marescq & co, 1902-1906, 569 p.

ZENATTI F.,

- *La jurisprudence*, Paris, Dalloz, coll. Méthodes du droit, 1991, 281 p.

III – OUVRAGES SPÉCIAUX ET THÈSES

-A-

ANCEL P., RIVIER M.-C. (dir.),

- *Les divergences de jurisprudence*, Saint-Etienne, Publications de l'université de Saint-Etienne, 2003, 372 p.

AMSELEK P.,

- *Études de droit public*, Paris, éditions Panthéon-Assas, coll. Les introuvables, 2009, 792 p.

AMSELEK P. (dir.),

- *Interprétation et droit*, Bruxelles, PUAM-Bruylant, 1995, 245 p.

ARDANT G.,

- *Théorie sociologique de l'impôt*, Paris, Imprimerie nationale, 1965, 2 vol., 1213 p.
- *Histoire de l'impôt, Livre I, De l'Antiquité au XVIIe siècle*, Paris, Fayard, 1972, 634 p.
- *Histoire de l'impôt, Livre II, Du XVIIIe au XXIe siècle*, Paris, Fayard, 1972, 970 p.

ARISTOTE,

- *Éthique à Nicomaque*, Partie II – La vertu, Paris, Flammarion, 2004, 560 p.

ASSOCIATION DES MAGISTRATS ET ANCIENS MAGISTRATS DE LA COUR DE CASSATION,

- *Le tribunal et la Cour de cassation 1790-1990*, volume jubilaire, Paris, Litec, 1990, 275 p.

AYRAULT L.,

- *Le contrôle juridictionnel de la procédure d'imposition*, Paris, L'Harmattan, Finances publiques, 2004, 444 p.

-B-

BARRAUD B.,

- *La jurisprudence et la doctrine*, Paris, L'Harmattan, coll. Le droit aujourd'hui, 2017, 283 p.

BAS C.,

- *Le fait générateur de l'impôt*, Paris, L'Harmattan, coll. Finances publiques, 2007, 500 p.

BASLE M.,

- *Systèmes fiscaux*, Paris, Dalloz, Memento Dalloz, 1989, 188 p.

BAYLAC C.,

- *Le formalisme du droit fiscal*, Paris, L'Harmattan, Finances publiques, 2002, 515 p.

BEAUVOIS Y.,

- *Léon Noël, de Laval à de Gaulle, via Pétain, 1888-1987*, Villeneuve d'Ascq, Presses universitaires du Septentrion, 2001, 468 p.

BELTRAME P., MEHL L.,

- *Techniques, politiques et institutions fiscales comparées*, 2ème édition refondue, Paris, PUF, Thémis Droit public, 1997, 700 p.

BERN Ph.,

- *La nature juridique du contentieux de l'imposition*, Paris, LGDJ, Bibliothèque droit public, 1972, 187 p.

BERNS Th., DUPONT J.-C K., XIFARAS M. (dir.),

- *Philosophie de l'impôt*, Bruxelles, Bruylant, Penser le droit, 2006, 270 p.

BETCH M.,

- *Le juge judiciaire et l'impôt*, Paris, Litec, 2010, 358 p.

BIENVENU J.-J., PETIT J., PLESSIX B. ET SEILLER B. (dir.),

- *La constitution administrative de la France*, Paris, Dalloz, coll. « Thèmes et commentaires », 2012, 395 p.

BLANLUET G.,

- *Essai sur la notion de propriété économique en droit français : recherche au confluent du droit fiscal et du droit civil*, Paris, LGDJ, Bibliothèque de droit privé, 1999, 493 p.

BODIN J.,

- *Les six livres de la République*, Paris, Fayard, 1986, 6 vol. : 340, 123, 209, 216, 229, 550 p.

BOUVIER M.,

- *La nouvelle administration financière et fiscale*, Paris, LGDJ, 2011, 198 p.
- *L'impôt sans le citoyen ?*, Paris, LGDJ, 2019, 173 p.

BRACONNIER S.,

- *Jurisprudence de la Cour européenne des droits de l'homme et droit administratif français*, Bruxelles, Bruylant, 1997, 590 p.

BUFFA S.,

- *Le pouvoir discrétionnaire de l'administration fiscale*, Paris, LGDJ, Coll. Bibliothèque de l'IRJS-André Tunc, 2014, 535 p.

-C-

CARBONNIER J.,

- *Essais sur les lois*, Paris, Répertoire du notariat Defrénois, 1979, 298 p.

CARTIER E. (dir.),

- *La QPC, le procès et ses juges. L'impact sur le procès et l'architecture juridictionnelle*, Paris, Dalloz, 2013, 544 p.

CASTAGNÈDE B.,

- *La répartition des compétences juridictionnelles en matière fiscale*, Thèse dactyl., Paris I, 1972, 2 volumes, 594 p.

CHAPUS R.,

- *L'administration et son juge*, Paris, PUF, 1999, 426 p.

CHAUTARD A.,

- *La mutabilité de l'instance fiscale et le droit à un procès équitable*, Paris, L'Harmattan, coll. Finances publiques, 2003, 383 p.

CHEVALIER J.,

- *L'élaboration historique du principe de séparation de la juridiction administrative et de l'administration active*, Paris, LGDJ, 2015, 317 p.

CHEVALIER J.-P.,

- *La relativité de chose jugée dans le contentieux fiscal*, Paris, PUF, 1975, 156 p.

CHOUVEL F., LAMBERT Th. (dir.),

- *Les cas de partage au Tribunal des conflits*, Paris, Economica, 1984, 126 p.

COZIAN M. (dir.),

- *Les grands principes de la fiscalité des entreprises*, 4e édition, Paris, Litec, 1999, 513 p.

-D-

D'AMBRA D.,

- *L'objet de la fonction juridictionnelle : dire le droit et trancher les litiges*, Paris, LGDJ, 1994, 339 p.

DARAGON S.,

- *Service public et droit fiscal*, Paris, LGDJ, Bibliothèque de finances publiques et fiscalité, Tome 68, 2019, 619 p.

DEBAT O.,

- *La rétroactivité et le droit fiscal*, Paris, Defrénois, Collection de thèses, Tome 18, 2006, 503 p.

DEDEURWAERDER G.,

- *Théorie de l'interprétation et droit fiscal*, Paris, Dalloz, Nouvelle bibliothèque de thèse, 2010, 486 p.

DEFLINE J.,

- *Le ministre des Finances sous la Ve République. Contribution à l'étude du désenchantement d'une toute-puissance*, Paris, LGDJ, Bibliothèque de science financière, 2021, 478 p.

DEGOFFE M.,

- *La juridiction administrative spécialisée*, Paris, LGDJ, Bibliothèque de droit public, 1996, 559 p.

DOUAY M.,

- *Le recouvrement de l'impôt*, Paris, LGDJ, coll. Systèmes, 2005, 223 p.

DOUET F.,

- *Contribution à l'étude de la sécurité juridique en droit fiscal interne français*, Paris, LGDJ, coll. Bibliothèque de droit privé, 1997, 383 p.

DUBERGÉ J.,

- *Les français face à l'impôt. Essai de psychologie fiscale*, Paris, LGDJ, 1990, 320 p.
- *Dédramatiser l'impôt*, Aix-en-Provence, PUAM, 1994, 139 p.

-G-H-

GÉNY F.,

- *Méthode d'interprétation et sources en droit privé positif : essai critique*, Paris, LGDJ, 1991, volume 1, 446 p.
- *Méthode d'interprétation et sources en droit privé positif : essai critique*, Paris, LGDJ, 1991, volume 2, 422 p.

GIRONDEAU L.,

- *Contribution à l'étude de la pénalisation du droit fiscal*, Paris, L'Harmattan, coll. Finances publiques, 2021, 513 p.

GOGUEL-MAZET E.,

- *Recherche sur la transparence en droit des finances publiques*, Thèse dactyl., Aix-Marseille Université, 2021, 479 p.

GONOD P., CADIET L. (dir.),

- *Le Tribunal des conflits. Bilan et perspectives*, Paris, Dalloz, Thèmes et commentaires, 2009, 121 p.

GROSCLAUDE J.,

- *L'impôt sur la fortune*, Paris, Berger-Levrault, 1976, 225 p.

GUEZ J.,

- *L'interprétation en droit fiscal*, Paris, LGDJ, Bibliothèque de l'Institut André Tunc, 2007, 376 p.

-I-J-K-

ISAIA H.,

- *Les cours administratives d'appel : approche critique*, Paris, Economica, 1993, 296 p.

ISAIA H., SPINDLER J. (dir.),

- *Histoire du droit des finances publiques - Vol. II. Les grandes étapes et l'évolution de la fiscalité d'État*, Paris, Economica, Finances publiques, 1987, 690 p.
- *Histoire du droit des finances publiques - Vol. III. Les grandes thèmes des finances locales*, Paris, Economica, Finances publiques, 1988, 599 p.

JEULAND E., BOILLOT Ch., (dir.),

- *La qualité dans la performance judiciaire : une notion objective et relationnelle ?*, Paris, IRJS Éditions, coll. Bibliothèque de l'IRJS-André Tunc, Tome 66, 2015, 221 p.

KAPLAN A.,

- *L'"Éthique" de Spinoza et la méthode géométrique : introduction à la lecture de Spinoza*, Paris, Flammarion, 1998, 234 p.

KAYSER P.,

- *La protection de la vie privée*, 2e édition, Paris, Economica - PUAM, 1990, 457 p.

KESLASSY E.,

- *Alexis de Tocqueville, De la démocratie en Amérique. Pour une sociologie de la démocratie*, Paris, Ellipses, 2012, 140 p.

KRYNEN J.,

- *L'emprise contemporaine des juges*, Paris, Gallimard, 2012, 432 p.

-L-

LALANNE-BERDOUTICQ D., TIXIER G.,

- *L'impôt sur les Grandes fortunes - Première partie*, Paris, LGDJ, 1982, 143 p.

LAMBERT Th.,

- *L'impôt dans une économie mondialisée. Contribution à une théorie générale de l'impôt*, Bruxelles, Bruylant, coll. Droit et économie, 2021, 200 p.

LAURÉ M.,

- *Science fiscale*, Paris, PUF, 1993, 413 p.

LE BERRE J.-M.,

- *La procédure fiscale contentieuse*, Thèse dactyl., Aix-Marseille III, 1977, 471 p.

LECA A.,

- *La genèse du droit*, Aix-en-Provence, Librairie de l'université & Presses universitaires d'Aix-Marseille, 1998, 415 p.

-M-

MANGIAVILLANO A.,

- *Le contribuable et l'État. L'impôt et la garantie constitutionnelle de la propriété (Allemagne- France)*, Paris, Dalloz, Nouvelle bibliothèque de thèse, 2009, 614 p.

MARCHESSOU Ph.,

- *L'interprétation des textes fiscaux*, Paris, Economica, Droit des affaires et de l'entreprise, 1980, 258 p.

MARDIÈRE Ch. (de la),

- *Recours pour excès de pouvoir et contentieux administratif de l'impôt*, Paris, LGDJ, Bibliothèque de science financière - Tome 41, 2002, 343 p.

MARTINEZ MEHLINGER J.,

- *Le recours pour excès de pouvoir en matière fiscale*, Paris, L'Harmattan, Logiques juridiques, 2002, 830 p.

MASCLET de BARBARIN M.,

- *Le contentieux du recouvrement de l'impôt*, Paris, LGDJ, Bibliothèque de droit public, 2004, 578 p.

MASSOT J., FOUQUET O. et *alii.*,

- *Le conseil d'État : juge de cassation*, 6e édition, Paris, Berger-Levrault, Les indispensables, 2018, 431 p.

MAUBLANC J.-P.,

- *L'interprétation de la loi fiscale par le juge de l'impôt*, Thèse dactyl., Bordeaux I, 1984, 522 p.

MBOULI A.,

- *Le dualisme juridictionnel en matière fiscale*, Thèse dactyl., Lyon III, 2009, 571 p.

MÉLIN-SOUCRAMANIEN F.,

- *Le principe d'égalité dans la jurisprudence du Conseil constitutionnel*, Paris, Economica-PUAM, coll. Droit public positif, 1997, 397 p.

MESSI M.,

- *Nul n'est censé ignorer la loi fiscale*, 2 Tomes, Paris, L'Harmattan, 2007, 432 et 315 p.

MONTESQUIEU, Charles-Louis de SECONDAT,

- *De l'esprit des lois*, Paris, Gallimard, 1995, 2 vol., 1617 p.

-N-O-P-

NOEL G.,

- *La réclamation préalable devant le service des impôts*, Paris, LGDJ, Bibliothèque de science financière, 1985, 654 p.

ORSONI G.,

- *L'évolution de la notion d'impôt*, Thèse dactyl., Aix-en-Provence, 1975, 673 p.

PAGNOL M.,

- *L'eau des collines : Manon des sources*, Paris, éditions de Fallois, 2004, 285 p.

PETIT S.

- *Le Tribunal des conflits*, Paris, PUF, coll. Que sais-je ?, 1994, 127 p.

PHILIP L.,

- *Droit fiscal constitutionnel. Évolution d'une jurisprudence*, Paris, Economica, 2014, 154 p.

PIÉTRI F.,

- *Justice et injustice fiscale*, 2e édition, Paris, Éditions Tallandier, coll. Du temps présent, 1933, 196 p.

POISSON J.-M.,

- *Les droits de l'Homme et les libertés fondamentales à l'épreuve de la dualité de juridictions*, Paris, L'Harmattan, Logiques juridiques, 2003, 458 p.

PUIGELIER Ch. (dir.),

- *La loi. Bilan et perspectives*, Paris, Economica, coll. Études juridiques, 2005, 415 p.

PUJOL J.,

- *L'application du droit privé en matière fiscale. Recherches sur la véritable place du droit privé dans le système fiscal français*, Paris, LGDJ, 1987, 152 p.

-Q-R-S-

RENOUX Th.-S. (dir.),

- *La justice en France*, Paris, La documentation française, 2013, 307 p.

RICHER D.,

- *Les droits du contribuable dans le contentieux fiscal*, Paris, LGDJ, Systèmes, 1997, 431 p.

SALOMON R.,

- *Les grandes conclusions du parquet général de la Cour de cassation en procédure civile*, Paris, Éditions Panthéon-Assas, Hors collection, 2017, 1315 p.

SCHMELTZ G.-W.,

- *La jurisprudence fiscale de la jurisprudence administrative*, Paris, Dalloz, 1978, 543 p.

SERIK C. (dir.),

- *Crises de confiance ?*, Paris, La découverte, coll. Recherche, 2020, 238 p.

SID AHMED K.,

- *Droits fondamentaux du contribuable et procédures fiscales : étude comparative, Tome 1 - Les droits d'origine non procédurale du contribuable*, Paris, L'Harmattan, Finances publiques, 2008, 438 p.

STOURM R.,

- *Systèmes généraux d'impôts*, Paris, Librairie Guillaumin, 1893, 415 p.

-T-U-

TARBÉ A. P.,

- *Lois et règlement à l'usage de la Cour de Cassation*, Paris, Librairie encyclopédique du droit, 1840, 504 p.

TIXIER G., DEROUIN Ph.,

- *Droit pénal de la fiscalité*, Paris, Dalloz, coll. Droit usuel, 1989, 221 p.

TSIKLITIRAS S.,

- *La protection effective des libertés publiques par le juge judiciaire en droit français*, Paris, LGDJ, 1991, 386 p.

UNIVERSITÉ PANTHÉON-ASSAS,

- *Clés pour le siècle*, Paris, Dalloz, 2000, 1840 p.

-V-W-X-Y-Z-

VALLI X.,

- *Le juge fiscal judiciaire et le droit privé*, Thèse dactyl., Aix-en-Provence, 2014, 628 p.

VAN LANG A.,

- *Juge judiciaire et droit administratif*, Paris, LGDJ, Bibliothèque de droit public, 1996, 360 p.

VAPAILLE L.,

- *La doctrine administrative fiscale*, Paris, L'Harmattan, Finances publiques, 1999, 488 p.

VIESSANT C.,

- *La pénétration du droit communautaire en droit fiscal français*, Thèse dactyl., Aix-Marseille III, 1999, 599 p.

YTIER D.,

- *Recherche sur la fiscalité locale au prisme de l'égalité*, Paris, Dalloz, coll. Bibliothèque parlementaire & constitutionnelle, 2021, 461 p.

IV – ACTES DE COLLOQUES

-A-B-C-D-E-

ASSOCIATION FRANÇAISE DE RECHERCHE EN DROIT ADMINISTRATIF (dir.),

- *Le juge judiciaire,* Paris, Dalloz, Thèmes et commentaires, 2016, 255 p.

BERGÉ J.-S., CANIVET G. (dir.),

- *La pratique du droit de l'Union européenne par le juge judiciaire*, Actes du colloque organisé à Lyon les 11 et 12 juin 2015, Paris, Dalloz, 2016, 227 p.

BIOY X., DEBAETS E., SCHMITZ J. (dir.),

- *La répartition des compétences juridictionnelles et la protection des libertés*, Paris, Institut francophone pour la justice et la démocratie, coll. Colloques et essais, 2021, 325 p.

BONNET B., DEUMIER P. (dir.),

- *De l'intérêt de la summa divisio droit public-droit privé ?,* Paris, Dalloz, coll. Thèmes et commentaires, 2010, 297 p.

CENTRE D'ÉTUDES FISCALES ET FINANCIERES (dir.),

- *Le système fiscal français et la construction européenne*, Table ronde, 21 janvier 1988, Aix-en-Provence, PUAM, 1989, 169 p.

COZIAN M., DIBOUT P., PIERRE J.-L. (dir.),

- *Droits et garanties du contribuable : évolutions er perspectives 20 ans après le rapport AICARDI : compte rendu et documentation*, Paris, Lexis Nexis, Colloques et débats, 2008, 656 p.

DARCY G., LABROT V., DOAT M. (dir.),

- *L'office du juge*, Paris, Sénat, Colloque, 2006, 544 p.

DRAGO G. (dir.),

- *L'application de la Constitution par les cours suprêmes*, Paris, Dalloz, coll. Thèmes et commentaires, 2007, 234 p.

-F-G-H-I-J-K-L-

FOUCHER K. (dir.),

- *L'apport de la QPC à la protection des droits et libertés*, Paris, Dalloz, coll. Thèmes et commentaires, Actes, 2020, 324 p.

HATOUX B. (dir.),

- *Droit du contribuable - État des lieux et perspective*, Paris, Economica, Entreprises et perspectives économiques, 2002, 170 p.

HERTZOG R. (dir.),

- *Le juge fiscal*, Paris, Economica, Finances publiques, 1988, 302 p.

LAMBERT Th. (dir.),

- *Égalité et équité. Antagonisme ou complémentarité ?*, Paris Economica, 1999, 145 p.
- *Le contentieux fiscal en débats,* Paris, LGDJ-Lextenso, coll. Grands colloques, 2014, 393 p.

-M-N-O-P-Q-R-

MATHIEU B., VERPEAUX M. (dir.),

- *L'examen de la constitutionnalité des lois par le Conseil d'État*, Paris, Dalloz, Les Cahiers constitutionnel de Paris, Thèmes et commentaires, 2011, 137 p.

MAUS D., FAVOREU L., PARODI J.-L. (dir.),

- *L'écriture de la Constitution de 1958*, Economica-PUAM, 1992, 852 p.

MONJAL P.-Y., JAN P., GESLOT Ch. (dir.),

- *La concurrence des juges en Europe. Le dialogue des juges en questions(s)*, Colloque Les actes de la Revue du droit de l'Union européenne, Paris, Éditions Clément Juglar, 524 p.

MONTALIVET P. (de) (dir.),

- *Changer de culture normative : améliorer la qualité du droit par la généralisation de bonnes pratiques,* Actes du E-colloque du 26 novembre 2020, Paris, LexisNexis, supplément n°3 à : *La Semaine juridique, édition générale*, 2021, 106 p.

NGAMPIO-OBELE-BELE U. (dir.),

- *La répartition des compétences juridictionnelles*, Bayonne, Institut universitaire Varenne, coll. Colloques et essais, 2019, 255 p.

PISSALOUX J.-L., FRANGI M. (dir.),

- *La simplification normative et administrative : état des lieux, enjeux et perspectives,* Paris, Institut francophone pour la Justice et la Démocratie, coll. Colloques & Essais, 2020, 198 p.

PONCELET Ch. (dir.),

- *Vive la loi !,* Actes du colloque du 25 mai 2004 au Palais du Luxembourg, Paris, Sénat, 2004, 137 p.

-S-T-U-V-W-X-Y-Z-

UNIVERSITE PANTHÉON-ASSAS (dir.),

- *Conseil constitutionnel et Conseil d'État*, Colloque des 21 et 22 janvier 1988 au Sénat, Paris, LGDJ Montchrestien, 1988, 536 p.

VAN LANG A. (dir.),

- *Le dualisme juridictionnel : limites et mérites,* Actes du colloque organisé à La Rochelle les 30 et 1er octobre 2005, Paris, Dalloz, 2007, 262 p.

V – MÉLANGES

(Classification selon le nom du dédicataire)

ARDANT A.,

- *Mélanges Philippe ARDANT : Droit et politique à la croisée des cultures*, Paris, LGDJ, 1999, 507 p.

AUBY J. M.,

- *Études offertes à Jean Marie AUBY*, Paris, Dalloz, 1992, 811 p.

BOULOUIS J.,

- *L'Europe et le droit : mélanges en hommage à Jean BOULOUIS*, Paris, Dalloz, 1991, 556 p.

CATALA P.,

- *Hommages à Pierre CATALA*, Paris, Dalloz, coll. Thèmes et commentaires, 2013, 91 p.

CHAPUS R.,

- *Mélanges René CHAPUS : droit administratif*, Paris, LGDJ, 2014, 707 p.

COZIAN M.,

- *Écrits de fiscalité des entreprises : Écrits à la mémoire du professeur Maurice COZIAN*, Paris, Litec, 2009, 948 p.

DAVID C.,

- *Regards critiques et perspectives sur le droit et la fiscalité, Liber amicorum Cyrille DAVID*, Paris, LGDJ, 2005, 424 p.

DRAGO R.,

- *L'unité du droit : Mélanges en l'honneur de Roland DRAGO*, Paris, Economica, 1996, 503 p.

DRAI P.,

- *Mélanges offerts à Pierre DRAI - Le juge entre deux millénaires,* Paris, Dalloz, 2000, 708 p.

EISENMANN Ch.,

- *Recueil d'études en hommage à Charles EISENMANN*, Paris, Edition Cujas, 1975, 467 p.

GAUDEMET P. M.,

- *Études de finances publiques : Mélanges en l'honneur du professeur Paul Marie GAUDEMET*, Paris, Economica, 1984, 1084 p.

GOUBEAUX G.,

- *Mélanges en l'honneur du professeur Gilles GOUBEAUX*, Paris, Dalloz, 2009, 617 p.

HAURIOU M.,

- *Mélanges Maurice HAURIOU*, Paris, Sirey, 1929, 832 p.

HERVOUET F.,

- *Entre les ordres juridiques : Mélanges en l'honneur du Doyen François HERVOUËT*, Poitiers, Presses juridiques, Collections de la faculté de droit et des sciences sociales à Poitiers, 757 p.

HERTZOG R.,

- *Réformes des finances publiques & modernisation de l'administration : Mélanges en l'honneur de Robert HERTZOG*, Paris, Economica, 2010, 656 p.

JACQUOT H.,

- *Mélanges en l'honneur de Henri JACQUOT*, Orléans, Presses universitaires d'Orléans, 2006, 616 p.

KAYSER P.,

- *Études offertes à Pierre KAYSER*, Aix-en-Provence, PUAM, 1979, 2 vol., 502 et 455 p.

LABETOULLE D.,

- *Juger l'administration, administrer la justice. Mélanges en l'honneur de Daniel LABETOULLE*, Paris, Dalloz, 2007, 882 p.

LASSALE J.-P., MONTAGNIER G., SAÏDJ L.,

- *Mélanges en l'honneur de Jean-Pierre LASSALE, Gabriel MONTAGNIER et Luc SAÏDJ, Figures lyonnaises des finances publiques*, Paris, L'Harmattan, coll. Finances publiques, 2012, 333 p.

LOUIT Ch.,

- *Mélanges en l'honneur du Professeur Christian LOUIT*, Bruxelles, Bruylant, 2015, 495 p.

MODERNE F.,

- *Mouvement du droit public : du droit administratif au droit constitutionnel, du droit français aux autres droits. Mélanges en l'honneur de Franck MODERNE*, Paris, Dalloz, 2004, 1264 p.

NEGULESCO P.,

- *Mélanges Paul NEGULESCO*, Bucuresti, Monitorul oficial si imprimeriile statilui, 1935, 855 p.

ORSONI G.,

- *De l'esprit de réforme et de quelques fondamentaux. Mélanges en l'honneur du professeur Gilbert* ORSONI, Aix-en-Provence, PUAM, 2018, 567 p.

PERROT R.,

- *Nouveaux juges, nouveaux pouvoirs ? - Mélanges en l'honneur de Roger* PERROT, Paris, Dalloz, 1995, 598 p.

WALINE M.,

- *Mélanges offerts à Marcel* WALINE *: le juge et le droit public*, Paris, LGDJ, 1974, 858 p.

VI – ARTICLES

-A-

ABDULGHANI M.,

- « Avis à tiers détenteur », *in* G. ORSONI (dir.), *Finances publiques. Dictionnaire encyclopédique*, 2e édition, Paris, Economica, 2017 p. 79.

ADALID S.,

- « Trajet préjudiciel. Étude concrète d'une relation ambiguë », *in* J.-S. BERGÉ, G. CANIVET, *La pratique du droit de l'Union européenne par le juge judiciaire*, Actes du colloque organisé à Lyon les 11 et 12 juin 2015, Paris, Dalloz, 2016, pp. 31 et s.

ALBERT J.-L.,

- « La Cour de cassation et l'impôt de solidarité sur la fortune : conséquences et inconséquences », *Recueil Dalloz*, 2005, pp. 1659 et s.
- « La fiscalité du patrimoine », *in Mélanges en l'honneur de Henri* JACQUOT, Orléans, Presses universitaires d'Orléans, 2006, pp. 17-29.

ALBERTINI D.,

- « Les "gilets jaunes" carburent au ras-le-bol fiscal », libération.fr, 14 novembre 2018.

ANGOTTI A., MARTINET F.,

- « Conseil d'État et Cour de cassation, juges de l'impôt : étude comparative (deuxième volet) », *Droit Fiscal*, 2013, n°39, Étude 435, pp. 9-18.

ARRIGHI DE CASANOVA J., STAHL J.-H.,

- « Tribunal des conflits : l'âge de maturité », *AJDA*, 2015, n°10, pp. 575 et s.

ATIAS Ch.,

- « La Cour de cassation, gardienne de l'unité du droit », *in* LABORATOIRE D'ÉPISTÉMOLOGIE JURIDIQUE (coll.), *L'image doctrinale de la Cour de cassation*, Paris, la Documentation française, 1994, 251 p.

AUBY J.-M.,

- « L'autorité judiciaire gardienne du corps humain ? », *in L'unité du droit. Mélanges en hommage à Roland DRAGO*, Paris, Economica, 1996, pp. 353-367.

AUTEXIER Ch.,

- « La dualité du droit applicable à l'administration et la pluralité de juridictions en matière administrative en Allemagne », *RFDA*, 1990, n°5, pp. 863-868.

AVRIL P., GICQUEL J.,

- « Note sous décision n°81-136 DC », *Pouvoirs*, mai 1982, n°21, pp. 198 et s.

AYRAULT L.,

- « Le volet civil de l'article 6, 1 et le droit fiscal au lendemain de l'arrêt Com. 12 juill. 2004, *Cts Pelat* », *L'Année fiscale*, 2005, pp. 195-210.
- « Rapport de synthèse », *Droit Fiscal*, 2016, n°38, Étude 488.
- « La fin des présomptions ? À propos des présomptions irréfragables », *REIDF*, 2018, n°1, pp. 17-25.

-B-

BACHELIER G.,

- « Le Tribunal des conflits, juge administratif ou juge judiciaire ? », *in* A. VAN LANG (dir.), *Le dualisme juridictionnel : limites et mérites,* Actes du colloque organisé à La Rochelle les 30 et 1er octobre 2005, Paris, Dalloz, 2007, pp. 67-81.

BADINTER R.,

- « Une si longue défiance », *Pouvoirs*, 1995, n°74 *Les juges*, pp. 7-12.

BADINTER R., LONG M.,

- « Conseil constitutionnel et Conseil d'État. Une seule Constitution », *in* UNIVERSITÉ PANTHÉON-ASSAS, *Conseil constitutionnel et Conseil d'État*, Colloque des 21 et 22 janvier 1988 au Sénat, Paris, LGDJ, 1988, pp. 30 et s.

BARILARI A.,

- « Le consentement à l'impôt », *RFFP*, n°147, 2019, pp. 191 et s.

BASTARD B., GUIBENTIF P.,

- « Présentation - Justice de proximité : la bonne distance, enjeu de politique judiciaire », *Droit et société*, 2007, n°66, pp. 267-274.

BAZEX M.,

- « Les origines de l'évolution du partage des compétences entre juridiction judiciaire et administrative », *in* H. ISAÏA, J. SPINDLER (dir.), *Histoire du droit des finances publiques Vol. II, Les grandes étapes de la fiscalité de l'État*, Paris, Economica, 1987, pp. 623-660.

BEISSEL-MERTEN S.,

- « Unité ou dualité de juridiction en matière administrative au Grand-Duché de Luxembourg », *RFDA*, 1990, n°5, pp. 886 et s.

BELTRAME P., LOUIT Ch.,

- « Le procès fiscal équitable : l'affirmation d'une norme européenne ? », *RFFP*, n°83, 2003, pp. 121-131.

BERGEL J.-L.,

- « Introduction générale », *in* G. DARCY, V. LABROT, M. DOAT (dir.), *L'office du juge*, Paris, Sénat, Colloque, 2006, pp. 12-25.

BERGERES M.-Ch.,

- « Les voies contentieuses permettant d'assurer la primauté de la norme fiscale communautaire sur la norme fiscale nationale », *Droit Fiscal*, 1999, n°30, comm. 100255.
- « Les normes jurisprudentielles en droit fiscal », *Droit Fiscal*, 2000, n°13, Étude 100109, pp. 549-554.
- « Vers un contrôle élargi de la loi fiscale par le Conseil d'État ? », *Droit Fiscal*, 2002, n°43, pp. 1433-1438.
- « Un principe à valeur constitutionnelle paradoxalement ignoré du droit fiscal : l'intelligibilité de la loi », *Droit Fiscal*, 2003, n°24, chron. 24.

BERNABE B., CARTIER E.,

- « L'introduction d'un nouveau gène dans le procès », *in* E. CARTIER (dir.), *La QPC, le procès et ses juges. L'impact sur le procès et l'architecture juridictionnelle*, Paris, Dalloz, 2013, pp. 1–18.

BETCH M., NEEL B.,

- « Juge pénal et juge fiscal », *in* R. HERTZOG (dir.), *Le juge fiscal*, Paris, Economica, Finances publiques, 1988, pp. 85-118.

BIENVENU J.-J.,

- « Variations sur les difficultés de fonder le partage des compétences juridictionnelles », *RFFP*, 1987, n°17, pp. 31-36.

BILLECOQ A.,

- « Monisme », *in* S. AUROUX, A. JACOB (dir.), *Les notions philosophiques : dictionnaire*, Tome 2, Paris, PUF, 1990, 1778 p.

BISSY A. (de),

- « La sanction de la comptabilité par la fiscalité », *Droit Fiscal*, 2007, n°44-45, Étude 938.

BOKDAM-TOGNETTI E.,

- « Pénalités fiscales et pouvoirs du juge : la CEDH valide l'approche du Conseil d'État », *RJF*, 2012, n°8-9, pp. 699-705.
- « Droit interne et droit de l'Union européenne : entre harmonisation, coopération et inspiration. Quelques réflexions à

l'occasion de l'affaire Ambulances de France », *RJF*, 2013, n°4, pp. 331-338.

- « QPC et contentieux fiscal : bientôt quatre années d'enrichissement mutuel et d'évolution sans révolution », *RJF*, 2013, n°12, pp. 979-988.

BOKDAM-TOGNETTI E., CREPEY E.,

- « La réception de la jurisprudence de la Cour de justice de l'Union européenne en matière de TVA par le Conseil d'État français », *REIDF*, 2015, n°3, pp. 373-382.

BOULEZ Ch., SCHIELE P.,

- « Le règlement non contentieux des conflits en droit fiscal », *Bulletin fiscal Francis Lefebvre*, 1997, n°7, pp. 437-445.

BOULOUIS J.,

- « Procès du juge fiscal », *RSF*, 1957, pp. 631 et s.

BOURDIEU P.,

- « La force du droit », *Actes de la recherche en sciences sociales*, vol. 64, 1986, pp. 3-19.

BRETTON P.,

- « L'autorité judiciaire gardienne des libertés essentielles et de la propriété privée », *Revue internationale de droit comparé,* 1965, pp. 967-969.

BUISSON J.,

- « Impôt et souveraineté », *Archives de philosophie du droit, Tome 46 : L'impôt*, Paris, Dalloz, 2002, pp. 25-31.

-C-

CAILLOSSE J.,

- « La justification du maintien actuel du dualisme juridictionnel », *AJDA*, 2005, pp. 1781-1786.

CARBONNIER J.,

- « L'État dans une vision civiliste », *Droits*, 1992, n°15, pp. 19 et s.

CASSARD-VALEMBOIS A.-L., MARDIÈRE Ch. (de la), MALIHERE F., SALLES S., SAUGET C., VABRES R.,

- « QPC et droit fiscal. Les apports croisés du droit fiscal et de la QPC », *Les cahiers du Conseil Constitutionnel, Titre VII* [en ligne], Hors-série, *QPC 2020 : les dix ans de la question citoyenne*, octobre 2020, https://www.conseil-constitutionnel.fr/publications/titre-vii/

CASTAGNÈDE B.,

- « Remarque sur la nature juridique du contentieux fiscal », *Revue de science financière*, 1970, n°s 1-2, pp. 5-30.
- « Nature et caractères du droit fiscal », *Droit Fiscal*, 2007, n°25, chron. 623.
- « Fiscalité internationale : chronique de l'année 2010 », *Droit Fiscal*, 2011, n°9, Étude 235.
- « Réforme du système fiscal international et droits d'imposition des pays en développement », *Droit Fiscal*, 2019, n°47, Étude 445.

CAZENEUVE B.,

- « Propos introductifs : Rendre le droit plus simple, plus clair et aisément accessible à tous », *in* P. DE MONTALIVET (dir.), *Changer de culture normative : améliorer la qualité du droit par la généralisation de bonnes pratiques,* Actes du E-colloque du 26 novembre 2020, Paris, LexisNexis, supplément n°3 à : *La Semaine juridique, édition générale*, 2021, pp. 11-13.

CHABANOL D.,

- « Sociologie du juge fiscal », *in* R. HERTZOG (dir.), *Le juge fiscal*, Paris, Economica, Finances publiques, 1988, pp. 46-50.

CHALTIEL F.,

- « La déontologie devant le Conseil constitutionnel », *Les petites affiches*, 2018, n°80, pp. 7-20.

CHAPUS R.,

- « Dualité de juridiction et unité de l'ordre juridique », *RFDA*, 1990, pp. 739-744.

CHEVALIER J.-P.,

- « Le juge judiciaire fiscal est-il un "pouvoir fiscal" ? », *in* R. HERTZOG (dir.), *Le juge fiscal*, Paris, Economica, 1988, pp. 252-271.

CHEVALLIER J.,

- « La dimension symbolique du principe de légalité », *RDP*, 1990, n°6, pp. 1651-1677.

CHRÉTIEN M.,

- « Le recours pour excès de pouvoir en matière fiscale », *JCP*, 1946, I, n°571.
- « Réflexions sur la dualité juridictionnelle en matière fiscale », *in Le juge et le droit public, Mélanges en l'honneur de Marcel WALINE*, Paris, LGDJ, 1974, pp. 115-125.

CLEMENCE M.-C.,

- « L'office du juge en matière de fiscalité locale », *Droit Fiscal*, 2015, n°36, Étude 529.

COLLET M.,

- « La recevabilité du recours en annulation contre les instructions fiscales », *Droit Fiscal*, 2005, n°25, Étude 23.
- « Les bienfaits du "dialogue des juges". Remarques sur la mise en œuvre par le juge fiscal des articles 14 de la Convention EDH et 1er de son premier protocole additionnel », *Droit Fiscal*, 2006, n°51, comm. 70.

COLLIN P.,

- « Procédures fiscales : chronique de l'année 2012 », *Droit Fiscal*, 2013, n°9, Étude 176.

COURTIAL J.,

- « Le juge administratif de l'impôt », *Droit Fiscal*, 2016, n°38, Étude 491.

COZIAN M.,

- « Propos désobligeant sur une “tarte à la crème” : l'autonomie et le réalisme du droit fiscal », *in* M. COZIAN (dir.), *Les grands principes de la fiscalité des entreprises*, 4e édition, Paris, Litec, 1999, pp. 3 et s.

CROUY CHANEL E. (de),

- « La citoyenneté fiscale », *Archives de philosophie du droit, Tome 46 : L'impôt*, Paris, Dalloz, 2002, pp. 39-77.

CRUVELLIER E.,

- « Le traitement fiscal des frais de procédure », *Droit Fiscal*, 2013, n°50, Étude 544.

-D-

DARRIEUTORT J.-P.,

- « Le juge et la doctrine administrative », *RFFP*, n°75, 2001, pp. 21-30.
- « Spécificité du contentieux fiscal : état des lieux », *in Mélanges en l'honneur du Professeur Christian LOUIT*, Bruxelles, Bruylant, 2015, pp. 272-277.

DAUMAS V.,

- « Compétence juridictionnelle en contentieux du recouvrement et procédures collectives : ménage à trois au cœur du labyrinthe », *RJF*, 2010, n°1, pp. 3 et s.

DEFLINE J.,

- « Avis de mise en recouvrement (AMR) », *in* G. ORSONI (dir.) *Finances publiques. Dictionnaire encyclopédique*, 2e édition, Paris, Economica, 2017 p. 79.

DELVOLVÉ P.,

- « Le Conseil d'État, régulateur de l'ordre juridictionnel administratif », *in Juge l'administration, administrer la justice. Mélanges en l'honneur de Daniel LABETOULLE*, Paris, Dalloz, 2007, pp. 259 et s.

DEROUIN Ph.,

- « Les moyens relevés en secret par le juge administratif de l'impôt », *Droit Fiscal*, 2014, n°42, Étude 587.

DORT A.,

- « Rôle nominatif », *in* G. ORSONI (dir.), *Finances publiques. Dictionnaire encyclopédique*, 2e édition, Paris, Economica, 2017, p. 800.

DOUAY M.,

- « Jurisprudence récente de la Cour de cassation en matière de recouvrement », *Droit Fiscal*, 2017, n°43-44, Étude 520.

DRAGO G.,

- « Introduction générale », *in* G. DRAGO (dir.), *L'application de la Constitution par les cours suprêmes*, Paris, Dalloz, coll. Thèmes et commentaires, 2007, pp. 1 et s.

DRAGO R.,

- « Le juge judiciaire juge administratif », *RFDA*, 1990, pp. 757-763.

DIBOUT P.,

- « Le précompte : incompatibilité avec le droit communautaire ? Éclairage sur le renvoi préjudiciel à la Cour de justice », *Droit Fiscal*, 2009, n°30, Étude 430.

DOUCHY-OUDOT M.,

- « L'office du juge », *in Mélanges en l'honneur du professeur Gilles GOUBEAUX*, Paris, Dalloz, 2009, pp. 99-108.

DUCHON-DORIS J.-Ch.,

- « Procès équitable et contentieux du recouvrement », *Droit Fiscal*, 2002, n°17, Étude 16.

DUMORTIER G.,

- « L'égalité », *in* J.-J. BIENVENU, J. PETIT, B. PLESSIX et B. SEILLER (dir.), *La constitution administrative de la France*, Paris, Dalloz, coll. « Thèmes et commentaires », 2012, p. 351.

-E-

ESCLASSAN M.-C.,

- « À propos de la juridicisation du droit fiscal. Quelques éléments d'analyse », *RFFP*, 1993, n°41, pp. 73-84.

- « L'organisation du contentieux fiscal est-elle toujours actuelle ? », *RFFP*, n°100, 2007, pp. 59-68.

-F-

FABRE A.,

- « Gilets jaunes : Le ras-le-bol fiscal ne date pas d'hier », lemonde.fr, 14 décembre 2018.

FAVOREU L.,

- « Note sous décision n°81-136 DC », *Revue du droit public et de la science politique en France et à l'étranger*, avril 1983, n°2, pp. 333 et s.
- « La Cour de cassation, le Conseil constitutionnel et l'article 66 de la Constitution », *Recueil Dalloz*, 1986, p. 169.
- « Dualité ou unité d'ordre juridique : Conseil constitutionnel et Conseil d'État participent-ils de deux ordres juridiques différents ? », *in* UNIVERSITÉ PANTHÉON-ASSAS, *Conseil constitutionnel et Conseil d'État,* Colloque des 21 et 22 janvier 1988 au Sénat, Paris, LGDJ Montchrestien, 1988, pp. 145-189.

FERNANDES FERREIRA R. M.,

- « L'arbitrage fiscal (perspective d'un avocat portugais) », *REIDF*, n°2020/2, pp. 225-230.

FERRARI S.,

- « L'exécution par le juge administratif des décisions QPC rendues par le Conseil constitutionnel », *RDP*, 2015, n°6, pp. 1495-1532.

FINES F.,

- « "L'autorité judiciaire gardienne de la liberté individuelle" dans la jurisprudence constitutionnelle », *RFDA*, 1994, pp. 597 et s.

FOUQUET O.,

- « Fraude à la loi et abus de droit », *Droit Fiscal*, 2006, n°47, Étude 65.
- « Le Conseil constitutionnel et le principe d'égalité devant l'impôt », *Les nouveaux cahiers du Conseil constitutionnel*, 2011, n°33 Le Conseil constitutionnel et l'impôt, Source : conseil-constitutionnel.fr.

FOURRE J.,

- « Le contentieux fiscal devant la juridiction administrative après le 1er janvier 1989 », *Droit Fiscal,* 1988, n°49, pp. 1393 et s.

FREMINET P. (de),

- « La Communauté européenne dispose-t-elle d'un juge fiscal ? », *Droit Fiscal*, 2007, n°25, Étude 647.

FRIDMAN P.,

- « Avant-propos, Jurisprudence fiscale de la cour administrative d'appel de Paris », *Droit Fiscal,* 2015, n°50, Étude 722.

-G-

GAIA P.,

- « Le Conseil constitutionnel peut-il encore résister à l'Europe ? », *RFDC*, 2014, n°100, pp. 921 et s.

GARANT P.,

- « L'unité de juridiction : bien ancrée au Canada », *RFDA*, 1990, n°5, pp. 872 et s.

GAUDEMET P.-M.,

- « Réflexions sur les rapports du juge et du fisc », *in Mélanges offerts à Marcel WALINE, Le juge et le droit public*, Paris, LGDJ, 1974, pp. 127-136.

GAUTHIER Th.,

- « Le juge judiciaire de l'impôt », *in Actes du colloque : Juge pénal et juge de l'impôt, RJF*, 2016, n°38, Étude 492.

GAZIER F.,

- « Avant-propos », *in* F. CHOUVEL, TH. LAMBERT, D. PELISSIER (dir.), *Les cas de partage au Tribunal des conflits*, Paris, Economica, 1984, pp. V-VII.

GENEVOIS B.,

- « Dialogue des juges ou confrontation sous-jacente ? », *in* P.-Y. MONJAL, P. JAN, Ch. GESLOT (dir.), *La concurrence des juges en Europe. Le dialogue des juges en question(s)*, coll. Les actes de la Revue du droit de l'Union européenne, Paris, Éditions Clément Juglar, pp. 19-36.

GÉNY F.,

- « Le particularisme du droit fiscal », *RTD civ.*, 1931, pp. 797 et s.

GEST G.,

- « Dualité de juridictions et unité du droit fiscal », *RFDA*, 1990, n°5, pp. 822-841.

GINTER E.,

- « Le recours pour excès de pouvoir en matière fiscale après l'arrêt du Conseil d'État du 10 novembre 2004 "Lasteyrie du Saillant" », *Droit Fiscal*, 2005, n°3, Étude 1.

GOHIN O.,

- « Qu'est-ce qu'une juridiction pour le juge français ? », *Droits*, 1988, n°9, pp. 93-105.

GONDOUIN G.,

- « Le dualisme juridictionnel, facteur d'émulation et d'amélioration des procédures », *in* A. VAN LANG (dir.), *Le dualisme juridictionnel : limites et mérites*, Actes du colloque organisé à La Rochelle les 30 et 1er octobre 2005, Paris, Dalloz, 2007, pp. 35-53.

GOULARD G.,

- « Convention européenne des droits de l'homme et contentieux administratif de l'impôt », *Les petites affiches*, 1994, n°80, n°PA199408004.

GOURDOU J.,

- « L'avis du Conseil d'État sur une question de droit », *in Mouvement du droit public : du droit administratif au droit constitutionnel, du droit français aux autres droits. Mélanges en l'honneur de Franck* MODERNE, Paris, Dalloz, 2004, pp. 189-217.

GRAU R.,

- « Consentement à l'impôt et lutte contre la fraude fiscale », *RFFP*, n°155, 2021, pp. 235-240.

GROSCLAUDE J.,

- « La flagrance fiscale à l'aune de la flagrance pénale », *in Réformes des finances publiques & modernisation de l'administration : Mélanges en l'honneur de Robert* HERTZOG, Paris, Economica, 2010, pp. 253-262.

GUÉNÉ Ch.,

- « Le parlement et le consentement à l'impôt », *RFFP*, n°155, 2021, pp. 241-246.

GUÉRIN A.,

- « La juridiction administrative une, solidaire, indivisible », *in Juge l'administration, administrer la justice. Mélanges en l'honneur de Daniel* LABETOULLE, Paris, Dalloz, 2007, pp. 483-503.

GUIGOU E.,

- « La Justice, service public », *Après-demain*, n°15, 2013, pp. 8-11.

GUILTARD D.,

- « Le recours pour excès de pouvoir en matière fiscale », *Droit Fiscal*, 1982, n°22, Étude 100040.

GUINCHARD S.,

- « Le droit à un procès équitable : droit fondamental ? », *AJDA*, juillet/août 1998, numéro spécial, pp. 191 et s.
- « La part de la doctrine en procédure civile », *RDA*, 2011, n°5, pp. 73-85.

-H-

HAÏM V.,

- « Les labyrinthes du contentieux du recouvrement », *Recueil Dalloz*, 1995, chron. 150, pp. 150-154.

HAMON L.,

- « Note sous décision n°81-136 DC », *Recueil Dalloz*, 1982, pp. 306 et s.

HATOUX B.,

- « Le contentieux fiscal judiciaire », *RFFP*, 1987, n°17, pp. 71-102.
- « Le juge compétent pour connaître de la fraude au jugement en matière de visites domiciliaires », *RJF*, 2000, n°5, pp. 400-406.
- « La règle de droit en matière fiscale devant l'ordre judiciaire », *Droit Fiscal*, 2013, n°24, comm. 325.
- « Le contentieux du recouvrement à l'aune des grands principes », *RJF*, 2015, n°3, pp. 168 et s.

HAUUY C.,

- « La pérennité du privilège du préalable », *AJDA*, 2015, pp. 2363 et s.

HÉRAUD J.,

- « Ces couples déclarés unis par les liens… de l'impôt : le concubinage en droit fiscal », *Droit Fiscal*, 2008, n°41, comm. 531.

HERTZOG R.,

- « Le juge fiscal en crise ? », *in* R. HERTZOG (dir.), *Le juge fiscal*, Paris, Economica, Finances publiques, 1988, pp. 5-41.

HERVOUET F.,

- « Impôt (directs et indirects) » *in* G. ORSONI (dir.), *Finances publiques. Dictionnaire encyclopédique*, Paris, Economica, 2017, p. 545.

HIOL S.,

- « L'impossible dialogue entre la Cour de justice et le Conseil d'État français », *in* P.-Y. MONJAL, P. JAN, Ch. GESLOT (dir.), *La concurrence des juges en Europe. Le dialogue des juges en question(s)*, coll. Les actes de la Revue du droit de l'Union européenne, Paris, Éditions Clément Juglar, pp. 347-356.

-I-J-

ILJIC A.,

- « Peut-on abuser d'une convention fiscale bilatérale ? », *RJF*, 2017, n°12, pp. 1553 et s.
- « Proportionnalité des sanctions fiscales : que retenir de la décision *Edenred* », *RJF*, 2018, n°3, pp. 331 et s.

- « Contribution 3 % : ainsi sonne le glas », *RJF*, 2018, n°2, pp. 179 et s.

JACQUEMONT Th.,

- « La recevabilité des recours pour excès de pouvoir contre les documents de portée générale destinés aux contribuables », *Droit Fiscal*, 2017, n°37, Étude 434.

JACQUOT N., GUILLAND N.,

- « R.I.P le REP ? À propos de CE sect. 13 mars 2020 », *Droit Fiscal*, 2020, n°13, act. 105.

JAN P.,

- « Du dialogue à la concurrence des juges », *RDP*, 2017, n°2, pp. 341 et s.

JAZANI M.,

- « Sanctions fiscales et pouvoir de modération du juge de l'impôt », *Bulletin fiscal Francis Lefebvre*, 1999, n°6, pp. 270-278.

JEAN-ANTOINE B.,

- « Le principe du consentement de l'impôt et la constitution de l'ancienne France », *RFFP*, n°108, 2009, pp. 99-124.

JEZE G.,

- « Exposé critique d'une théorie en faveur au Conseil d'État sur la classification des recours contentieux en recours en annulation et recours de pleine juridiction », *RDP*, 1908, pp. 671-690.

JOANNARD-LARDANT E., LERAT F., VILLETTE V.,

- « La preuve de l'acte anormal de gestion : le droit et la pratique », *Droit Fiscal*, 2019, n°41, Étude 394.

-K-L-

LABETOULLE D.,

- « Les méthodes de travail du Conseil d'État et au Conseil constitutionnel », *in* UNIVERSITÉ PANTHÉON-ASSAS, *Conseil constitutionnel et Conseil d'État,* colloque des 21 et 22 janvier 1988 au Sénat, Paris, LGDJ Montchrestien, 1988, pp. 249-267.

- « L'avenir du dualisme juridictionnel. Point de vue d'un juge administratif », *AJDA*, 2005, pp. 1770 et s.

LABIE F.,

- « Le contrôle des faits par la Cour de cassation dans le contentieux de l'imposition », *in Études de finances publiques. Mélanges P. M. GAUDEMET*, Paris, Economica, 1984, pp. 987 et s.

LABRUNE N.,

- « L'incomplète jurisprudence sur la plénitude de compétence du juge administratif », *RJF*, 2015, n°5, pp. 283 et s.
- « Retour à la normale de l'acte anormal de gestion : l'abandon du risque manifestement excessif », *RJF*, 2016, n°11, pp. 1245 et s.
- « Article 209 B du CGI : sauvegarde, preuve et pragmatisme », *RJF*, 2016, n°3, pp. 269 et s.

LACHAUME J.-F., PAULIAT H.,

- « Le droit de propriété privé est-il encore un droit fondamental ? », *in Mélanges Philippe ARDANT : Droit et politique à la croisée des cultures*, Paris, LGDJ, 1999, pp. 373-391.

LAMBERT A.,

- « La complexité fiscale, obstacle au consentement à l'impôt », *RFFP*, n°155, 2021, pp. 225-233.

LAMBERT Th.,

- « L'assiette des impôts directs locaux ; notes pour une recherche historique », *in* H. ISAÏA, J. SPINDLER (dir.), *Histoire du droit des finances publiques*, vol. III, Paris, Economica, coll. Finances publiques, 1988, pp. 267-291.
- « Motivation et substitution de base légale », *in* B. HATOUX (dir.), *Droits du contribuable. État des lieux et perspectives*, Paris, Economica, coll. Entreprises et perspectives économiques, 2002, pp. 67-77.
- « Une procédure superfétatoire : la flagrance fiscale », *Gestion et finances publiques*, 2012, n°2, pp. 106-108.
- « Le droit de visite et de saisie de l'administration fiscale : les tourments de l'article L. 16 B du Livre des procédures fiscales », *Revue Sociétés*, 2012, n°2, pp. 71-80.

- « Les constructions jurisprudentielles de la juridiction administrative », *in* Th. LAMBERT (dir.), *Le contentieux fiscal en débat(s)*, Paris, LGDJ, coll. Les grands colloques, 2014, pp. 123-138.
- « Le fiscaliste, un juriste comme les autres », *Gestion et finances publiques*, 2014, n°3/4, pp. 12-20.
- « Droit fiscal de l'Union européenne : les occasions manquées », *REIDF*, 2019, n°4, pp. 485-493.
- « Le contentieux fiscal à la recherche de son juge », *in* U. NGAMPIO-OBÉLÉ-BÉLÉ (dir.), *La répartition des compétences juridictionnelles*, Institut universitaire Varennes, Bayonne, 2019, pp. 73-88.
- « Droit fiscal de l'Union européenne : les occasions manquées », *REIDF*, 2019, n°4, pp. 485-493.
- « Simplifier le droit fiscal : une exigence démocratique », *in* J.-L. PISSALOUX, M. FRANGI (Dir.), *La simplification normative et administrative : état des lieux, enjeux et perspectives,* Paris, Institut francophone pour la Justice et la Démocratie, coll. Colloques & Essais, 2020, pp. 137-153.

LARRÈRE C.,

- « Impôt directs, impôts indirects : Économie, politique, droit », *Archives de philosophie du droit*, Paris, Dalloz, Tome 46, 2002, pp. 117-130.

LATOURNERIE M.-A.,

- « L'apport de la jurisprudence administrative au droit fiscal », *in* R. HERTZOG (dir.), *Le juge fiscal,* Paris, Economica, coll. Finances publiques, 1988, pp. 239-250.

LE BARON A.,

- « Le recouvrement forcé de l'impôt : droit privé ou droit fiscal ? », *REIDF*, 2019, n°2, pp. 139-143.

LEBEN Ch.,

- « Conseil constitutionnel et principe d'égalité », *RDP*, 1982, n°2, pp. 295-353.

LEFEUVRE A.,

- « France-Google : finalement match nul ? », *REIDF*, n° 2019/4, pp. 521-524.

LEGER J.,

- « L'histoire des conseils de préfecture », *La revue administrative*, 1999, n°3, pp. 106-114.

LENOBLE J.,

- « La crise du juge », *RIDC*, 1992, pp. 542 et s.

LEROUGE G.,

- « Essai sur l'unification du contentieux fiscal », *RSLF*, Paris, LGDJ, 1938, pp. 205-227.

LEXISNEXIS,

- « Taxe GAFA : le gouvernement présente son projet de loi », *Droit des sociétés*, 2019, n°4, Alerte 19.

LONG M.,

- « L'état actuel de la dualité de juridiction », *RFDA*, 1990, n°5, pp. 698-693.

LOUIT Ch.,

- « Les relations entre l'administration fiscale et le contribuable : tentative de réconciliation d'un couple désuni », *in Études offertes à Pierre KAYSER*, Tome II, Aix-en-Provence, PUAM, 1979, pp. 177-197.

- « Les procédures d'urgence : les référés en matière fiscale », *in* Th. LAMBERT (dir.), *Le contentieux fiscal en débats*, Paris, LGDJ-Lextenso, coll. "Grands colloques", 2014, pp. 51-60.

LOUVEL B.,

- « L'autorité judiciaire gardienne de la liberté individuelle ou des libertés individuelles ? », *Réflexion à l'occasion de la rencontre annuelle des premiers présidents de cour d'appel et de la Cour de cassation le 2 janvier 2016*, www.courdecassation.fr.

- « Post-face », *in* COUR DE CASSATION, *Le rôle normatif de la Cour de cassation, Étude annuelle de la Cour de cassation, 2018*, Paris, La documentation française, 2019, p. 333.

LUCHAIRE F.,

- « Le fisc, l'autorité judiciaire et la Constitution », *in Études de finances publiques : Mélanges en l'honneur du professeur Paul Marie GAUDEMET*, Paris, Economica, 1984, pp. 606 et s.

LUPPI Ph.,

- « La substitution de base légale en matière fiscale », *in Mélanges en l'honneur de Pierre BELTRAME*, Aix-en-Provence, PUAM, 2010, pp. 303-341.

-M-

MAESTRE J.-C.,

- « La loi du 27 décembre 1963 portant unification ou harmonisation des procédures, délais et pénalités en matière fiscale. Étape ou aboutissement ? », *RSF*, 1964, n°3, pp. 537-609.

MAITROT DE LA MOTTE A.,

- « Les divergences de jurisprudence entre juge administratif et juge judiciaire de l'impôt », *Droit Fiscal*, 2016, n°38, Étude 499.

MALAURIE Ph.,

- « L'intelligibilité des lois », *Pouvoirs*, 2005/3, n°114, pp. 131 et s.

MARCHESELLI A.,

- « Le procès fiscal équitable en Italie. Actualité et perspectives », *RFFP*, n°83, 2003, pp. 55-66.

MARDIERE Ch. (de la).,

- « Le déclin particulier de la loi fiscale », *in* Ch. PUIGELIER (dir.), *La loi. Bilan et perspectives*, Paris, Economica, coll. Études juridiques, 2005, pp. 241-249.
- « La preuve objective dans le contentieux fiscal », *Droit Fiscal*, 2006, n°14, Étude 13.

- « Le pouvoir créateur du juge de l'impôt », *Archives de philosophie du droit*, 2007, Tome 50, pp. 229-235.
- « Pour tenter d'en finir avec l'autonomie et le réalisme du droit fiscal », *in Écrits de fiscalité des entreprises. Études à la mémoire du professeur Maurice COZIAN*, Paris, Litec, 2009, pp. 137-144.
- « La véritable nature de la doctrine administrative en droit fiscal », *in* J.-L. ALBERT (dir.), *Mélanges en l'honneur de Jean-Pierre LASSALE, Gabriel MONTAGNIER et Luc SAÏDJ, Figures lyonnaises des finances publiques*, Paris, L'Harmattan, coll. Finances publiques, 2012, pp. 85-95.
- « Introduction et décision du Conseil constitutionnel », *Droit Fiscal*, 2013, n°51, comm. 563.
- « La QPC en matière fiscale : un espoir déçu », *in* Th. LAMBERT (dir.), *Le contentieux fiscal en débats*, Paris, LGDJ-Lextenso, coll. "Grands colloques", 2014, pp. 32-35.
- « Le recours pour excès de pouvoir et la doctrine administrative, retour sur l'avis Monzani », *in Mélanges en l'honneur du Professeur Christian LOUIT*, Bruxelles, Bruylant, 2015, pp. 279-289.
- « Histoire des droits d'enregistrement en France », *Droit Fiscal*, 2017, n°17, Étude 270.
- « Histoire de l'interprétation de la loi fiscale », *REIDF*, 2019, n°2, pp. 263-268.
- « Droit fiscal et Convention européenne des droits de l'homme », *REIDF*, 2019, n°4, pp. 494-498.

MARTIN M. (dir.),

- « L'impôt de solidarité sur la fortune », *Droit Fiscal*, 1989, n°2, pp. 39-47.

MARTIN Ph.,

- « La jurisprudence fiscale de la CJUE du point de vue du Conseil d'État (France) », *Droit Fiscal*, 2009 nos 12-13, Étude 247.

MARTINET F., ANGOTTI A.,

- « Conseil d'État et Cour de cassation, juges de l'impôt : étude comparative (introduction générale et premier volet). La fiscalité européenne et constitutionnelle, ou la 'théorie des lasagnes' », *Droit Fiscal*, 2012, n°42, Étude 480.

- « Conseil d'État et Cour de cassation, juges de l'impôt : étude comparative (deuxième volet) », *Droit Fiscal*, 2013, n°39, Étude 435.
- « Conseil d'État et Cour de cassation, juges de l'impôt : étude comparative (troisième volet). La fiscalité civile et pénale, ou la fable du chêne et du roseau », *Droit Fiscal*, 2013, n°40, Étude 454.

MASCLET DE BARBARIN M.,

- « Contentieux du recouvrement : comment sortir enfin du labyrinthe ? », *in* Th. LAMBERT (dir.), *Le contentieux fiscal en débats*, Paris, LGDJ-Lextenso, coll. Grands colloques, 2014, pp. 257-279.

MAZARS M.-F.,

- « Le dualisme juridictionnel en 2005, point de vue d'un juge judiciaire », *AJDA*, 2005, n°32/2005, pp. 1770 et s.

MEIER E., TORLET R.,

- « Le fabuleux destin des retenues à la source... », *Droit Fiscal*, 2009, n°26, Étude 382.

MEKKI M.,

- « Le patrimoine aujourd'hui », *La semaine juridique notariale et immobilière*, n°51-52, 2011, pp. 1317 et s.

MICHEL J.,

- « L'expérience française de justice fiscale », *RFFP*, n°124, 2013, pp. 123 et s.

MIGNON E.,

- « L'apport des juridictions communautaire et européenne au droit fiscal français », *LPA*, 2002, n°97, pp. 61 et s.

MOLINIER J.,

- « L'office du juge en contentieux fiscal », *in* R. HERTZOG (dir.), *Le juge fiscal*, Paris, Economica, 1988, pp. 65-84.

MONJAL P.-Y.,

- « Présentation. La concurrence des juges ou le dialogue des doctrines », *in* P.-Y. MONJAL, P. JAN et Ch. GESLOT (dir.), *La concurrence des juges en Europe. Le dialogues des juges en question(s)*, coll. Les actes de la Revue du droit de l'Union européenne, Paris, Éditions Clément Juglar, pp. 11-15.

-N-O-

NÉGRIN O.,

- « Une légende fiscale : la définition de l'impôt de Gaston JÈZE », *RDP*, 2008, n°1, pp. 140-151.
- « Le juge et la doctrine administrative », *in* Th. LAMBERT (dir.), *Le contentieux fiscal en débats,* Paris, LGDJ-Lextenso, coll. Grands colloques, 2014, pp. 167-182.

NORMAND J.,

- « Le juge judiciaire gardien non exclusif des libertés. Le cas des étrangers », *RTD civil*, 1996, pp. 235 et s.

OBADIA E.,

- « Visites domiciliaires – Contrôle effectif et réel du JLD : le juge se rend à l'évidence », *Droit Fiscal*, 2010, n°13, act. 102.

OBERDORFF H.,

- « L'émergence d'un droit de comprendre », *in* CONSEIL D'ÉTAT, *Rapport public annuel 1991*, Paris, La documentation française, 1991, pp. 217-233.

-P-Q-

PASSET O.,

- « "Gilet jaune" la poudrière du ras-le-bol fiscal », latribune.fr, 3 décembre 2018.

PERIN-DUREAU A.,

- « Un an de fiscalité de l'incorporel », *Revue Communication-commerce électronique*, 2020, n°3, pp. 20-29.

PETON-PHILLIPOT N.,

- « Suite de l'arrêt de Ruyter : malgré un premier arrêt de la CJUE, le contentieux des prélèvements sociaux ne se tarit pas… », *Droit Fiscal*, 2018, n°37, comm. 382.

PHILIP L.,

- « Le procès équitable dans la jurisprudence du Conseil constitutionnel », *RFFP*, n°83, 2003, pp. 11-24.
- « Le contrôle par le conseil constitutionnel de l'incompétence négative du législateur », *in Mélanges en l'honneur du Professeur Christian* LOUIT, Bruxelles, Bruylant, 2015, pp. 291-304.
- « L'évolution de la jurisprudence fiscale constitutionnelle », *Droit Fiscal*, 2015, n°13, Étude n°229.

PICARD E.,

- « Pourquoi certaines branches du droit échappent-elles à la *summa divisio* ? », *in* B. BONNET, P. DEUMIER (dir.), *De l'intérêt de la summa divisio droit public-droit privé ?,* Paris, Dalloz, coll. Thèmes et commentaires, 2010, pp. 65-105.

PIQUARD A.,

- « "Taxe GAFA" : Bruno Le Maire tente de mettre la pression sur les États-Unis », *in Le Monde,* 18 janvier 2020, en ligne : lemonde.fr.

PISSALOUX J.-L.,

- « Réflexions sur la simplification administrative et normative dans la société française actuelle », *in* J.-L. PISSALOUX, M. FRANGI (dir.), *La simplification normative et administrative : état des lieux, enjeux et perspectives,* Paris, Institut francophone pour la Justice et la Démocratie, coll. Colloques & Essais, 2020, pp. 18-48.

POULLAIN B.,

- « Avis à tiers détenteur, un acte mettant œuvre une voie d'exécution, non signée par son auteur est… inexistant », *RJF*, 1998, n°4, pp. 254 et s.

PUIGELIER Ch.

- « La maxime "Nul n'est censé ignorer la loi" », *in* C. PUIGELIER (dir.), *La loi. Bilan et perspectives*, Paris, Economica, coll. Études juridiques, 2005, pp. 309-385.

-R-

RACINE P.-F.,

- « Les sanctions fiscales et la CEDH », *in Regards critiques et perspectives sur le droit et la fiscalité, Liber amicorum Cyrille DAVID*, Paris, LGDJ, 2005, pp. 63-74.
- « Vers une nouvelle génération de garanties pour le contribuable », *in* Th. LAMBERT (dir.), *Le contentieux fiscal en débats,* Paris, LGDJ-Lextenso, coll. Grands colloques, 2014, pp. 369-379.
- « Essai de vue d'ensemble sur la protection des données personnelles en matière fiscale », *REIDF*, Bruylant, 2018, n°2, pp. 279-288.

RAINGEARD DE LA BLÉTIÈRE E.,

- « Droit de l'Union européenne : chronique de l'année 2018 », *Droit Fiscal*, 2019, n°10, Étude 188.

RAQUIN C.,

- « Le contrôle des juges de la constitutionnalité et de la conventionalité sur les dispositifs de prévention de l'évasion fiscale internationale », *RJF*, 2012, n°4, pp. 299-303.
- « L'office du juge confronté à des irrégularités de procédure : le maintien de la spécificité du contentieux fiscal », *RJF*, 2012, n°6, pp. 491-496.

RENAULT Th.,

- « Du rififi chez les juges, le juge administratif est-il le nouveau gardien des libertés publiques ? », *AJDA*, 2016, n°30, pp. 1677-1680.

RENOUX Th.-S.,

- « L'autorité judiciaire », *in* D. MAUS, L. FAVOREU, J.-L. PARODI (dir.), *L'écriture de la Constitution de 1958*, Economica-PUAM, 1992, pp. 667 et s.

RENOUX Th.-S., DE VILLIERS M.,

- « Commentaire de l'article 66 de la Constitution », *Code constitutionnel*, Litec, 1994, pp. 527 et s.

RIVERO J.,

- « Dualité de juridictions et protection des libertés », *RFDA*, 1990, n°5, pp. 734-738.

ROBERT J.,

- « Le juge administratif et la liberté individuelle », *in Mélanges offerts à Marcel WALINE : le juge et le droit public*, Paris, LGDJ, 1974, pp. 719-732.
- « Préface », *in* F. CHOUVEL, Th. LAMBERT, D. PELISSIER (dir.), *Les cas de partage au Tribunal des conflits*, Paris, Economica, 1984, pp. IX-XI.

ROULHAC C.,

- « L'apport de la question prioritaire de constitutionnalité en matière fiscale », *Droit Fiscal*, 2017, n°51-52, Étude 586.

RUDEAUX S.,

- « Recours pour excès de pouvoir contre une instruction fiscale : un, deux mois, partez ! », *Droit Fiscal*, 2020, n°15-16, comm. 225.

-S-

SADOWSKY M.,

- « Le principe de subsidiarité des conventions fiscales internationales », *Droit Fiscal*, 2018, n°45, Étude 436.

SALLES D.,

- « L'article 66 de la Constitution de 1958 : un Habeas Corpus à la française ? », *Les cahiers de la Justice*, 2010, n°1, pp. 59-63.

SERVERIN E.,

- « Les divergences de jurisprudence comme objet de recherche », *in* P. ANCEL, M.-C. RIVIER (dir.), *Les divergences de jurisprudence*, Saint-Etienne, Publications de l'université de Saint-Etienne, 2003, pp. 81 et s.

SIMHA A.,

- « Monisme », *in* M. BLAY (dir.), *Grand dictionnaire de la philosophie*, Paris, Larousse, CNRS éditions, 2003, pp. 685-688.

SMITH E.,

- « Unité de juridiction en matière administrative en Norvège », *RFDA*, 1990, n°5, pp. 888-891.

SPIRE A.,

- « La confiance dans l'État : une relation pratique et symbolique », *in* C. SERIK (dir.), *Crises de confiance ?,* Paris, La découverte, coll. Recherche, 2020, pp. 37-55.

SORBARA J.-G.,

- « La relativité des principes du juge judiciaire garant de la liberté individuelle et de la propriété privée immobilière », *in* X. BIOY, E. DEBAETS, J. SCHMITZ, (dir.), *La répartition des compétences juridictionnelles et la protection des libertés*, Paris, Institut francophone pour la justice et la démocratie, coll. Colloques et essais, 2021, pp. 161-174.

STAHL J.-H.,

- « De la commission du contentieux aux chambres de la section du contentieux (1806-2016), deux siècles d'organisation contentieuse au Conseil d'État », *RFDA*, 2018, pp. 301 et s.

-T-U-

TERRÉ F.,

- « Perspectives et avenir du dualisme juridictionnel », *AJDA,* 1990, pp. 595-602.

TROTABAS L.,

- « Essai sur le droit fiscal », *RSLF*, 1928, pp. 201-236.
- « La nature juridique du contentieux fiscal en droit français », *in Mélanges en l'honneur de Maurice HAURIOU*, Paris, Sirey, 1929, pp. 711-762.
- « Contentieux fiscal et juridiction administrative », *in Mélanges Paul NEGULESCO*, Bucuresti, Monitorul oficial si imprimeriile statilui, 1935, pp. 781 et s.

TRUCHET D.,

- « Fusionner les juridictions administratives et judiciaires ? », *in Études offertes à J.-M. AUBY*, Paris, Dalloz, 1992, pp. 335-345.
- « La dualité égalité et équité dans le service public », *in* Th. LAMBERT (dir.), *Égalité et équité. Antagonisme ou complémentarité ?*, Paris Economica, 1999, pp. 83-91.

TUROT J.,

- « Vers une articulation cohérente des différentes procédures de contrôle de l'impôt sur le revenu », *RJF*, 1988, n°10, pp. 574-577.
- « Le délai d'appel reconnu à l'État méconnait-il l'égalité des armes ? », *Droit Fiscal*, 2008, n°47, comm. 591.
- « Indispensable prescription », *Droit Fiscal*, 2015, n°42, Étude 628.

TURPIN D.,

- « L'autorité judiciaire gardienne de la liberté individuelle », *AJDA*, 1983, pp. 653-663.

UNTERMAIER-KERLEO E.,

- « Le juge judiciaire : quel gardien de la liberté individuelle ? », *in* ASSOCIATION FRANÇAISE DE RECHERCHE EN DROIT ADMINISTRATIF, *Le juge judiciaire,* Paris, Dalloz, Thèmes et commentaires, 2016, pp. 19-36.

-V-W-X-Y-Z-

VAN LANG A.,

- « Le dualisme juridictionnel en France : une question toujours d'actualité », *AJDA*, 2005, n°32, pp. 1760-1766.

VAPAILLE L.,

- « Les limites de la mission du tribunal des conflits en matière de contentieux fiscal », *in* Th. LAMBERT (dir.), *Le contentieux fiscal en débats,* Paris, LGDJ-Lextenso, coll. Grands colloques, 2014, pp. 99-122.

VEDEL G.,

- « La loi des 16-24 août 1790 : Texte ? Prétexte ? Contexte ? », *RFDA*, 1990, pp. 698-711.

VERGNET N.,

- « La résidence fiscale conventionnelle : de sa genèse à son interprétation par le juge de l'impôt », *Droit Fiscal,* 2018, n°2, Étude 53.

VIESSANT C.,

- « L'évolution de la notion d'impôt », *in De l'esprit de réforme et de quelques fondamentaux. Mélanges en l'honneur du professeur Gilbert* ORSONI, Aix-en-Provence, PUAM, 2018, pp. 533-556.
- « L'apport de la QPC à la protection des droits et libertés du contribuable », *in* K. FOUCHER, *L'apport de la QPC à la protection des droits et libertés*, Paris, Dalloz, coll. Thèmes et commentaires, actes, 2020, pp. 271-294.

VILLEMOT D.,

- « ISF et égalité des armes : l'affaire Finaréa », *Droit Fiscal,* n°11, 2021, act. 153.

ZENATI F.,

- « La saisine pour avis de la Cour de cassation », *Dalloz,* 1992, chron., p. 247.

VII – RAPPORTS

AICARDI M.,

- *La fiscalité du patrimoine, rapport présenté au ministre de l'Économie, des Finances et de la Privatisation et au ministre chargé du budget*, Paris, La documentation française, Les rapports officiels, 1986, 123 p.
- *L'amélioration des rapports entre les citoyens et les administrations fiscales et douanières : rapport au Ministre d'État Ministre de l'économie des finances et de la privatisation*, Paris, La documentation française, Collection des rapports officiels, 1986, 72 p.

ASSEMBLÉE NATIONALE,

- *Rapport d'information sur le lobbying*, 16 janvier 2008, 119 p.

CONSEIL D'ÉTAT,

- *Rapport public annuel 1991*, Paris, La documentation française, 1991, 416 p.

- *Rapport public annuel 2006*, Paris, La documentation française, 2006, 411 p.
- *Étude annuelle 2016, Simplification et qualité du droit*, Paris, La documentation française, 2017, 249 p.
- *Rapport public, Activité juridictionnelle et consultative des juridictions administratives en 2019*, Paris, La documentation française, 2020, 420 p., (en ligne : conseil-etat.fr).
- *Rapport public, Activité juridictionnelle et consultative des juridictions administratives en 2020*, Paris, La documentation française, 2021, 408 p., (en ligne : conseil-etat.fr).

CONSEIL DES IMPOTS,

- *L'imposition du capital. 8e rapport au Président de la République*, Paris, Direction des journaux officiels, Direction des journaux officiels, 1986, 443 p.
- *L'imposition du patrimoine. 16ème rapport au Président de la République*, Paris, Direction des journaux officiels, 1998, 288 p.
- *Les relations entre les contribuables et l'administration fiscale.* XXe rapport au Président de la République, Paris, 2002, 294 p.

CONSEIL DES PRELEVEMENTS OBLIGATOIRES,

- *Le patrimoine des ménages*, 2009, 369 p.

COUR DE CASSATION,

- *Le rôle normatif de la Cour de cassation, Étude annuelle de la Cour de cassation, 2018*, Paris, La documentation française, 2019, 345 p.

COUR EUROPEENNE DES DROITS DE L'HOMME,

- *La CEDH en faits et en chiffres*, 2019, (en ligne : www.echr.coe.int).

DIRECTION GÉNÉRALE DES FINANCES PUBLIQUES,

- *Rapport d'activité de l'année 2018*, 58 p. (en ligne : economie.gouv.fr)
- *Rapport d'activité de l'année 2019*, 66 p. (en ligne : economie.gouv.fr)
- *Rapport d'activité de l'année 2020*, 66 p. (en ligne : economie.gouv.fr)

MARINI Ph.,

- *Rapport d'information fait au nom de la commission des finances du Sénat, L'impôt sur la fortune*, n°351, Paris, 2004, 60 p.

MÉDIATEUR DE LA RÉPUBLIQUE,

- *Rapport 2001 du Médiateur de la République au Président de la République et au Parlement*, Paris, La documentation française, 2002, 138 p.
- *Rapport annuel 2010*, 85 p.

MIGAUD D.,

- *Rapport d'information fait au nom de la commission des finances de l'Assemblée Nationale, La fiscalité du patrimoine et de l'épargne*, Paris, n°1065, 1998, 104 p.

OCDE,

- *Les défis fiscaux soulevés par la numérisation de l'économie – rapport intermédiaire 2018 : Cadre inclusif sur le BEPS*, Projet OCDE/G20 sur l'érosion de la base d'imposition et le transfert de bénéfices, Paris, Éditions OCDE, 2018, 247 p.

TRIBUNAL DES CONFLITS,

- *Rapport annuel d'activité pour l'année 2018*, (en ligne : tribunal-conflits.fr).

VIII – SITES INTERNET

ACA EUROPE,

- www.aca-europe.eu

BUNDESFINANZHOF,

- www.bundesfinanzhof.de

CEDH,

- www.echr.coe.int

CONSEIL CONSTITUTIONNEL,

- www.conseil-constitutionnel.fr

CONSEIL D'ÉTAT,

- www.conseil-etat.fr

CONSEIL NATIONAL DES MÉDECINS,

- www.conseil-national.medecins.fr

COUR DE CASSATION,

- www.courdecassation.fr

DICTIONNAIRE DU CNRTL NUMÉRIQUE,

- www.cnrtl.fr

DICTIONNAIRE LAROUSSE,

- www.larousse.fr

DICTIONNAIRE LITTRÉ NUMÉRIQUE,

- www.littre.org

ÉCOLE NATIONALE DE LA MAGISTRATURE,

- www.enm.justice.fr

GOUVERNEMENT,

- www.gouvernement.fr

IFOP,

- www.ifop.com

INSEE,

- www.insee.fr

IMPÔTS,

- www.impots.gouv.fr

LÉGIFRANCE,

- www.legifrance.fr

PERFORMANCE PUBLIQUE,

- www.performance-publique.budget.gouv.fr

PORTAIL E-JUSTICE EUROPÉEN,

- www.e-justice.europa.eu

RÉSEAU EUROPÉEN DE FORMATION JUDICIAIRE,

- www.ejtn.eu

SÉNAT,

- www.senat.fr

SYNDICAT DE LA JURIDICTION ADMINISTRATIVE,

- www.lesja.fr

TRIBUNAL ADMINISTRATIF DEPARIS,

- www.paris.tribunal-administratif.fr/Le-tribunal-administratif/Organisation

TRIBUNAL DES CONFLITS,

- www.tribunal-conflits.fr

TABLE DES DISPOSITIONS TEXTUELLES

DISPOSITIONS CONSTITUTIONNELLES

Constitution de l'An VIII, Consulat, 22 frimaire An VIII, 13 décembre 1799.

Constitution de 1848, IIe République, 4 novembre 1848.

Constitution de 1946, IVe République, 27 octobre 1946.

Loi constitutionnelle du 3 juin 1958 portant dérogation transitoire aux dispositions de l'article 90 de la Constitution, *JORF* n° 0130 du 4 juin 1958, p. 5326.

Constitution de 1958, Ve République, 4 octobre 1958.

Loi constitutionnelle n° 2003-276 du 28 mars 2003 relative à l'organisation décentralisée de la République, *JORF* n° 0075 du 29 mars 2003, p. 5568, texte n° 1.

Loi constitutionnelle n° 2008-724 du 23 juillet 2008 de modernisation des institutions de la Ve République, *JORF* n° 0171 du 24 juillet 2008, texte n° 2.

CODES

Code civil

Code de justice administrative

Code de la propriété intellectuelle

Code de procédure civile

Code des procédures civiles d'exécution

Code général des collectivités territoriales

Code général des impôts

Livre des procédures fiscales

Lois organiques et Lois ordinaires

Loi organique n° 2009-1523 du 10 décembre 2009 relative à l'application de l'article 61-1 de la Constitution, *JORF* n° 0287 du 11 décembre 2009, texte n° 1.

Loi organique n° 2019-221 relative au renforcement de l'organisation des juridictions, *JORF* n° 0071 du 24 mars 2019, texte n° 1.

Loi des 16 et 24 août 1790 sur l'organisation judiciaire.

Loi des 2 et 17 mars 1791 portant suppression de tous les droits d'aides, de toutes les maîtrises et jurandes et établissement des droits de patente (dit « Décret d'Allarde »).

Loi du 27 ventôse An VIII (18 mars 1800) sur l'organisation des tribunaux.

Loi du 8 mars 1810 sur l'expropriation pour cause d'utilité publique.

Loi du 24 mai 1872 portant réorganisation du Conseil d'État.

Loi n° 54-404 du 10 avril 1954 portant réforme fiscale, *JORF* du 11 avril 1954.

Loi n° 59-1472 du 28 décembre 1959 portant réforme du contentieux fiscal et divers aménagements fiscaux, *JORF* du 29 décembre 1959.

Loi n° 63-254 du 15 mars 1963 portant réforme de l'enregistrement, du timbre et de la fiscalité immobilière, *JORF* du 17 mars 1963.

Loi n° 63-1316 du 27 décembre 1963 portant unification ou harmonisation des procédures, délais et pénalités en matière fiscale, *JORF* du 29 décembre 1963.

Loi n° 69-1168 du 26 décembre 1969 portant simplifications fiscales, *JORF* du 28 décembre 1969.

Loi n° 70-576 du 3 juillet 1970 portant simplifications fiscales, *JORF* du 5 juillet 1970.

Loi n° 81-1160 du 30 décembre 1981 de finances pour 1982, *JORF* du 31 décembre 1981.

Loi n° 86-14 du 6 janvier 1986 fixant les règles garantissant l'indépendance des membres des tribunaux administratifs et cours administratives d'appel, *JORF* du 7 janvier 1986.

Loi n° 87-1127 du 31 décembre 1987 portant réforme du contentieux administratif, *JORF* du 1er janvier 1988.

Loi n° 91-650 du 9 juillet 1991 portant réforme des procédures civiles d'exécution, *JORF* n° 163 du 14 juillet 1991.

Loi n° 92-1476 du 31 décembre 1992 de finances rectificative pour 1992, *JORF* n° 0003 du 4 janvier 1993.

Loi n° 96-1181 du 30 décembre 1996 de finances pour 1997, *JORF* n° 304 du 31 décembre 1996.

Loi n° 96-1182 du 30 décembre 1996 de finances rectificative pour 1996, *JORF* n° 304 du 31 décembre 1996.

Loi n° 2000-597 du 30 juin 2000 relative au référé devant les juridictions administratives, *JORF* n° 151 du 1er juillet 2000.

Loi n° 2004-1343 du 9 décembre 2004 de simplification du droit, *JORF* n° 0287 du 10 décembre 2004.

Loi n° 2013-921 du 17 octobre 2013 portant création d'un Conseil national d'évaluation des normes applicables aux collectivités territoriales et à leurs établissements publics, *JORF* n° 0243 du 18 octobre 2013.

Loi n° 2016-483 du 20 avril 2016 relative à la déontologie et aux droits et obligations des fonctionnaires, *JORF* n° 0094 du 21 avril 2016.

Loi n° 2017-1775 du 28 décembre 2017 de finances rectificative pour 2017, *JORF* n° 0303 du 29 décembre 2017.

Loi n° 2017-1837 du 30 décembre 2017 de finances pour 2018, *JORF* n°0305 du 31 décembre 2017.

Loi n° 2018-727 du 10 août 2018 pour un État au service d'une société de confiance, *JORF* n° 0184 du 11 août 2018.

Loi n° 2018-898 du 23 octobre 2018 relative à la lutte contre la fraude, *JORF* n° 0246 du 24 octobre 2018.

Loi n° 2018-1317 du 28 décembre 2018 de finances pour 2019, *JORF* n°0302 du 30 décembre 2018.

Loi n° 2019-222 du 23 mars 2019 de programmation 2018-2022 et de réforme pour la justice, *JORF* n° 0071 du 24 mars 2019.

Loi n° 2019-759 du 24 juillet 2019 portant création d'une taxe sur les services numériques et modification de la trajectoire de baisse de l'impôt sur les sociétés, *JORF* n° 0171 du 25 juillet 2019.

ORDONNANCES

Ordonnance n° 58-1067 du 7 novembre 1958 portant loi organique sur le Conseil constitutionnel, *JORF* du 9 novembre 1958.

Ordonnance n° 2000-387 du 4 mai 2000 relative à la partie Législative du code de justice administrative, *JORF* n° 0107 du 7 mai 2000.

Ordonnance n° 2019-964 du 18 septembre 2019 prise en application de la Loi n° 2019-222 du 23 mars 2019 de programmation 2018-2022 et de réforme pour la justice, *JORF* n° 0218 du 19 septembre 2019.

DÉCRETS

Décret n° 50-479 du 6 avril 1950 portant refonte et codification des règlements d'administration publique pris pour l'application des lois réunies dans le code général des impôts, *JORF* du 30 avril 1950.

Décret n° 50-480 du 6 avril 1950 portant refonte et codification des décrets en conseil d'État pris pour l'application du code général des impôts, *JORF* du 30 avril 1950.

Décret n° 50-481 du 6 avril 1950 portant refonte et codification des décrets pris pour l'application des lois réunies dans le code général des impôts, *JORF* du 30 avril 1950.

Décret n° 53-934 du 30 septembre 1953 portant réforme du contentieux administratif, *JORF* du 1er octobre 1958.

Décrets n° 81-859 et n° 81-860 du 15 septembre 1981 portant codification des textes législatifs et règlementaires concernant les procédures fiscales, *JORF* du 18 septembre 1981.

Décret n° 88-155 du 15 février 1988 fixant le nombre et le ressort des cours administratives d'appel, *JORF* du 17 février 1988.

Décret n° 92-755 du 31 juillet 1992 instituant de nouvelles règles relatives aux procédures civiles d'exécution pour l'application de la loi 91-650 du 9 juillet 1991 portant réforme des procédures civiles d'exécution, *JORF* n° 180 du 5 août 1992.

Décret n° 97-662 du 28 mai 1997 portant incorporation au livre des procédures fiscales de divers textes modifiant et complétant certaines dispositions de ce livre, *JORF* n° 126 du 1er juin 1997.

Décret n° 98-127 du 4 mars 1998 organisant les modalités du double degré de juridiction en matière de droits d'enregistrement, de taxe de publicité foncière, de droits de timbre, de contributions indirectes et de taxes assimilées à ces droits, taxes et contributions, *JORF* n° 54 du 5 mars 1998.

Décrets n° 2000-388 du 4 mai 2000 relatif à la partie Réglementaire du code de justice administrative (Décrets en Conseil d'État délibérés en conseil des ministres), *JORF* n° 107 du 7 mai 2000.

Décret n° 2000-389 du 4 mai 2000 relatif à la partie Réglementaire du code de justice administrative (Décrets en Conseil d'État), *JORF* n° 107 du 7 mai 2000.

Décret n° 2008-310 du 3 avril 2008 relatif à la direction générale des finances publiques, *JORF* n° 0080 du 4 avril 2008.

Décret n° 2011-82 du 20 janvier 2011 modifiant le décret n° 2007-658 du 2 mai 2007 relatif au cumul d'activités des fonctionnaires, des agents non titulaires de droit public et des ouvriers des établissements industriels de l'État, *JORF* n° 0018 du 22 janvier 2011.

Décret n° 2015-233 du 27 février 2015 relatif au Tribunal des conflits et aux questions préjudicielles, *JORF* n° 0051 du 1er mars 2015.

Décret n° 2020-516 du 5 mai 2020 modifiant le ressort des cours administratives d'appel, *JORF* n° 0111 du 6 mai 2020.

Décret n°2020-797 du 29 juin 2020 relatif à la mise à la disposition du public des décisions des juridictions judiciaires et administratives, *JORF* n° 0160 du 30 juin 2020.

ARRÊTÉS

Arrêté du 6 avril 1950 portant refonte et codification des arrêtés pris pour l'application des lois réunies dans le code général des impôts, *JORF* n° 0103 du 30 avril 1950.

Arrêté du 10 septembre 2012 relatif à la mise à disposition des instructions et circulaires publiées au Bulletin officiel des finances publiques-impôts, *JORF* n° 0211 du 11 septembre 2012.

Arrêté du 28 avril 2021 pris en application de l'article 9 du décret n° 2020-797 du 29 juin 2020 relatif à la mise à la disposition du public des décisions des juridictions judiciaires et administratives, *JORF* n° 0101 du 29 avril 2021.

TABLE DES JURISPRUDENCES

CONSEIL D'ÉTAT

CE, 19 décembre 1861, *Fruitet*, *Dalloz*, 1862, III, p. 75.

CE, 31 juillet 1912, n° 30701, *Société des granits porphyroïdes des Vosges*, *Rec.* p. 909, concl. L. BLUM ; *RDP* 1916, 3, p. 35, concl. L. BLUM ; *RDP* 1914, p. 145, note G. JÈZE ; Sirey 1917, 3, p. 15, concl. L. BLUM.

CE, sect., 13 décembre 1935, n° 24102, *Min. des Colonies c/ Compagnie des messageries fluviale de Cochinchine*, *Rec.* p. 1186.

CE, 8e ss-sect., 27 juillet 1936, *Ministre des Finances c/ X.*, *Rec.* p. 871.

CE, sect., 6 novembre 1936, n° 41221, *Arrighi*, *Rec.* p.966 ; *Dalloz*, 1938, 3.1, conclusion R. LATOURNERIE, note EISENMANN ; *RDP*, 1936.671, conclusions R. LATOURNERIE.

CE, ass., 25 juin 1948, *Société du Journal l'Aurore*, *Rec.* p. 289 ; *GAJA* n° 64.

CE, ass., 17 février 1950, *min. c/ Lamotte*, *Rec.* p. 110 ; *RDP*, 1951, p. 478, concl. J. DELVOLVE, note M. WALINE ; *GAJA* n° 67.

CE, 8e ss-sect., 11 octobre 1954, n° 32335, *RO* p. 132.

CE, ass., 11 juillet 1956, n° 26638, *Amicale des annamites de Paris*, *Rec.* p. 317.

CE, ass., 7 février 1958, *Syndicat des propriétaires de chêne-liège d'Algérie*, *AJDA*, 1958, II, p. 130.

CE, 9 décembre 1959, n°38710, *Droit Fiscal*, 1960, n°7.

CE, 22 février 1960, n° 24187, *RO* p. 24.

CE, sect., 29 juin 1962, *Société des aciéries de Pompey*, *Rec.* p. 438 ; *RO* 1962, p. 132 ; *Droit Fiscal*, 1962, n°31, comm. 861 ; *JCP G* 1963, II, 13026, concl. M. POUSSIÈRE.

CE, 7e ss-sect., 31 mai 1965, n° 35655, *Droit Fiscal*, 1965, n° 27, comm. 776.

CE, 7e ss-sect., 20 mars 1968, n° 70120 et n° 70135.

CE, ass. 12 décembre 1969, *Conseil national de l'ordre des pharmaciens*, *AJDA*, 1970, comm. 103.

CE, 11 mars 1970, n° 69588.

CE, sect., 26 juillet 1985, n° 42204, *ONIC*.

CE, 17 février 1971, n° 80809, *AJDA*, 1971, comm. 648.

CE, 9e-7e-8e SSR, 23 avril 1971, n° 77799.

CE, 22 février 1974, *Association des maires de France*, *Dalloz*, 1974, p. 520.

CE, 21 mars 1975, n° 87573, *RJF*, 1975, n° 5, comm. 258.

CE, 5 novembre 1975, n° 95015, *RJF*, 1976, n° 1-2.

CE, sect., 21 mai 1976, n° 94052, *Droit Fiscal*, 1976, n° 25, comm. 878, concl. M.-A. LATOURNERIE ; *RJF* 7-8/1976, n° 344, chron. B. MARTIN LAPRADE, p. 225 ; *GAJF*, 4e éd., n° 56.

CE, 17 décembre 1976, n° 92159, *Droit Fiscal*, 1977, n°7, concl. Lobry, comm. 202.

CE, ass., 22 décembre 1978, n° 11604, *Ministère de l'Intérieur c/M.X.*, *Droit Fiscal*, 1979, p. 155.

CE, 13 juin 1979, n° 10358, *RJF*, 9/79 n° 490, concl. FABRE ; *Droit Fiscal*, 16/80, comm. 910.

CE, 28 novembre 1979, n° 4571, *Soc. Immobilières Bellecour-Guest*, *RJF*, 1980, n° 2, 70 ; *RJF*, 2/80, n° 123.

CE, 8e-7e SSR, 18 mars 1981, n° 16400.

CE, 21 octobre 1981, n° 17996 et 18160.

CE, 14 mars 1984, n° 46770, *Droit Fiscal*, 1984, n° 40, 1652, concl. M.-A. LATOURNERIE.

CE, plén., 27 juillet 1984, n° 34588, conclusions P.-F. RACINE, *RJF*, 10/84, n° 563.

CE, 26 avril 1985, n° 30077, *RJF*, 1985, n° 6, 423, concl. BISSARA ; *GAJF* n° 28.

CE, 3 juin 1985, n° 41271, *Droit Fiscal*, n° 14, 1986, com. 709.

CE, 19 mars 1986, n° 46948, *RJF* 5/86, n° 532.

CE, 7e-8e SSR, 13 octobre 1986, n° 72113, *Vergne*, *JurisData* n° 1986-606210, *Droit Fiscal*, 1987, n° 5, comm. 172 ; *RJF* 1986, n° 1126.

CE, 9e-7e SSR, 3 décembre 1986, n° 50058, *Droit Fiscal*, 1988, n° 29-30, comm. 1560 ; *RJF* 2/1987, n° 252.

CE, 9e-8e SSR, 18 janvier 1988, n° 06490.

CE, 11 juillet 1988, n° 73303.

CE, 8e-7e SSR, 2 juin 1989, n° 66604, *Saint Pern.*

CE, 30 octobre 1989, n° 78822, *Sofrac*, *Droit Fiscal*, 1990, n°12, comm. 698.

CE, ass., 20 octobre 1989, n° 108243, *Nicolo*, *JurisData* n° 1989-645117 ; *Rec.* p. 190, concl. P. FRYDMAN.

CE, 24 novembre 1989, n° 93162, *Ville de Montpellier*, *Droit Fiscal*, 1990, n° 17/18.890, conclusions RACINE.

CE, 21 février 1990, n° 58482, *Transports Béjot*, *RJF*, 4/90 n° 455, concl. O. FOUQUET, p. 235.

CE, sect., 4 mai 1990, n° 55124 et 55137, *Association freudienne et Robinet.*

CE, 2 juillet 1990, *Mercier*, *Droit Fiscal*, 1990, n° 40, comm. 1783, conclusions N. CHAHID-NOURAÏ.

CE, 11 janvier 1991, n° 90995, *SA Morgane.*

CE, 20 mars 1991, n° 76959.

CE, 10 avril 1991, n° 107710, *RJF*, 1991, n° 868, p. 424.

CE, 6 novembre 1991, n° 78503.

CE, 29 janvier 1993, n° 62067, *Droit Fiscal*, 1993, n° 25, comm. 1284, *RJF* 3/93, n° 374.

CE, 15 décembre 1993, *Miquel*, *RJF*, 1994, n° 2, n°167.

CE, 8e-9e SSR, 18 mars 1994, n° 68799 et 70814, *SA Sovemarco-Europe*, *Droit Fiscal*, 1994, n° 40, comm. 1703, note G. TIXIER et Th. LAMULLE ; *RJF* 5/1994, n° 532, concl. Ph. MARTIN, p. 290.

CE, avis, 31 mars 1995, n° 164008, *SARL Auto-industrie Meric.*

CE, sect., 6 décembre 1995, n° 90914, *Navon* et n° 126826, *SA Samep*, *JurisData* n° 1995-600591 ; *Droit Fiscal*, 1996, n° 7, comm. 203, concl. G. BACHELIER ; *RJF* 1/1996, n° 61, chron. GOULARD, p. 2 ; *BDCF* 1/1996, n° 1, concl. G. BACHELIER.

CE, avis, 23 avril 1997, n° 183969, *SA Sabé*, *RJF*, 6/97, concl. G. GOULARD, p. 364.

CE, 9 mars 1998, n° 129308, *Ministre du budget c/Queinnec.*

CE, 8e-9e SSR, 8 avril 1998, n° 157508, *M. Renucci*, *JurisData* n° 1998-047468 ; *Droit Fiscal*, 1998, n° 50, comm. 1128 ; *RJF* 3/1998, n° 696 ; *BDCF* 3/1998, n° 61, concl. J. ARRIGHI DE CASANOVA.

CE, 10 novembre 1999, *Sté coopérative agricole du Brienon*, *Rec.* p. 351.

CE, ass. 28 juin 2002, *Sté Schneider Electric*, n° 232276, *Rec.* p. 234, *RJF* 10/2002, n °1080, chron. OLLÉON.

CE, 8e-3e SSR, 18 février 2004, n° 230257, *Sté d'économie mixte immobilière interdépartementale de la région parisienne (SEMIDEP)*, *JurisData* n° 2004-080524 ; note J.-L. PIERRE ; *RJF* 5/2004, n° 551.

CE, 10 août 2005, n° 259741, *Sarteur*, *RJF*, 2005, n° 1305.

CE, ass., 11 décembre 2006, n° 234560, *de Groot, Droit Fiscal*, n° 23, 2007, comm. 582.

CE, 13 décembre 2006, n° 267782, *SARL Eroshop*, *RJF*, 3/07, n° 326.

CE, 2 juillet 2007, n° 294393, *Commune de Lattes.*

CE, 26 juillet 2007, *Sté Agostini*, n° 267594, *Droit Fiscal*, 2007, n° 51, comm. 1070, note J.-L. PIERRE.

CE, 28 mars 2008, n° 271366, *Aznavour*, *Droit Fiscal*, 2009, n° 17, comm. 293.

CE, avis, 1er avril 2010, n° 334465, *SAS Marsadis*, *Droit Fiscal*, 2010, n° 17/18, comm. 299, conclusions P. COLLIN.

CE, 10e-9e SSR, 23 avril 2010, n° 327166, *SNC Kimberly Clark*, concl. J. BOUCHER, *Droit Fiscal*, n° 20, 2020, pp. 32-35.

CE, 0e-10e SSR, 24 avril 2011, n° 314577.

CE, 18 juin 2010, n° 338638.

CE, ass., 23 décembre 2011, n°335033, *Rec.* p. 649 ; *JCP A*, 2011, 2089, note C. BROYELLE ; *JCP G*, 2012, comm. 558, note D. CONNIL ; *RDA*, 2012, comm. 22, note F. MELLERAY.

CE, ass., 23 décembre 2011, n° 303678, *M. Kandyrine de Brito Paiva.*

CE, plén., 9 mai 2012, n° 308996, *Min. c/ Sté EPI*, *Droit Fiscal*, 2012, n° 26, comm. 355, note S. VAILHEN.

CE, 3 février 2016, n° 388643, *Hôpital de Prades*, *JCP A*, 2016, 2225, note M. KERNEIS-CARDINET.

CE, 3 octobre 2016, n° 401383, *Sté Special Bannow Bay Schellfisch Ltd*, concl. E. CORTOT-BOUCHER, *Droit Fiscal*, 2017, n°46, comm. 596.

CE, 1e-6e ch. réunies, 10 mai 2017, n° 401536.

CE, sect., 16 février 2018, n° 395371, *Mme T.*

CE, 3e-8e ch. réunies, 6 juin 2018, n° 414482, *Sté Dekra France*, *Droit Fiscal*, 2018, n° 24, act. 265.

CE, plén., 21 décembre 2018, n° 402006, *Sté Croë Suisse.*

CE, 3e-8e ch. réunies, 13 mars 2019, n° 417536, *Sté Ferropem*, *Droit Fiscal*, 2019, n° 36, comm. 351.

CE, 9e-10e ch. réunies, 24 avril 2019, n° 412570.

CE, 4 juin 2019, n° 418357, *Sté d'investissements maritimes et fonciers.*

CE, 8e-3e ch. réunies, 23 octobre 2020, n° 442224.

TRIBUNAL ADMINISTRATIF ET COUR ADMINISTRATIVE D'APPEL

TA Toulouse, 1e ch., 5 avril 2005, n° 02-1369, *Manout*, *RJF*, 1/06, n° 93.

CAA Bordeaux, 4e ch., 10 novembre 2005, n° 02-950, *Caisse régionale de garantie de la responsabilité professionnelle des notaires de la cour d'appel de Bordeaux*, *Droit Fiscal*, 2006, n° 29, comm. 526.

CAA Paris, 9e ch., 25 avril 2019, nos 17PA03067, 17PA03065, 17PA03066, 17PA03068, 17PA03069, *Sté Google Ireland Ltd.*

COUR DE CASSATION

Cass. com., 20 juillet 1965, *Bull. civ.* n° 467.

Cass. crim., 25 janvier 1973, *Bull. crim.* n° 42, p. 107.

Cass. ch. mixte, 24 mai 1975, n° 73-13556, *Société des cafés Jacques Vabre*, concl. TOUFFAIT. *Bull. civ.* n° 4 ; *Dalloz*, 1975, p. 497.

Cass. 3e civ., 27 octobre 1975, *RJF*, 1976, p. 111.

Cass. crim., 4 janvier 1977, *Bull. crim.* n°6, p. 17.

Cass. com., 7 novembre 1983, n° 82-12933.

Cass. com., 8 février 1986, n° 84-12.864, *Cabanié*, *Droit Fiscal*, 1986, n° 18, comm. 939.

Cass. com., 16 juin 1987, n° 86-13990, *Bull. civ.* 1987, IV, n° 151.

Cass. crim., 24 juin 1987, *Bull. crim.* n° 267.

Cass. com., 15 décembre 1987, n° 86-15.872, *Sté Strugo et SCI Résidence le Grand Lièvre*, *Bull. civ.* 1987, IV, n° 278, p. 207 ; *Droit Fiscal*, 1988, n° 10, comm. 524 ; *Ind. enr.* 1988, n° 14.937.

Cass. ch. mixte, 15 décembre 1988, *Droit Fiscal*, 1989, n° 9, comm. 412, note P. DIBOUT.

Cass. com., 18 avril 1989, n° 87-16082.

Cass. com., 20 novembre 1990, *Donsimoni*, *RJF*, 1991, n° 123 ; *Bull. civ.* IV, n° 288.

Cass. com., 20 novembre 1990, n° 1368 P, *Bull. civ.* 1990, IV, n° 293 ; *RJF* 1/1991, n° 77.

Cass. com., 8 janvier 1991, n° 88-15.018, *M. Cohen-Addet*, *Jurisdata*, n°1991-000095 ; *JCP G* 1991, IV, p. 84 ; *JCP N* 1991, n° 42, p. 270 ; *Gaz. Pal.* 1991, 1, p. 187 ; *RJF*, 3/1991, n° 377.

Cass. com., 5 février 1991, n° 168 P, *ETDE*, *Bull. civ.* 1991, IV, n° 50 ; *RJF* 5/1991, n° 632.

Cass. com., 25 mars 1991, n° 568 P, *Brodoux*, *RJF* 6/91, n° 877.

Cass. com., 29 octobre 1991, n°90-13.368, note FOUQUET et PELFANIAN, *JurisData* n° 1991-003367 ; *Bull. civ.* 1991, IV, n° 322 ; *Droit Fiscal*, 1992, n° 12, comm. 625 ; *JCP E* 1992, II, n° 36 ; *RJF*, 1/1992, n° 80.

Cass. com., 28 janvier 1992, n° 90-10.465, *M. Wallyn*, *Droit Fiscal*, 1992, n° 40, comm. 1830 ; *RJF* 4/1992, n° 573.

Cass. com., 9 février 1993, n° 91-21.699, *M. Benno Feingold*, *Bull. civ.* 1993, IV, n° 56 ; *Droit Fiscal*, 1993, n° 17-18, comm. 938 ; *RJF* 5/1993, n° 671.

Cass. com., 9 mars 1993, n° 436 D, *Corlay*, *RJF* 5/1993, n° 753.

Cass. com., 8 mars 1994, n° 91-17383.

Cass. com., 13 décembre 1994, n° 93-12.797, *Guillot*, *JurisData* n° 1994-002876 ; *Droit Fiscal*, 1995, n° 12, comm. 585 ; *RJF* 6/1995, n° 795.

Cass. com., 16 mai 1995, n° 1270 P, *Sté Générale sucrière et a.*, *Bull. civ.* 1995, IV, n° 148 ; *RJF* 10/1995, n° 1140.

Cass. com., 21 janvier 1997, n° 95-10180, *M. de Maupéou d'Albeiges*, *Droit Fiscal*, 1997, n° 15-16, com. 445.

Cass. com., 12 mars 1996, *RJF* 6/96 n° 773.

Cass. com., 12 mars 1996, n° 522 D, *DGI c/Sté Eurogarage*, *RJF* 8-9/98, n° 1045.

Cass. avis, 7 mars 1997, n° 0970006 P.

Cass. com., 13 janvier 1998, n° 96-13157.

Cass com., 10 février 1998, n° 95-30.221, *M. Chung Lun Yee*, *Droit Fiscal*, 1998, n° 39, comm. 833.

Cass. com., 3 juin 1998, n° 1160 D, *Sté La Reinette*, *RJF*, 8-9 /98, n° 1045.

Cass. com., 16 juin 1998, n°1303 P, *Receveur principal des impôts du Havre Bassins*, *RJF*, n°8-9, 1998, n° 1023.

Cass. com., 20 octobre 1998, n° 96-20-.960, *M. Durand*, *Jurisdata* n°1998-005186 ; *Droit Fiscal*, 1999, n° 3, comm. 46 ; *RJF*, 1/1999, n° 940.

Cass. com., 22 juillet 2000, n° 98-30-366.

Cass. com., 7 mars 2001, *SA Trading*, *RJF* 6/01, n° 800.

Cass. crim., 22 mars 2001, n° 99-30.197, F-D, *Sté Trigone Conseil Littoral*, *JCP G* 2001, n° 23, p. 1137 ; *RJF*, 10/2001, n° 1252.

Cass. com., 11 mars 2003, n° 00-20.737, *Bull. civ.* 2003, IV, n° 39.

Cass. com., 12 mai 2004, n° 01-13.697, *Poirel*, *Bull civ.* IV, n° 90.

Cass. com., 12 juillet 2004, n° 01-11.403, *Consorts Pelat*, *Droit Fiscal*, 2004, n° 42, comm. 764.

Cass. com., 31 mai 2005, n° 02-17.025, *Marin-Cudraz et Favray*, *Droit Fiscal*, 2005, n° 38, comm. 625.

Cass. com., 20 juin 2006, n° 04-13.554, F-D, *M. Ropars et a.*, *Jurisdata*, n° 2006-034371 ; *RJF* 11/2006, n° 1477.

Cass. ch. mixte, 26 janvier 2007, n° 04-10.422, *RTD civ.*, 2007, p. 389, obs. R. PERROT ; *JCP*, 2007, IV, n°1449.

Cass. com., 15 décembre 2009, n° 09-12.734, F-P+B, *Sté Agence maritime africaine (AMA)*, *JurisData* n° 2009-050881 ; *Droit Fiscal*, 2010, n° 15, étude 269, note A. ANGOTTI et M. RODRIGUE.

Cass. crim., 4 novembre 2010, n° 10-81.233, *RJF*, n°4/11, com. 513.

Cass. com., 14 décembre 2010, n° 10-13.601, *Droit Fiscal*, 2011/4, comm. 135, note F. MARTINET.

Cass. com., 15 mai 2012, n° 11-18.478, *Allegrini*, *RJF*, 8-9/2012, n° 873.

Cass. com., 25 septembre 2012, n° 11-24.536, F-P+B, *Sté BRM – Conseil et a.*, *Droit Fiscal* 2012, n° 40, act. n° 383.

Cass. com., 28 mai 2013, n° 12-16.317.

Cass. com., 25 juin 2013, n° 12-23.693.

Cass. com., 25 mars 2014, n° 12-27.612.

Cass. com., 6 mai 2014, n° 13-13.301 et n° 13-13.302.

Cass. ass., 2 octobre 2015, n° 14-14.256, *DGFiP C/ Eshagh et a.*

Cass. com., 3 mars 2016, n° 14-26.629, *M. Dumas*, *JurisData* n° 2016-004337.

Cass. com., 26 avril 2017, n° 15-26.158.

Cass. 2e civ., 19 octobre 2017, n° 16-21.939, F-D, Comm. Ch. LAPORTE, *Procédures* n° 12, 2017, comm. 302.

Cass. com., 16 décembre 2020, n° 18-16.801 et n° 18-26.243, *JurisData* n° 2020-020632, *Droit Fiscal*, 2021, n° 3, act. 45.

TRIBUNAL DES CONFLITS

TC, 8 février 1873, *Blanco*, *Rec.* 1873, 1er suplt, p. 61, concl. DAVID ; *GAJA* 2005, p. 1.

TC, 30 avril 1898, *Préfet de Vaucluse c/ Courtet*, *Rec.* p. 344.

TC, 24 décembre 1904, n° 581, *Rec.* p. 888.

TC, 4 juin 1940, *Sté Schneider et Cie*, *Rec.* p. 248.

TC, 18 décembre 1947, *Hilaire et Dame Cortesi*, *Dalloz*, 1948, p. 62.

TC, 10 juillet 1956, *Sté Bourgogne-Bois*, *AJDA*, 1956, n° 458, note DRAGO.

TC, 23 novembre 1959, n° 1701, *RO*, p. 511.

TC, 16 novembre 1964, *Rec.* p. 796.

TC, 22 octobre 1979, n° 2125, *Texier, Rec.* p. 663.

TC, 13 décembre 2004, n° 04-03.421, *Bull civ.* n° 24.

TC, civ., 18 novembre 2013, n° 13-03.917, *Bull.* 2013, TC, n° 19.

TC, civ., 13 avril 2015, n° 15-03.988, *Bull.* 2015, TC, n° 11.

TC, 9 mars 2020, n° C4175.

TC, 6 juillet 2020, n° C4192.

CONSEIL CONSTITUTIONNEL

CC, 27 novembre 1959, n° 59-1 FNR, *Rapport G. POMPIDOU.*

CC, 16 juillet 1971, n° 71-44 DC, *Liberté d'association*, note J. RIVÉRO, *AJDA*, 1971, p. 537-542.

CC, 27 décembre 1973, n° 73-51 DC, *Loi de finances pour 1974.*

CC, 23 juillet 1975, n° 75-56 DC, *Juge unique*, *AJ* 1976, p. 44, note J. RIVERO ; *Dalloz*, 1977, p. 629, note L. HAMON et G. LEVASSEUR ; *JCP*, 1977, n°18200, note C. FRANCK ; *RDP*, 1975, p. 1313, obs. L. FAVOREU et L. PHILIP.

CC, 2 décembre 1976, n° 76-70 DC, *Loi relative au développement de la prévention des accidents du travail*, note L. FAVOREU, *RDP*, 1978, p. 817.

CC, 9 janvier 1980, n° 79-112 DC, *Loi portant aménagement de la fiscalité directe locale.*

CC, 22 juillet 1980, n° 80-119 DC, *Loi de validations d'actes administratifs*, note L. HAMON, *Dalloz*, 1981, p. 356.

CC, 31 décembre 1981, n° 81-136 DC, *Troisième loi de finances rectificative pour 1981.*

CC, 16 janvier 1982, n° 81-132 DC, note L. HAMON, *Dalloz*, 1983, p. 169-176.

CC, 30 décembre 1982, n° 82-155 DC, *Droit Fiscal*, 1983, comm. 47.

CC, 29 décembre 1983, n° 83-164 DC, *Droit Fiscal*, 1984, comm. 49 ; *JCPG*, 1984, II, 20160, note R. DRAGO et A. DECOCQ.

CC, 23 août 1985, n° 85-197 DC, *Évolution de la Nouvelle-Calédonie.*

CC, 16 janvier 1986, n° 85-200 DC, *Loi relative à la limitation des possibilités de cumul entre pensions de retraite et revenus d'activité.*

CC, 23 janvier 1987, n° 86-224 DC, *Conseil de la concurrence*, note J. CHEVALLIER, *Dalloz*, 1988, p. 177 ; note F. LUCHAIRE, *Gaz. Pal.*, 18 mars 1987 ; note Y. GAUDEMET, *RJDA*, 1987, p. 287.

CC, 25 juillet 1989, décision n° 89-256 DC, *Loi portant dispositions diverses en matière d'urbanisme et d'agglomérations nouvelles*, note B. GENEVOIS, *Annuaire international de justice constitutionnelle*, 1989, n° V-1989, pp. 473, 493, 505, 509.

CC, 28 juillet 1989, n° 89-261 DC, *Loi relative aux conditions de séjour et d'entrée des étrangers en France.*

CC, 29 décembre 1989, n° 89-268 DC, *Loi de finances pour 1990.*

CC, 30 décembre 1997, n° 97-395 DC, *Loi de finances pour 1998.*

CC, 29 décembre 1998, n° 98-405 DC, *Loi de finances pour 1999.*

CC, 16 juin 1999, n° 99-411 DC, *Loi portant diverses mesures relatives à la sécurité routière et aux infractions sur les agents des exploitants de réseau de transport public de voyageurs.*

CC, 16 décembre 1999, n° 99-421 DC, *Loi portant habilitation du Gouvernement à procéder, par ordonnances, à l'adoption de la partie législative de certains codes.*

CC, 2 mars 2004, n° 2004-492 DC, *Loi portant adaptation de la justice aux évolutions de la criminalité.*

CC, 9 juillet 2004, n° 2004-500 DC, *Loi organique relative à l'autonomie financière des collectivités territoriales.*

CC, 29 décembre 2005, n° 2005-530 DC, *Loi de finances pour 2006*, *AJDA*, 2006, n° 13 ; *Dalloz*, 2006, 826, obs. V. OGIER-BERNAUD et C. SEVERINO.

CC, 16 août 2007, n° 2007-555 DC, *Loi en faveur du travail, de l'emploi et du pouvoir d'achat*, *Dalloz*, 2008, 2025, obs. V. BERNAUD et L. GAY.

CC, 3 décembre 2009, n° 2009-595 DC, *Loi organique relative à l'application de l'article 61-1 de la Constitution*, *Rec. CC*, 2009, p. 206.

CC, 29 décembre 2009, n° 2006-600 DC, *Loi de finances rectificative pour 2009.*

CC, 18 juin 2010, n° 2010-5 QPC, *SNC Kimberly Clark.*

CC, 30 juillet 2010, n° 2010-19/27 QPC, *Époux P. et autres.*

CC, 17 septembre 2010, n° 2010-28 QPC, *Association Sportive Football Club de Metz.*

CC, 18 octobre 2010, n° 2010-58 QPC, *Procos et a.*

CC, 21 janvier 2011, n° 2010-88 QPC, *Mme Boisselier*, *Droit Fiscal*, 2010, n° 48, comm. 578, concl. N. ESCAUT.

CC, 11 février 2011, n° 2011-99 QPC, *Mme Noblins.*

CC, 30 septembre 2011, n° 2011-169 QPC, *Consorts M. et autres.*

CC, 4 mai 2012, n° 2012-239 QPC, *Mme Ileana A.*

CC, 9 août 2012, n° 2012-654 DC, *Loi de finances rectificative pour 2012.*

CC, 24 octobre 2014, n° 2014-423 QPC, *M. Stéphane R. et autres.*

CC, 29 janvier 2015, n° 2014-445, *Société Thyssenkrupp.*

CC, 2 mars 2016, n° 2015-525 QPC, *Société civile immobilière PB 12.*

CC, 9 décembre 2016, n° 2016-603 QPC, *Consorts C.*

CC, 24 février 2017, n° 2016-612 QPC, *SCI Hyéroise.*

CC, 23 novembre 2018, n° 2018-745 QPC, *M. Thomas T. et autre.*

CC, 22 février 2019, n° 2018-767 QPC, *Société ODDO BHF.*

CC, 17 mai 2019, n° 2019-782 QPC, *Mme Elise D.*

CC, 15 novembre 2019, n° 2019-813 QPC, *M. Calogero G.*

CC, 7 janvier 2020, n° 2019-819 QPC, *Société Casden Banque populaire.*

CC, 17 janvier 2020, n° 2019-820 QPC, *Époux K.*

CC, 3 avril 2020, n° 2019-832/833 QPC, *M. Marc S. et autre.*

CC, 31 juillet 2020, n° 2020-854 QPC, *Société Beraha.*

COUR DE JUSTICE DE L'UNION EUROPÉENNE

CJUE, 1ère ch., 15 septembre 2011, aff. C-310/09, *min. c/ Accor SA*, *Droit Fiscal*, 2012, n° 3, comm. 67, note J.-L. PIERRE.

CJUE, 15 mars 2017, aff. C-3/16, *Aquino.*

CJUE, 26 février 2015, aff. C-623/13, *Ministre de l'Économie c/ G. de Ruyter.*

CJUE, 4 octobre 2018, aff. C-416/17, *Commission européenne c/ République française.*

COUR EUROPÉENNE DES DROITS DE L'HOMME

CEDH, 8 juin 1976, n° 5100/71, *Engel et a. c/ Pays-Bas.*

CEDH, 24 février 1994, n° 00012547/86, *Bendenoun c/ France.*

CEDH, 21 février 1997, n° 19632/92, *Guillemin c/ France*, *AJDA*, 1997, p. 399, note HOSTIOU.

CEDH, 20 avril 1999, n° 41601/98, *Vidacar SA*, *RJF*, 11/1999, n° 1487.

CEDH, 27 avril 1999, n° 36876/97, *Banco de finanzas e inversiones S.A. c/ Espagne.*

CEDH , 25 janvier 2000, n° 38366/97, *Miragall Escolano et a. c/ Espagne.*

CEDH, grande ch., 12 juillet 2001, n° 44.759/98, *Ferrazzini c/ Italie*, *Droit Fiscal*, 2002, n° 10, comm. 187 ; *AJDA*, 2001, p.1061, *Droit Fiscal*, 2001, n° 42 p. 1473 ; *LPA*, 2005, n° 19, p. 9., comm. Th. LAMBERT., *Rec. CEDH*, 2001, VII.

CEDH, 8 janvier 2002, n° 51578/99, *Keslassy c/ France.*

CEDH, 15 octobre 2003, n° 52116/99, *Viezie*z *c/ France*, *RJF*, n° 1/03, comm. n° 136.

CEDH, 21 février 2008, n° 18497/03, *Ravon et a. c/ France*, *Droit Fiscal*, 2008 n° 12, comm. 227, note D. RAVON et Ch. LOUIT ; *RJF* 2008 n° 571, étude B. HATOUX 454 et 552

CEDH, 24 juillet 2008, n° 18603/03, *André et a. c/ France*, *Droit Fiscal*, 2008, n° 43, comm. 552, note Ch. LOUIT.

CEDH, 3e sect., 10 novembre 2020, n° 49812/09, *Vegotex International SA c/ Belgique.*

INDEX ALPHABÉTIQUE

(Les numéros renvoient aux paragraphes de l'ouvrage)

-T-

-U-V-W-X-Y-Z-

TABLE DES MATIÈRES

Structures éditoriales du groupe L'Harmattan

L'Harmattan Italie
Via degli Artisti, 15
10124 Torino
harmattan.italia@gmail.com

L'Harmattan Hongrie
Kossuth l. u. 14-16.
1053 Budapest
harmattan@harmattan.hu

L'Harmattan Sénégal
10 VDN en face Mermoz
BP 45034 Dakar-Fann
senharmattan@gmail.com

L'Harmattan Cameroun
TSINGA/FECAFOOT
BP 11486 Yaoundé
inkoukam@gmail.com

L'Harmattan Burkina Faso
Achille Somé – tengnule@hotmail.fr

L'Harmattan Guinée
Almamya, rue KA 028 OKB Agency
BP 3470 Conakry
harmattanguinee@yahoo.fr

L'Harmattan RDC
185, avenue Nyangwe
Commune de Lingwala – Kinshasa
matangilamusadila@yahoo.fr

L'Harmattan Congo
67, boulevard Denis-Sassou-N'Guesso
BP 2874 Brazzaville
harmattan.congo@yahoo.fr

L'Harmattan Mali
ACI 2000 - Immeuble Mgr Jean Marie Cisse
Bureau 10
BP 145 Bamako-Mali
mali@harmattan.fr

L'Harmattan Togo
Djidjole – Lomé
Maison Amela
face EPP BATOME
ddamela@aol.com

L'Harmattan Côte d'Ivoire
Résidence Karl – Cité des Arts
Abidjan-Cocody
03 BP 1588 Abidjan
espace_harmattan.ci@hotmail.fr

Nos librairies en France

Librairie internationale
16, rue des Écoles
75005 Paris
librairie.internationale@harmattan.fr
01 40 46 79 11
www.librairieharmattan.com

Librairie des savoirs
21, rue des Écoles
75005 Paris
librairie.sh@harmattan.fr
01 46 34 13 71
www.librairieharmattansh.com

Librairie Le Lucernaire
53, rue Notre-Dame-des-Champs
75006 Paris
librairie@lucernaire.fr
01 42 22 67 13

www.ingramcontent.com/pod-product-compliance
Lightning Source LLC
LaVergne TN
LVHW021148061026
849535LV00002B/391